Folgerichtigkeitsgebot und Erbschaftsteuer

Christine Antonia Grolig

Folgerichtigkeitsgebot und Erbschaftsteuer

PL ACADEMIC RESEARCH

Bibliografische Information der Deutschen Nationalbibliothek
Die Deutsche Nationalbibliothek verzeichnet diese Publikation in der Deutschen Nationalbibliografie; detaillierte bibliografische Daten sind im Internet über http://dnb.d-nb.de abrufbar.

Zugl.: Hamburg, Univ., Diss., 2012

D 18
ISBN 978-3-631-64483-6 (Print)
E-ISBN 978-3-653-03301-4 (E-Book)
DOI 10.3726/978-3-653-03301-4

PL Academic Research ist ein Imprint der Peter Lang GmbH.

Peter Lang – Frankfurt am Main · Bern · Bruxelles · New York · Oxford · Warszawa · Wien

www.peterlang.de

Vorwort

Diese Arbeit wurde im Juni 2012 von der Universität Hamburg als Dissertation angenommen. Im Herbst 2012 erfolgte der Vorlagebeschluss des BFH zur Verfassungswidrigkeit der Erbschaftsteuer (II R 9/11). Die Ergebnisse des II. Senates werden im Epilog dieser Arbeit im Hinblick auf die Vereinbarkeit mit dem Folgerichtigkeitsgebot ausgewertet. Stand dieser Arbeit ist damit der 28.02.2013.

Mein Dank gilt zunächst Herrn Professor Dr. Ulrich Hufeld für die Möglichkeit und Chance am Lehrstuhl für Öffentliches Recht und Steuerrecht an der Helmut-Schmidt-Universität zu promovieren. Er stand bei Fragen und für Rat immer zur Verfügung. Ich konnte auf seine volle Unterstützung zählen und danke ihm für viele konstruktive Diskussionen.

Herrn Professor Dr. Arndt Schmehl von der Universität Hamburg danke ich für die zügige Erstellung des Zweitgutachtens und die Idee, das Promotionsvorhaben durchzuführen.

Christine Hinsch, Astrid Hoffmann und Leila Saberzadeh danke ich für ihre guten Korrekturanmerkungen, ihren kollegialen Rat und die schöne gemeinsame Zeit an der HSU.

Schließlich bin ich meinen Geschwistern und besonders meinen Eltern zu großem Dank verpflichtet, ohne ihre Unterstützung, Hilfe und Begleitung wäre diese Arbeit nicht möglich gewesen. Ihnen und meinen beiden Großmüttern Marianne und Rosemarie ist diese Arbeit gewidmet.

Berlin, im März 2013 Christine Grolig

Inhaltsverzeichnis

Einleitung

„Nur Prinzipien- und Regelfolgerichtigkeit führt zu gerechter Gleichbelastung.“[1] – Um eine der Steuergerechtigkeit widersprechende Ungleichbehandlung von Erben zu vermeiden und die verfassungskonforme Ausgestaltung des Erbschaftsteuergesetzes zu gewährleisten, kommt dem Folgerichtigkeitsgebot zentrale Bedeutung zu. Die Relevanz der Erbschaftsteuer als aperiodisch auftretende Steuerbelastung kann erheblich sein.[2] Sie betrifft all diejenigen Unternehmen, deren Inhaber das Unternehmen über die eigene Generation hinaus für ihren Nachfolger erhalten und auch die Unternehmenspolitik (weiterhin) bestimmen wollen.[3] Wenn aber die Erbschaft- und Schenkungsteuer auf Erben, insbesondere derer unternehmerischen Vermögens weit reichende Auswirkungen hat, ist es umso wichtiger, erbschaftsteuerliche Regelungen in sich folgerichtig und bestimmt auszugestalten.

Zuletzt wurde das Erbschaftsteuergesetz 2006 vom Bundesverfassungsgericht überprüft. Das Gericht kam dabei zu dem Ergebnis, dass die Bewertung von Vermögensgegenständen (Betriebsvermögen, Grundvermögen, Anteilen an Kapitalgesellschaften und land- und forstwirtschaftliche Betriebe) den Anforderungen des Gleichheitssatzes nicht genügt. Weiterhin ordnete es eine einheitliche Bemessungsgrundlage für die Erbschaftsteuer an. Alle Vermögensgegenstände sollten nun einheitlich mit dem gemeinen Wert/Verkehrswert bewertet werden, die häufig geringere Bewertung zu Buchwerten dagegen abgeschafft werden. Darüber hinaus wies das Gericht den Gesetzgeber auf die Beachtung des Folgerichtigkeitsgebots hin: „[...] auch wenn sich der Gesetzgeber wie im Falle der Erbschaftsteuer für eine nach Gruppen von Vermögensgegenständen unterschiedliche Wertermittlung bei den zu besteuernden Gütern entscheidet, muss er die einmal getroffene Belastungsentscheidung folgerichtig umsetzen und die Steuerpflichtigen – ungeachtet verfassungsrechtlich zulässiger Differenzierungen – gleichmäßig belasten.“[4] Damit forderte das Bundesverfassungsgericht Folgerichtigkeit über das Einkommensteuerrecht hinaus[5] auch im Erb-

1 *Tipke,* StuW 2007, 201, 205.

2 Vgl. z. B. *Herzig,* Stbg 1996, 49, 52; *Piltz,* StBJb. 1994/1995, S. 43.

3 Vgl. dazu beispielsweise *Jansen,* Erbschaftsteuerliche Wirkungen bei Vermögensübertragungen, S. 156; *Watrin,* Erbschaftsteuerplanung, S. 11.

4 BVerfGE 117, 1, 36 mit Verweis auf BVerfGE 23, 242, 256; BVerfGE 84, 239, 271; BVerfGE 93, 165, 172.

5 Siehe z. B. BVerfGE 87, 153ff.; BVerfGE 99, 88ff.; BVerfGE 99, 246ff.; zuvor schon die Forderung nach Folgerichtigkeit im Vermögensteuerbeschluss, BVerfGE 93, 121, 136.

schaftsteuerrecht. Der ehemalige Bundesverfassungsgerichtspräsident *Papier* versteht den Folgerichtigkeitsgrundsatz daher auch als allgemeine Maxime des Steuerrechts; die Grundlagen von BVerfGE 117, 1, 37 haben nach seiner Ansicht weit über den Bereich der Erbschaft- und Schenkungsteuer hinaus Bedeutung.[6] Diese Arbeit befasst sich mit dem vom Bundesverfassungsgericht aufgestellten Maßstab[7] der Folgerichtigkeit und misst das vom Gesetzgeber am 31.12.2008 verabschiedete neue Erbschaftsteuergesetz[8] dann am Folgerichtigkeitsgrundsatz.

In der aktuellen Diskussion hat das Folgerichtigkeitsgebot insbesondere im Steuerrecht großen Beifall gefunden[9]: Durch die Bindung der Steuergesetze an Prinzipien und einer Befreiung von Verstößen gegen die Gebote der Folgerichtigkeit und Widerspruchsfreiheit würde eine Vereinfachung und Transparenz des Steuerrechts erreicht.[10] Der Folgerichtigkeitsgrundsatz könne zu einer Besinnungs- und Disziplinierungsfunktion für den Gesetzgeber führen. Der gesetzgeberischen Gestaltungsfreiheit würde so eine gewisse Pflicht zur Gestaltungsgleichheit gegenübergestellt.[11] Kritische Stimmen in der Literatur lehnen den vom Bundesverfassungsgericht entwickelten Maßstab jedoch vehement ab: Das Folgerichtigkeitsgebot sei eine „Einengung der gesetzgeberischen Gestaltungsfreiheit im Namen eines richterrechtlich erfundenen Prinzips“[12] und führe zu Rigorosität, die eine Gefahr für die Freiheitsrechte als Abwehrrechte[13] darstellen könne. Es drohe eine „Verkrustung des Rechts“.[14]

Der Begriff der Folgerichtigkeit (auch als Systemstimmigkeit bzw. negativ als Systemwidrigkeit bezeichnet[15]) taucht schon in den ersten Entscheidungen

---

6 *Papier,* DStR 2007, 973, 976.

7 Statt von einem Maßstab kann man auch von einem Prinzip, einer Regel oder einem Grundsatz sprechen; siehe dazu näher *Tipke,* Steuergerechtigkeit in Theorie und Praxis, S. 25f.

8 BGBl. I, S. 3950.

9 *Birk,* DStR 2009, 881f.; *Bulla,* ZJS 2008, 589ff.; *Isensee,* in: GS Heinze, S. 433; *Prokisch,* in: FS für Vogel, S. 293, 305ff.; *Ruthig,* in: Ruthig/Storr, Öffentliches Wirtschaftsrecht, Rn. 149ff.; *H. Schneider,* Gesetzgebung, Rn. 59; *Waldhoff,* DV 2008 (Heft 41), 259, 268.

10 *Tipke,* JZ 2009, 533, 539.

11 *Bulla,* ZJS 2008, 585, 593.

12 So *Lepsius,* JZ 2009, 260 zum Urteil des BVerfG vom 9.12.2008, Pendlerpauschale.

13 *Michael,* JZ 2008, 875, 877, zum Urteil des BVerfG vom 30.7.2008, Nichtraucherschutzgesetz.

14 *Kischel,* AöR 124 (1999), 174, 205.

15 *Bulla,* Freiheit der Berufswahl, S. 310.

des Bundesverfassungsgerichts ab 1951 auf[16], wird in der Folgezeit in Entscheidungen verschiedener Rechtsgebiete[17] verwendet, insbesondere aber findet er Anwendung im Steuerrecht.[18] So wies das Gericht den Gesetzgeber im Urteil zur Zweigstellensteuer[19] darauf hin, dass dieser bei der Wahl eines bestimmten Differenzierungskriteriums alles berücksichtigen müsse, was die Bedingungen des Kriteriums erfüllt, anderenfalls handele er nicht folgerichtig. Die Folgerichtigkeit in diesem Sinne hat aber noch keine eigenständige Bedeutung, sondern beschreibt vielmehr eine unzureichende Umsetzung der aus dem Gleichheitssatz fließenden Bedingungen für die Verfassungsmäßigkeit einer Sonderregelung.[20] Erst im Zinsurteil von 1991 wird das so genannte Folgerichtigkeitsprinzip aktiviert. Danach hat der Gesetzgeber bei der Auswahl des Steuergegenstandes und der Bestimmung des Steuersatzes einen weit reichenden Entscheidungsspielraum, bei der Ausgestaltung des steuerlichen Ausgangstatbestandes hat er die einmal getroffene Belastungsentscheidung dann aber folgerichtig im Sinne der Belastungsgleichheit umzusetzen.[21] Folgerichtigkeit verlangt die logische Konsequenz bei der Einführung eines Rechtssatzes in das jeweilige Teilrechtsgebiet und in der Gesamtrechtsordnung.[22] Das Prinzip der Folgerichtigkeit – auch als Konsequenzgebot bezeichnet – wurde seit dem Zinsurteil in ständiger Rechtsprechung des Bundesverfassungsgerichts angewandt und weiterentwickelt.[23]

Im Jahr 2008 haben sowohl der Erste (Urteil zum landesgesetzlichen Rauchverbot)[24] als auch der Zweite Senat (Urteil zur Pendlerpauschale) des Bundesverfassungsgerichts dieses Gebot erneut bestätigt. Kernaussage des Urteils zur Pendlerpauschale ist die Betonung der „grundsätzlichen Freiheit des Gesetzgebers, diejenigen Sachverhalte zu bestimmen, an die das Gesetz dieselben Rechtsfolgen knüpft und die es so als rechtlich gleich qualifiziert“ sowie die Begrenzung dieser Freiheit „insbesondere im Bereich des Einkommensteuerrechts durch zwei eng miteinander verbundene Leitlinien: das Gebot der Aus-

---

16 BVerfGE 1, 14, 45f.; BVerfGE 1, 208, 246 (zur Wahlgleichheit).

17 Siehe z. B. BVerfGE 9, 20, 28 (Arbeitslosenhilfe); BVerfGE 17, 122, 132 (Wiedergutmachung); BVerfGE 18, 315, 334 (Ausgleichsabgabe für Milcherzeugnisse).

18 BVerfGE 13, 331, 349ff.

19 BVerfGE 19, 101, 116.

20 *Prokisch,* in: FS für Vogel, S. 293, 306.

21 BVerfGE 84, 239, 271.

22 *P. Kirchhof,* in: Isensee/Kirchhof, HStR Bd. V, § 124, Rn. 222.

23 BVerfGE 93, 121, 136; BVerfGE 93, 165, 172; BVerfGE 99, 88, 95; BVerfGE 99, 280, 290; BVerfGE 101, 132, 138; BVerfGE 101, 151, 155; BVerfGE 105, 17, 47; BVerfGE 105, 73, 126; BVerfGE 107, 27, 47; BVerfGE 110, 274, 292; BVerfGE 116, 164, 180; BVerfGE 117, 1, 30.

24 BVerfGE 121, 317, 362.

richtung der Steuerlast am Prinzip der finanziellen Leistungsfähigkeit und durch das Gebot der Folgerichtigkeit".[25]

In der Nichtraucherschutz-Entscheidung ist das Folgerichtigkeitsgebot dann zum ersten Mal auch bei der Prüfung der Verhältnismäßigkeit eines Eingriffs in Art. 12 GG berücksichtigt worden,[26] nachdem die vorherigen Entscheidungen ausnahmslos Folgerichtigkeit im Rahmen des allgemeinen Gleichheitssatzes forderten.[27] Am 12.5.2009 befasste sich der Zweite Senat mit dem Verbot von Jubiläumsrückstellungen.[28] Wurde in der Entscheidung zur Pendlerpauschale für Ausnahmen von der folgerichtigen Umsetzung der Ausgangsentscheidung noch das Vorliegen eines besonderen sachlichen Grundes gefordert[29], beschränkte sich das Gericht bei der Prüfung der Jubiläumsrückstellungen auf eine Willkürkontrolle.[30]

Bei der Entscheidung über die Abziehbarkeit der Kosten für ein häusliches Arbeitszimmer[31] kehrt der Zweite Senat dann jedoch zu den im Urteil zur Pendlerpauschale[32] aufgestellten Anforderungen an eine folgerichtige Ausgestaltung der Ausgangsentscheidung zurück: „Die Beschränkung des steuerlichen Zugriffs nach Maßgabe des objektiven Nettoprinzips als Ausgangstatbestand der Einkommensteuer gehört zu diesen Grundentscheidungen, so dass Ausnahmen von der folgerichtigen Umsetzung der mit dem objektiven Nettoprinzip getroffenen Belastungsentscheidung eines besonderen, sachlich rechtfertigenden Grundes bedürfen."[33] Dennoch zeigt diese Entscheidung mit einem sehr knappen Ergebnis von 5:3 Stimmen, wie umstritten das Folgerichtigkeitsgebot auch innerhalb des Zweiten Senates ist.[34]

---

25 BVerfGE 122, 210, 230 mit Verweis auf BVerfGE 105, 73, 125; BVerfGE 107, 27, 46; BVerfGE 116, 164, 180; BVerfGE 117, 1, 30.

26 *Bulla,* ZJS 2008, 585, 590.

27 Vgl. z. B. BVerfGE 84, 239, 271; BVerfGE 93, 121, 136; BVerfGE 93, 165, 172; BVerfGE 99, 88, 95; BVerfGE 99, 280, 290; BVerfGE 101, 132, 138; BVerfGE 101, 151, 155; BVerfGE 105, 17, 47; BVerfGE 105, 73, 126; BVerfGE 107, 27, 47; BVerfGE 110, 274, 292; BVerfGE 116, 164, 180; BVerfGE 117, 1, 30.

28 BVerfGE 123, 111.

29 BVerfGE 122, 210, 231.

30 BVerfGE 123, 111, 122.

31 BVerfGE 126, 268.

32 BVerfGE 122, 210, 231.

33 BVerfGE 126, 268, 280 mit Verweis auf BVerfGE 99, 280, 290; BVerfGE 107, 27, 48; BVerfGE 122, 210, 234.

34 Auch im Ersten Senat ist das Folgerichtigkeitsgebot nicht unumstritten, BVerfGE 121, 317, 362 (Landesrauchergesetze) mit zwei abweichenden Meinungen der Verfassungsrichter Bryde und Masing.

Im Zusammenhang mit der Folgerichtigkeitsdiskussion taucht in Rechtsprechung und Literatur häufig auch der Begriff der Systemgerechtigkeit auf. Im Schrifttum werden die Begriffe Folgerichtigkeit und Systemgerechtigkeit miteinander verknüpft[35] oder auch synonym verwendet.[36] Der Gesichtspunkt der Systemgerechtigkeit wird als Ausprägung der im Gleichheitssatz enthaltenen Verpflichtung auf Konsequenz, Folgerichtigkeit und Regelhaftigkeit einer vom Gesetzgeber getroffenen Regelung verstanden.[37] Ob der Folgerichtigkeit gegenüber der Systemgerechtigkeit eine eigene Bedeutung und Relevanz zukommt, ist umstritten. Denn „Folgerichtigkeit" an sich zu konstatieren, sei schlechterdings ausgeschlossen. Folgerichtiges Handeln zu verlangen sei nur sinnvoll im Hinblick auf einen feststehenden Bezugspunkt.[38] Der Folgerichtigkeit als solcher fehle jedoch dieser Bezug, sie könne sich auf alle denkbaren Vorgaben beziehen.[39] Die Befürworter nehmen mit Verweis auf die Rechtsprechung des Bundesverfassungsgerichts[40] dagegen an, dass sich das Folgerichtigkeitsgebot inzwischen verselbstständigt habe und als unmittelbarer Ausfluss des Gleichheitssatzes entfaltet wird.[41] Im Hinblick auf die Entscheidung des Bundesverfassungsgerichts zu den Jubiläumsrückstellungen[42] wird das Konsequenzgebot allein als ein sekundäres Gebot qualifiziert, welches dem Gesetzgeber keine absoluten Bindungen auferlege.[43] Vor diesem Hintergrund soll das *erste Kapitel* die Entwicklung und Entstehung des Folgerichtigkeitsgrundsatzes durch das Bundesverfassungsgericht beschreiben. Es werden die Unterschiede und Gemeinsamkeiten zwischen den Begriffen Systemgerechtigkeit und Folgerichtigkeit aufgezeigt und abgegrenzt. Dabei wird auch erörtert, ob dem Grundsatz der Folgerichtigkeit neben der Systemgerechtigkeit ein eigener Bedeutungsgehalt zukommt.

---

35 *Englisch,* Wettbewerbsgleichheit, S. 145.

36 *Englisch,* Wettbewerbsgleichheit, S. 153; *Battis,* in: FS Ipsen, S. 1114.

37 *Starck,* in: v. Mangoldt/Klein/Starck, Kommentar zum GG, Art. 3, Rn. 44ff; *Degenhart,* Systemgerechtigkeit und Selbstbindung des Gesetzgebers als Verfassungspostulat, S. 49ff.; Kritisch dazu *Kischel,* AöR 124 (1999), 174ff.

38 *Peine,* Systemgerechtigkeit, S. 31.

39 *Peine,* Systemgerechtigkeit, S. 31, Fn. 27.

40 BVerfGE 83, 89, 108; BVerfGE 90, 107, 126; BVerfGE 112, 368, 401ff.

41 *Englisch,* Wettbewerbsgleichheit, S. 76; ebenso *Kirchhof,* in: Isensee/Kirchhof, HStR Bd. V, § 118, Rn. 179; *Battis* geht von einer Gleichstellung von Folgerichtigkeit und Systemgerechtigkeit aus, in: FS Ipsen, S. 14.

42 BVerfGE 123, 111f.

43 *Drüen,* JZ 2010, 91, 94 (Anmerkung zu BVerfG, Urteil vom 12.5.2009 – 2 BvL 1/00, BVerfGE 123, 111f.).

Im *zweiten Kapitel* wird untersucht, ob sich das Folgerichtigkeitsgebot verfassungsrechtlich fundieren lässt und Ausfluss des allgemeinen Gleichheitssatzes, der Freiheitsrechte, des Rechtstaatsprinzips, des Bundesstaatsprinzips oder des Allgemeinheitsgebotes ist. Hieran anschließend stellt sich die Frage, ob der Begriff der Folgerichtigkeit eng – also bezogen auf ein einzelnes Rechtsgebiet (z. B. die Handwerksordnung)[44] – oder weit und damit systemübergreifend zu verstehen ist.[45] In der Entscheidung des Bundesverfassungsgerichts zum Existenzminimum aus dem Jahr 1990 wird Konsequenz über das Sozialrecht hinaus auch im Einkommensteuerrecht gefordert.[46] Im Sinne dieser Rechtsprechung geht auch *P. Kirchhof* von einem weiten Anwendungsbereich der Folgerichtigkeit aus und fordert eine Abstimmung der eigenständigen Teilrechtsordnungen (Zivilrecht, Haushaltsrecht, Steuerrecht) ebenso wie die der Gesamtregelungen eines Gesetzes aufeinander, um eine Widersprüchlichkeit zu vermeiden und die Folgerichtigkeit der Regelung zu wahren.[47]

Das Gebot der Folgerichtigkeit wird vom Bundesverfassungsgericht in zahlreichen steuerrechtlichen Entscheidungen herangezogen. Im Beschluss zur Pendlerpauschale wird daneben auch das Gebot der Besteuerung nach der wirtschaftlichen Leistungsfähigkeit betont. Im *dritten Kapitel* werden daher die Folgerichtigkeit im Steuerrecht und der Zusammenhang zwischen Leistungsfähigkeitsprinzip und dem Folgerichtigkeitsgebot erörtert. Entscheidende Vorfrage für das Problem der Folgerichtigkeit ist die Zugehörigkeit einer bestimmten Materie zu einem „Ordnungssystem" oder „Ordnungsbereich".[48] Hat sich der Gesetzgeber dann für ein bestimmtes (Ordnungs-)system entschieden, ist er hieran gebunden.[49] Im Steuerrecht stellt sich daher die Frage, ob es eine Systembindung des Gesetzgebers als Folge des Konsequenzgebotes gibt und welche Wirkung diese entfaltet.

Im *vierten Kapitel* wird untersucht, ob der Gesetzgeber das Folgerichtigkeitsgebot auch im Erbschaftsteuerrecht beachtet hat. Die neuen Steuerbefreiungs- und Steuerbegünstigungsregeln der §§ 13a, 13b und 19a ErbStG für Be-

44 So z. B. *Bulla,* Freiheit der Berufswahl, S. 309.

45 Dieser Ansicht ist *Tipke,* der das Folgerichtigkeitsgebot jedenfalls im Steuerrecht als Ganzem entfaltet sehen will, StuW 2007, 201, 206.

46 BVerfGE 82, 60, 83ff.

47 *P. Kirchhof,* StuW 2000, 316, 322 mit Verweis auf die folgenden Urteile: BVerfGE 84, 239, 271; BVerfGE 87, 153, 170; BVerfGE 93, 121, 136; BVerfGE 98, 83, 97f.; BVerfGE 98, 106, 118f.

48 *Schwarz,* in: FS Isensee, S. 958.

49 *Bulla,* Freiheit der Berufswahl, S. 212.

triebsvermögen können unter bestimmten Voraussetzungen eine nahezu vollständige Verschonung dieses Vermögens bewirken. Zunächst wird das Entlastungssystem der §§ 13a, 13b und 19a ErbStG dargestellt und anschließend im Hinblick auf die Vereinbarkeit mit dem Folgerichtigkeitsgrundsatz analysiert. Der Gesetzgeber hat seine Verschonungskonzeption jedoch an mehrere Auflagen und Restriktionen geknüpft, so wird bestimmtes Vermögen nicht begünstigt und bei Inanspruchnahme der Begünstigungen müssen eine bestimmte Lohnsumme sowie Behaltensfristen eingehalten werden. Als Ausnahmen von der Entscheidung, unternehmerisches Vermögen so weitgehend zu entlasten, müssen diese Restriktionen wiederum in sich folgerichtig ausgestaltet sein. Die besondere Behandlung der Erben von unternehmerischem Vermögen könnte gegen das Gebot der Folgerichtigkeit verstoßen und deshalb verfassungswidrig sein. Es werden somit die in der Gesetzesbegründung angegebenen Rechtfertigungsgründe für die Begünstigung des Betriebsvermögens[50] auf Stichhaltigkeit überprüft. Dazu gehören beispielsweise die Förderung klein- und mittelständischer Betriebe im Interesse offener Märkte und hoher Wettbewerbsintensität sowie die Erhaltung von Arbeitsplätzen. Ob die Begünstigungsregelung des § 13c ErbStG für zu Wohnzwecken vermietete Grundstücke und die Steuerbefreiung des Familienheims nach § 13 Abs. 1 Nr. 4a-c ErbStG gegebenenfalls auch eine Korrektur im Sinne des Folgerichtigkeitsgebots erfordert, wird ebenfalls zu zeigen sein.

In einem *Epilog* wird schließlich der Vorlagebeschluss des BFH vom 27.9.2012 (II R 9/11) zur Verfassungswidrigkeit der Erbschaftsteuer auf Folgerichtigkeit hin analysiert. Dieser letzte Teil der Arbeit wurde nachträglich angefügt, um einen aktuellen Stand zu gewährleisten.

50 BT-Drs. 16/7918, S. 33.

Kapitel 1: Entstehung des Folgerichtigkeitsgrundsatzes

A. Von der Sach- und Systemgerechtigkeit zur Folgerichtigkeit

I. Die Begründung des Systemgerechtigkeitsgedankens

1. Die Entwicklung der Rechtsprechung des Bundesverfassungsgerichts

In einer seiner ersten Entscheidungen stellt das Bundesverfassungsgericht bereits die Frage, „ob gewisse, in einem inneren Zusammenhang zueinander stehende Bestimmungen [...][eines] Gesetzes [...] in sich widerspruchsvoll und deshalb nichtig“[51] sein können. Dennoch gilt Systemwidrigkeit (bzw. auch eine fehlende Sachgesetzlichkeit) nur als erster Beweis für einen Gleichheitsverstoß: „Die Systemwidrigkeit einer Einzelvorschrift kann allenfalls als Indiz für ihre Willkürlichkeit gewertet werden.“[52] Das Gericht beschränkte sich damit zunächst auf eine bloße Willkürkontrolle, nur bei einer evidenten Unsachlichkeit bzw. Ungerechtigkeit sei der Gleichheitssatz als verletzt anzusehen.[53] Den Begriff der Systemwidrigkeit gebraucht das Bundesverfassungsgericht häufiger als den der Systemgerechtigkeit; die Prüfung einer Norm als systemwidrig oder systemfremd wird ebenfalls vorgenommen.[54]

Den Gedanken der Sach- und Systemgerechtigkeit führt das Gericht erstmals im Jahre 1962[55] aus. Es befasste sich mit der Frage, ob es mit Art. 3 Abs. 1 GG vereinbar ist, wenn im Fall personenbezogener Kapitalgesellschaften Gehälter an wesentlich Beteiligte oder deren Ehegatten für die Bestimmung des gewerbesteuerlichen Gewinns nicht abgezogen werden dürfen.[56] Das Gericht forderte hierbei mehr als nur die Abwesenheit von Willkür: „Bestimmt ein Steuergesetz den Steuergegenstand grundsätzlich nach Rechtsformen des bürgerlichen Rechts, so ist eine Sonderregelung, die die benützte zivilrechtliche Ordnung und damit die vom Gesetz selbst statuierte Sachgesetzlichkeit durch-

---

51 BVerfGE 1, 14, 45.

52 BVerfGE 9, 20, 28; später auch BVerfGE 34, 103, 115.

53 BVerfGE 12, 326, 333; BVerfGE 14, 221, 238.

54 Vgl. z. B. in BVerfGE 13, 31, 38; eine ausführliche Analyse des Sprachgebrauches der Senate findet sich bei *Peine*, Systemgerechtigkeit, S. 26, Fn. 12.

55 BVerfGE 13, 331ff.

56 Überprüfung der Vorschrift des § 8 Nr. 6 GewStG i. d. F. von 1952.

bricht, nur dann im Sinne der Rechtsprechung des Bundesverfassungsgerichts zu Art. 3 Abs. 1 GG „sachlich hinreichend gerechtfertigt“, wenn sie von überzeugenden Gründen getragen wird; dies gilt vor allem dann, wenn die Sonderregelung die zivilrechtliche Ordnung gerade an der Stelle durchbricht, die deren eigentliche rechtliche Bedeutung ausmacht.“[57] „Es gehört zum Wesen juristischer Personen wie der GmbH und der AG, daß diese Kapitalgesellschaften mit ihrer Verselbstständigung gegen „Durchgriffe“ auf Tatbestände im Kreis oder in der Person ihrer Gesellschafter grundsätzlich abgeschirmt sind.“ [...] „Immer aber wird betont, daß es sich in jedem Fall um einen schweren Eingriff in eine Grundform unserer Rechtsordnung handelt, durch den die Bedeutung der Rechtsfigur der juristischen Person beeinträchtigt werde und der deshalb nur im engsten Rahmen und aus dringlichsten Gründen zulässig erscheine.“[58]

Umfassend prüft das Gericht anschließend, ob es sachliche Gründe für die Ausnahmevorschrift des § 8 Nr. 6 GewStG i. d. F. von 1952 gibt. Dabei kann die Sachgerechtigkeit einer Norm unter Umständen schon dann außer Frage stehen, wenn ihre nachteiligen Wirkungen sich als bloße „Nebenfolgen“ einer im Übrigen unbedenklichen Regelung erweisen.[59] Auch das Motiv des Gesetzgebers ist bei der verfassungsrechtlichen Prüfung einer solchen Sonderbestimmung zu beachten.[60] Daneben können auch Gründe der Wirtschaftspolitik bei der Rechtfertigung einer Steuernorm als sachliche Gründe zu berücksichtigen sein,[61] denn die Besteuerungsfunktion des Staates ist zugleich legitimes Mittel gerade einer – mit der verfassungsrechtlichen Wertordnung übereinstimmenden – Wirtschaftssteuerung.[62] Zudem überprüft das Gericht, ob das „richtige Vergleichspaar“ im Rahmen des § 8 Nr. 6 GewStG gebildet wurde. Denn dieses Paar soll einerseits der mitarbeitende Gesellschafter einer Personengesellschaft und andererseits der an einer Kapitalgesellschaft wesentlich beteiligte und mitarbeitende Gesellschafter sein.[63] Zum ersten Mal genügt für die Rechtfertigung einer Ungleichbehandlung (irgend) „ein sachlicher Grund“[64] nicht mehr; eine Durchbrechung der Sachgesetzlichkeit ist nur dann gerechtfertigt, wenn sie von überzeugenden Gründen getragen wird.

---

57 BVerfGE 13, 331 – Leitsatz.

58 BVerfGE 13, 331, 340f.

59 BVerfGE 13, 331, 341 mit Verweis auf BVerfGE 6, 55, 77; BVerfGE 11, 50, 58ff.; BVerfGE 12, 151, 166, 168f.

60 BVerfGE 13, 331, 343.

61 BVerfGE 13, 331, 345.

62 BVerfGE 13, 331, 346 mit Verweis auf BVerfGE 4, 7, 17, 18.

63 BVerfGE 13, 331, 347.

64 So noch BVerfGE 4, 144, 155.

In BVerfGE 15, 313, 318 macht der Erste Senat jedoch deutlich: Mit der strengeren Prüfung des § 8 Nr. 6 GewStG i. d. F. von 1952 soll keine Änderung der früheren Rechtsprechung dahingehend bewirkt werden, dass dem gesetzgeberischen Ermessen nun engere Grenzen gezogen würden. Um eine generelle Wendung in den verfassungsrechtlichen Anforderungen an die gleichheits- und sachgerechte Ausgestaltung von Normen handelt es sich somit nicht.

In der Entscheidung über den Ausschluss der bei ihren Eltern beschäftigten Arbeitnehmer von der Arbeitslosenversicherung (§ 65 Abs. 2 AVAVG)[65] stellte das Bundesverfassungsgericht mit Verweis auf die vorherigen Urteile[66] jedoch wiederum fest: „Ein (solches) Abweichen von der vom Gesetz selbst gewählten Sachgesetzlichkeit kann vor dem Gleichheitssatz nur Bestand haben, wenn das Gewicht der für die Abweichung sprechenden Gründe der Intensität der getroffenen Ausnahmeregelung entspricht.“[67] Der Senat hielt dabei die Gründe, die für die ungleiche Behandlung der bei ihren Eltern beschäftigten Arbeitnehmer sprechen, nicht für so bedeutsam, dass sie den völligen Ausschluss dieser Arbeitnehmer von dem Schutze der Arbeitslosenversicherung rechtfertigen könnte.[68] Diese sachlichen Rechtfertigungsgründe, wie etwa die Gefahr einer missbräuchlichen Ausnutzung der Arbeitslosenversicherung[69], kein Arbeitslosigkeitsrisiko der bei ihren Eltern beschäftigten Arbeitnehmer[70] und keine Schutzlosigkeit wegen der etwaigen Unterhaltspflicht der Eltern[71] wurden vom Gericht wiederum eingehend geprüft; die Anforderungen an ein höheres Maß von Sach- und Systemgerechtigkeit blieben jedoch vereinzelt.[72]

Aufgrund heftiger Kritik an der Sach- und Systemgerechtigkeit in der Literatur[73] verhielt sich das Bundesverfassungsgericht hinsichtlich der erhöhten Prüfungsmaßstäbe für den Gleichheitssatz in den folgenden Jahren dann auch wieder zurückhaltender. So ließ es bei der Prüfung der Herabsetzung der Kilometerpauschale[74] offen, ob dem geltenden Einkommensteuerrecht eine den Gesetz-

---

65 BVerfGE 18, 366f.

66 BVerfGE 13, 331, 340f.; BVerfGE 15, 313, 318.

67 BVerfGE 18, 366, 372; *Huster*, Rechte und Ziele, S. 194 spricht auch von der so genannten „Entsprechungsformel“.

68 BVerfGE 18, 366, 373.

69 BVerfGE 18, 366, 375.

70 BVerfGE 18, 366, 376.

71 BVerfGE 18, 366, 377.

72 Nur noch BVerfGE 20, 374, 377, ebenfalls zur Arbeitslosenversicherung.

73 Dazu siehe Kapitel 1 A. I. 2. a).

74 BVerfGE 27, 58f.

geber bindende Sachgesetzlichkeit innewohnt. Es wies zudem darauf hin, dass dem Gesetzgeber selbst bei Bestehen einer solchen Bindung eine Abweichung durch sachlich einleuchtende Gründe möglich wäre.[75] Allerdings prüft es auch in dieser Entscheidung wieder die einzelnen sachlichen Gründe, wie verkehrs-[76] und finanzpolitische sowie steuertechnische Erwägungen.[77] Abschließend wird betont: „Es ist nicht Sache des Bundesverfassungsgerichts, die vom Gesetzgeber gewählte Lösung auf ihre Zweckmäßigkeit zu prüfen oder zu untersuchen, ob sie die gerechteste Lösung darstellt."[78] In der Entscheidung über das Verbot, Vergütungen an Aufsichtsratsmitglieder bei der Ermittlung des körperschaftsteuerpflichtigen Gewinns abzuziehen[79], stellte das Gericht explizit auf die Freiheit des Gesetzgebers ab, angesichts der Vielgestaltigkeit und Dynamik der wirtschaftlichen Verhältnisse in Anpassung an die jeweilige Problemlage und in Verfolgung verschiedenartiger rechtspolitischer Ziele jeweils die angebrachte Lösung zu finden.[80] Es prüfte im Rahmen dieses Urteils nicht mehr, ob die vom Gesetzgeber vorgebrachten wirtschafts- und rechtspolitischen Gründe sachlich ausreichend waren, sondern wies nochmals auf die Entscheidungsfreiheit des Gesetzgebers hin.[81]

Schließlich entwickelte das Bundesverfassungsgericht im Jahr 1980 die Neue Formel.[82] Dabei ging es um die Frage, ob es mit dem Grundgesetz vereinbar ist, in zivilrechtlichen Streitigkeiten Angriffs- und Verteidigungsmittel, die im ersten Rechtszug zu Recht zurückgewiesen worden sind, auch im Berufungsverfahren auszuschließen (§ 528 Abs. 3 ZPO). Das Gericht betonte den Gehalt des Art. 3 Abs. 1 GG: „Diese Verfassungsnorm gebietet, alle Menschen vor dem Gesetz gleich zu behandeln. Demgemäß ist dieses Grundrecht vor allem dann verletzt, wenn eine Gruppe von Normadressaten im Vergleich zu anderen Normadressaten anders behandelt wird, obwohl zwischen beiden Gruppen keine Unterschiede von solcher Art und solchem Gewicht bestehen, dass sie die ungleiche Behandlung rechtfertigen könnten."[83]

Diesen Regelungsgehalt des Art. 3 Abs. 1 GG hat das Bundesverfassungsgericht namentlich im Zusammenhang mit Versuchen hervorgehoben, aus einem

75 BVerfGE 27, 58, 65.
76 BVerfGE 27, 58, 65.
77 BVerfGE 27, 58, 66.
78 BVerfGE 27, 58, 67.
79 BVerfGE 34, 103ff.
80 BVerfGE 34, 103, 117.
81 BVerfGE 34, 103, 118.
82 BVerfGE 55, 72.
83 BVerfGE 55, 72, 88.

Gesetzeswerk eine den Gesetzgeber bindende Sachgesetzlichkeit herzuleiten und eine Systemwidrigkeit als Verletzung des Gleichheitssatzes zu beanstanden."[84] Neu an dieser Formel war die Einführung einer Abwägung in die Prüfung des allgemeinen Gleichheitssatzes; das Bundesverfassungsgericht differenziert nun nach der Intensität, mit der eine Ungleichbehandlung die Betroffenen beeinträchtigt.[85]

In späteren Entscheidungen führte das Gericht dann zwar aus, was es mit der Sach- und Systemgerechtigkeit bezweckte – „[ihr] Anliegen es ist, in einem bereits geregelten Lebensbereich die vom Gesetzgeber selbst gewählten Vernünftigkeitskriterien und Wertungen folgerichtig zu konkretisieren"[...][86] – es kritisierte jedoch zunehmend diesen selbst entwickelten Maßstab. Der Gedanke der Systemgerechtigkeit dürfe nicht zur Verkrustung einer Gesellschaftsordnung führen, indem er dem Gesetzgeber eine neue Ausrichtung seiner Vernünftigkeitskriterien und eine Neubewertung bislang anders bewerteter Sachverhalte unmöglich mache.[87]

Eine nahezu völlige Abweichung vom Systemgerechtigkeitsgedanken begründete es schließlich mit dem Gedanken der Hilfsüberlegung: „das Bundesverfassungsgericht kann eine (solche) Regelung nur nach den Maßstäben der Verfassung, nicht aber unter dem Gesichtspunkt der Systemwidrigkeit für verfassungswidrig erklären [...]"[88]. Bei dieser Zurückhaltung blieb das Gericht auch in den folgenden Jahren[89] – bis schließlich im Zinsurteil[90] das Folgerichtigkeitsprinzip unter dem Einfluss des Berichterstatters Paul Kirchhof entwickelt wurde. Daran anschließend kam in den Entscheidungen des Bundesverfassungsgerichts die Systemgerechtigkeit bzw. die Systemwidrigkeit von vornherein nicht mehr zur Anwendung.[91]

---

84 BVerfGE 55, 72, 88 mit Verweis auf BVerfGE 34, 103, 105.

85 *Bulla*, Freiheit der Berufswahl, S. 311.

86 BVerfGE 60, 16, 43.

87 BVerfGE 60, 16, 43; auf diese Gefahr weisen auch *Starck* in: v. Mangoldt/Klein/Starck, Kommentar zum GG, Art. 3, Rn. 45 und *Steiner,* NJW 2001, 2919, 2921 hin.

88 BVerfGE 61, 138, 149; siehe bereits BVerfGE 59, 36, 49.

89 BVerfGE 75, 382, 395; BVerfGE 76, 130, 140 mit Verweis auf BVerfGE 34, 103, 115 und BVerfGE 59, 36, 49.

90 BVerfGE 84, 239, 271.

91 BVerfGE 83, 89, 108; BVerfGE 90, 107, 126; BVerfGE 112, 368, 401ff.

2. Rezeption in der Literatur

Die Rechtsprechung des Bundesverfassungsgerichts zur Systemgerechtigkeit wurde von einer intensiven Auseinandersetzung in der Literatur begleitet.[92] Eine Analyse der verschiedenen Literaturansätze muss auch deshalb erfolgen, weil die Argumente gegen den Systemgerechtigkeitsgedanken und den Folgerichtigkeitsgrundsatz sich zum Teil gleichen.

a) *Die Kritik*

Die zunehmende Abkehr des Bundesverfassungsgerichts vom Systemgerechtigkeitsgedanken entsprach einer in der Literatur weit verbreiteten Ablehnung. Kritiker führten hier vor allem diese zwei Argumente[93] an: Der Grundsatz der Systemgerechtigkeit werde dazu verwendet, rechtspolitisch Wünschenswertes als verfassungsrechtlich Gebotenes und verfassungsgerichtlich Durchsetzbares auszugeben.[94] Als zweites Argument wird die Befürchtung geäußert, eine Bindung des Gesetzgebers an einmal eingeführte Prinzipien beeinträchtige die Flexibilität der Legislative und erschwere somit die an neuen Regelungsideen ausgerichtete Reform der Rechtsordnung.[95]

Systemgerechtigkeit solle daher als Topos für die gleichheitsrechtliche Überprüfung von gesetzgeberischem Handeln aufgegeben werden, denn Art. 3 Abs. 1 GG binde den Gesetzgeber nicht an ein von ihm selbst gewähltes gesetzliches System.[96] Die Verfassung enthalte weder ein an den Gesetzgeber gerichtetes Gebot, Systeme aufzustellen, noch ein solches, sie zu erhalten. Das Gebot habe somit keine rechtliche Bedeutung.[97] Eine Grenzziehung dahingehend, welche Normen eines gesetzlichen Normenkomplexes samt der hinter ihnen stehenden Wertungen und Prinzipien zu systembestimmenden oder -konformen erklärt werden und welche zur Durchbrechung, sei nicht möglich. Denn wenn ein vorgegebenes System in einem bestimmten Fall durchbrochen wird, so könne diese Ausnahme und die hinter ihr stehende Wertung ebenso gut zum Teil des Systems erklärt werden. Umgekehrt könne auch eine systemtragende Regelung, die in einem Ausgleich mit anderen Regelungen des Systems

92 Insbesondere durch *Peine,* Systemgerechtigkeit: Die Selbstbindung des Gesetzgebers als Maßstab der Normenkontrolle und *Degenhart,* Systemgerechtigkeit und Selbstbindung des Gesetzgebers als Verfassungspostulat; die jedoch zu gegensätzlichen Ergebnissen bei ihrer Analyse kommen.

93 *Morgenthaler,* in: Gleichheit im Verfassungsstaat, S. 53.

94 *Battis,* in: FS Ipsen, S. 11ff.; 26.

95 *Peine,* Systemgerechtigkeit, S. 299ff.

96 *Kischel,* AöR 124 (1999), 174, 176.

97 *Peine,* Systemgerechtigkeit, S. 230.

steht, stets als Durchbrechung dieser anderen Regeln bezeichnet werden. Damit werde das System also reduziert und ein früherer Systembestandteil zum Systembruch umdefiniert.[98]

Die Heranziehung der Systemgerechtigkeit gehe in der Rechtsprechung des Bundesverfassungsgerichts jedenfalls nicht über die Interpretation des allgemeinen Gleichheitssatzes als Willkürverbot hinaus.[99] Eine Verschärfung dieser Rechtsprechung begründe die Gefahr, einfach-rechtlichen Positionen, die als Bestandteil verfassungsrechtlicher Gewährleistung gerade nicht nachgewiesen werden können, auf diese Weise doch Verfassungsrang zu verleihen.[100] Die Systemgerechtigkeit und damit die Bindung an ein bestehendes System habe zudem zur Folge, älteren oder systembestimmenden Normen einen höheren Rang gegenüber den neueren oder systembrechenden zuzuweisen.[101]

Mit der Rechtsprechung des Bundesverfassungsgerichts[102] wird allenfalls ein Indiz für Gleichheit und Gerechtigkeit gesehen, wenn der Gesetzgeber konsequent in einem selbst geschaffenen System bleibt und ein Indiz für einen Gleichheitsverstoß, wenn er die selbst geschaffene Systematik durchbricht.[103] Der Systemgerechtigkeit wird damit eine eigenständige Bedeutung in der Gleichheitsprüfung abgesprochen; es handele sich nur um ein Begründungsgebot oder eine Beweislastumkehr.[104] Die in BVerfGE 13, 31, 38 angeführte Argumentation der Verfassungswidrigkeit wegen Systemwidrigkeit sei nicht ganz überzeugend, denn man vermisse die Begründung, warum in der Festsetzung eines Stichtages eine Systemwidrigkeit und nicht nur eine geringfügige sachliche Abweichung liegt und warum diese angebliche Systemwidrigkeit dann zur Gleichheitswidrigkeit führt.[105] Die rechtsdogmatische Schwäche der Systemgerechtigkeit sei insbesondere die fehlende Trennschärfe zwischen formalen und materialen Aspekten des Gleichheitssatzes.[106]

---

98 *Kischel,* AöR 124 (1999), 174, 207.

99 *Pieroth,* Rückwirkung und Übergangsrecht, S. 155-158; ebenso *Englisch,* Wettbewerbsgleichheit, S. 152.

100 *Pieroth,* Rückwirkung und Übergangsrecht, S. 157.

101 *Kischel,* AöR 124 (1999), 174, 204.

102 Vgl. z. B. BVerfGE 9, 20, 28; BVerfGE 24, 75, 100; BVerfGE 34, 103, 115; BVerfGE 59, 36, 49.

103 *Rüfner,* in: BK des GG, Art. 3 Abs. 1, Rn. 38.

104 *Degenhart,* Systemgerechtigkeit, S. 25; *Haverkate,* Rechtsfragen, S. 129 mit Fn. 48; *Robbers,* DÖV 1988, 749, 756.

105 *Kreussler,* Der allgemeine Gleichheitssatz, S. 95.

106 *Englisch,* Wettbewerbsgleichheit, S. 153.

b) *Gegenauffassung*

Die Befürworter meinen dagegen, mit der Forderung nach Systemgerechtigkeit sei ein Kompromiss geglückt zwischen demokratischer, politischer Gestaltungsfähigkeit des parlamentarischen Gesetzgebers und der Gerechtigkeitskontrolle durch das Bundesverfassungsgericht mit Hilfe des Gleichheitssatzes.[107] Die determinierende Wirkung des Selbstbindungsgedankens solle nicht unterschätzt werden. Er sei immerhin geeignet, schon per se einen gewissen disziplinierenden Einfluss auf die Legislative auszuüben und darüber hinaus in der Lage, jedenfalls einer extremen Systemgleichgültigkeit des Steuergesetzgebers auch verfassungsrechtlich Einhalt zu gebieten.[108]

Der Systemgedanke schaffe Sensibilität für Systembrüche und Inkonsequenzen.[109] Er eigne sich dazu, eine Strukturierung und Rationalisierung des Willkürverbotes herbei zu führen.[110] Die Formel der Systemgerechtigkeit bedeutet für die Befürworter zu allererst eine Umkehr der Argumentationslast zu Ungunsten des Gesetzgebers.[111] Problematisch sei jedoch die Unbestimmtheit des Kriteriums der Systemgerechtigkeit; denn bei der Kontrolle der Wertungskonformität einer Einzelregelung mit dem System des Gesetzes ist der größere Wertungs- und Systemzusammenhang der einzelnen Gesetze zu beachten. Je weiter die Normenkontrolle in Obersysteme ausgreift und Untersysteme auf Wertungskonsistenz mit einem Obersystem überprüft, umso mehr verblasst die Systemgerechtigkeit des Untersystems und damit die besondere Wertung des Gesetzgebers.[112] Bei der Systemwahl als Maßstab für die Normenkontrolle zeigen sich dann die Funktionsgrenzen verfassungsgerichtlicher Normenkontrolle.[113]

c) *Eingeschränkter Anwendungsbereich*

Vorgeschlagen wird auch, die Systemgerechtigkeit nur eingeschränkt zur Anwendung kommen zu lassen: Wie die Entscheidung des Bundesverfassungsgerichts zum Verhältniswahlrecht[114] zeige, bestehe nur eine relative Bindung des

107 *Häberle,* Diskussionsbeitrag in: C. Link, Gleichheitssatz, S. 105.

108 *Selmer,* AöR 101 (1976), 238, 454.

109 *Starck,* in: C. Link, Gleichheitssatz, S. 110.

110 *Starck,* in: C. Link, Gleichheitssatz, S. 71.

111 *Starck,* in: v. Mangoldt/Klein/Starck, Kommentar zum GG, Art. 3, Rn. 44, Fn. 223; *Pieroth,* Rückwirkung und Übergangsrecht, S. 155.

112 *Starck,* in: v. Mangoldt/Klein/Starck, Kommentar zum GG, Art. 3, Rn. 50.

113 *Starck,* in: v. Mangoldt/Klein/Starck, Kommentar zum GG, Art. 3, Rn. 50 mit Verweis auf BVerfGE 75, 78, 107 (Renten der gesetzlichen Rentenversicherung/Betriebsrenten) und BVerfGE 85, 176, 186 (Beamtenversorgung/Renten).

114 BVerfGE 1, 208ff.

Gesetzgebers; er sei relativ zu seiner Entscheidung für dieses System gebunden.[115] Das Abstellen auf die Systemgerechtigkeit betont die relative Bindung des Gesetzgebers an das von ihm selbst gewählte System oder Gerechtigkeitsprinzip und stellt insofern eine Besonderheit der Gleichheitsdogmatik dar.[116]

Es sei eine Unterscheidung vorzunehmen zwischen Differenzierungen, die den Gleichheitssatz „verwirklichen“, weil sie auf Erwägungen der Gerechtigkeit beruhen und Differenzierungen, die den Gleichheitssatz „durchbrechen“, weil sie auf Erwägungen des gesellschaftlichen Gesamtnutzens oder der Zweckmäßigkeit zurückgehen. Diese durchbrechenden Differenzierungen widersprächen der Gerechtigkeit im engeren Sinne. Differenzierungen der ersten Art bilden das jeweilige System, Differenzierungen der zweiten Art stellen Durchbrechungen dieses Systems dar, die unter qualifizierten Voraussetzungen zulässig sind. Wenn eine bestimmte Differenzierung den Gleichheitssatz verwirklicht, bedeutet dies nicht, dass sie durch den Gleichheitssatz auch zwingend geboten ist. Der Gesetzgeber hat vielmehr die Wahlfreiheit zwischen den Verwirklichungsvarianten. Allerdings bewegt sich diese Freiheit nur innerhalb der Grenzen der Willkür, um die verfassungsgerichtliche Kontrolle nicht leer laufen zu lassen.[117]

II. Eingrenzung des Begriffs Systemgerechtigkeit

In der Literatur war und ist der vom Bundesverfassungsgericht verwendete Begriff der Systemgerechtigkeit Gegenstand breiter Diskussion. Unter Systemgerechtigkeit wird das Passen einer gesetzgeberischen Entscheidung in ein vorhandenes Rechtssystem verstanden;[118] die Systemwidrigkeit beschreibt dann das Verhalten des Gesetzgebers im Widerspruch zu seinen eigenen Prinzipien.[119] Intensiv haben sich vor allem *Peine* und *Degenhart* mit der Rechtsprechung und Literatur zu diesem Thema auseinandergesetzt. Differenziert wird dabei in die Begriffe „System“ und „Sachgerechtigkeit bzw. Sachgesetzlichkeit“ sowie die hieraus resultierende Frage nach der „Selbstbindung des Gesetzgebers“. Um den Begriff der Systemgerechtigkeit näher zu beleuchten, müssen zunächst die vorstehenden Begriffe als ihre Bezugspunkte geklärt werden.

115 *Huster,* Rechte und Ziele, S. 391.
116 *Huster,* Rechte und Ziele, S. 392.
117 *Huster,* Rechte und Ziele, S. 398.
118 *Peine,* Systemgerechtigkeit, S. 27.
119 *Degenhart,* Systemgerechtigkeit, S. 4.

1. Systembegriff

Canaris hat als einer der ersten Autoren in seiner Schrift über „Systemdenken und Systembegriff in der Jurisprudenz“ den Systemgedanken und die Bestimmung des Rechtssystems genauer herausgearbeitet. Allgemein versteht er unter einem System die Ordnung von bestimmten Elementen nach bestimmten Ordnungsmerkmalen oder nach den zwischen ihnen bestehenden Zusammenhängen.[120] Das Rechtssystem definiert er als „eine axiologische oder teleologische Ordnung allgemeiner Rechtsprinzipien“.[121] Diese Prinzipien sind keine obersten Werte (Axiome), sondern bereits so weit verfestigte, übergreifende Primär- und Grundwertungen, die bereits eine grobe Aussage über die Rechtsfolge zulassen. Sie sind zugleich in der Weise konstitutiv für ein Rechtsgebiet, dass dessen Ordnung durch eine Änderung des Prinzips im Wesensgehalt verändert würde. Den Prinzipien muss ein korrespondierendes System von Rechtsbegriffen zugeordnet sein. Es ist Sache der Einzeltatbestände und ihrer Rechtsbegriffe, für die Realisierung der Wertordnung durch Normativierung zu sorgen.[122]

Degenhart bestimmt den Systembegriff im Anschluss an *Canaris* nach der Funktion des Gesetzgebers, durch seine Wertentscheidungen normative Ordnungen zu gestalten, im Rahmen dieser Funktion kann er Systemgerechtigkeit realisieren. Ein von ihm zu wahrendes System kann sich daher nur konstituieren aus grundlegenden normativen Wertentscheidungen, die in grundsätzlicheren, allgemeineren Rechtsprinzipien ihren Niederschlag finden.[123]

Auch *Tipke* beruft sich auf *Canaris*: Ein gerechtes Rechtssystem (auch das Steuerrechtssystem) ist ein auf sachgerechten Prinzipien gegründetes Gedankenkonstrukt. An der Basis steht ein Fundamentalprinzip (Primärprinzip, Oberregel, Grundregel) oder stehen mehrere solcher Prinzipien. Aus dem Fundamentalprinzip müssen dann Subprinzipien (Sekundärprinzipien, Unterregeln, Folgeregeln) und schließlich einzelne Rechtsnormen abgeleitet werden.[124] Ist die Entscheidung für ein sachgerechtes Fundamentalprinzip gefallen, so muss dieses konsequent zu Ende gedacht und es müssen die Subprinzipien konsequent abgeleitet werden. Auch unter dem Aspekt des Gleichheitssatzes muss immer geprüft werden, ob das Subprinzip dem vorgeordneten Fundamentalprinzip zugeordnet werden kann. Aus einem Fundamentalprinzip können sich auch mehrere konkurrierende Subprinzipien ableiten lassen, die gleichermaßen vertretbar und schlüs-

---

120 *Canaris,* Systemdenken, S. 12f.

121 *Canaris,* Systemdenken, S. 47.

122 *Canaris,* Systemdenken, S. 46f.

123 *Degenhart,* Systemgerechtigkeit, S. 3.

124 *Tipke,* StRO I, S. 280.

sig sind. Auch wenn man nicht immer nur zu ganz bestimmten Subprinzipien kommt, werden auf diese Weise jedoch Folgen ausgegrenzt, die eindeutig nicht zum Fundamentalprinzip passen.[125]

Eine gesammelte Aufzählung der in Rechtsprechung und Literatur verwendeten „Systembegriffe“ findet sich bei *Peine.* Er zählt 14 verschiedene Definitionen auf.[126] Allerdings bemerkt er hierbei zutreffend, dass die Feststellung der Inhalte des Systembegriffs noch keine Aussage über die Funktionen erlaubt, die den Inhalten in Rechtsprechung und Literatur zukommen. „Die Beschreibung bewirkt für sich genommen noch nichts, sondern es kann nur beabsichtigt sein, diesen Zustand zu erreichen, zu erhalten oder zu verändern“.[127] Bei der inhaltlichen Analyse des „Systems“ ließen sich vier unterschiedliche Funktionen unterscheiden: Ein *Systemaufstellungsgebot* als Pflicht des Gesetzgebers zur Realisierung eines bislang nicht existierenden Systems. Ein *Systemerhaltungsgebot* bezieht sich auf die Pflicht des Gesetzgebers, ein bereits vorhandenes gesetzliches System zu bewahren, also im Hinblick auf die Erhaltung konsequent zu verfahren. Drittens zeigt das *Systembeachtungsgebot,* wie die in der Realität vorgefundenen Umstände bei einer gesetzlichen Regelung vom Gesetzgeber zumindest zu beachten sind. Als vierte Funktion wird ein *Systemanwendungsgebot* beschrieben.[128]

Das Bundesverfassungsgericht begreift „System“ einmal als rechtlichen Sollensbereich, Ordnung von Gesetzesvorschriften, zum anderen als reale Gegebenheiten der sozialen Wirklichkeit, die dem rechtlichen System vorgegeben ist.[129] Zuweilen hat es in seinen Entscheidungen auch eine einzelne Leitidee[130] oder den Regelungszweck[131] als System bezeichnet.[132] Es fordert als Maßstab eine am Gerechtigkeitsdenken oder am Gerechtigkeitsgedanken orientierte Betrachtungsweise.[133] Jedoch sei die Zurückhaltung des Gerichts auffällig; es scheue sich, aus dem jeweiligen gesetzlichen Zusammenhang ein „System“, eine „Sachgesetzlichkeit“ oder eine sonstige gesetzgeberische Grundwertung mit der

---

125 *Tipke,* StRO I, S. 281.

126 *Peine,* Systemgerechtigkeit, S. 51.

127 *Peine,* Systemgerechtigkeit, S. 51f.

128 *Peine,* Systemgerechtigkeit , S. 52.

129 *Battis,* in: FS Ipsen, S. 14f.

130 BVerfGE 76, 130, 139f.

131 BVerfGE 61, 138, 148.

132 *Englisch,* Wettbewerbsgleichheit, S. 146.

133 Vgl. z. B. BVerfGE 1, 264, 276; BVerfGE 3, 58, 135f.; BVerfGE 9, 124, 130; BVerfGE 9, 137, 146; BVerfGE 9, 237, 244; BVerfGE 17, 319, 330; BVerfGE 18, 38, 46.

Folge einer Selbstbindung des Gesetzgebers zu folgern.[134] Da unklar bleibt, welche Inhalte das Bundesverfassungsgericht mit dem Begriff verbindet[135] sind dessen Ausführungen für eine Definition somit nicht weiterführend.

2. Sachgesetzlichkeit und Sachgerechtigkeit

„Die Abweichung von der (selbst gesetzten) Sachgesetzlichkeit“[136] wird vom Bundesverfassungsgericht häufig als Synonym für Systemwidrigkeit verwendet.[137] Daher ist zunächst als Grundlage der Systemgerechtigkeit die Sachgerechtigkeit (auch Sachgesetzlichkeit, die Natur der Sache, den sachlich einleuchtenden Grund, die Eigenart des zu regelnden Sachverhalts oder sachgerechte Erwägungen)[138] näher zu erläutern.

Unter Sachgerechtigkeit versteht man die vollständige und unverfälschte Aufnahme von tatsächlich vorgefundenen Unterschieden individueller Belastbarkeit; diese muss der Gesetzgeber (im Steuerrecht) als tatsächliche Grundlage der Besteuerbarkeit würdigen.[139] Die gleichheitsrechtliche Bindung des Gesetzgebers ergibt sich aus der in dem zu regelnden Sachbereich angelegten Sachgesetzmäßigkeit und dem im jeweiligen Gesetzgebungsgegenstand enthaltenen Regelungsanliegen. Der Gesetzgeber als Erstinterpret des Gleichheitssatzes wählt den Regelungsgegenstand aus, bestimmt damit über die anzuwendende „Sachgerechtigkeit“, entscheidet über die Ausgestaltung der Regelung und setzt das Vergleichsziel fest.[140]

Zur Sachgesetzlichkeit eines Regelungsbereiches können jedoch nur Maßstäbe beitragen, die ihn als gesonderte, abgrenzbare Materie charakterisieren, mithin das jeweilige bereichsspezifische Leitprinzip und dessen Konkretisierungen. Nur diese sind als systemkonstituierende Prinzipien anzusehen. Dies hängt mit dem engen Systemgerechtigkeitsverständnis des Bundesverfassungsgerichts zusammen: Dieses enge Verständnis bezieht sich nicht auf alle jeweils im System geltenden Rechtsprinzipien, sondern nur auf das bereichsspezifische Leitprinzip und dessen Unterprinzipien. Eine Systemwidrigkeit liegt dann vor, wenn

---

134 *Selmer,* AöR 101 (1976), 238, 454 mit Verweis auf BVerfGE 27, 58, 65; BVerfGE 34, 103, 117 sowie BVerfGE 36, 321, 337.

135 *Peine,* Systemgerechtigkeit, S. 28.

136 BVerfGE 13, 331, 340; BVerfGE 18, 315, 329.

137 *Englisch,* Wettbewerbsgleichheit, S. 147.

138 *Rüfner,* in: BK des GG, Art. 3 Abs. 1, Rn. 29.

139 *Kirchhof,* in: Isensee/Kirchhof, HStR Bd. V, § 118, Rn. 175.

140 *P. Kirchhof,* Die Verschiedenheit der Menschen und die Gleichheit vor dem Gesetz, S. 33.

diese „systemtragenden“ Leitprinzipien nicht in allen Verästelungen folgerichtig entfaltet und die diesbezüglichen Konkretisierungsspielräume nicht einheitlich ausgeübt worden sind.[141]

3. Selbstbindung oder Bindung an ein System

Die Systembindung betrifft dem Rechtsbereich innewohnende, rechtliche Gehalte und vorherige Rechtsgedanken.[142] Sie führt letztlich zu einer Selbstbindung des Gesetzgebers, einer Bindung der einen Norm an andere, systemtragende Normen.[143] Denn bei einer Abweichung sind die Vergleichsgruppen vom Gesetzgeber selbst vorgegeben und im Vergleich zu den Eigenschaften dieser bestimmten Gruppen müssen Unterschiede vorhanden sein, um zu einer Rechtfertigung zu führen.[144]

Selbstbindung des Gesetzgebers und Systemgerechtigkeit verhalten sich nach Ansicht von *Peine* zueinander wie zwei einander schneidende Kreise, deren gemeinsame Fläche durch die Inhaltsgleichheit beider Begriffe gekennzeichnet ist.[145] Unter dem Gesichtspunkt „Bindungsabsicht des Gesetzgebers“ ließen sich zwei Formen gesetzgeberischer Selbstbindung unterscheiden: die freiwillige und die unfreiwillige. Er identifiziert unter der unfreiwilligen Selbstbindung des Gesetzgebers ein dreistufiges Konzept; dabei erfasst die Stufe eins die stärkste, die Stufe drei die schwächste Form. Auf der ersten Stufe bedeutet Selbstbindung des Gesetzgebers die Pflicht zur Wahl eines Norminhalts, bei dem das Rechtssystem stimmig bleibt oder wird; die zweite Stufe betrifft mit der Selbstbindung die Verpflichtung des Gesetzgebers, an einem einmal gewählten Norminhalt auch in der Zukunft festzuhalten. Die Verpflichtung des Gesetzgebers, einen Gesetzesinhalt, der einen bestimmten, sachlich abgrenzbaren Bereich betrifft, konsequent auf alle den Bereich berührenden Normen zu erstrecken, betrifft schließlich die dritte und schwächste Stufe.

Die Literaturkritiker meinen dagegen, eine Systembindung des Gesetzgebers bestehe nicht. Dies sei schon deshalb unvermeidbar, weil die Abweichung von einem Regelungssystem gerade sachgerecht, die Anwendung in einem Einzelfall

---

141 *Englisch,* Wettbewerbsgleichheit, S. 147.

142 *Kirchhof,* in: Isensee/Kirchhof, HStR Bd. V, § 124, Rn. 222; zur Unterscheidung zwischen Sachgerechtigkeit und Systembindung vgl. hierzu *Sachs,* in: Isensee/Kirchhof, HStR Bd. V, § 127, Rn. 3.

143 *Kischel,* AöR 124 (1999), 174, 178.

144 *Degenhart,* Systemgerechtigkeit, S. 4, 49ff.

145 *Peine,* Systemgerechtigkeit, S. 19; ebenso *Kreussler*, Der allgemeine Gleichheitssatz, S. 98.

dagegen sachwidrig sein kann.[146] Zu diesem Ergebnis komme auch die Rechtsprechung des Bundesverfassungsgerichts, nach der der Gesetzgeber gleichzeitig mehrere Regelungsziele verfolgen darf, die auf verschiedene Weise miteinander in Ausgleich gebracht werden können.[147]

4. Eigenes Verständnis der Systemgerechtigkeit

Maßstab für die Forderung nach Systemgerechtigkeit soll damit im Anschluss an *Canaris, Degenhart* und *Tipke* das so genannte „innere System" sein; ein Ausgleich zwischen bestimmten Wertungen oder Prinzipien in der Weise, dass grundlegende und fundamentale Prinzipien als Ausgangsbasis (Leitprinzip) gelten, von denen weitere Unterprinzipien oder Wertungen abgeleitet werden. Hat man das fundamentale Ausgangs- oder Leitprinzip gefunden, so ist dieses vom Gesetzgeber sachgerecht umzusetzen; d. h. er muss seine Folgeprinzipien am Ausgangsprinzip ausrichten und so im Rahmen seines Regelungsanliegens bleiben. Es muss eine Vergleichbarkeit bestehen und er darf sich nicht in Widerspruch zur Ausgangsentscheidung setzen.

Zuzugeben ist der Kritik, dass es schwierig ist, diejenigen Prinzipien zu bestimmen, die die systemtragenden sein sollen oder auch festzulegen, welches System entscheidend ist. Das Kriterium der Systemgerechtigkeit bleibt somit unbestimmt[148], es lässt sich nicht näher eingrenzen. Aus dieser Problematik heraus ist auch verständlich, warum das Bundesverfassungsgericht keine eigene Definition des Systembegriffs gibt[149] und unterschiedlichste Grundsätze als gesetzliche Systeme ansieht[150] – hier kann es sich nicht eindeutig festlegen, da es sonst eigene Wertungen über die des Gesetzgebers stellen würde. Aber spricht die Schwierigkeit der Eingrenzung der grundlegenden Prinzipien bzw. des maßgebenden Systems wirklich gegen die Systemgerechtigkeit? Dies würde den Gesetzgeber freisprechen von der Einhaltung jeglicher Konsequenz, der Forderung nach einer inneren Systematik eines Teilrechtssystems. Hierzu reicht die Willkürformel nicht aus; denn dass eine Norm nicht willkürlich ist, bedeutet nicht unbedingt, dass sie auch systematisch ist und sich konsequent einfügt. Auch wenn der Gedanke der „Verfassungsnähe" oder des „Verfassungsbezugs" einfach-gesetzlicher Regelungen von *Degenhart*[151] wohl zu weit geht, kann Konse-

146 *Kischel,* AöR 124 (1999), 175, 207; *ders.,* in: Gleichheit im Verfassungsstaat, S. 184.

147 Vgl. *Kischel,* in: Gleichheit im Verfassungsstaat, S. 192.

148 *Starck,* in: v. Mangoldt/Klein/Starck, Kommentar zum GG, Art. 3, Rn. 50.

149 Der Begriff existierte bereits vorher, das Bundesverfassungsgericht hat den Begriff nicht erfunden, sondern nur eingefügt, so *Peine,* Systemgerechtigkeit, S. 24ff.

150 *Peine,* Systemgerechtigkeit, S. 24ff.; *Degenhart,* Systemgerechtigkeit, S. 6ff.

151 *Degenhart,* Systemgerechtigkeit, S. 85f.

quenz und innere Systematik nicht völlig unbeachtlich sein: Systemwidrigkeit kann zumindest ein Indiz für einen Gleichheitsverstoß sein und die Willkürprüfung strukturieren und rationalisieren,[152] nur mit der Ermittlung der besonderen Wertungen des Gesetzgebers kann ein Vergleichsmaßstab ermittelt werden, mit dem Inkonsequenzen aufgespürt werden können. Besonders im Steuerrecht, welches sich in vielen Fällen gerade durch Inkonsequenz auszeichnet, kann durch die konsequente Verwirklichung fundamentaler Prinzipien (insbesondere des Leistungsfähigkeitsprinzips) Willkür vermieden werden.

Der Gedanke der Systemgerechtigkeit, die Forderung nach Konsequenz führt auch nicht zu einer Einschränkung der Flexibilität der Legislative: Dem Gesetzgeber bleibt es unbenommen, eine neue Wertung einzuführen oder ein Rechtsprinzip für gewichtiger einzustufen,[153] dann muss er dieses neue Rechtsprinzip unter Beachtung der Grundsätze der Verhältnismäßigkeit jedoch auch konsequent umsetzen und einen systematischen Widerspruch zu anderen Rechtsprinzipien vermeiden. In diesem Maße entsteht auch eine Bindung des Gesetzgebers an sein eigenes System; die Selbstbindung des Gesetzgebers ist damit ebenso wie die Sachgerechtigkeit der Ausgestaltung einer Norm Bestandteil der Systemgerechtigkeit.

Dennoch ist festzuhalten: Systemgerechtigkeit ist kein Verfassungsmaßstab.[154] Das Bundesverfassungsgericht selbst hat sich ausdrücklich von der Systemgerechtigkeit distanziert, indem es im Rahmen der Neuen Formel hervorhob, eine aus einem Gesetzeswerk den Gesetzgeber bindende Sachgesetzlichkeit gebe es nicht. Zudem könne die Systemwidrigkeit einer Norm (allein) nicht zu einer Verletzung des Gleichheitssatzes führen.[155]

---

152 So auch *Martini*, Art. 3 Abs. 1 GG als Prinzip absoluter Rechtsgleichheit, S. 288; *Starck*, in: C. Link, Gleichheitssatz, S. 51, 71; *Schoch*, DVBl. 1988, 863, 878; *Leibholz*, Gleichheit, S. 47, 76.

153 So auch *Englisch*, Wettbewerbsgleichheit, S. 122; *Starck*, in: v. Mangoldt/Klein/Starck, Kommentar zum GG, Art. 3, Rn. 45 mit Verweis auf BVerfGE 60, 16, 42f.; zurückhaltender BVerfGE 75, 382, 395f.; BVerfGE 76, 130, 139f.; BVerfGE 78, 104, 123; BVerfGE 81, 156, 207; BVerfGE 85, 238, 244ff.

154 Einzige Ausnahme: In der Entscheidung zur Verfassungsmäßigkeit eines kommunalen Neugliederungsgesetzes (BVerfGE 50, 50ff.) wird die Figur der Systemgerechtigkeit gleichwertig neben dem Rechtsstaatsprinzip als verfassungsrechtlicher Maßstab verwendet (so *Prokisch*, in: FS für Vogel, S. 293, 306, Fn. 80).

155 BVerfGE 55, 72, 88 mit Verweis auf BVerfGE 34, 103, 105.

III. Die Entwicklung des Folgerichtigkeitsgedankens

1. Vom Zinsurteil zu den Aufwendungen für ein Erststudium – Folgerichtigkeitsrechtsprechung

Nachdem die bundesverfassungsgerichtliche Rechtsprechung zur Systemgerechtigkeit dargestellt wurde, soll nun die Entwicklung der Judikatur zum Folgerichtigkeitsgebot nachgezeichnet werden. Folgerichtigkeit wird schon im ersten Band der Bundesverfassungsgerichtsentscheidungen gefordert: „Innerhalb jedes Abschnittes der Wahl muss Folgerichtigkeit herrschen".[156] Auch im 19. Band im Urteil zur Zweigstellensteuer[157] verlangt das Gericht Folgerichtigkeit bei der Wahl der gesetzgeberischen Mittel.[158] Das Bundesverfassungsgericht hielt es hier für nicht mit Art. 3 Abs. 1 GG vereinbar, dass der Gesetzgeber aus dem Kreis sämtlicher Großunternehmen nur die Zweigstellenunternehmen herausgegriffen habe und sie damit gegenüber anderen Großunternehmen, die nach ihrer wirtschaftlichen Struktur und Ertragskraft in gleicher Weise eine belastende Konkurrenz für den mittelständischen Einzelhandel bilden, benachteiligt habe.[159] Im Urteil zum Familienlastenausgleich[160] wurde zwar insbesondere auf das Leistungsfähigkeitsprinzip abgestellt, zudem aber schon Konsequenz bei der Umsetzung zuvor getroffener gesetzgeberischer Ausgangsentscheidungen eingefordert: „es wäre inkonsequent", wenn der Staat dem Unterhaltspflichtigen die für den Unterhalt notwendigen Mittel einerseits nehme, andererseits dann die Unterstützung des Bedürftigen selbst übernehmen müsste.[161]

Auf den Folgerichtigkeitsgrundsatz wird dann erst in der Entscheidung des Zweiten Senats zur ungleichmäßigen Besteuerung der Einkünfte aus Kapitalvermögen – dem Zinsurteil[162] – rekurriert: „Aus dem Gebot der möglichst gleichmäßigen Belastung aller Steuerpflichtigen folgt: Der Gesetzgeber hat zwar bei der Auswahl des Steuergegenstandes und bei der Bestimmung des Steuersatzes einen weit reichenden Entscheidungsspielraum. Bei der Ausgestaltung dieses Ausgangstatbestandes hat er die einmal getroffene Belastungsentscheidung dann aber folgerichtig im Sinne der Belastungsgleichheit umzusetzen. [...] Art. 3 Abs. 1 GG verbietet eine Regelung der Steuererhebung, welche die Gleichheit des Belastungserfolgs prinzipiell verfehlt. Daraus folgt, daß das ma-

156 BVerfGE 1, 208, 246.
157 BVerfGE 19, 101.
158 BVerfGE 19, 101, 116.
159 BVerfGE 19, 101, 116.
160 BVerfGE 82, 60ff.
161 BVerfGE 82, 60, 86.
162 BVerfGE 84, 239ff.

terielle Steuergesetz in ein normatives Umfeld eingebettet sein muß, welches die Gleichheit der Belastung auch hinsichtlich des tatsächlichen Erfolges prinzipiell gewährleistet."[163]

Auch im Urteil zum Grundfreibetrag im Einkommensteuerrecht[164] verweist das Gericht wieder auf das Folgerichtigkeitsprinzip: „Wenn der Gesetzgeber einen Grundfreibetrag im Tarif vorsieht und der mit wachsendem Einkommen steigenden Belastbarkeit des Steuerpflichtigen durch die Gestaltung des Tarifs Rechnung trägt [...], ist es ihm unbenommen, in folgerichtig gestalteten Übergängen [...] den Tarifverlauf so zu gestalten, daß die Entlastungswirkung des angemessen quantifizierten Existenzminimums, das zunächst bei allen Steuerpflichtigen berücksichtigt wird, schrittweise kompensiert wird."[165] Die Auseinandersetzung mit dem Folgerichtigkeitsgrundsatz erfolgt hierbei jedoch am Rande und ohne Bezugnahme auf Art. 3 Abs. 1 GG.[166]

Im Vermögensteuer-Beschluss[167] finden sich ebenfalls Aussagen zum Folgerichtigkeitsgrundsatz: „Der Gesetzgeber hat zwar bei der Ausgestaltung des Steuergegenstandes und bei der Bestimmung des Steuersatzes einen weit reichenden Entscheidungsspielraum. Nach Regelung dieses Ausgangstatbestandes aber hat er die einmal getroffene Belastungsentscheidung folgerichtig im Sinne der Belastungsgleichheit umzusetzen. [...] Bestimmt der Gesetzgeber für das gesamte steuerpflichtige Vermögen einen einheitlichen Steuersatz, so kann eine gleichmäßige Besteuerung nur in den Bemessungsgrundlagen der je für sich zu bewertenden wirtschaftlichen Einheiten gesichert werden. [...] Haben sich die steuererheblichen Werte für bestimmte Gruppen wirtschaftlicher Einheiten deutlich auseinander entwickelt, so darf das der Gesetzgeber nicht auf sich beruhen lassen."[168]

Bei der Prüfung des Ausschlusses der Verlustverrechnung bei Einkünften aus Vermietung[169] und der Steuerfreiheit der Aufwandsentschädigungen für ehemalige Bundesbedienstete[170] forderte der Zweite Senat für Abweichungen

163 BVerfGE 84, 239, 271.
164 BVerfGE 87, 153ff.
165 BVerfGE 87, 153, 170 unter Hinweis auf BVerfGE 82, 60, 90f.; BVerfGE 84, 239, 271.
166 *Schwarz,* in: FS Isensee, S. 959.
167 BVerfGE 93, 121f.
168 BVerfGE 93, 121, 136 mit Verweis auf BVerfGE 23, 242, 256; BVerfGE 84, 239, 271; BVerfGE 41, 269, 283.
169 BVerfGE 99, 88, 95.
170 BVerfGE 99, 280, 290.

vom Ausgangstatbestand und seiner folgerichtigen Ausgestaltung einen besonderen, sachlichen Rechtfertigungsgrund. Damit wurden höhere Anforderungen als die Willkürformel an die Rechtfertigung einer Ausnahme vom Folgerichtigkeitsgebot gestellt.[171]

In der Existenzminimum-Entscheidung[172] vom 10.11.1998 wies das Gericht für den Bereich des subjektiven Nettoprinzips auf die Beachtung des Verfassungsgebots der steuerlichen Verschonung des Existenzminimums des Steuerpflichtigen und seiner unterhaltsberechtigten Familie hin.[173] Dieses Gebot, bei allen Steuerpflichtigen unabhängig von ihrem individuellen Grenzsteuersatz die existenznotwendigen Mindestaufwendungen für Kindesunterhalt in der Bemessungsgrundlage zu berücksichtigen, folgt auch aus dem Gebot der Folgerichtigkeit.[174] Damit stellte das Bundesverfassungsgericht klar: Das Verfassungsgebot der Berücksichtigung des Existenzminimums aus Art. 1 Abs. 1 GG i. V. m. dem Sozialstaatsgrundsatz des Art. 20 Abs. 1 GG[175] beruht auch auf dem Folgerichtigkeitsgrundsatz.

Während für das Folgerichtigkeitsgebot zunächst vor allem auf die Ausgangsentscheidungen abgestellt wurde, fordert der Zweite Senat im Heileurythmie-Urteil[176] auch Folgerichtigkeit bei der Umsetzung durch Verwaltung und Rechtsprechung: Das Gebot der folgerichtigen Umsetzung der einmal getroffenen Belastungsentscheidung betrifft auch den Gesetzesvollzug und die Rechtsprechung, wenn für vergleichbare Sachverhalte und künftige Entwicklungen offene steuerliche Tatbestandsmerkmale durch Auslegung zu konkretisieren sind.[177]

Im Urteil des Zweiten Senats zur Aufhebung der Steuerfreiheit von Zinsen aus bestimmten verzinslichen Wertpapieren[178] wird der Grundsatz folgerichtiger Ausgestaltung der steuergesetzlichen Belastungsgründe im Tenor aufgenommen. Zudem wird hier das Folgerichtigkeitsgebot erstmals ausdrücklich dem

171 *Englisch,* Wettbewerbsgleichheit, S. 76.
172 BVerfGE 99, 246ff.
173 BVerfGE 99, 216, 232f.
174 BVerfGE 99, 246, 264f. mit Verweis auf BVerfGE 84, 239, 271; BVerfGE 87, 153, 170; BVerfGE 93, 121, 136.
175 BVerfGE 82, 60, 85.
176 BVerfGE 101, 132ff.
177 BVerfGE 101, 132, 138.
178 BVerfGE 105, 17ff.

Steuerrecht zugeordnet: „Das steuerrechtliche Gebot der Folgerichtigkeit in der Umsetzung einmal getroffener Belastungsentscheidungen“.[179]

Die Entscheidung zur unterschiedlichen Besteuerung von Beamtenpensionen und Renten aus der gesetzlichen Rentenversicherung[180] verknüpft Folgerichtigkeitsgebot und Leistungsfähigkeitsprinzip; es handelt sich hierbei um zwei eng miteinander verbundene Leitlinien.[181] Zudem hebt das Bundesverfassungsgericht ausdrücklich hervor, dass beide Prinzipien die grundsätzliche Freiheit des Gesetzgebers, diejenigen Sachverhalte tatbestandlich zu bestimmen, an die das Gesetz dieselben Rechtsfolgen knüpfe, begrenzten.[182] Damit stellt sich das Folgerichtigkeitsgebot neben dem Leistungsfähigkeitsprinzip auch aus Sicht des Gerichts als Grenze des Entscheidungsspielraums des Gesetzgebers dar.[183]

Im Interesse verfassungsrechtlich gebotener steuerlicher Lastengleichheit muss darauf abgezielt werden, dass Steuerpflichtige bei gleicher Leistungsfähigkeit auch gleich hoch besteuert werden („horizontale“ Steuergerechtigkeit), während (in „vertikaler“ Richtung) die Besteuerung höherer Einkommen im Vergleich mit der Steuerbelastung niedrigerer Einkommen dem Gerechtigkeitsgebot genügen muss. Eine Ergänzung und Unterstützung erfährt der Grundsatz der Folgerichtigkeit in dieser Entscheidung noch durch das Gebot realitätsgerechter Tatbestandsgestaltung. Danach können realitätsfremde Bemessungstatbestände für einkommensteuerlich berücksichtigungsbedürftige Aufwendungen gleichheitswidrig sein.[184]

Auch in den folgenden Jahren hat der Zweite Senat bei seinen Entscheidungen immer wieder auf den Folgerichtigkeitsgrundsatz zurückgegriffen.[185] Betont wurde hierbei insbesondere auch die Typisierungsbefugnis des Gesetzgebers: Steuergesetze betreffen in der Regel Massenvorgänge des Wirtschaftslebens. „Sie müssen, um praktikabel zu sein, Sachverhalte, an die sie dieselben steuerrechtlichen Folgen knüpfen, typisieren und dabei in weitem Umfang die Besonderheiten des einzelnen Falles vernachlässigen. Die wirtschaftlich ungleiche Wirkung auf die Steuerzahler darf allerdings ein gewisses Maß nicht übersteigen. Vielmehr müssen die steuerlichen Vorteile der Typisierung im rechten

179 BVerfGE 105, 17, 47.
180 BVerfGE 105, 73ff.
181 BVerfGE 105, 73, 125.
182 BVerfGE 105, 73, 125; später auch in BVerfGE 107, 27, 46.
183 *Tipke,* JZ 2009, 533, 537.
184 BVerfGE 105, 73, 126.
185 BVerfGE 107, 27, 46; BVerfGE 110, 412, 433; BVerfGE 112, 268, 282; BVerfGE 116, 164, 180.

Verhältnis zu der mit der Typisierung notwendig verbundenen Ungleichheit der steuerlichen Belastung stehen."[186]

Im Jahr 2006 überprüfte das Gericht das Erbschaftsteuergesetz auf seine Vereinbarkeit mit dem Gleichheitssatz.[187] Es kam nicht nur zu dem Schluss, dass die Bewertung von Vermögensgegenständen (Betriebsvermögen, Grundvermögen, Anteilen an Kapitalgesellschaften und land- und forstwirtschaftlichen Betrieben) den Anforderungen des Gleichheitssatzes nicht genügt, sondern übertrug den Folgerichtigkeitsgrundsatz auch auf das Erbschaftsteuerrecht: „Denn auch wenn sich der Gesetzgeber wie im Falle der Erbschaftsteuer für eine nach Gruppen von Vermögensgegenständen unterschiedliche Wertermittlung bei den zu besteuernden Gütern entscheidet, muss er die einmal getroffene Belastungsentscheidung folgerichtig umsetzen und die Steuerpflichtigen – ungeachtet verfassungsrechtlich zulässiger Differenzierungen – gleichmäßig belasten."[188] Diese Anwendung des Folgerichtigkeitsprinzips auch im Erbschaftsteuerrecht stellte eine Neuerung in der Rechtsprechung des Bundesverfassungsgerichts dar – wurden hier (nach dem Beschluss zur Vermögensteuer[189]) doch zum ersten Mal keine ertragsteuerlichen Regelungen auf Folgerichtigkeit überprüft.

Aber auch bei der Entscheidung über die Freistellung der freien Berufe von der Gewerbesteuer sowie der Frage zur Abfärberegelung des § 15 Abs. 3 Nr. 1 EStG[190] prüfte der Zweite Senat wiederum die Vereinbarkeit mit dem Gleichheitssatz anhand der selbst aufgestellten Leitlinien der finanziellen Leistungsfähigkeit und Folgerichtigkeit. „Sie [diese Grundsätze] gelten in gleicher Weise für die Gewerbesteuer, die nach ihrer gesetzlichen Ausgestaltung die objektivierte Ertragskraft der Gewerbebetriebe erfasst."[191] Auch bei der Gewerbesteuer ist der Gesetzgeber demnach „gehalten, die gesetzliche Belastungsentscheidung folgerichtig im Sinne von Belastungsgleichheit umzusetzen."[192]

Das Gericht differenzierte hierbei aber hinsichtlich der sachlichen Anforderungen; für die Gleichbehandlung von Berufsgruppen forderte es: „An dieser über einen so langen Zeitraum tradierten Differenzierung zwischen Gewerbetreibenden und freien Berufen darf der Gesetzgeber so lange festhalten, bis offen zutage tritt, dass im Hinblick auf den Steuergegenstand und wesentliche Besteu-

186 BVerfGE 105, 73, 127; BVerfGE 110, 274, 292; BVerfGE 116, 164, 182f.
187 BVerfGE 117, 1ff.
188 BVerfGE 117, 1, 36.
189 BVerfGE 93, 121, 135.
190 BVerfGE 120, 1ff.
191 BVerfGE 120, 1, 44.
192 Vgl. BVerfGE 107, 27, 47.

erungsmerkmale keine tragfähigen Unterschiede mehr zwischen diesen Berufsgruppen bestehen. Hierbei kommt es nicht auf Entwicklungen und Veränderungen bei einzelnen Berufsbildern oder zunehmende Abgrenzungsschwierigkeiten zwischen bestimmten freien Berufen und insbesondere neuartigen Berufen steuerpflichtiger Gewerbetreibender an, sondern darauf, ob der Typus des freien Berufs sich dem der übrigen Gewerbetreibenden so angenähert hat [...], dass sich die unterschiedliche steuerliche Behandlung als willkürlich erweist."[193] Das Bundesverfassungsgericht überprüft die vom Gesetzgeber getroffene Unterscheidung somit nur darauf, ob es einen sachlichen Grund gibt.[194]

Für die Rechtfertigung der unterschiedlichen Behandlung von nichtgewerblichen Einkünften der Personengesellschaft, die nach § 15 Abs. 3 Nr. 1 EStG „eingefärbt" werden, nicht aber beim Einzelunternehmer dem § 15 EStG unterfallen, fordert der Zweite Senat dagegen einen „besonderen sachlichen Grund."[195] Denn § 15 Abs. 3 Nr. 1 EStG führt zu unterschiedlichen Steuerbelastungen bei gleicher Leistungs- und Ertragsfähigkeit. „Indem die Regelung den Ertrag einer nur teilweise gewerblich tätigen Personengesellschaft insgesamt der Gewerbesteuer unterwirft, werden auch an sich nicht gewerbliche Einkünfte mit Gewerbesteuer belastet, die, wenn sie von einem Einzelunternehmer neben gewerblichen Einkünften erzielt werden, nicht gewerbesteuerpflichtig sind."[196] Anschließend prüft das Gericht, ob besondere sachliche Rechtfertigungsgründe für § 15 Abs. 3 Nr. 1 EStG vorliegen. Hierunter fallen Typisierungszwecke[197], der Schutz der Substanz der Gewerbesteuer[198], die Annäherung der gewerbesteuerrechtlichen Behandlung der Personen- an die Kapitalgesellschaft durch die Typisierung[199] und schließlich das angemessene Verhältnis der Nachteile für die Personengesellschaft zu den mit der Regelung verfolgten Zielen[200]. Bei der Prüfung des § 15 Abs. 3 Nr. 1 EStG und damit der Gleichbehandlung der Personengesellschaft gegenüber dem Einzelunternehmer wird der grundsätzliche Entscheidungsspielraum des Gesetzgebers somit stärker eingeschränkt, als bei der Entscheidung über die Freistellung der freien Berufe von der Gewerbesteuer.

---

193 BVerfGE 120, 1, 33.

194 BVerfGE 120, 1, 31 mit Verweis auf BVerfGE 26, 1, 8; BVerfGE 46, 224, 233, 239f.

195 BVerfGE 120, 1, 45 mit Verweis auf BVerfGE 107, 27, 47; BVerfGE 116, 164, 180f.; BVerfGE 117, 1, 31.

196 BVerfGE 120, 1, 45.

197 BVerfGE 120, 1, 46f.

198 BVerfGE 120, 1, 49f.

199 BVerfGE 120, 1, 50f.

200 BVerfGE 120, 1, 51f.

Das Folgerichtigkeitsprinzip wurde vor allem vom Zweiten Senat in steuerrechtlichen Entscheidungen bei der Prüfung des Gleichheitssatzes herangezogen, im Juli 2008 jedoch rekurrierte auch der Erste Senat bei der Prüfung der landesrechtlichen Nichtraucherschutzgesetze im Rahmen der Verhältnismäßigkeit eines Eingriffs in Art. 12 Abs. 1 GG auf dieses Gebot.[201] „Hat sich der Gesetzgeber aufgrund des ihm zukommenden Spielraums zu einer bestimmten Einschätzung des Gefahrenpotentials entschlossen, auf dieser Grundlage die betroffenen Interessen bewertet und ein Regelungskonzept gewählt, so muss er diese Entscheidung auch folgerichtig weiterverfolgen. Gefahreinschätzungen sind nicht schlüssig, wenn identischen Gefährdungen in demselben Gesetz unterschiedliches Gewicht beigemessen wird."[202] Die Anwendung des Folgerichtigkeitsgebots war innerhalb des Ersten Senats jedoch nicht unumstritten, die Verfassungsrichter *Bryde* und *Masing* veröffentlichten beide eine abweichende Meinung.[203]

Ende 2008 forderte der Zweite Senat in der viel beachteten Entscheidung über die so genannte „Pendlerpauschale"[204] wiederum Folgerichtigkeit ein: „Bei der Ausgestaltung des steuerlichen Ausgangstatbestands muss die einmal getroffene Belastungsentscheidung folgerichtig im Sinne der Belastungsgleichheit umgesetzt werden. Ausnahmen von einer solchen folgerichtigen Umsetzung bedürfen eines besonderen sachlichen Grundes."[205] Als besondere sachliche Gründe prüft der Zweite Senat auch mit Verweis auf die bisherige Rechtsprechung außerfiskalische Förderungs- und Lenkungszwecke[206] sowie Typisierungs- und Vereinfachungserfordernisse[207]. Den rein fiskalischen Zweck staatlicher Einnahmenerhöhung lässt er als besonderen sachlichen Grund jedoch nicht ausreichen.[208] Explizit wies das Gericht zudem auf die Möglichkeit eines Systemwechsels hin. Die Entscheidung für ein neues System ohne eine Bindung durch Grundsätze der Folgerichtigkeit an frühere Grundentscheidungen steht dem Gesetzgeber von Verfassungs wegen zu.[209]

---

201 BVerfGE 121, 317, 362.

202 BVerfGE 121, 317, 362 mit Verweis auf BVerfGE 107, 186, 197.

203 BVerfGE 121, 317, 378f.

204 BVerfGE 122, 210ff.

205 BVerfGE 122, 210, 231 mit Verweis auf BVerfGE 99, 88, 95; BVerfGE 99, 280, 290; BVerfGE 105, 73, 126; BVerfGE 107, 27, 47; BVerfGE 116, 164, 180f.; BVerfGE 117, 1, 31.

206 BVerfGE 122, 210, 231f.

207 BVerfGE 122, 210, 232f.

208 BVerfGE 122, 210, 233f.

209 BVerfGE 122, 210, 242.

Im Beschluss vom 12.5.2009 zum Verbot von Jubiläumsrückstellungen[210] befasste sich das Gericht mit den verfassungsrechtlichen Anforderungen an gesetzliche Begrenzungen der Maßgeblichkeit der handelsrechtlichen Grundsätze ordnungsmäßiger Buchführung für die steuerrechtliche Gewinnermittlung. Dabei nahm es zwei neue Relativierungen der Folgerichtigkeit vor. Zum einen senkte der Zweite Senat das Rechtfertigungsniveau auf eine Willkürprüfung ab: „Eine steuergesetzliche Abweichung der vorliegenden Art von der Maßgeblichkeit des handelsrechtlichen Vorsichtsprinzips auch für die steuerrechtliche Gewinnermittlung verletzt nur dann das aus Art. 3 Abs. 1 GG folgende Gebot folgerichtiger Ausgestaltung steuergesetzlicher Belastungsentscheidungen, wenn sich kein sachlicher Grund für die Abweichung finden lässt, die einfachgesetzliche „Ausnahmevorschrift" also als willkürlich zu bewerten ist."[211] Allerdings betont das Gericht hier, dass die Grundsätze ordnungsmäßiger Buchführung nicht etwa als eine strikte, einmal getroffene Belastungsentscheidung des Gesetzgebers anzusehen ist, sondern es sich vielmehr um eine entwicklungsoffene Leitlinie handelt.[212] Zum anderen lässt es der Zweite Senat – abgesehen von außerfiskalischen Lenkungs- und Förderzwecken von Steuergesetzen – zu, für durchbrechende Normen über die ausdrücklichen gesetzgeberischen Gründe hinaus nach weiteren sachlichen Gründen zu suchen.[213]

Im Beschluss vom 17.11.2009 zur Verfassungswidrigkeit von Umgliederungsverlusten beim Körperschaftsminderungspotential hat sich das Gericht wiederum zu einer strengeren verfassungsgerichtlichen Überprüfung des Unternehmensteuerrechts bekannt. In der komplexen und technischen Frage des Übergangs vom Anrechnungsverfahren zum Halbeinkünfte- (bzw. nunmehr Teileinkünfte-) Verfahren zieht sich das Bundesverfassungsgericht nicht auf den weiten Gestaltungsspielraum des Gesetzgebers gerade bei einem Systemwechsel zurück. Im Gegenteil – es limitiert die Gestaltungsfreiheit mit einer neuen Wendung. Dabei ermittelt es zunächst im Wege der historischen Auslegung die Ziele des Gesetzgebers und sieht diese in der Vereinfachung, aber auch in der Erhaltung des Körperschaftsteuerminderungspotentials.[214] Es prüft dann unter Auswertung der im Gesetzgebungsverfahren und in der Literatur behandelten verschiedenen Regelungsmodelle für eine Umgliederung des verwendbaren Eigenkapitals von Körperschaften, ob das Ziel auf anderem Weg für die Betroffenen

210 BVerfGE 123, 111ff.
211 BVerfGE 123, 111, 122.
212 BVerfGE 123, 111, 124.
213 BVerfGE 123, 111, 126.
214 *Drüen,* DStR 2010, 513, 515 mit Verweis auf BVerfGE 125, 1, 19f.

schonender verwirklicht werden könnte.[215] Der Rechtfertigungsgrund der Typisierungsfreiheit des Gesetzgebers scheitert, weil der Übergangsverlust gemessen an den vom Gesetzgeber verfolgten Zielen einerseits entbehrlich, andererseits zu einem erheblichen Verlust von Körperschaftsteuerminderungspotential führen kann.[216]

Ein vorläufiger Grenzpunkt in der Folgerichtigkeitsrechtsprechung könnte die Entscheidung zum häuslichen Arbeitszimmer sein: Mit dem denkbar knappsten Ergebnis von 5:3 Stimmen enthüllte das Bundesverfassungsgericht, wie umstritten das Folgerichtigkeitsgebot auch innerhalb des Zweiten Senates ist. Bei der Vorlage stellte sich die Frage der steuerlichen Berücksichtigung von Aufwendungen für ein häusliches Arbeitszimmer als Werbungskosten beziehungsweise Betriebsausgaben und der Vereinbarkeit mit Art. 3 Abs. 1 GG, wenn für die betriebliche oder berufliche Tätigkeit kein anderer Arbeitsplatz zur Verfügung steht.[217]

Das Gericht bekennt sich weiter zur Folgerichtigkeit: „Die im Gesetzgebungsverfahren angeführten fiskalischen Gründe […] sind nicht geeignet, die Neuregelung vor dem allgemeinen Gleichheitssatz zu rechtfertigen. Das Ziel der Einnahmenvermehrung stellt für sich genommen keinen hinreichenden sachlichen Grund für Ausnahmen von einer folgerichtigen Ausgestaltung einkommensteuerrechtlicher Belastungsentscheidungen dar."[218] Es prüfte zudem eingehend die angeführten Rechtfertigungsgründe im Hinblick auf das Gebot einer hinreichend realitätsgerechten Typisierung und kam zu dem Ergebnis, dass die Neuregelung des § 4 Abs. 5 Satz 1 Nr. 6b EStG dieses Ziel verfehlt.[219]

Dem Unternehmensteuerrecht und vor allem auch dem Folgerichtigkeitsgebot widmete sich der Erste Senat des Bundesverfassungsgerichts wiederum in der Entscheidung über die Pauschalierung eines Betriebsausgabenabzugsverbots durch die Hinzurechnung von 5 % des Veräußerungsgewinns und der Bezüge aus Unternehmensbeteiligungen zu den Einkünften einer Körperschaft nach § 8b Abs. 3 S. 1 und Abs. 5 S.1 KStG.[220] Ausführlich und systematisch wurde nicht nur geprüft, ob Verstöße gegen den Grundsatz einer Besteuerung nach der wirtschaftlichen Leistungsfähigkeit und den Grundsatz der Folgerichtigkeit vorlagen, sondern auch explizit, ob sich die Pauschalisierungsregelung innerhalb

215 BVerfGE 125, 1, 24.
216 BVerfGE 125, 1, 38.
217 BVerfGE 126, 268, 269.
218 BVerfGE 126, 268, 281.
219 BVerfGE 126, 268, 282f.
220 BVerfGE 127, 224.

der Typisierungsbefugnis des Gesetzgebers hält. Dabei prüfte das Gericht, ob der Gesetzgeber mit dem pauschalen Betriebsausgabenabzugsverbot grundsätzlich legitime und zur Typisierung geeignete Zwecke verfolgt, die Regelung Vereinfachungszwecken und der Beseitigung von Missbrauchsmöglichkeiten dient, sich am Regelfall orientiert und ob sie mehr als nur eine geringfügige Belastungswirkung zur Folge hat.[221] Ob die Regelung auch einen negativen Kaskadeneffekt erzeugt, ließ der Erste Senat im Ergebnis offen, dennoch wurde auch dieses Problem der Typisierungsregelung angesprochen.[222] Diese Entscheidung zeigt, dass das Bundesverfassungsgericht und auch der Erste Senat im Unternehmensteuerrecht vermehrt auf das Folgerichtigkeitsgebot zurückgreifen und durch eine genaue Prüfung der Ausnahmen vom Grundsatz der folgerichtigen Ausgangsentscheidung höhere Anforderungen an eine Rechtfertigung aufstellen.

Der Bundesfinanzhof hatte in seinem Urteil zum Werbungskostenabzug der Aufwendung für ein Erststudium vom 28.7.2011[223] ebenfalls über grundlegende Fragen der Folgerichtigkeit zu entscheiden. So überprüfte der sechste Senat das Zusammenwirken der §§ 9 Abs. 1, 10 Abs. 1 Nr. 7, 12 EStG und die Anforderungen an einen grundlegenden Systemwechsel im Einkommensteuerrecht. Die aus § 9 Abs. 1, § 10 Abs. 1 Nr. 7 EStG hergeleiteten Grundsätze der Rechtsprechung des BFH zu dem für den Werbungskostenabzug erforderlichen und für die Zuordnungsentscheidung tragenden Veranlassungszusammenhang zwischen Berufsausbildungskosten und späteren Einkünften würden einerseits unverändert fortgelten. Andererseits ordne sogar der mit der Neuregelung geschaffene § 12 Nr. 5 2. Halbsatz EStG selbst die Aufwendungen für eine auch erste Berufsausbildung nicht vorrangig dem Sonderausgabenabzug zu. Grundlage der Neuregelung sei somit die Auffassung, dass Aufwendungen für ein Erststudium jedenfalls dann Werbungskosten sein können, soweit sie im Rahmen eines Dienstverhältnisses entstehen und damit einen hinreichend konkreten Veranlassungszusammenhang zur Berufstätigkeit aufweisen.[224] Ein grundlegender Systemwechsel setze die Schaffung eines wirklich neuen Regelwerks voraus. Davon könne nicht ausgegangen werden, wenn trotz Bekundungen im Gesetzgebungsverfahren bei der Neuregelung des § 12 Nr. 5 EStG im Übrigen unverändert an bisherigen Grundentscheidungen und Grundprinzipien festgehalten wird.[225]

---

221 BVerfGE 127, 224, 253ff.

222 BVerfGE 127, 224, 263 m. w. N.

223 BFH vom 28.7.2011 – VI R 7/10.

224 BFH vom 28.7.2011 – VI R 7/10, Rn. 22.

225 BFH vom 28.7.2011 – VI R 7/10, Rn. 23.

Die Chronologie der dargestellten Entscheidungen verdeutlicht, dass die Entwicklung und Anwendung des Folgerichtigkeitsgrundsatzes kein neuer Argumentationsansatz des Bundesverfassungsgerichts ist. Konsequenz und Folgerichtigkeit bei der Umsetzung der einmal getroffenen Ausgangsentscheidung werden vielmehr seit über 20 Jahren eingefordert. Dennoch ist auch eine Konkretisierung und Weiterentwicklung der Judikatur zum Folgerichtigkeitsgebot erkennbar, die noch nicht abgeschlossen ist. Die anfänglichen Entscheidungen forderten Folgerichtigkeit vornehmlich im Einkommensteuerrecht. Später übertrug das Gericht die entwickelte Dogmatik jedoch auch auf andere Steuerrechtsgebiete (Vermögen-, Erbschaft- und Gewerbesteuerrecht). Im Jahr 2008 folgte schließlich auch die Forderung von Folgerichtigkeit außerhalb des Steuerrechts, bei der Prüfung der landesrechtlichen Nichtraucherschutzgesetze.

Ob die knappe Entscheidung des Zweiten Senates zum häuslichen Arbeitszimmer als Grenze oder Schlusspunkt in der Rechtsprechung zum Folgerichtigkeitsgrundsatz zu verstehen ist, bleibt abzuwarten. Auch im Unternehmensteuerrecht kommt es verstärkt zur Anwendung des Folgerichtigkeitsgebots. Durch strengere und genauere Prüfung der Ausnahmen von der Ausgangsentscheidung, nämlich der Rechtfertigungsgründe der Lenkungs- und Förderungszwecke und der Typisierungs- und Missbrauchsbekämpfungsregelungen verleiht das Bundesverfassungsgericht dem Folgerichtigkeitsgebot schärfere Konturen.

2. Rezeption des Folgerichtigkeitsgrundsatzes in der Literatur

a) *Ablehnende Ansicht*

Ein vehementer Gegner des Folgerichtigkeitsgebots ist *Lepsius.* Er hält das „richterrechtlich erfundene Prinzip der Folgerichtigkeit“ für eine Einengung der gesetzgeberischen Gestaltungsfreiheit. Dadurch werde ein hochpolitisches Rechtsgebiet wie das Steuerrecht an Systemerwartungen gemessen, die weder verfassungsrechtlich zwingend, noch verfassungspolitisch wünschenswert seien.[226] Die Forderung nach Folgerichtigkeit erschwere Politikwechsel, Alles-oder-nichts-Lösungen würden prämiert.[227] Er fordert vom Bundesverfassungsgericht eine Zurücknahme seiner Kontrolldichte; dieses könne auf die Selbstkontrolle im politischen Prozess vertrauen.[228] Das Gericht habe sich auf ein Politikfeld gewagt, welches für eine scharfe Grundrechtskontrolle gerade am wenigsten

226 *Lepsius,* JZ 2009, 260.
227 *Lepsius,* JZ 2009, 260, 262.
228 *Lepsius,* JZ 2009, 260, 261.

geeignet sei. Zudem führe das Gebot der Folgerichtigkeit zu einer verfassungsrechtlichen Überhöhung des einfachen Rechts.[229]

Verfassungsrichter *Bryde* mahnt in seinem Sondervotum zum landesrechtlichen Rauchverbot in Gaststätten an, das Bundesverfassungsgericht dürfe keine Folgerichtigkeit und Systemreinheit einfordern, die kein demokratischer Gesetzgeber leisten kann. Dies gefährde die Reformfähigkeit von Politik, deren Wesensmerkmal der Kompromiss sei.[230]

Auch Bundesrichter *Ratschow* kritisiert die inhaltliche Offenheit des Folgerichtigkeitsgrundsatzes. Der Begriff sei kein normativ-rechtliches, sondern in erster Linie ein logisch-mathematisches Postulat; er suggeriere Zwangsläufigkeit, wo es in Wahrheit – zumindest jenseits evidenter Fälle – um rechtspolitische Wertungen ginge. Aus allgemeinen Grundentscheidungen die „richtige", d. h. systemgerechte Regelung für eine spezielle Fallgruppe abzuleiten, sei in aller Regel nicht umsetzbar.[231]

Die Kritik an der Rechtsprechung des Bundesverfassungsgerichts geht innerhalb der Literatur sogar noch weiter: Die verwendeten Formulierungen zur Folgerichtigkeit seien lediglich leere und abstrakte Klauseln, die dem Gleichheitssatz keinen Inhalt vermitteln könnten; ihr Gebrauch allein mache den Gleichheitssatz nicht zu einem geeigneten Prüfungsmaßstab. Die Verwendung des Folgerichtigkeitsgrundsatzes habe keine Auswirkungen auf die Entscheidung des Gerichts; es treffe seine Urteile nur nach den Erwägungen, die es im konkreten Fall für tragend halte. Selbst wenn man entgegen der Ansicht von *Lepsius* davon ausgeht, dass das Folgerichtigkeitsgebot den Gestaltungsspielraum grundsätzlich einschränken kann, werde die betonte Entscheidungsprärogative des Gesetzgebers hierdurch kaum ernsthaft beschränkt. Das Bundesverfassungsgericht leiste damit keinen Beitrag zu der von ihm angemahnten Systematik und Transparenz der Steuerrechtsordnung.[232] Die Forderung des Gerichts nach einem besonderen sachlichen Grund bei der Durchbrechung der Folgerichtigkeit klinge zwar nach verschärften Rechtfertigungsanforderungen, dies sei den einschlägigen Entscheidungen jedoch nicht zu entnehmen.[233] Die Forderung, Förderungs- oder Lenkungszwecke müssten, um rechtfertigend zu wirken,

229 *Lepsius,* JZ 2009, 260, 263.

230 Sondervotum *Bryde,* in BVerfGE 121, 317, 380f.

231 *Ratschow,* in: Blümich, EStG, § 2, Rn. 15.

232 *Schwarz,* in: FS Isensee, S. 964.

233 *Kischel,* in: Gleichheit im Verfassungsstaat, S. 185 mit Verweis auf BVerfGE 99, 280, 294ff. (Aufwandsentschädigung Ost); BVerfGE 107, 27, 50ff. (Doppelte Haushaltsführung).

von einer erkennbaren gesetzgeberischen Entscheidung getragen sein[234], gehe weit über ein sinnvolles Anliegen hinaus; die Intention des Gesetzgebers müsse im Gesetzeswortlaut nicht nur angedeutet, sondern sogar „mit hinreichender Bestimmtheit tatbestandlich vorgezeichnet"[235] sein. Der Gesetzgeber werde so einer speziellen Pflicht zur Dokumentation seiner Intention unterworfen, also einer besonderen Begründungspflicht.[236] Diese sei aus dem Gleichheitssatz jedoch nicht herzuleiten. Denkbar wäre hier nur ein Begründbarkeitsgebot, das also vernünftige Gründe für die Entscheidung überhaupt existieren oder konstruierbar seien.[237] Der lenkende Gesetzgeber werde ansonsten der Sache nach gezwungen, selbst komplexeste Auswirkungen einer Regelung detailliert zu erfassen und die eventuelle Subvention genau an diesen Vorgaben anzupassen.[238]

Das Bestehen eines Systems fordere auch nicht in dem Sinne Folgerichtigkeit, dass die hiervon abweichenden Regelungen nur noch eingeschränkt gerechtfertigt werden könnten.[239] Denn entscheidet sich der Gesetzgeber beispielsweise grundsätzlich für Nettoprinzip, Einheitswertprinzip oder Periodizitätsprinzip, so würde er daran festgehalten[240], obwohl er von Anfang an Ausnahmen vorgesehen hat. Das vom Gesetzgeber wirklich gewählte System sei dann aber nicht etwa das Nettoprinzip, sondern das mit Ausnahmen x und y ausgestaltete Nettoprinzip. Diese Ausnahmen abstrakt am Nettoprinzip messen zu wollen, käme dem Versuch gleich, dem Gesetzgeber nur die Entscheidung zwischen bestimmten „typenreinen" Prinzipien zu erlauben. Dies wäre weder mit der Gestaltungsfreiheit des Gesetzgebers noch mit dem gerade im Steuerrecht betonten Prinzip der realitätsgerechten Tatbestandsgestaltung[241] zu vereinbaren und würde zu einer Lähmung der Gesetzgebung führen.[242] Der Gleichheitssatz bedürfe keiner Anreicherung mit völlig neuen Prinzipien, die seiner Struktur fremd sind, sondern der verallgemeinernden Betrachtung typischer Problemla-

234 BVerfGE 99, 280, 294ff. (Aufwandsentschädigung Ost); BVerfGE 105, 73, 112f. (Pensionsbesteuerung); BVerfGE 116, 164, 182 (§ 32c EStG).

235 BVerfGE 99, 280, 296 (Aufwandsentschädigung Ost).

236 *Kischel,* in: Gleichheit im Verfassungsstaat, S. 187.

237 *Kischel,* in: Gleichheit im Verfassungsstaat, S. 188.

238 *Kischel,* in: Gleichheit im Verfassungsstaat, S. 191.

239 *Kischel,* AöR 124 (1999), 174, 199.

240 Beispiele nach *Kirchhof,* in: Isensee/Kirchhof, HStR Bd. V, § 118, Rn. 181.

241 Vgl. BVerfGE 93, 121, 136; BVerfGE 110, 412, 433f.

242 *Kischel,* in: Gleichheit im Verfassungsstaat, S. 184 mit kritischem Verweis auf die möglichen radikalen Konsequenzen eines Folgerichtigkeitsgebots bei *Tipke,* StuW 2007, 201, 206f., 209f.

gen, z. B. im Rahmen der Rechtfertigungsprüfung.[243] Die Forderung nach Folgerichtigkeit stehe im Widerspruch zur sonstigen Verfassungsrechtsprechung zum Gleichheitssatz. Schließlich betone das Bundesverfassungsgericht, es komme gerade nicht auf die Abweichung von bestimmten Grundregeln an, sondern allein auf die hinreichende sachliche Rechtfertigung.[244]

b) *Gegenauffassung*

Die Befürworter des Folgerichtigkeitsgebots zerstreuen die Bedenken gegen eine Beeinträchtigung der Flexibilität der Legislative: Das Parlament gestaltet die Rechtsordnung aus und hat damit das Monopol der schöpferisch-politischen Entscheidung. Die Gerichte bemühen sich um eine sach- und systemgerechte Auslegung der Rechtsordnung. Wo ihnen dies nicht gelingt, ist es die Aufgabe des Bundesverfassungsgerichts, den Verfassungsverstoß festzustellen. Beide richterliche Tätigkeiten, sowohl die Auslegung der Rechtsordnung als auch ihre Überprüfung am Maßstab von Prinzipien, sind genuin juristische Aufgaben, für die die Richter unmittelbar aus dem Grundgesetz legitimiert sind.[245] Dem Bundesverfassungsgericht und der Kontrolldichte seiner Entscheidungen wird der Rücken gestärkt: Eine völlig widerspruchsfreie Rechtsordnung werde es angesichts der heutigen Komplexität und Dynamik der Verhältnisse nicht geben können. Die verfassungsrichterliche Kontrollentscheidung hinsichtlich der Widerspruchsfreiheit und Folgerichtigkeit beinhalte – wie jedes Werturteil – einen gewissen Bewertungsspielraum. Bei seiner Ausfüllung wird das Gericht auf das Wesentliche achten müssen: Besondere Strenge bei der Überprüfung der Parlamentsgesetze ist überall dort angezeigt, wo es Abläufe zu institutionalisieren gilt, die die Grundlagen des Gemeinwesens sichern sollen und in denen sich die zentralen Verfassungserwartungen bestätigen müssen.[246]

Der Gesetzgeber sei zudem nicht daran gehindert, bestimmten anderen Rechtsprinzipien oder Zielen gegenüber dem material-gleichheitsrechtlichen Prinzip den Vorzug zu geben, insoweit er sie auch unter Beachtung von Verhältnismäßigkeitsanforderungen für relativ gewichtiger halten darf. Er müsse sich dann aber an dieser Wertung auch mit Blick auf alle anderen Grundrechtsträger festhalten lassen.[247] Das Gebot der Folgerichtigkeit diszipliniere den Gesetzgeber bei strikter Handhabung unbeschadet der politischen Gestaltungsfreiheit und könne einer „Durchlöcherung" des sachgerechten Verteilungsmaßsta-

243 *Kischel,* AöR 124 (1999), 174, 202.
244 *Kischel,* in: Gleichheit im Verfassungsstaat, S. 184.
245 *Morgenthaler,* in: Gleichheit im Verfassungsstaat, S. 65.
246 *Morgenthaler,* in: Gleichheit im Verfassungsstaat, S. 65.
247 *Englisch,* Wettbewerbsgleichheit, S. 122.

bes entgegenwirken.[248] Das jeweilige Leitprinzip muss konsequent durch den gesamten Regelungsbereich hindurch zum Tragen kommen; die aus ihm zu ziehenden Forderungen müssen also für den gesamten Regelungsbereich konsequent umgesetzt werden. Gefordert ist also ein konsequentes Nebeneinander sachgerechter Maßstäbe anstelle eines willkürlichen Wechsels zwischen den als sachgerecht in Betracht kommenden Maßstäben.[249] In diesem Zusammenhang wird jedoch auch die uneinheitliche Rechtsprechungslinie des Bundesverfassungsgerichts angeprangert.[250]

Das Folgerichtigkeitsgebot verhindere vor allem eine rein punktuelle und damit willkürliche Berufung auf anderweitige Gestaltungsmaßstäbe, die dem Gesetzgeber zwar ursprünglich ebenfalls zur Wahl gestanden hätten, die er aber im Regelungsbereich ersichtlich nicht konsequent verfolgt hat.[251] Die Forderung nach folgerichtiger Umsetzung eines vom Gesetzgeber selbst als sachgerecht gewerteten Leitprinzips oder von dessen Konkretisierung dürfe aber nicht dahingehend missverstanden werden, eine Regelungsmaterie müsse sich in ihrer Gesamtheit an einem einzigen Gerechtigkeitsideal orientieren. Denn so würde der Wertungsspielraum des Gesetzgebers wieder zu stark verkürzt. Die Gefahr einer formal ungleichmäßigen Behandlung bestehe solange nicht, wie innerhalb jedes Teilbereiches oder Teilaspektes das jeweils für sachgerecht erachtete Leitprinzip folgerichtig als genereller Maßstab entwickelt und umgesetzt werde.[252]

Für den Folgerichtigkeitsgrundsatz wird eine sachgerechte Ausgangsbasis (auch als „Grundentscheidung" oder „Ausgangstatbestand" bezeichnet) gefordert, denn sonst führe die Folgerichtigkeit zu Ungerechtigkeit.[253] Allgemein gelte: Ein Steuertatbestand, der an eine einzelne Einkunfts- oder Vermögensart, an ein einzelnes Wirtschaftsgut, an einzelne Leistungen, an den Verbrauch einzelner Güter anknüpft, verletzt das Folgerichtigkeits- oder Verallgemeinerungsgebot. Das Folgerichtigkeitssgebot müsse im ganzen Steuerrecht entfaltet werden, also steuerübergreifend. Wenn das Leistungsfähigkeitsprinzip das sachgerechte Fundamentalprinzip des Steuerrechts ist, folgt aus dem Folgerichtigkeitsgebot, dass es für alle Steuern gelten muss und dass Steuern, die diesem Prinzip nicht gerecht werden, das Prinzip der Gleichbelastung verletzen.[254] Das Folgerichtig-

---

248 *Englisch,* Wettbewerbsgleichheit, S. 132.
249 *Englisch,* Wettbewerbsgleichheit, S. 113, 135.
250 *Englisch,* Wettbewerbsgleichheit, S. 145.
251 *Englisch,* Wettbewerbsgleichheit, S. 134.
252 *Englisch,* Wettbewerbsgleichheit, S. 136.
253 *Tipke,* in: FS Reiss, S. 11.
254 *Tipke,* StuW 2007, 201, 206.

keitsgebot muss an die richtige Ausgangsprämisse anknüpfen, der Gesetzgeber darf als Ausgangsprämisse also keine „Grundentscheidungen" treffen, die dem Leistungsfähigkeitsprinzip als primärer Ausgangs- und Grundentscheidung nicht entsprechen.[255] Man unterscheidet horizontale Folgerichtigkeit, die darin besteht, dass Primärprinzipien folgerichtig zu Ende gedacht werden und vertikale Folgerichtigkeit, die Unterprinzipien (Folgeprinzipien) auf das Primärprinzip verpflichtet.[256]

Die Folgerichtigkeit könne zwischen den verbindlichen Vorgaben des Grundgesetzes und der autonomen Entscheidung des Gesetzgebers positioniert werden: Wenn und solange das Gesetz eine Regel aufstellt – das Einkommensteuergesetz besteuert das Markteinkommen als Personensteuer nach dem Nettoprinzip, dem Welteinkommensprinzip, dem Periodizitätsprinzip –, ist diese Regel folgerichtig auszuführen; Abweichungen bedürfen einer besonderen Rechtfertigung.[257] Das Erfordernis der Folgerichtigkeit verweise nicht auf rechtspolitische Vorstellungen und Hoffnungen, sondern auf das positive Recht und seine systematische Ordnung.[258] Die Bindung durch ein Folgerichtigkeitsgebot betrifft auch die Kompetenzordnung und begrenzt damit die Kompetenz des Bundesverfassungsgerichts bei Überprüfung des Gesetzgebers.[259] Besonderes Gewicht erhalte das Folgerichtigkeitsgebot dann, wenn ein Rechtsgedanke nicht in der Wirklichkeit vorgefunden, also nicht vom Prinzip der Sachgerechtigkeit[260] bestimmt wird, sondern allein durch gesetzgeberische Entscheidung geprägt ist.[261]

Das Folgerichtigkeitsgebot dürfe jedoch nicht dazu führen, den Gesetzgeber zu einer bestimmten Lösung zu zwingen, denn er muss im Wege einer Gesamtabwägung auch verschiedene Zwecke nebeneinander verfolgen dürfen. Im Gegensatz zu Rechtsprechung und Verwaltung ist er bei der Auswahl seiner zu verfolgenden Zwecke frei. Hier können im Laufe der Zeit auch Prioritäten wechseln. Wenn nach Einschätzung des Gesetzgebers in einer Situation einer sehr angespannten Arbeitsmarktlage beispielsweise die Mobilität der Arbeitnehmer

---

255 *Tipke,* StuW 2007, 201, 207 mit Verweis auf BVerfGE 116, 164, 197 – dieser Entscheidung ist nach seiner Ansicht nicht zu folgen, da hier durch rechtsformorientierte Entscheidung eine Abweichung vom Leistungsfähigkeitsprinzip vorliegt.

256 *Tipke,* JZ 2009, 533, 535.

257 *Kirchhof,* in: Isensee/Kirchhof, HStR Bd. V, § 118, Rn. 181.

258 *Kirchhof,* in: Isensee/Kirchhof, HStR Bd. VIII, § 181, Rn. 214.

259 *Kirchhof,* in: Isensee/Kirchhof, HStR Bd. VIII, § 181, Rn. 151ff., 214; *Morgenthaler,* in: Gleichheit im Verfassungsstaat, S. 63f.

260 Dazu *Kirchhof,* in: Isensee/Kirchhof, HStR Bd. VIII, § 181, Rn. 191ff.

261 *Kirchhof,* in: Isensee/Kirchhof, HStR Bd. VIII, § 181, Rn. 216.

oder bisher Arbeitslosen gefördert werden soll, müsse er sogar spezielle Anreize für das Fernpendeln setzen dürfen. Wenn er hingegen bei entspannter Arbeitsmarktlage nicht aus arbeitsmarktpolitischen Gründen Anreize für das Fernpendeln bieten will, sondern etwa aus umwelt- oder auch verkehrspolitischen Gründen das Fernpendeln begrenzen möchte, so müsse ihm auch diese Regelung mit ihrem zugrunde liegenden Ziel möglich sein.[262] *Wernsmann* prüft in seiner Analyse zunächst die Ökosteuer-Entscheidung des Ersten Senats aus dem Jahr 2004[263], bei der das Bundesverfassungsgericht das Folgerichtigkeitsgebot nicht angewendet hat, in der Ausnahme für das energieintensive Produzierende Gewerbe jedoch eine Steuervergünstigung als gegeben ansah. Die in der Entscheidung zur Pendlerpauschale geprüfte Regelung des § 9 Abs. 2 Satz 2 EStG qualifiziert *Wernsmann* auch als Steuervergünstigung (für Fernpendler).[264] Er differenziert hier zwischen Ausnahmebestimmungen, die dem Hauptzweck des Gesetzes zuwider laufen und daher wegen Folgerichtigkeit zu verwerfen sind und echten Steuervergünstigungen (Subventionen), für deren Ausgestaltung der Gesetzgeber über weitere Spielräume verfüge.[265]

c) *Eigene Auffassung*

Um die Reichweite und Bedeutung des Folgerichtigkeitsgebots zu analysieren, wird im Folgenden auf die Kritik der Literaturvertreter eingegangen. Exemplarisch wird an einigen Entscheidungen des Bundesverfassungsgerichts die Relevanz des Folgerichtigkeitsgrundsatzes über die Willkürprüfung hinaus[266] zu zeigen sein. Zunächst ist für das Folgerichtigkeitsgebot eine sachgerechte Ausgangsbasis zu fordern, denn es ist ausgeschlossen, Folgerichtigkeit an sich zu konstatieren. Folgerichtiges Handeln ist nur sinnvoll im Hinblick auf einen feststehenden Bezugspunkt.[267] Diesen feststehenden Bezugspunkt bildet die jeweilige Ausgangsentscheidung des Gesetzgebers – an ihr müssen sich Folgeregelungen festhalten lassen. Da es jedoch auf diese Ausgangsentscheidung ankommt, ist Folgerichtigkeit nur ein sekundäres Gebot.[268] Die Qualifizierung als sekundäres Gebot bedeutet jedoch entgegen der Literaturkritik nicht, dass das Folgerichtigkeitsgebot keine (verfassungsrechtliche) Bedeutung für den Gesetzgeber hat.

262 *Wernsmann*, Europäisierung und Konstitutionalisierung, S. 161, 167.

263 BVerfGE 110, 274, 293ff.

264 *Wernsmann*, Europäisierung und Konstitutionalisierung, S. 161, 165, Fn. 9.

265 *Wernsmann*, Europäisierung und Konstitutionalisierung, S. 165.

266 Die Frage, ob das Folgerichtigkeitsgebot einen über die Willkürprüfung hinaus gehenden Gehalt aufweist, stellen *Englisch*, Wettbewerbsgleichheit, S. 76 und *Bulla*, Freiheit der Berufswahl, S. 317.

267 So zutreffend *Peine*, Systemgerechtigkeit, S. 31.

268 So auch *Drüen*, JZ 2010, 91.

Als Hauptargument gegen das Folgerichtigkeitsgebot wird angeführt: Seine Durchbrechung kann durch einen besonderen sachlichen Grund gerechtfertigt werden. Den einschlägigen Entscheidungen des Bundesverfassungsgerichts seien zudem keine verschärften Rechtfertigungsanforderungen zu entnehmen.[269] Grundsätzlich muss bei den einschlägigen Entscheidungen differenziert werden zwischen Steuervergünstigungen (Subventionen) und deren Abbau, also von Lenkungszwecken getragenen Steuern[270] sowie den Tatbeständen, die nur von Fiskalzwecken getragen werden[271]. Eine weitere Gruppe von Entscheidungen sind die zur Verfassungswidrigkeit der Erbschaftsteuer[272] – hier hat das Gericht das Gebot der Folgerichtigkeit zu einem mehrstufigen Modell mit eigenständigen Rechtfertigungsanforderungen auf jeder Stufe ausgeformt.[273] Bei den von der Literaturkritik als Argument angeführten Bundesverfassungsgerichtsentscheidungen[274] geht es um die Verfolgung nichtfiskalischer Förderungs- und Lenkungszwecke. Es stellt sich hierbei die Frage, ob das Folgerichtigkeitsgebot zu erhöhten Rechtfertigungsanforderungen bei der Durchbrechung der vom Gesetzgeber aufgestellten Ausgangsentscheidung führt.[275]

In der Entscheidung des Ersten Senates zur Ökosteuer[276] wird kein Bezug auf das Folgerichtigkeitsgebot genommen. Das Gericht verhält sich hier zurückhaltend: Will der Gesetzgeber ein bestimmtes Verhalten der Bürger fördern, das ihm aus wirtschafts-, sozial-, umwelt- oder gesellschaftspolitischen Gründen erwünscht ist, hat er eine große Gestaltungsfreiheit. In der Entscheidung darüber, welche Personen oder Unternehmen durch finanzielle Zuwendung des

---

269 *Kischel,* in: Gleichheit im Verfassungsstaat, S. 185 mit Verweis auf BVerfGE 99, 280, 294ff.; BVerfGE 107, 27, 50ff.; so auch *Englisch,* Wettbewerbsgleichheit, S. 76.

270 BVerfGE 99, 280, 294ff. (Zulage Ost); BVerfGE 105, 17f. (Sozialpfandbriefe); BVerfGE 105, 73f. (Pensionsbesteuerung); BVerfGE 110, 412ff. (Teilkindergeldregelung für Grenzgänger); BVerfGE 110, 274f. (Ökosteuer); BVerfGE 112, 268f. (Kinderbetreuungskosten); BVerfGE 116, 164f. (§ 32c EStG).

271 BVerfGE 107, 27, 50ff. (Doppelte Haushaltsführung); BVerfGE 122, 210f. (Pendlerpauschale).

272 Siehe dazu ausführlich unter Kapitel 4. B.

273 *Drüen,* GmbHR 2008, 393, 400 mit Verweis auf BVerfGE 117, 1, 30ff.

274 Vor allem BVerfGE 110, 274f. (Ökosteuer); BVerfGE 116, 164f. (§ 32c EStG).

275 *Wernsmann,* Europäisierung und Konstitutionalisierung, S. 165, differenziert zwischen Ausnahmebestimmungen, die dem Hauptzweck des Gesetzes zuwider laufen und daher wegen Folgerichtigkeit zu verwerfen sind und echten Steuervergünstigungen (Subventionen), für deren Ausgestaltung der Gesetzgeber über weitere Spielräume verfügt.

276 BVerfGE 110, 274f.

Staates gefördert werden sollen, ist der Gesetzgeber weitgehend frei.[277] Auch wenn er hier an den Gleichheitssatz gebunden ist, folgt daraus nur eine Verteilung nach sachlichen Gesichtspunkten, es darf also nicht willkürlich verteilt werden. Sachbezogene Aspekte stehen ihm in weitem Umfang zu Gebote, solange die Regelung sich nicht auf eine der Lebenserfahrung geradezu widersprechende Würdigung der jeweiligen Lebenssachverhalte stützt, insbesondere der Kreis der von der Maßnahme Begünstigten sachgerecht abgegrenzt ist.[278]

Die Zurückhaltung des Gerichts bei politisch stark umstrittenen Entscheidungen im Rahmen des Gleichheitssatzes wie bei der Ökosteuer ist kein einzelnes Phänomen[279] – jedoch auch nicht überraschend: das Bundesverfassungsgericht übt in seinen Entscheidungen jeweils ein unterschiedliches Maß an Kontrolldichte aus. Es will sich nicht dahingehend festlegen, immer gleich strenge Anforderungen an eine folgerichtige Ausgestaltung der Ausgangsentscheidung zu stellen. Das Gericht behält sich somit vor, seine Rechtfertigungsanforderungen bei der Prüfung nach Art. 3 Abs. 1 GG jeweils anzupassen und dem Gestaltungsspielraum des Gesetzgebers eine unterschiedliche Reichweite einzuräumen.[280] Zudem ist auch eine Zurückhaltung des Bundesverfassungsgerichts bei der Anwendung des Folgerichtigkeitsgebots in den Fällen zu erkennen, in denen keine „strikte Belastungsgrundentscheidung“ vorliegt. Entscheidend für künftige Fragen wird daher sein, ob eine bestimmte Regelung die belastungsrelevanten Grundentscheidungen für das Leistungsfähigkeitsprinzip und das objektive Nettoprinzip unmittelbar betrifft, oder ob es sich um eine untergeordnete Einzelfallentscheidung handelt.[281]

In der Kammerentscheidung des Zweiten Senats zur steuerlichen Begünstigung von Abgeordneten[282], einer Entscheidung, die gerade prädestiniert für eine Anwendung des Folgerichtigkeitsgebots gewesen wäre[283], erwähnen die Verfas-

---

277 BVerfGE 110, 274, 293 mit Verweis auf BVerfGE 17, 210, 216; BVerfGE 93, 319, 350.

278 BVerfGE 110, 274, 293 mit Verweis auf BVerfGE 17, 210, 216 unter Bezugnahme auf BVerfGE 12, 354, 367.

279 Siehe z. B. auch BVerfGE 123, 111ff. (Verbot von Jubiläumsrückstellungen).

280 In diese Richtung geht auch die Kritik von Bundesrichter *Ratschow* in Blümich, EStG, § 2, Rn. 15.

281 So zutreffend: *Röder,* System der Verlustverrechnung im deutschen Steuerrecht, S. 119.

282 BVerfG vom 26.7.2010, 2 BvR 2227/08.

283 So jedenfalls auch *Tipke*, FR 2006, 949, 952f.

sungsrichter (immerhin zwei Steuerrechtler)[284] den noch in der Entscheidung zur Pendlerpauschale ausführlich geprüften Folgerichtigkeitsgrundsatz beispielsweise mit keinem Wort. In einer anderen Entscheidung des Ersten Senates bei der Prüfung der Pauschalierungsregelung des § 8b Abs. 3 S. 1 und Abs. 5 S. 1 KStG taucht das Folgerichtigkeitsgebot dagegen erneut auf; hierbei wird schulmäßig zunächst die Grundentscheidung des Halbeinkünfteverfahrens ermittelt und dann die Abstimmung der Vorschrift mit der Gesamtkonzeption des Gesetzgebers überprüft.[285]

Die Beschränkung der Kontrolle bei der folgerichtigen Ausgestaltung der Steuervergünstigung für das Produzierende Gewerbe in der Ökosteuerentscheidung ist nicht konsequent, dies soll exemplarisch an den vom Zweiten Senat in den Entscheidungen zur Pensionsbesteuerung[286] und zur Stellenzulage Ost[287] aufgestellten strengen Anforderungen an die folgerichtige Ausgestaltung und Rechtfertigung einer Steuervergünstigung gezeigt werden.

In der Entscheidung zur Stellenzulage Ost[288] ging es um die Steuerbefreiung für die früher gewährte Stellenzulage für Bundesbeamte, die auf dem Gebiet der ehemaligen DDR tätig wurden. Zunächst verweist das Bundesverfassungsgericht auf das Erfordernis der folgerichtigen Ausgestaltung der einmal getroffenen Belastungsentscheidung im Sinne der Belastungsgleichheit.[289] Dann führt es weiter aus, dass bei der Zahlung von Zulagen oder Zuschlägen zur allgemeinen Lebensführung dem Nettoprinzip zu folgen ist und somit auch diese Erwerbseinnahmen als Bestandteile des Arbeitnehmerlohns der Einkommensteuer unterliegen.[290] Anschließend wird die Regelung des § 3 Nr. 12 Satz 1 EStG genauer geprüft – das Gericht ermittelt hierbei die gesetzgeberische Belastungsentscheidung im Einkommensteuerrecht, nämlich Markteinnahmen abzüglich des erwerbssichernden und des existenzsichernden Aufwands zu besteuern. Die Steuerfreiheit des § 3 Nr. 12 Satz 1 EStG widerspreche jedoch diesem gesetzlichen Belastungsprinzip und schaffe bereits grundsätzlich ein gleichheitswidriges

284 Entscheidung der 1. Kammer des Zweiten Senats durch die Verfassungsrichterin Osterloh und die Verfassungsrichter Mellinghoff und Gerhardt.
285 BVerfGE 127, 224, 249f.
286 BVerfGE 105, 73f. (Pensionsbesteuerung).
287 BVerfGE 99, 280, 294ff. (Zulage Ost).
288 BVerfGE 99, 280f.
289 BVerfGE 99, 280, 290 mit Verweis auf BVerfGE 93, 121, 136.
290 BVerfGE 99, 280, 291.

Steuerprivileg.[291] In einem zweiten Schritt prüft das Gericht nun, ob es einen sachlichen rechtfertigenden Grund für die bevorzugende Steuerentlastung gibt.[292]

Das Bundesverfassungsgericht qualifizierte die Steuerfreiheit der „Aufwandsentschädigung" jedoch nicht als Verschonungssubvention. Als Begründung führte es an: Zwar schließe der Gleichheitssatz nicht jede steuerliche Subvention aus, die das Verhalten des Steuerpflichtigen aus Gründen des Gemeinwohls fördern oder lenken will. Eine solche Intervention, die das Steuerrecht in den Dienst außerfiskalischer Verwaltungsziele stellt, setze aber eine mit hinreichender Bestimmtheit ausgestaltete Vorzeichnung der gesetzgeberischen Ziele und Grenzen der Lenkung voraus und fordere eine gleichheitsgerechte Ausgestaltung.[293] Diese Zielsetzung sei dem Gesetz nicht zu entnehmen und in der Bezeichnung „Aufwandsentschädigung" zur Abgeltung für besondere Aufwendungen im Beitrittsgebiet nicht angelegt.[294]

Auch in der Entscheidung des Zweiten Senates zu den Pensionsrückstellungen[295] werden strenge Anforderungen an die Rechtfertigung einer Steuervergünstigung gestellt: Das Gericht verlangte hierbei, dass die Verfolgung von außerfiskalischen Förderungs- und Lenkungszwecken von einer „erkennbaren gesetzgeberischen Entscheidung" getragen wird.[296] Gerade dieses Begründungsniveau für die Ausgestaltung einer Steuervergünstigung bzw. des Lenkungszweckes findet sich jedoch nicht im Urteil zur Ökosteuer. Die Verteilung von Steuervergünstigungen darf hier lediglich nicht willkürlich sein[297] – von einer zielgenauen und hinreichenden Bestimmung des Lenkungszweckes kann keine Rede sein. *Kischel* kritisiert aber gerade die in den Entscheidungen zur Pensionsbesteuerung[298] und zur Stellenzulage Ost[299] aufgestellten Forderungen eines Teils

291 BVerfGE 99, 280, 295 mit Verweis auf BVerfGE 18, 315, 334; BVerfGE 84, 239, 271; BVerfGE 87, 153, 170; BVerfGE 93, 121, 136.
292 BVerfGE 99, 280, 295.
293 BVerfGE 99, 280, 296 mit Verweis auf BVerfGE 93, 121, 148.
294 BVerfGE 99, 280, 296.
295 BVerfGE 105, 73f.
296 BVerfGE 105, 73, 112f.
297 BVerfGE 110, 274, 293.
298 BVerfGE 105, 73f. (Pensionsbesteuerung).
299 BVerfGE 99, 280, 294ff. (Zulage Ost).

der Verfassungsrechtsprechung. Der Gesetzgeber werde so einer besonderen Begründungspflicht unterworfen; dies sei nicht mehr sinnvoll.[300]

Wenn aber Ausnahmen aus dem Gebot gleichmäßiger Besteuerung nach der wirtschaftlichen Leistungsfähigkeit nur dann gerechtfertigt sind, wenn sie in einem angemessenen Verhältnis zu dem verfolgten Gemeinwohlziel stehen,[301] kann durch die besondere Begründungspflicht bei Ausnahmen aus Lenkungszwecken von der folgerichtigen Ausgestaltung der Ausgangsentscheidung eine stärkere Kontrolle von Steuervergünstigungen erreicht werden. Da der Maßstab der Steuerverschonung besonders kompromissanfällig und damit dem Zugriff von Lobbyistengruppen zugänglich ist,[302] wird der Gesetzgeber durch eine zu pauschale und unbestimmte Rechtfertigung von einer genauen Prüfung der Reichweite und Belastungswirkung seiner Steuervergünstigung entbunden. Dies dient aber gerade nicht dem Abbau von Steuervergünstigungen und führt nicht zu mehr Steuergerechtigkeit. Nur wenn Steuervergünstigungen folgerichtig am Maßstab gleicher Bedürftigkeit ausgerichtet werden, wird gleichzeitig auch Wettbewerbsneutralität verwirklicht.[303] In der Ökosteuerentscheidung verkennt aber der Erste Senat diese Bedeutung des Folgerichtigkeitsgebots.

Bei der ebenfalls zur Argumentation herangezogenen Entscheidung des Bundesverfassungsgerichts zu § 32c EStG, einer Tarifermäßigung für bestimmte gewerbliche Einkünfte, die der Gesetzgeber zu einer steuerlichen Entlastung der Bezieher hoher Einkommen einfügte,[304] ist zu differenzieren: Das Gericht hat hierbei zunächst festgestellt, allein aus dem Umstand, dass der Gesetzgeber die Gewerbesteuerbelastung bei der Einkommensteuer – über einen Betriebsausgabenabzug hinaus[305] – aus wirtschaftspolitischen Gründen steuermindernd berücksichtigen darf, folge nicht automatisch eine den Anforderungen des Gleichheitssatzes genügende Kompensationsregelung. Vielmehr erfordert eine vom Gesetzgeber erkennbar gewollte Kompensation steuerrechtlicher Vor- und Nachteile eine folgerichtige Ausgestaltung des Vergünstigungstatbestands im

---

300 *Kischel,* in: Gleichheit im Verfassungsstaat, S. 186f.; siehe zu dieser Kritik bereits oben unter Kapitel 1 A. III. 2. b).

301 *Hey,* in: Tipke/Lang, Steuerrecht, § 19, Rn. 76.

302 *Kirchof,* in: Isensee/Kirchhof, HStR Bd. V, § 118, Rn. 25.

303 So auch *Hey*, in: FS Herzig, S. 7, 11; a. A. (jedenfalls zur Ökosteuer) wohl *Wernsmann,* Verhaltenslenkung, S. 244.

304 BVerfGE 116, 164f.

305 Der Betriebsausgabenabzug wurde im Zuge der Unternehmensteuerreform abgeschafft, vgl. BT-Drs. 16/4841, S. 33.

Sinne hinreichender gegenseitiger Abstimmung.[306] Dafür, was danach als "hinreichend" zu werten ist, gelten die allgemeinen Prüfungs- und Kontrollmaßstäbe des verfassungsrechtlichen Gleichheitssatzes gemäß Art. 3 Abs. 1 GG.[307]

Im Anschluss an diese Ausführungen bleibt das Bundesverfassungsgericht jedoch nicht konsequent, denn im ersten Teil der Entscheidung lässt es ausdrücklich offen, ob Lenkungsziele nicht nur ergänzend, sondern auch für sich genommen rechtfertigend wirken.[308] Im zweiten Teil lässt der Senat dann allein das Kompensationsziel (Berücksichtigung der Zusatzbelastung durch die Gewerbesteuer) und den Gesichtspunkt der Typisierung als Rechtfertigung *nicht* ausreichen; hier bilden dann Lenkungs- und Förderziele eine hinreichende sachliche Begründung und damit eigenständige Rechtfertigung.[309] Diese Argumentation des Gerichts ist zu Recht auf Kritik gestoßen.[310] Denn dieser Widerspruch innerhalb der Entscheidung dient nicht einer folgerichtigen Ausgestaltung von Lenkungsnormen: Entweder der Lenkungszweck als Durchbrechung der Ausgangsentscheidung wirkt rechtfertigend, weil er „hinreichend" bestimmt ist und der Gesetzgeber seine Intention speziell begründet hat, oder er reicht (allein) zur Rechtfertigung nicht aus. Damit knüpft der Zweite Senat bei der Prüfung des Lenkungszweckes in diesem Fall nicht an seine bisherige Rechtsprechungslinie an.

Noch größerer Kritik war der Zweite Senat jedoch für den Ausschluss der Rechtsformneutralität als allgemeinem Verfassungsgebot ausgesetzt.[311] Bei der gleichheitsrechtlichen Prüfung des Ausschlusses der Beteiligungseinkünfte im Sinne des § 9 Nr. 2a GewStG von den nach § 32c EStG begünstigten Einkünften stellte das Gericht fest: „Art. 3 Abs. 1 GG enthält kein allgemeines Verfassungsgebot der Rechtsformneutralität in dem Sinn, dass ausgeschüttete Gewinne von Kapitalgesellschaften beim Anteilseigner einkommensteuerlich ebenso zu behandeln sind wie entnommene Gewinne von Personengesellschaften (1.). Überdies ergibt sich aus der gesetzlichen Ausgestaltung der Normen, die die Vorbelastung von Gewinnausschüttungen mit der Gewerbesteuer betreffen, am Maßstab des Gebotes gleichheitsgerechter Folgerichtigkeit keine zwingende gesetzgeberische Verpflichtung, bei der Ausgestaltung des § 32c EStG eine ge-

---

306 BVerfGE 116, 164, 187 mit Verweis auf BVerfGE 105, 73, 112f.; enger *Hey*, AöR 128 (2003), 226, 241ff.

307 BVerfGE 116, 164, 187.

308 BVerfGE 116, 164, 191.

309 BVerfGE 116, 164, 194ff.

310 *Kischel,* in: Gleichheit im Verfassungsstaat, S. 183.

311 BVerfGE 116, 164, 197 mit Kritik von *Hey*, in: FS Herzig, S. 7, 14f.; *Hey*, DStR 2009, 2561, 2565; *Tipke,* StuW 2007, 201, 207.

werbesteuerliche Vorbelastung wie eine eigene Gewerbesteuerbelastung der Anteilseigner zu behandeln (2.).“[312] Sieht man im Einkommensteuerrecht das Prinzip der Besteuerung nach der finanziellen Leistungsfähigkeit als die richtige Ausgangsentscheidung an, sind eine zivilrechtliche Betrachtungsweise und die daraus folgende rechtsformindifferente Besteuerung nicht folgerichtig. Denn an der Rechtsform lässt sich Leistungsfähigkeit nicht festmachen.[313]

Das Bundesverfassungsgericht hielt die Ausnahme des § 9 Nr. 2a GewStG von der Begünstigung nach § 32c EStG dagegen aus sachlichen Gründen im Wege einer folgerichtigen Ausgestaltung für gerechtfertigt. Als sachlichen Grund für die unterschiedliche steuerliche Behandlung führte der Zweite Senat die Abschirmwirkung der Vermögenssphäre einer Kapitalgesellschaft gegenüber ihren Anteilseignern an. Diese Abschirmung bewirke eine eigenständige und objektive Leistungsfähigkeit in der abgeschirmten Vermögenssphäre, die von der individuellen und subjektiven Leistungsfähigkeit der hinter der Kapitalgesellschaft stehenden Personen getrennt und unabhängig von ihr besteuert werden darf.[314] Für eine Trennung der Vermögenssphären werden in der Literatur auch die fortbestehenden Unterschiede beim Haftungssystem von juristischen Personen und Personengesellschaft angeführt.[315] Denn die persönliche, unbeschränkte, unmittelbare und primäre Haftung der Gesellschafter einer OHG nach § 128 HGB ist für diese Gesellschaftsform konstitutiv.[316] Die unbeschränkte persönliche akzessorische Außenhaftung der Gesellschafter bewirke, dass die Verluste unmittelbar die Gesellschafter betreffen und sie darum auch steuerlich den Gesellschaftern unmittelbar zuzurechnen sind.[317] Das Einstehen müssen für Verluste rechtfertige darum eine steuerrechtliche Differenzierung nach der Rechtsform.[318]

312 BVerfGE 116, 164, 197.
313 *Tipke,* StuW 2007, 201, 207.
314 BVerfGE 116, 167, 199.
315 *Drüen,* GmbHR 2008, 393, 398.
316 Vgl. *Baumbach/Hopt*, HGB, § 128, Rn. 1.
317 *Hüttemann,* DStJG 25 (2002), 123, 139f.
318 *Drüen,* GmbHR 2008, 393, 398; ebenso schon *Hey*, DStJG 24 (2001), 155, 193.

Insgesamt sei der Folgerichtigkeitsansatz trotz des Dualismus von Einkommen- und Körperschaftsteuer auch nach dieser Entscheidung des Bundesverfassungsgerichts nicht aufgehoben. Die rechtsformorientierte Unternehmensbesteuerung im Ganzen sei nicht als Verstoß gegen das Grundgesetz anzusehen, im Mikrobereich seien rechtsformabhängige Steuerfolgen aber strikt am Gleichheitssatz zu messen. Diese vermeintliche Paradoxie sei dem verfassungsrechtlich tolerierten Dualismus von Einkommen- und Körperschaftsteuer geschuldet.[319]

Dieser Teil der Entscheidung zu § 32 c EStG betrifft jedoch insbesondere die folgerichtige Umsetzung von Ausgangstatbeständen im Unternehmensteuerrecht – eine genaue Analyse der Entscheidungen des Bundesverfassungsgerichts zur Folgerichtigkeit im Unternehmensteuerrecht ist indes nicht Aufgabe dieser Arbeit, die sich vielmehr mit der Frage der folgerichtigen Umsetzung von Regelungen im Erbschaftsteuerrecht befasst.[320]

Der Folgerichtigkeitsgrundsatz gewinnt dann eine eigene Bedeutung, wenn er bereichsspezifisch bei der Ausgestaltung von Steuern mit Förderungs- und Lenkungszwecken so eingesetzt wird, dass es dem Gesetzgeber einerseits möglich ist, bestimmte Fälle von seiner Ausgangsentscheidung auszunehmen, um z. B. erschwerten Bedingungen Rechnung zu tragen, er andererseits aber nicht von seiner Begründungspflicht für diese Ausnahmeregelung freigestellt wird.[321] Diese gesetzgeberischen Gründe müssen entweder ausdrücklich in der Gesetzesbegründung genannt, oder sich aus dem Gesetz bzw. Gesetzeszusammenhang ergeben; ein Nachschieben von Gründen oder ein Suchen von weiteren sachlichen Gründen über die ausdrücklichen gesetzgeberischen Motive hinaus darf nicht möglich sein.[322] Nur dann kann das Folgerichtigkeitsgebot dazu dienen, bei Ausnahmeregelungen von der gesetzgeberischen Ausgangsentscheidung ein höheres Maß an Steuergerechtigkeit zu erzielen.

Die Kritik von *Lepsius*, das Bundesverfassungsgericht habe zum Zwecke der Rechtskontrolle ein politisches Problem ausgelöst,[323] bezieht sich vor allem auch

319 *Drüen,* GmbHR 2008, 393, 400.

320 Weiterführend zu diesem Thema *Hey,* in: FS Herzig, S. 7f.; *Hey*, DStR 2009, 2561f.; *Schulze-Osterloh,* in: FS Raupach, S. 531f.

321 So zutreffend *Bulla,* ZJS 2008, 585, 593.

322 So aber in BVerfGE 123, 111, 126f; dies wird auch von *Drüen,* JZ 2010, 91, 94 kritisiert.

323 *Lepsius,* JZ 2009, 260, 262.

auf die Entscheidung zur Pendlerpauschale.[324] Im Präjudiz der Entfernungspauschale hat der Zweite Senat als besondere, sachlich rechtfertigende Gründe vor allem außerfiskalische Förderungs- oder Lenkungszwecke sowie Typisierungs- und Vereinfachungserfordernisse genannt. Der rein fiskalische Zweck staatlicher Einnahmenerhöhung wird als sachlicher Ausnahmegrund dagegen ausgeschlossen.[325] *Lepsius* meint, da es normalerweise an einem besonderen Zweck der Steuer jenseits der fiskalischen Einnahmeerhöhung fehlt, verlange das Gericht von der Politik solche Zwecke, damit seine Kontrollmechanismen eingreifen könnten. Bei der Steuer aber solche Zwecke verfassungsrechtlich einzufordern sei unangemessen. Sie würden die Steuergesetzgebung auf ein System von Lenkungsteuern umpolen und stillschweigend einen Konnex von Aufgaben und Finanzierung einfordern.[326]

Diesem Argumentationsansatz kann jedoch nicht gefolgt werden: Als verfassungswidrig wurde die Regelung des § 9 Abs. 2 Satz 1 und Satz 2 EStG vor allem auch deshalb angesehen, weil sie den Typisierungsanforderungen nicht genügte.[327] Gerade weil dem Ziel der Einnahmenvermehrung jede, auch eine willkürliche Belastung dient[328], können (reine) Fiskalzwecknormen abgesehen von außerfiskalischen Förderungs- und Lenkungszwecken nur dann gerechtfertigt werden, wenn entweder ein grundsätzlicher Systemwechsel vom Gesetzgeber beabsichtigt wird[329] oder eine hinreichende sachliche Legitimation durch eine realitätsgerechte Typisierung oder Vereinfachung vorliegt.[330] Die verstärkte Beachtung und Ausrichtung an der folgerichtigen Ausgestaltung dieser Rechtfertigungsgründe ist auch innerhalb des Zweiten Senates selbst nicht unumstritten[331], dennoch muss registriert werden: Nicht die bundesverfassungsgerichtliche Rechtskontrolle *an sich* ist das Problem, sondern einerseits das jeweils schwankende Maß an Folgerichtigkeit in seinen Entscheidungen[332] und die unpräzise Umsetzung eines Systemwechsels bzw. einer Vereinfachungs- und Typi-

324 *Lepsius,* JZ 2009, 260f. - Anmerkung zum Urteil zur Pendlerpauschale.

325 BVerfGE 122, 210, 233.

326 *Lepsius,* JZ 2009, 260, 262.

327 BVerfGE 122, 210, 238f.

328 BVerfGE 126, 268, 281 mit Verweis auf BVerfGE 122, 210, 236f.

329 BVerfGE 126, 268, 281 mit Verweis auf BVerfGE 122, 210, 241ff.

330 BVerfGE 126, 268, 278 mit Verweis auf BVerfGE 122, 210, 231ff.

331 Siehe jetzt das Ergebnis von 5:3 Stimmen im Urteil zum häuslichen Arbeitszimmer BVerfGE 126, 268, 286.

332 In BVerfGE 123, 111f. nur Willkürkontrolle, kein „besonderer sachlicher Rechtfertigungsgrund" erforderlich; in der Kammerentscheidung zur steuerlichen Begünstigung von Abgeordneten – BVerfG vom 26.7.2010, 2 BvR 2227/08 – keine Ausführungen zum Folgerichtigkeitsgebot.

sierungsregelung durch den Gesetzgeber andererseits.[333] Denn für die Erklärung der Verfassungswidrigkeit von sachwidrigen Differenzierungsgründen bedarf es noch nicht einmal der strengeren Anforderungen des Verhältnismäßigkeitsprinzips. Insofern reicht bereits das Willkürverbot aus. Aber auch nach dem Willkürverbot, d. h. dem sehr viel großzügigeren gleichheitsrechtlichen Maßstab, ist zur Rechtfertigung einer Differenzierung nicht jedweder Grund geeignet, sondern der Gesetzgeber muss sachgerechte[334] Differenzierungsgründe vorbringen. Sachgerecht ist ein Differenzierungsgrund nur dann, wenn er im Hinblick auf die Belastung durch die jeweilige Steuer angemessen ist.[335]

In der (nichtsteuerlichen) Entscheidung zu den landesrechtlichen Nichtraucherschutzgesetzen[336] hat das Bundesverfassungsgericht erstmals das Folgerichtigkeitsgebot auf die Verhältnismäßigkeitsprüfung eines Eingriffs in ein Freiheitsgrundrecht übertragen. Das Gericht fordert hier nach Ansicht von Verfassungsrichter *Bryde* jedoch Folgerichtigkeit und Systemreinheit ein, die der Gesetzgeber nicht leisten kann und gefährde damit die Fähigkeit der Politik, Reformen umzusetzen.[337]

Dem ist jedoch zu widersprechen: Die Anwendung des Folgerichtigkeitsgebots ist auch bei der Prüfung von Eingriffen in Freiheitsgrundrechte geboten. Mit der Neuen Formel hat das Verfassungsgericht klargestellt, dass Gleichheits- und Freiheitsrechte nicht beziehungslos nebeneinander stehen; Beeinträchtigungen von Freiheitsgrundrechten verschärfen zugleich den Rechtfertigungsmaßstab für Ungleichbehandlungen.[338] Das Übermaßverbot in Verbindung mit dem Gebot der Folgerichtigkeit fordert dem Gesetzgeber eine hinreichende Begründung ab.[339] Er wird damit gezwungen, sowohl die Auswirkungen der einzelnen Instrumente auf das Gesamtsystem als auch die Wirkung des Gesamtsystems auf die einzelnen Instrumente, insbesondere also das Verhältnis von Regel und gesetzlichen Ausnahmetatbeständen zu berücksichtigen. Grundlage hierfür ist wiederum eine hinreichende Begründung seiner verschiedenen, sich verstärkenden, konkurrierenden oder überlagernden Gesetzeszwecke. Werden Wertungswider-

---

333 Zuletzt in BVerfGE 126, 268, 281 und 283f.

334 BVerfGE 46, 224, 233.

335 *Hey,* FR 2008, 1033, 1038.

336 BVerfGE 121, 317f.

337 So *Bryde* in seinem Sondervotum zum Urteil des BVerfG vom 30.7.2009, BVerfGE 121, 317, 380.

338 *Bulla,* ZJS 2008, 585, 593.

339 *Bulla,* ZJS 2008, 585, 596.

sprüche nicht hinlänglich gerechtfertigt, droht eine Maßnahme am Übermaßverbot zu scheitern.[340]

Ob man das Folgerichtigkeitsprinzip in das Gebot der Geeignetheit hineinliest, oder es aber im Rahmen des Art. 3 Abs. 1 GG i. V. m. Art. 12 Abs. 1 GG als wirtschaftliche Wettbewerbsgleichheit konstruiert, braucht an dieser Stelle noch nicht entschieden zu werden[341] – das Folgerichtigkeitsprinzip führt jedenfalls auch im Rahmen der Freiheitsgrundrechte zu strengeren Rechtfertigungsanforderungen bei gegebenenfalls konkurrierenden Gesetzeszwecken.

Da Folgerichtigkeit als sekundäres Gebot immer auf eine Ausgangsentscheidung des Gesetzgebers bezogen ist, bindet es den Gesetzgeber auch nicht absolut, wohl aber relativ an das jeweilige Teilrechtssystem[342] und entfaltet damit jedenfalls bereichsspezifisch eine Bindung des Gesetzgebers. Versteht man das Folgerichtigkeitsgebot richtig und setzt es als Maßstab angemessen ein, kann es durchaus als regulatives Prinzip zum weit reichenden Gestaltungsspielraum des Gesetzgebers dienen.[343] Es führt zu einer erhöhten Begründungspflicht des Gesetzgebers bei der Verfolgung von Förderungs- und Lenkungszielen sowie Fiskalzwecken im Steuerrecht und ebenso bei der Verhältnismäßigkeitsprüfung von Eingriffen in Freiheitsgrundrechte. Damit geht das Folgerichtigkeitsgebot in seiner Bedeutung über eine Willkürprüfung hinaus, denn es verlangt für die Rechtfertigung mehr als nur „irgendeinen sachlichen Grund". Diese erhöhten Anforderungen führen jedoch nicht zur Korrektur vermeintlich inkonsistenter gesetzgeberischer Entscheidungen bzw. zu einer Ersetzung vermeintlich fehlender gesetzgeberischer Entscheidungen.[344] Das Bundesverfassungsgericht hat durch den Maßstab der Folgerichtigkeit vielmehr ein Instrument gefunden, bei Vorliegen einer gesetzgeberischen Ausgangsentscheidung die Ausnahmen bzw. Durchbrechungen auf sachlich konsistente Rechtfertigung zu überprüfen – das Gericht setzt jedoch keinesfalls eigene Entscheidungen an die Stelle (vermeintlich) fehlender Belastungsgrundentscheidungen.

340 *Bulla,* ZJS 2008, 585, 595 ähnlich auch *Ruthig,* in: Ruthig/Storr, Öffentliches Wirtschaftsrecht, Rn. 114 und 116; *Starck,* in: v. Mangoldt/Klein/Starck, Kommentar zum GG, Art. 3, Rn. 45; *Stober,* in: Wolff/Bachof/Stober, Verwaltungsrecht, § 28, Rn. 16.

341 Dazu mehr unter Kapitel 2 A. II.

342 *Bulla,* Freiheit der Berufswahl, S. 319.

343 *Drüen,* JZ 2010, 91, 94.

344 So aber *Droege,* StuW 2011, 105, 112.

B. Systemgerechtigkeit und Folgerichtigkeit – Abgrenzung

In der Literatur ist die Tendenz zu beobachten, die Begriffe Systemgerechtigkeit und Folgerichtigkeit synonym zu verwenden[345] oder miteinander zu verknüpfen.[346] Da die Begrifflichkeiten vermischt werden, wird auch bei der Kritik der beiden Grundsätze häufig keine strenge Unterscheidung vorgenommen. Die Argumente gegen Systemgerechtigkeit und Folgerichtigkeit gleichen sich. Da jedoch eine Abkehr des Bundesverfassungsgerichts vom Begriff der Systemgerechtigkeit zu beobachten ist, muss klargestellt werden, inwiefern das Folgerichtigkeitsgebot einen eigenen Geltungsbereich hat und damit über die Systemgerechtigkeit hinaus Bedeutung entfaltet.

I. Literatur

Für den Bereich des Sozialversicherungsrechts wurde bereits eine Abgrenzung zwischen den beiden Begriffen und dem der Konsequenz vorgenommen. Dabei ist Konsequenz enger als Systemgerechtigkeit im Sinne von Folgerichtigkeit oder Systemgerechtigkeit innerhalb eines Teilrechtssystems, etwa innerhalb der gesetzlichen Krankenversicherung oder des Vertragsarztrechts zu verstehen. Während Systemgerechtigkeit beispielsweise einen Abstand zwischen Sozialversicherung und Sozialhilfe im Rahmen der Ausgestaltung des Rechts der sozialen Sicherheit verlangt, fordert Konsequenz die folgerichtige Ausgestaltung innerhalb eines sozialen Sicherungssystems, indem der Gesetzgeber, wenn er eine Grundentscheidung trifft, diese entsprechend auch umsetzt.[347]

Bei diesem Abgrenzungsversuch zeigt sich, auch hier werden die Begriffe Systemgerechtigkeit und Folgerichtigkeit miteinander verknüpft, der Folgerichtigkeitsgrundsatz verstanden als Konsequenzgebot soll jedoch enger sein und nur innerhalb eines (Teilrechts-)Systems gelten. Nicht ganz klar ist dann jedoch der Unterschied zwischen Systemgerechtigkeit innerhalb eines Teilrechtssystems und der Konsequenz etwa im Bereich eines sozialen Sicherungssystems, denn das Vertragsarztrecht selbst könnte auch als ein (in sich geschlossenes) Teilrechtssystem verstanden werden. Damit lässt sich eine trennscharfe Unterscheidung zwischen den beiden Begriffen jedenfalls nicht erzielen.

---

345 Exemplarisch *Eckhoff,* Rechtsanwendungsgleichheit im Steuerrecht, S. 165; *Starck,* in: v. Mangoldt/Klein/Starck, Kommentar zum GG, Art. 3, Rn. 44ff.

346 *Englisch,* Wettbewerbsgleichheit, S. 145.

347 *Axer,* in: FS Isensee, S. 979.

Analysiere man Verfassungsrechtsprechung und Schrifttum unter dem Gesichtspunkt der Systemgerechtigkeit, so zeige sich, dass allein die „folgerichtige“ Entfaltung von „systemtragenden“, also sachgerechte Leitwerte verkörpernden Prinzipien untersucht wird.[348] Der Systemgedanke sei damit geeignet, die in der verfassungsrechtlichen Wertordnung gründenden inneren Zusammenhänge von Prinzipien und Regelungen ins Bewusstsein des Rechtsanwenders zu rufen. Zugleich verdeutliche er den engen prinzipientheoretischen Zusammenhang zwischen formalem und materialem Gleichheitssatz in der Entfaltung des bereichsspezifisch sachgerechten Leitprinzips. Die eher strenge Formulierung reize jedoch zu Missverständnissen hinsichtlich der Möglichkeit einer Rechtfertigung von Systemwidrigkeiten. Der synonym verwendete Begriff der „Folgerichtigkeit“ suggeriere eine Affinität zur formalen Gleichgerechtigkeit, obgleich der praktische Anwendungsschwerpunkt bei den Abweichungen von materialer Sachgerechtigkeit liege. Eine eigenständige verfassungsrechtliche bzw. gleichheitsrechtliche Bedeutung komme dem Topos der Systemgerechtigkeit jedenfalls nicht zu.[349] Demgegenüber lasse sich für das Gebot der Wertungskonsequenz in der Verwirklichung des selbst gewählten Sachgerechtigkeitsmaßstabes der Charakter einer definitiven verfassungskräftigen Regelung folgern. Dies ergebe sich aus dem rechtsprinzipiellen Charakter des materialen Gerechtigkeitsmaßstabs als Bezugsobjekt des formalen Gleichmaßes.[350] So sei gewährleistet, dass ein Regelungsgebiet prinzipiell eine in sich schlüssige sachgerechte Ordnung erfahre.[351] Damit kommt der „Folgerichtigkeit“ als anderer Bezeichnung für Systemgerechtigkeit keine gleichheitsrechtliche Bedeutung zu; nur Folgerichtigkeit verstanden als Gebot der Wertungskonsequenz ist als Ausfluss des allgemeinen Gleichheitssatzes verfassungsrechtlich zu berücksichtigen.

Ein weiterer Ansatz differenziert bei der Abgrenzung: Das Folgerichtigkeitsgebot diene dazu, das Verbot denklogischer Widersprüche zum Inhalt des Gleichheitssatzes zu machen. Das Prinzip der Systemgerechtigkeit habe dagegen eher dogmatisch-systematisierende Funktion, die den Gesetzgeber disziplinieren und zu einer logischen Folgerichtigkeit seiner Wertungen drängen soll.[352] Damit wird zwischen Systemgerechtigkeit in der Gesamtrechtsordnung, der Systemge-

348 *Englisch,* Wettbewerbsgleichheit, S. 148.

349 *Englisch,* Wettbewerbsgleichheit, S. 153.

350 *Englisch,* Wettbewerbsgleichheit, S. 143.

351 *Englisch,* Wettbewerbsgleichheit, S. 134.

352 *P. Kirchhof,* Die Verschiedenheit der Menschen und die Gleichheit vor dem Gesetz, S. 41; ebenso *Battis,* in: FS Ipsen, S. 11, 14; *Meins,* Systemgerechtigkeit in der Raumplanung, S. 7f.

rechtigkeit innerhalb des Steuerrechts und der Folgerichtigkeit unterschieden[353] und ein vierstufiges Vergleichsverfahren gefordert, bei dem zunächst die Sachgerechtigkeit zu ermitteln ist.[354] Die sachgerecht in das Steuerrecht eingebrachten Ähnlichkeiten und Verschiedenheiten müssen zunächst im Rahmen der Gesamtrechtsordnung bewertet und entsprechend den rechtlichen Vorgaben differenziert werden (Systemgerechtigkeit in der Gesamtrechtsordnung). Daneben muss die Einzelsteuer auch im Binnenbereich des Gesamtsteuersystems konform ausgestaltet werden (Systemgerechtigkeit innerhalb des Steuerrechts). Sodann muss eine sachgerecht und systemgerecht konzipierte Belastungsentscheidung bei der Ausgestaltung des Einzelsteuergesetzes den Belastungsgedanken konsequent weiterführen und insbesondere in eine Bemessungsgrundlage umsetzen.[355]

Eine ältere Untersuchung stellt als entscheidenden Unterschied zwischen den beiden Begriffen zum einen heraus, dass die Systemgerechtigkeit die Wahrung einer vom Gesetz selbst statuierten Sachgesetzlichkeit innerhalb eines Teilrechtsgebietes verlangt und damit eine strenge Selbstbindung des Gesetzgebers unterstellt, während es beim Gebot der Folgerichtigkeit letztlich nur darum geht, die Frage einer Ungleichbehandlung von Personen oder Sachverhalten im Rahmen des Art. 3 Abs. 1 GG mit Blick auf die Gesamtrechtsordnung zu beantworten.[356] Zum anderen geht es – und dies betrifft vor allem die Entscheidung des Bundesverfassungsgerichts zum einkommensteuerlichen Grundfreibetrag[357] – um die Bindung des Gesetzgebers an eine von ihm selbst getroffene *tatsächliche* Einschätzung der Sachlage, nämlich den Mindestbedarf eines Menschen, der in verschiedenen Teilrechtsordnungen nicht unterschiedlich angesetzt werden kann, so dass beispielsweise auch die Beträge in der ZPO (Pfändungsfreigrenzen) diese nicht unterschreiten dürfen.[358] Folgerichtigkeit betrifft die notwendige Gleichbehandlung gleicher Personengruppen – nämlich aller Steuerpflichtigen – es gehe somit nicht um die gleiche rechtliche Behandlung eines Sachverhalts oder einer Person in verschiedenen Teilrechtsordnungen.[359] Bei der Frage der Systemgerechtigkeit steht dagegen die Bindung des Gesetzgebers an ein von

353 *P. Kirchhof* StuW 1984, 297, 301.

354 Ähnlich auch *Kirchhof,* in: Isensee/Kirchhof, HStR Bd. V, § 118, Rn. 174ff., aber mit der Unterscheidung in Widerspruchsfreiheit innerhalb der Gesamtrechtsordnung und innerhalb des Steuerrechts – der Systemgerechtigkeitsbegriff wird von ihm in neuerer Zeit nicht mehr aufgegriffen.

355 *P. Kirchhof* StuW 1984, 297, 301.

356 *Felix,* Einheit der Rechtsordnung, S. 283, Rn. 582.

357 Vgl. BVerfGE 87, 153ff.

358 *Felix,* Einheit der Rechtsordnung, S. 283, Fn. 582.

359 *Felix,* Einheit der Rechtsordnung, S. 283.

ihm gewähltes System der *rechtlichen* Behandlung von Sachverhalten im Fokus.[360]

360 *Felix,* Einheit der Rechtsordnung, S. 284, Fn. 582.

II. Eigene Abgrenzung

Bei einer Abgrenzung soll allein zwischen Systemgerechtigkeit und Folgerichtigkeit differenziert werden; der ebenfalls in der Diskussion auftauchende Begriff der Widerspruchsfreiheit (der Rechtsordnung)[361] soll hierfür außer Betracht bleiben.

Einer Abgrenzung, bei der nicht klar wird, was die (rechtfertigungsfähige) Widersprüchlichkeit innerhalb der gesetzlich geschaffenen Ordnung von der (nicht zu rechtfertigenden) Inkonsequenz bei der Einführung des Rechtssatzes in das jeweilige Teilrechtsgebiet oder die Gesamtrechtsordnung qualitativ unterscheidet[362], kommt nur bedingte Überzeugungskraft zu. Denn wenn man den Begriff der Systemgerechtigkeit nur auf das System im Binnenbereich einer Teilrechtsordnung bezieht[363] während man im Antonym, der Systemwidrigkeit – mit dem Bundesverfassungsgericht – nur eine rechtfertigungsbedürftige und rechtfertigungsfähige Widersprüchlichkeit in einem Binnensystem sieht, setzt man einen Verstoß gegen das Gebot der Folgerichtigkeit mit einem solchen gegen Art. 3 Abs. 1 GG gleich.[364] Es ist aber eine klare Unterscheidung zwischen Folgerichtigkeit und Widerspruchsfreiheit erforderlich: Denn im streng logischen Sinne besteht der Widerspruch im sich ausschließenden Gegensatz zweier Wertungen und Begriffe. Nicht jede Wertungsdivergenz ist aber ein Gegensatz.[365] Der Topos der Einheit (bzw. Widerspruchsfreiheit) der Rechtsordnung ist angesichts der unzähligen Gesetze und Verordnungen mit ihren jeweils eigenen Sachgesetzlichkeiten, Zielen und Instrumenten zudem schon im Grundsätzlichen zu hinterfragen.[366] Eine Abgrenzung zwischen Systemgerechtigkeit und Folgerichtigkeit, die auch den Begriff der Widerspruchsfreiheit der Rechtsordnung mit einbezieht, eignet sich aufgrund der Wechselbezüglichkeit somit nur bedingt für diese Arbeit.

Einer Anwendung der Systemgerechtigkeit nur innerhalb eines Teilrechtsgebietes, die Forderung nach Folgerichtigkeit jedoch innerhalb der Gesamt-

361 Diese Rechtsfigur bei *Kirchhof,* in: Isensee/Kirchhof, HStR Bd. V, § 118, Rn. 174ff.; *P. Kirchhof,* StuW 2000, 316ff.

362 *Eckhoff,* Rechtsanwendungsgleichheit im Steuerrecht, S. 164, Fn. 132 mit Verweis auf *Kirchhof,* in: Isensee/Kirchhof, HStR Bd. V, § 124, Rn. 222 und 231.

363 So *Kirchhof,* in: Isensee/Kirchhof, HStR Bd. V, § 118, Rn. 231.

364 So auch *Eckhoff,* Rechtsanwendungsgleichheit im Steuerrecht, S. 164, Fn. 132.

365 *Tipke,* JZ 2009, 533, 535, Fn. 24 mit Verweis auf *P. Kirchhof,* StuW 2000, 316ff.

366 Ebenso *Bulla,* ZJS 2008, 585, 591; *Sendler,* NJW 1998, 2875ff.

rechtsordnung[367] überzeugt ebenfalls nicht. Dieser Argumentation steht zum Beispiel die Entscheidung des Bundesverfassungsgerichts zur Pendlerpauschale[368] entgegen: Vom Bundesverfassungsgericht wird in dieser Entscheidung die Personengruppe der Pendler und Einkommensteuerpflichtiger innerhalb der Teilrechtsordnung Einkommensteuerrecht verglichen – es wird somit gerade keine über das Teilrechtsgebiet hinausgehende Prüfung vorgenommen. In diesem Fall hätte dann die Systemgerechtigkeit und nicht das Gebot der Folgerichtigkeit (das aber in diesem Fall vom Bundesverfassungsgericht angewendet wurde) Prüfungsmaßstab sein müssen.

Auch in der Entscheidung über die unterschiedliche Besteuerung von Beamtenpensionen[369] prüft das Gericht die folgerichtige Ausgestaltung der Steuerbelastungen von Sozialversicherungsrenten und beamtenrechtlichen Versorgungsbezügen innerhalb des Einkommensteuergesetzes.[370] Einer Differenzierung in rechtliche und tatsächliche Sachverhalte steht zudem entgegen, dass auch bei Entscheidungen zur Folgerichtigkeit die rechtliche Behandlung von Personen und Sachverhalten innerhalb der Teilrechtsordnungen geprüft wird – in der Entscheidung zum Ausschluss der Beteiligungseinkünfte im Sinne des § 9 Nr. 2a GewStG von den nach § 32c EStG begünstigten Einkünften qualifizierte der Zweite Senat den Grundsatz der Rechtsformneutralität nicht als ein aus Art. 3 Abs. 1 GG folgendes allgemeines Verfassungsgebot. Damit sind ausgeschüttete Gewinne von Kapitalgesellschaften beim Anteilseigner einkommensteuerlich damit nicht ebenso zu behandeln sind wie entnommene Gewinne von Personengesellschaften.[371] Das Gericht hat also eine rechtliche Qualifizierung eines Sachverhalts innerhalb der Teilrechtsordnung Einkommensteuerrecht im Zusammenhang mit der Anwendung des Folgerichtigkeitsgebots vorgenommen. Bei der Anwendung des Folgerichtigkeitsgebotes ist somit nicht immer nur die tatsächliche Behandlung von Personen und Sachverhalten Bestandteil der Prüfung, auch rechtliche Fragen, wie z.B. die der Rechtsformneutralität von Beteiligungseinkünften, können maßgeblich sein.

Im Zusammenhang mit der Prüfung des Folgerichtigkeitsgebots betont das Bundesverfassungsgericht häufig, verfassungsrechtlich sei nicht Konsistenz oder Inkonsistenz der Gesetzessystematik für sich genommen relevant, sondern aus-

---

367 So *Felix,* Einheit der Rechtsordnung, S. 283, Fn. 582.

368 BVerfGE 122, 210f.

369 BVerfGE 105, 73f.

370 Gegen diese Beschränkung des Folgerichtigkeitsgebots auf den Binnenbereich der einzelnen Steuern richtet sich die Kritik von *Tipke,* StuW 2007, 201, 207 und 209.

371 BVerfGE 116, 164, 197.

schließlich das Ergebnis einer Regelung für den Betroffenen.[372] Deshalb seien auch etwaige kompensierende Vorteile abwägend mit zu berücksichtigen, wobei deren Berücksichtigungsfähigkeit ein hinreichendes Maß gegenseitiger Abstimmung ausgleichsbedürftiger Nachteile und begünstigender Ausgleichswirkungen voraussetzt.[373] Hierin besteht einer der großen Unterschiede zur Systemgerechtigkeit: Das Gericht ermittelt nicht nur das jeweilige Regelungssystem[374], sondern überprüft konkreter bei einer Abweichung von der folgerichtigen Ausgestaltung der Ausgangsentscheidung die Vor- und Nachteile des Rechtfertigungsgrundes für den Betroffenen.[375] Erst wenn sich dann ein Überwiegen der Nachteile für den Betroffenen ergibt, kommt es zu einem Verstoß gegen den Grundsatz der Folgerichtigkeit. Ob es sich bei der Rechtsfigur der Grundrechtskompensation[376] um ein Instrument der politischen Rechtfertigung oder um ein Argument von verfassungsrechtlicher Bedeutung handelt[377], soll in dieser Arbeit jedoch nicht weiter ausgeführt werden; denn hierbei handelt es sich um ein eigenes, von der Folgerichtigkeit zu unterscheidendes Rechtsproblem.

Zusammenfassend lässt sich sagen, dass das Folgerichtigkeitsgebot aus dem Systemgerechtigkeitsgedanken hervorgegangen ist und dessen Weiterentwicklung darstellt.[378] Hat Systemgerechtigkeit noch die Funktion, Systembrüche und -inkonsequenzen zu verdeutlichen, führt das Folgerichtigkeitsgebot in ständiger Rechtsprechung des Bundesverfassungsgerichts[379] jedenfalls bei der Rechtfertigung von Förderungszwecken zu einer strengeren Prüfung der Ausnahmen von der Ausgangsentscheidung des Gesetzgebers, sie stellt damit eine (nur) „operative Verfeinerung" der Systemgerechtigkeit dar.[380]

Dennoch ist es schwierig, eine trennscharfe Abgrenzung der beiden Begriffe vorzunehmen, da auch bei der Definition der Folgerichtigkeit von Systemen und deren konsequenter Umsetzung gesprochen wird. Der fehlenden Systemgerechtigkeit kommt jedoch lediglich Indizwirkung für einen Grundrechtsverstoß zu;

---

372 BVerfGE 83, 395, 402; so auch BVerfGE 105, 73, 112 ff; BVerfGE 116, 164, 187.

373 *Osterloh,* in: Sachs, GG Kommentar, Art. 3 Abs. 1, Rn. 99, Fn. 182.

374 Für Systemgerechtigkeit z. B. BVerfGE 9, 291, 294ff.; BVerfGE 13, 167, 174.

375 Für Folgerichtigkeit z. B. BVerfGE 96, 1, 8; BVerfGE 105, 73, 113f.; BVerfGE 116, 164, 187.

376 Siehe hierzu *Bleckmann,* Die Struktur des allgemeinen Gleichheitssatzes, S. 62f. ; *Klein,* DVBl. 1981, 661.

377 Siehe dazu näher *Hey,* AöR 128 (2003), 226-254.

378 So bereits *Prokisch,* in: FS für Vogel, S. 293, 294.

379 Allerdings mit Ausnahmen, siehe BVerfGE 116, 164f. (§ 32c EStG).

380 Siehe z. B. BVerfGE 105, 73f. (Pensionsbesteuerung).

Ausnahmen und Durchbrechungen von seinem selbst statuierten System muss der Gesetzgeber vor dem Folgerichtigkeitsgebot jedoch am Maßstab des Art. 3 Abs. 1 GG rechtfertigen. Die Rechtfertigungsanforderungen reichen dabei je nach Intensität der Ungleichbehandlung von einem bloßen Willkürverbot bis hin zu einer strengen Verhältnismäßigkeitsprüfung.[381] Letztlich kann eine Norm damit zwar nicht wegen fehlender Systemgerechtigkeit, wohl aber wegen mangelnder Folgerichtigkeit und damit als Verfassungsverstoß verworfen werden, wenn sie nicht durch sachliche, der benachteiligenden Wirkung angemessene Gründe gerechtfertigt werden kann. Aus dem Gebot der Folgerichtigkeit erwächst jedoch keine Systembindung des Gesetzgebers, die ihm verböte, von den bestehenden, systemtragenden Grundentscheidungen abzuweichen[382], oder aber ein völlig neues System zu begründen.

381 So *Bulla,* Freiheit der Berufswahl, S. 313.

382 *Bulla,* Freiheit der Berufswahl, S. 318.

Kapitel 2: Folgerichtigkeit als Verfassungsprinzip

A. Verfassungsrechtliche Begründung

Mit der verfassungsrechtlichen Verankerung der Folgerichtigkeit in Art. 3 und Art. 19 Abs. 1 S. 1 GG ist nicht entschieden, ob das Konsequenzgebot als Primär- oder Subprinzip seinerseits Verfassungsrang hat. Auf ein Prinzip in Verfassungsrang wird der Gesetzgeber doppelt verpflichtet: auf die Wertentscheidung selbst und qua Folgerichtigkeit auf ihre Verallgemeinerung. Am einfachgesetzlichen Ausgangsprinzip muss sich der Gesetzgeber lediglich festhalten lassen, solange er sich zu ihm bekennt – solange gilt kraft Folgerichtigkeit das Gerechtigkeitsgebot der Allgemeinheit.[383] Zentrale Frage ist damit, ob das Folgerichtigkeitsprinzip als sekundäres, bereichsspezifisch entfaltetes Gebot, welches selbst keine materiellen Vorgaben statuiert[384], verfassungsrechtlich fundiert werden kann.

Anders als etwa das objektive Nettoprinzip, dessen Verfassungsrang ebenfalls umstritten ist[385], kann eine verfassungsrechtliche Begründung des Folgerichtigkeitsgebots nicht auf das Leistungsfähigkeitsprinzip gestützt werden, denn es handelt sich hierbei nicht um dessen Subprinzip. Ähnlichkeiten bestehen jedoch hinsichtlich der verfassungsrechtlichen Anknüpfungspunkte: werden für das Leistungsfähigkeitsprinzip nicht weniger als *sieben* verfassungsrechtliche Herleitungen benannt,[386] sind auch die Grundlagen einer verfassungsrechtlichen Fundierung des Folgerichtigkeitsgebots sehr verschieden. So werden als Geltungsgründe der allgemeine Gleichheitssatz, die Freiheitsrechte, das Allgemeinheitsgebot, das Rechtsstaatsprinzip sowie das Bundesstaatsprinzip herangezogen.[387] Im Folgenden wird daher zu erörtern sein, ob und gegebenenfalls wie das Folgerichtigkeitsgebot verfassungsrechtlich hergeleitet werden kann.

---

383 *Hufeld,* in: BK des GG, Art. 19, i. E. (2012).

384 *Drüen,* JZ 2010, 92, 94 mit Verweis auf *Kischel,* in: Gleichheit im Verfassungsstaat, S. 175, der für ihn zutreffend die „Substanzlosigkeit“ des Folgerichtigkeitsgebots kritisiert.

385 Siehe dazu beispielsweise *Englisch,* DStR 2009, 92ff; *Schneider,* DStR 2009, 87ff.

386 Näher dazu *Englisch,* Wettbewerbsgleichheit, S. 572.

387 Gleichheitssatz: *P. Kirchhof,* Die Verschiedenheit der Menschen und die Gleichheit vor dem Gesetz, S. 24, *Waldhoff,* DV 2008 (Heft 41), 259, 268; Freiheitsrechte: *Bulla,* ZJS 2008, 585, 594 und *Michael,* JZ 2008, 875, 878; Allgemeinheitsgebot: *G. Kirchhof,* Die Allgemeinheit des Gesetzes, S. 540; Rechtstaatsprinzip: *Prokisch,* in: FS für Vogel, S. 293, 308.

I. Geltungsgrund in Art. 3 Abs. 1 GG

In den Judikaten des Bundesverfassungsgerichts klingt immer wieder auch die verfassungsrechtliche Bedeutung des Folgerichtigkeitsgebots an: „Die den Einkommensteuergesetzgeber bindenden verfassungsrechtlichen Grundsätze folgerichtiger Bestimmung und Erfassung der wirtschaftlichen Leistungsfähigkeit."[388] „Art. 3 Abs. 1 GG als Gebot folgerichtiger Ausgestaltung steuerlicher Belastungsgrundentscheidungen."[389] Eine genaue Verortung des Folgerichtigkeitsgebots innerhalb von Art. 3 Abs. 1 GG ist durch das Gericht jedoch bislang nicht erfolgt. Insbesondere ist unklar, ob es sich im Sinne eines Indizes um eine Methode zur Feststellung rechtfertigungsbedürftiger Ungleichbehandlungen handelt[390] oder um einen eigenständigen Rechtfertigungsmaßstab.[391]

Eine verfassungsrechtliche Ableitung des Folgerichtigkeitsgebots aus Art. 3 Abs. 1 GG stößt zunächst auf die Problematik, dass sich der allgemeine Gleichheitssatz als weitgehend formale, inhaltsleere Vorschrift erweist, die als solche keine Belastungskriterien enthält.[392] Das Differenzierungsziel bzw. der Zweck des Gesetzes gibt nur eine erste normative Orientierung bezüglich der für die Gleichheitsprüfung maßgebenden Gesichtspunkte, die gleichheitsrechtliche Überprüfung der steuerlichen Lastenausteilungsnormen verzichtet dagegen auf diese Anhaltspunkte, insbesondere auf die Bewertung der Differenzierungskriterien aus dem Zweck des Gesetzes. Einziger Zweck der Lastenausteilungsnormen (Fiskalzwecknormen) ist die Beschaffung staatlicher Finanzmittel zur Finanzierung der Staatsaufgaben.[393] Die inhaltliche Begrenzung des allgemeinen Gleichheitssatzes als verfassungsrechtliche Ableitungsbasis für Steuergerechtigkeitserwägungen bedarf der Anreicherung durch andere Wertentscheidungen der Verfassung, etwa freiheitsrechtlicher und sozialstaatlicher Inhaltsbestimmung.[394] Ähnlich dem Prinzip der Besteuerung nach der wirtschaftlichen Leistungsfähigkeit erweisen sich auch beim Folgerichtigkeitsprinzip die Unbestimmtheit und Konkretisierungsbedürftigkeit als die Hauptprobleme. Bei der Konkretisierung

388 BVerfGE 105, 73, 126.

389 BVerfGE 116, 164, 200.

390 So *Jungbauer,* Die Verwendung des Begriffs „Gerechtigkeit" in der Rechtsprechung des BVerfG, S. 249ff.

391 *Hey,* DStR 2009, 2561, 2566.

392 *Lehner,* Einkommensteuerrecht und Sozialhilferecht, S. 303.

393 *Waldhoff,* DV 2008 (Heft 41), 259, 263.

394 *Waldhoff,* DV 2008 (Heft 41), 259, 263; *Weber-Grellet,* Steuern im modernen Verfassungsstaat, S. 66; a. A. *Kischel,* AöR 124 (1999), 174, 204f.

können zwei verschiedene Ebenen auseinander gehalten werden: zunächst eine Ebene des Ranges; dann die Ebene der inhaltlichen Bestimmung des Prinzips.[395]

Einige Autoren bestreiten pauschal eine verfassungsrechtliche Bedeutung: „Das Folgerichtigkeitsgebot selbst besitzt keinen Verfassungsrang und gilt allenfalls nach Maßgabe des Willkürverbots."[396] Das Folgerichtigkeitsprinzip fusioniere einfaches Recht (bei der Pendlerpauschale: Belastungsentscheidungen des Gesetzgebers) mit Verfassungsrecht. Das Gesetz werde nicht gemessen an höherrangigen materiellen Normen, sondern es liefere selbst den materiellen Prüfungsrahmen.[397] Weder die staatsorganisations- noch die grundrechtliche Begründung eines Verfassungsprinzips auf Folgerichtigkeit sei daher überzeugend.[398] Der Gleichheitssatz fordert vom Gesetzgeber im Prozess der Gesetzgebung, wie von den Gerichten und der Verwaltung im Rahmen der Rechtsanwendung nicht besondere sachliche Gründe für die Durchbrechung des Nettoprinzips, sondern hinreichende sachliche Gründe überhaupt. Es sei im Verhältnis zum Gesetzgeber nicht nur undemokratisch, sondern im Rahmen der Rechtsanwendung ein grundlegender Irrtum über Funktionsweisen und Gewährleistungsgehalte des allgemeinen Gleichheitssatzes, unter Berufung auf den Grundsatz der Systemkonsequenz und Folgerichtigkeit Anderes zu verlangen.[399]

Auf abstrakter Ebene wird gegen das Folgerichtigkeitsprinzip angeführt, dass Prinzipien grundsätzlich kein unmittelbar geltendes Recht seien. Sie lägen dem Gesetz als Motivation, Leitidee oder Zweckgedanke zu Grunde.[400] Das Gesetz ist die Inkarnation dieser „konzipierenden" Prinzipien.[401] Sie werden dem Gesetz im Wege der Induktion entnommen oder auch nur nachträglich zugrunde gelegt. Das einzelne Gesetz sei jedoch nicht lex, sondern ratio legis. Der Induktionsschluss sei nur ein Argument, um die Wahl zwischen mehreren möglichen

---

395 Für das Leistungsfähigkeitsprinzip, *Vogel/Waldhoff,* in: BK des GG, Vorbem. zu Art. 104a-115 GG, Rn. 523; *Tipke,* StRO I, S. 493; *Lehner,* Einkommensteuerrecht und Sozialhilferecht, S. 43.

396 *Peine,* Systemgerechtigkeit, S. 180ff., 299f.; *Wendt,* NVwZ 1988, 778, 783; *Heun,* in: Dreier, GG Kommentar, Art. 3, Rn. 36.

397 *Lepsius,* JZ 2009, 260, 262.

398 *Lepsius,* JZ 2009, 260, 262.

399 So *Droege,* StuW 2011, 105, 111; mit Verweis auf die Zurückhaltung zur Figur der Folgerichtigkeit in der Gesetzesanwendung von *P. Kirchhof,* Besteuerung im Verfassungsstaat, S. 49.

400 *Kruse,* in: FS Ritter, S. 417.

401 *Drüen,* in: Tipke/Kruse, AO/FGO, § 4, Rn. 7.

Deutungen des Gesetzessinns zu begründen.[402] Der zur Prinzipien- oder Systembildung herangezogene Induktionsschluss führt damit nicht über den möglichen Wortsinn des Gesetzes hinaus, denn was dem Gesetz entnommen wird, kann nicht über das Gesetz hinausführen.[403]

Für die verfassungsrechtliche Begründung des Leistungsfähigkeitsprinzips wird die Struktur eines Rechtssatzes gefordert, denn aus der Zuordnung der Steuerrechtsnorm zum Maßstab „Leistungsfähigkeitsprinzip" soll die Feststellung der Maßstabsübereinstimmung oder des Maßstabverstoßes folgen.[404] Obwohl nicht jedes Rechtsprinzip die Struktur eines Rechtssatzes aufweist[405], müsste auch das Folgerichtigkeitsprinzip, sollte es eine Rechtssatzstruktur haben, einen zu regelnden Gegenstand (Tatbestand) und eine Regelungsanordnung (Rechtsfolge) aufweisen.[406] Beim Leistungsfähigkeitsprinzip wird an den abstrakten Rechtssatz: „Lastenausteilungssteuern sind entsprechend der individuellen Leistungsfähigkeit zu verteilen" angeknüpft. Zudem müsse sich die Verteilungsregel jedenfalls auf Steuern anwenden lassen. Dann muss nach dem Wesensgrund einer solchen Verteilungsregel gefragt werden. Anschließend könne man den Verteilungsgegenstand definieren. Habe man hier eine Festlegung getroffen, könne nach der verfassungsrechtlichen Prägung der Verteilungsregel gesucht werden.[407]

Gerechtigkeitsdenken kann jedoch auch innerhalb eines Systems analysiert werden.[408] Dabei gibt es innerhalb der Systempyramide vor- und nachrangige Regeln. An der Spitze rangieren eine (monoistisches System) oder mehrere (pluralistisches System) Fundamentalregel(n), die auch als Primär- oder Grundwertungen bezeichnet werden. Solche Fundamentalregel(n) seien z. B. das Prinzip der Besteuerung nach der Leistungsfähigkeit und das Sozialstaatsprinzip. Auf nächst tieferer Ebene finden sich durchweg konkretisierende Unterregeln (Sekundär- oder Einzelwertungen, auch als Träger von Subsystemen).[409] Die meis-

---

402 *Esser,* Grundsatz und Norm, S. 227; *Larenz,* in: FS Nikisch, S. 300f.; *Zippelius,* Juristische Methodenlehre, S. 50ff.; *Drüen,* in: Tipke/Kruse, AO/FGO, § 4, Rn. 7.

403 *Kruse,* in: FS Ritter, S. 418.

404 *Birk*, Leistungsfähigkeitsprinzip, S. 59.

405 Siehe hierzu grundlegend *Esser*, Grundsatz und Norm, S. 39ff., 51f.

406 So *Birk*, Leistungsfähigkeitsprinzip, S. 59 zum Leistungsfähigkeitsprinzip.

407 *Birk*, Leistungsfähigkeitsprinzip, S. 65.

408 *Tipke,* Steuergerechtigkeit in Theorie und Praxis, S. 47f.

409 Vgl. *Tipke,* StRO I, S. 72; a. A. *Peine,* Systemgerechtigkeit, S. 234, 237: Das Bundesverfassungsgericht verlangt nicht Gerechtigkeit, sondern die Abwesenheit von Willkür, beides ist nicht identisch. Das jeweilige Differenzierungskriterium kann der Gesetzgeber frei wählen, er ist nicht an irgendeine Sachgesetzlichkeit gebunden.

ten Regeln seien nur normkonzipierend (norm*sinn*konzipierend) oder normdirigierend. Sie liegen den gesetzlichen Regelungen als Motivation, Leitidee oder Zweckgedanke zugrunde. Das Gesetz selbst nennt sie nicht ausdrücklich, ist aber Inbegriff solcher Regeln. Die normkonzipierenden Regeln sind nicht selbst Normen, sie wirken durch die Normen und werden durch diese umgesetzt. Hierfür wird als Beispiel das Leistungsfähigkeitsprinzip genannt, denn dieses ist in keinem Steuergesetz erwähnt.[410] Weiterhin wird gefordert: „Folgerichtigkeit setzt aber *sachgerechte Prämissen* (Ansätze, 'Grundentscheidungen') als Ausgangsbasis voraus; sonst führt sie folgerichtig in die Irre. Könnte die Ausgangsprämisse frei bestimmt werden, so wäre die Folgerichtigkeit wenig wert. Die primäre steuerrechtliche Prämisse, die *Grund*entscheidung, ist das Leistungsfähigkeitsprinzip. Aus ihm folgt als ein Subprinzip folgerichtig das Nettoprinzip."[411] Zur Vermeidung von Missverständnissen sollten diese Folgeprinzipien jedoch nicht als Grundentscheidungen bezeichnet werden.[412]

Es wird zudem horizontale und vertikale Folgerichtigkeit unterschieden. Beim Prinzip der Verallgemeinerung (Generalisierung, Universalisierung) der Wertungen werden Prinzipien oder Regeln folgerichtig zu Ende gedacht (man kann auch von horizontaler Folgerichtigkeit sprechen). Dadurch werden Prinzipien- und Regellücken verhindert. Die Verallgemeinerung dient zum einen formal dem Gleichheitssatz. Zum anderen nützt sie aber auch materiell dem Gleichheitssatz, wenn sie den Test der Verallgemeinerungsfähigkeit besteht und man daher auch von Allgemeingültigkeit sprechen kann.[413] Eine Regelung erweist sich dann als nicht verallgemeinerungsfähig, wenn die Verallgemeinerung zu einem inakzeptablen oder absurden Ergebnis führt.[414]

Das Kopfsteuerprinzip und das Äquivalenzprinzip haben in der Geschichte des Steuerrechts bei der Verteilung eine Rolle gespielt; sie sind jedoch nicht verallgemeinerungsfähig, weil sie Steuern auch von Bürgern verlangen, die mittellos sind. Solche Prinzipien lassen sich nicht realisieren. Prinzipien, die Unmögliches verlangen, sind auch ungerecht. Folgerichtigkeit wird auch verlangt bei der Konkretisierung von Primär- in Folgeprinzipien (Unterprinzipien, Regeln). Man kann von vertikaler Folgerichtigkeit sprechen. Durch Folgerichtigkeit wird durchweg Widerspruchsfreiheit von Wertungen erreicht. In den Prinzi-

---

410 *Tipke,* Steuergerechtigkeit in Theorie und Praxis, S. 48.

411 *Tipke,* BB 2007, 1525, 1529.

412 *Tipke,* DB 2008, 263.

413 *Tipke,* JZ 2009, 533, 535 mit Verweis auf *H. Schneider,* Gesetzgebung, S. 25 und *Rüthers,* Rechtstheorie, Rn. 219.

414 *Tipke,* JZ 2009, 533, 535.

pien oder Geboten der Wertungsfolgerichtigkeit und der Widerspruchslosigkeit drückt sich – ebenso wie im Verallgemeinerungsgebot – die Rechts- oder Gerechtigkeitslogik aus.[415]

Das Folgerichtigkeits- oder Verallgemeinerungsgebot müsse somit im Steuerrecht als Ganzem entfaltet werden, also steuerübergreifend. Wenn das Leistungsfähigkeitsprinzip das sachgerechte Fundamentalprinzip des Steuerrechts ist, muss gleichzeitig über das Folgerichtigkeitsgebot eine Anwendung auf alle Steuern erfolgen. Steuern, die dem Leistungsfähigkeitsprinzip nicht gerecht werden, verletzen somit das Prinzip der Gleichbelastung.[416] Die Rechtslogik der Verallgemeinerung, der vertikalen Folgerichtigkeit und der Widerspruchsfreiheit hindere den Gesetzgeber nicht an einer grundlegenden Steuerreform. Im Gegenteil: Rechtslogik sei die Voraussetzung für eine rechtsstaatliche, dem Gleichheitssatz entsprechende Steuerreform.[417]

Ein weiterer Ansatz setzt auf eine verfassungsrechtliche Verankerung des Folgerichtigkeitsgebots in Art. 3 Abs. 1 GG, eine Unterteilung des gleichheitsrechtlich verankerten Gebotes formaler Gleichgerechtigkeit in die beiden Grundformen der Wertungskonsistenz in der Abwägung und in die Wertungskonsequenz in der Orientierung am einmal gewählten materialen Gleichmaß. Zudem gäbe es verschiedene Ausprägungen der ersten Variante.[418] Wertungskonsequenz wird dabei im Sinne folgerichtiger Anwendung des ausgewählten Gerechtigkeitsmaßes als Ausdruck sachgerechter Behandlung eines jeden verstanden.[419] Bezüglich der Wertungskonsistenz wird weiter unterschieden zwischen generalisierungsbedingter so genannter Wertungsinvarianz, differenzierungsbedingter Wertungsdisproportionalität und schließlich einem ebenfalls differenzierungsbedingten Wertungswiderspruch.[420] Das Gebot der Wertungskonsequenz in der Verwirklichung des selbst gewählten Sachgerechtigkeitsmaßstabes erlaube keine Ausnahmen und habe damit den Charakter einer definitiven verfassungskräftigen Regelung. Dies ergebe sich aus dem rechtsprinzipiellen Charakter des materialen Gerechtigkeitsmaßstabs als Bezugsobjekt dieser Variante des formalen Gleichmaßes.[421] Den Kritikern einer verfassungsrechtlichen Begründung des

---

415 *Tipke,* JZ 2009, 533, 535.

416 *Tipke,* StuW 2007, 201, 206.

417 *Tipke,* JZ 2009, 533, 539.

418 *Englisch,* Wettbewerbsgleichheit, S. 140.

419 *Englisch,* Wettbewerbsgleichheit, S. 134.

420 *Englisch,* Wettbewerbsgleichheit, S. 140; siehe zu dieser weiteren Differenzierung S. 141f.

421 *Englisch,* Wettbewerbsgleichheit, S. 143.

Konsequenzgedankens sei entgegenzuhalten, dass der allgemeine Gleichheitssatz anerkanntermaßen Ausdruck des Gerechtigkeitsideals ist, der in der Rechtsidee selber wurzelt. Inkonsequenz aber sei ein Verstoß gegen die Generalität des Gerechtigkeitsgedankens.[422] Bei der Gewichtung bereichsspezifischer Leitprinzipien sei zudem auch wertmäßige Konsistenz zu fordern. Leitprinzipien sind unmittelbar im Gleichheitssatz angesiedelt und können mittelbar aus Verfassungswerten wie etwa den Freiheitsidealen oder dem Sozialstaatsprinzip gewonnen werden.[423]

Art. 3 Abs. 1 GG wird steuerrechtlich auch als Diskriminierungsverbot verstanden; diese Beurteilung entspreche dem verteilungsrechtlichen Charakter des Steuerrechts. Der Gesetzgeber sei danach gehalten, die einzelnen Sachverhalte und die Gesetzesadressaten betreffenden Belastungsentscheidungen diskriminierungsfrei zu regeln. Bei dieser Interpretation wird auch auf die Rechtsprechung des Bundesverfassungsgerichts verwiesen; denn in seinen Entscheidungen bei der Abgrenzung der steuerlichen Bemessungsgrundlage geht es um die gerechte Verteilung von Steuerlasten.[424] Soweit das Gericht die Bindung des Gesetzgebers durch zwei Leitlinien, nämlich an das Gebot der Ausrichtung der Steuerlast am Prinzip der finanziellen Leistungsfähigkeit und an das Gebot der Folgerichtigkeit ausführt, handele es sich tatsächlich nur um eine Leitlinie. Das Gebot der diskriminierungsvermeidenden Folgerichtigkeit diene unmittelbar der Besteuerung nach Maßgabe der steuerlichen Leistungsfähigkeit.[425] Das Folgerichtigkeitsgebot hingegen betone den Systemcharakter und sei weniger greifbar; fehlende Systematik mache ein Gesetz noch nicht verfassungswidrig.[426]

Der ehemalige Verfassungsrichter *P. Kirchhof* bleibt ganz in der Spur der Urteilsbegründungen des Bundesverfassungsgerichts: „Die verfassungsrechtliche Verpflichtung des Steuergesetzgebers, eine einmal getroffene Belastungsentscheidung folgerichtig umzusetzen, ergibt sich aus dem Gebot der Belastungsgleichheit.“[427] Belastungsunterschieden, die einander widersprächen, fehle der rechtfertigende Grund; sie seien deshalb gleichheitswidrig. Sie widersprä-

---

422 So *Englisch,* Wettbewerbsgleichheit, S. 120 mit Verweis auf *Tipke,* Steuergerechtigkeit in Theorie und Praxis, S. 26.

423 *Englisch,* Wettbewerbsgleichheit, S. 121.

424 *Weber-Grellet,* DStR 2009, 349, 351 mit Verweis auf BVerfGE 122, 210, 237.

425 *Weber-Grellet,* DStR 2009, 349, 351.

426 *Weber-Grellet,* DStR 2009, 349, 353 (Analyse des Urteils zur Pendlerpauschale).

427 *P. Kirchof,* StuW 2000, 316, 322; *ders.,* AöR 128 (2003), 1, 44 mit Verweis auf BVerfGE 84, 239, 271; BVerfGE 86, 148, 251f.; BVerfGE 87, 153, 170; BVerfGE 93, 121, 136; BVerfGE 98, 83, 97f.; BVerfGE 98, 106, 118f.

chen zugleich den Freiheitsgarantien, weil der Widerspruch in einem belastenden Gesetz der Freiheitsbeschränkung die Nachvollziehbarkeit nehme.[428] Der gesetzliche Widerspruch, die fehlende Folgerichtigkeit sei deshalb auch mit dem Rechtstaatsprinzip unvereinbar.[429] Gesetzliche Widersprüche werden dann zur Gleichheitswidrigkeit, wenn der Widerspruch zu Unterschieden in der Rechtsfolge führt, die sich nicht – sachbereichsbezogen – auf einen vernünftigen oder sonst einleuchtenden Grund zurückführen lassen. Eine Regelung verstoße erst dann gegen Art. 3 Abs. 1 GG, wenn die Widersprüchlichkeit nach dem Regelungsziel und seinem normativen Umfeld wider die Ordnungsstruktur des Rechtsbereichs und dessen Billigkeit steht, also im Umfeld des Gesetzesrechts weder durch Vernunft noch durch andere rechtliche Grundsatzwertungen zu rechtfertigen sei.[430] Die Gleichheit vor dem Gesetz verlange auch unterscheidende Wertungen je nach Regelungsbereich, nach rechtsstaatlicher Kontrollstelle und Kontrolldichte.[431]

Ebenfalls von verfassungsrichterlicher Seite wird ein weiterer Aspekt der Folgerichtigkeit hervorgehoben: „Trotz umstrittener Probleme notwendiger, aber unsicherer Auswahl und Abgrenzung des jeweils für die verfassungsrechtliche Prüfung relevanten „Systems“ und ebenso notwendiger Unterscheidung und Gewichtung von Grund- und Folgewertung entspricht dies im Ansatz einer zwingenden Forderung nach hinreichender Wertungs- und Begründungsrationalität, ohne die sich über verfassungsrechtlich ausreichende Gründe für Gleich- oder Ungleichbehandlung kaum reden lässt.“[432]

„Der Gleichheitsprüfung immanent ist zudem ein Gebot der Folgerichtigkeit: Die einmal getroffene Belastungsentscheidung muss im weiteren Steuertatbestand konsequent durchgeführt werden.“[433] Der Grundsatz der Folgerichtigkeit stellt parallel zum Leistungsfähigkeitsprinzip Grenzen, nicht Optimierungsgebote für den Steuergesetzgeber dar.[434] Das Bundesverfassungsgericht hat das objektive Nettoprinzip bisher nur als gesetzgeberische Entscheidung anerkannt, deren folgerichtige Umsetzung geprüft werden kann. Nicht das Leistungsfähig-

---

428 *P. Kirchhof,* AöR 128 (2003), 1, 44.

429 *P. Kirchhof,* StuW 2000, 316, 322.

430 *Kirchhof,* in: Isensee/Kirchhof, HStR Bd. VIII, § 181, Rn. 219; in diese Richtung auch *F. Kirchhof,* StuW 2002, 185, 189.

431 *Kirchhof,* in: Isensee/Kirchhof, HStR Bd. VIII, § 181, Rn. 221; im Einzelnen dazu auch *Felix,* Einheit der Rechtsordnung, S. 274.

432 *Osterloh,* in: Sachs, GG Kommentar, Art. 3 Abs. 1, Rn. 98.

433 *Waldhoff,* DV 2008 (Heft 41), 259, 268.

434 *Waldhoff,* DV 2008 (Heft 41), 259, 293.

keitsprinzip, sondern der Grundsatz der Folgerichtigkeit determiniert damit die einschlägigen Entscheidungen. Dies wird jedoch nicht für überzeugend gehalten, eine weitere Diskussion sei erforderlich.[435]

Zustimmung verdient die Feststellung, dass eine effektive Verpflichtung des Gesetzgebers auf Konsequenz durch Art. 3 Abs. 1 GG eher davon abhängt, welche Anforderungen an die Rechtfertigung einer punktuellen Abkehr vom System gestellt werden.[436] Es kommt also darauf an, ob man jeden sachlichen Grund ausreichen lässt (bloße Willkürprüfung)[437] oder fordert, dass der Gesetzgeber einen besonderen sachlichen Grund anführt und die Ungleichbehandlung zur Erreichung des mit ihr verfolgten Zieles geeignet, erforderlich und angemessen ist (sog. „Neue Formel"[438]). Da jede Ungleichbehandlung vergleichbarer Sachverhalte den Steuerpflichtigen in der Ausübung seiner Freiheitsrechte beeinflusst, ist zur Rechtfertigung steuergesetzlicher Ungleichbehandlungen stets eine Verhältnismäßigkeitsprüfung anzustellen.[439] Das Erfordernis eines „sachlichen" Differenzierungsgrundes verweist auf die Angemessenheit (Sachgerechtigkeit). Die Erheblichkeit stellt eine Beziehung zwischen dem Ausmaß der Ungleichbehandlung und dem sachlichen Grund her. Auch die bloße Willkürkontrolle entbindet damit nicht davon, den vom Gesetzgeber vorgebrachten bzw. einen objektiv denkbaren sachlichen Grund zu hinterfragen.[440]

II. Geltungsgrund in den Freiheitsgrundrechten

Das Postulat der Folgerichtigkeit wird auch als Gebot der Wettbewerbsgleichheit[441] rekonstruiert und auf ein Zusammenwirken von Art. 12 i. V. m. Art. 3 Abs. 1 GG gestützt. Dabei müsse der Schutzbereich der Berufsfreiheit beeinträchtigt sein, ohne dass Art. 12 Abs. 1 GG als Freiheitsrecht notwendigerweise verletzt wäre. Sodann sei der Maßstab der Folgerichtigkeit im Rahmen des allgemeinen Gleichheitssatzes auszulegen, d. h. Art. 3 Abs. 1 GG zu prüfen. Wegen der Betroffenheit der Berufsfreiheit verdichte sich der Maßstab des

435 *Waldhoff,* DV 2008 (Heft 41), 259, 293.
436 *Hey,* DStR 2009, 2561, 2567.
437 So *Kischel,* in: Gleichheit im Verfassungsstaat, S. 175, 178.
438 BVerfGE 55, 72, 88; BVerfGE 76, 256, 329; BVerfGE 112, 50, 67.
439 *Hey,* DStR 2009, 2561, 2567; a. A. *Kischel,* in: Gleichheit im Verfassungsstaat , S. 175, 177; *ders,* AöR 124 (1999), 174, 188.
440 *Hey,* DStR 2009, 2561, 2567.
441 *Michael,* JZ 2008, 875f. bezieht sich hierbei auf die Rechtsprechung des Bundesverfassungsgerichts zu den Nichtraucherschutzgesetzen, BVerfGE 121, 317, 362.

Art. 3 Abs. 1 GG: Über das bloße Willkürverbot hinaus seien Wettbewerbsverzerrungen am Maßstab der gleichheitsrechtlichen Angemessenheit zu prüfen. Es handle sich also im Ergebnis um eine spezifisch wirtschaftsrechtliche Ausprägung des Gleichheitssatzes oder anders ausgedrückt um die gleichheitsrechtlichen Konsequenzen der Berufsfreiheit.[442] Bei der Frage nach der „Folgerichtigkeit" gehe es um eine angemessene Gleichbehandlung, die im Anschluss an den Willkürmaßstab zu prüfen ist und über diesen hinausgeht. Der Maßstab der „Folgerichtigkeit" sei also als Postulat der „Folgeangemessenheit" zu verstehen.[443]

Ein anderer Ansatz verfolgt die Anwendung des Folgerichtigkeitsgebotes nicht nur im Rahmen des allgemeinen Gleichbehandlungssatzes, sondern auch bei einer modifizierten Prüfung der Verhältnismäßigkeit im Rahmen der Geeignetheit. Das Folgerichtigkeitsgebot auch auf die Prüfung von Eingriffen in Freiheitsgrundrechte anzuwenden, mache nicht nur Sinn, sondern sei geboten.[444] So würde der allgemeine Gleichheitssatz mit neuem, die Freiheitsrechte verstärkendem Gehalt erfüllt. Um dem Prüfungsmerkmal der Geeignetheit stärkeres Gewicht zu verleihen und eine Verschärfung der Anforderungen an die Rechtfertigung zu erreichen, soll das Folgerichtigkeitsprinzip in das Gebot der Geeignetheit implementiert werden. Dann würden in der Folge einzelne Maßnahmen nicht mehr isoliert auf ihre Geeignetheit hin geprüft, sondern auch deren Wirkung auf das Gesamtsystem und das Zusammenwirken mit anderen Normen der Teilrechtsordnung werde berücksichtigt. Der Gestaltungsspielraum des Gesetzgebers finde dann seine Grenze, wenn sich offensichtlich widersprechende Instrumente eingesetzt werden. Der Gesetzgeber muss somit die Auswirkungen dieser Maßnahmen untereinander und auf das Gesamtsystem beachten und aufeinander abstimmen.[445] Drohten Systemwidersprüche (so sie denn überhaupt thematisiert werden) bislang in der Gesamtabwägung aller tangierenden Belange oft als nebensächliches Problem unterzugehen, verspricht das Prinzip der Folgerichtigkeit, die Geeignetheit zu einem vergleichsweise harten Prüfungselement der verfassungsrechtlichen Rechtfertigung aufzuwerten.[446]

---

442 *Michael,* JZ 2008, 875, 878.

443 *Michael,* JZ 2008, 875, 879.

444 *Bulla,* ZJS 2008, 585, 593.

445 *Bulla,* ZJS 2008, 585, 594; *ders.*, Freiheit der Berufswahl, S. 322f.

446 *Bulla,* ZJS 2008, 585, 595; vgl. auch *Bulla*, Freiheit der Berufswahl, S. 323.

III. Geltungsgrund im Gebot der Verallgemeinerung

Die Bedeutung der folgerichtigen Umsetzung einer Belastungsentscheidung für den Grundrechtsschutz und insbesondere für die Allgemeinheit des Gesetzes aus Art. 19 Abs. 1 GG wird überdies hervorgehoben. Es werden allerdings auch rechtstaatliche Anforderungen an das Gesetz aufgestellt: „Jedes Gesetz muss – jedenfalls in einem Mindestmaß – die Voraussehbarkeit der rechtlichen Lösung eines Falls erlauben. Diese Forderung erwartet aber nicht nur, dass die Bestimmung als solche verständlich ist, sondern auch, dass sie im Zusammenwirken mit anderen Regelungen widerspruchsfrei und folgerichtig wirkt.“[447] Zudem muss jedes Gesetz „halten, was es verspricht“, und der Gesetzgeber muss sich „an den im Gesetz angelegten Wertungen festhalten lassen“.[448] Der Gesetzgeber ist somit an den für den Normadressaten erkennbaren Regelungsgehalt und Regelungszweck gebunden. Er muss folglich das Regelungsziel sowie die Regelungstechnik, mit welcher das Ziel erreicht werden soll, klar und für den Normadressaten begreifbar bestimmen.[449]

Die Gesetzesallgemeinheit wird bei der Gewährung zahlreicher Steuervergünstigungen verletzt. Jedoch können steuerrechtliche Regelungen und Steuerprivilegien nur am Maß des Art. 3 Abs. 1 GG gemessen werden, wenn eine allgemeine Regel festlegt, wann diese Privilegien greifen. Da der Gesetzgeber diese Regel aber verschweige, sei eine Gleichheitsprüfung nicht möglich.[450] Der Grundrechtsschutz braucht die Orientierung einer allgemeinen Regel über Steuervergünstigungen.[451] Jeder Steuerzugriff muss den Vorgaben des Art. 3 Abs. 1 GG und Art. 14 GG folgen. Dieser Grundrechtsschutz wirke aber nur, wenn der Gesetzgeber eine folgerichtige und widerspruchsfreie steuerrechtliche Belastungsentscheidung trifft.[452] Die Grundrechte verpflichten den Gesetzgeber, eine Systementscheidung im Steuerrecht zu treffen. Diese Forderung nach einer instrumentellen Allgemeinheit sei verbindlich – die Grundrechte errichten für das Steuerrecht einen qualifizierten Gesetzesvorbehalt, damit sie den Steuer-

---

447 *G. Kirchhof,* Die Allgemeinheit des Gesetzes, S. 321 mit Verweis auf BVerfGE 98, 83, 97 (Landesrechtliche Abfallabgabe); BVerfGE 98, 265, 301 (Bayerisches Schwangerenhilfegesetz); BVerfGE 108, 169 (181 m. w. H.) (Verkehrswegenutzung); und bereits BVerfGE 21, 73, 79 (Grundstücksverkehrsgesetz).

448 *Drüen,* ZG 2009, 60, 74.

449 *G. Kirchhof,* Die Allgemeinheit des Gesetzes, S. 322.

450 *G. Kirchhof,* Die Allgemeinheit des Gesetzes, S. 540.

451 *G. Kirchhof,* Die Allgemeinheit des Gesetzes, S. 541.

452 *G. Kirchhof,* Die Allgemeinheit des Gesetzes, S. 541.

pflichtigen vor Eingriffen schützen. Allgemeinheitspostulat, Gleichheitssatz und Freiheitsrechte wirken dann Hand in Hand.[453]

Eine Begründung des Folgerichtigkeitsgebotes aus dem Gleichheitssatz in Verbindung mit Art. 19 Abs. 1 GG betont folgenden Aspekt: Der Gleichheitssatz – „Alle Menschen sind vor dem Gesetz gleich" – verwandelt das Gerechtigkeitspostulat der Allgemeinheit in ein subjektives Recht. „Das Konsequenzgebot knüpft an einfachrechtliche Wertentscheidungen an, wenn verfassungsrechtliche fehlen, respektiert damit den Primat der Politik und die funktionellrechtlichen Grenzen der Verfassungsgerichtsbarkeit, verunklart damit keineswegs seinen eigenen Status."[454] Die „Kompromisszwänge im politischen Prozess" und die Existenz des Vermittlungsausschusses[455] befreiten nicht vom Vorrang der Verfassung. Ein solches Argument lege Kompromisse auf Kosten der Verfassung nahe. Jedes Allgemeinheitsgebot reduziert rechtsnaturgemäß die Kompromisschance.[456]

IV. Geltungsgrund in Art. 20 Abs. 3 GG

Besonders verbreitet ist die Überzeugung, Art. 20 Abs. 3 GG sei die Grundlage verschiedenster rechtsstaatlicher Subprinzipien.[457] So wird auch das Folgerichtigkeitsprinzip aus dem Rechtsstaatsprinzip gefolgert.

Das Folgerichtigkeitsgebot habe einen rechtsstaatlichen wie einen bundesstaatlichen Ursprung: Setzt der Bundesgesetzgeber im Bundesumweltrecht auf das Kooperationsprinzip, der Landesgesetzgeber hingegen in den Landesabfallgesetzen[458] und der kommunale Satzungsgeber bei der Verpackungsteuer[459] auf eine Lenkung durch steuerlichen Zwang, so widersprechen die niederrangigen Normen dem Bundesrecht und müssen deshalb wegen Verstoßes gegen das Folgerichtigkeitsgebot weichen.[460] Bei der Begründung wird auf die Urteile zur kommunalen Verpackungssteuer und zu den Landesabfallabgabengesetzen[461]

453 *G. Kirchhof,* Die Allgemeinheit des Gesetzes, S. 542.
454 *Hufeld,* in: BK des GG, Art. 19, i. E. (2012).
455 So *Lepsius,* JZ 2009, 260, 262.
456 *Hufeld,* in: BK des GG, Art. 19, i. E. (2012).
457 *Kunig,* in: FS 50 Jahre Bundesverfassungsgericht, S. 421, 423.
458 BVerfGE 98, 83, 100.
459 BVerfGE 98, 106, 125f.
460 *P. Kirchhof,* AöR 128 (2003), 1, 45; *ders.* StuW 2006, 3, 14.
461 BVerfGE 98, 106, 118f.; BVerfGE 98, 83, 97.

abgestellt; hier wird der Grundsatz aufgestellt, das Rechtstaatsprinzip verpflichte alle rechtsetzenden Organe des Bundes und der Länder zu Regelungen, die nicht in gegenseitigem Widerspruch stehen, sie müssten also in sich folgerichtig sein. Rechtliche Grundlage sei nicht die auf Art. 3 Abs. 1 GG beruhende Systemgerechtigkeit, sondern das Rechtsstaatsprinzip. Hierbei werden zum einen trotz Verwandtschaft die wesentlichen Unterschiede zwischen Systemgerechtigkeit und Folgerichtigkeit deutlich, zum anderen erfahre dadurch das Rechtsstaatsprinzip eine Konkretisierung, derer es angesichts der Vorwürfe der Unhandlichkeit und Unsicherheit[462] dringend bedürfe.[463] Bei der Debatte um Systemgerechtigkeit/Folgerichtigkeit ging es teilweise um Fälle, bei denen die Ursache ein sachlich willkürliches und deshalb rechtsstaatswidriges Verhalten des Gesetzgebers war, während die Gleichheitswidrigkeit erst eine indirekte Folge der inkonsequenten Regelungsweise war.[464] Insbesondere innerhalb eines steuerlichen Einzelordnungssystems führe die gesetzgeberische Entscheidung für ein von ihm selbst gewähltes System verbunden mit einem mehr oder weniger deutlichen Ordnungsprinzip zu einer Grenzziehung. Der Gesetzgeber müsse dann, wenn er rechtsstaatlich handeln wolle, innerhalb des eigenen Systems bleiben. Jede Abweichung sei willkürlich und keiner Rechtfertigung fähig.[465]

Im Konsequenzgebot komme neben Aspekten des Gleichheitssatzes zugleich eine rechtsstaatliche Forderung zum Ausdruck;[466] denn es fordere Verlässlichkeit ein, verbiete Widersprüchlichkeiten zu den vom Gesetzgeber selbst getroffenen Vorgaben und bilde insoweit ein Kriterium für die Beurteilung der Verhältnismäßigkeit. Der Verhältnismäßigkeitsgrundsatz fordert ein hinreichendes Maß an Rationalität[467] und damit auch Konsequenz. Konsequenz als Inhalt des Verhältnismäßigkeitsgrundsatzes verlange nicht nur eine gesetzliche Begründung für das Abweichen, sondern fordere ebenfalls eine verfassungsrechtliche Rechtfertigung für die Abweichung.[468]

---

462 So *Sendler,* NJW 1998, 2875 m. w. N.

463 *Prokisch,* in: FS für Vogel, S. 293, 306.

464 *Prokisch,* in: FS für Vogel, S. 293, 306.

465 *Prokisch,* in: FS für Vogel, S. 293, 310.

466 *Englisch,* Wettbewerbsgleichheit, S. 135; *Prokisch,* in: FS für Vogel, S. 293, 308f.; so auch *Drüen,* JZ 2010, 91, 94.

467 BVerfGE 115, 97, 113.

468 *Axer,* in: FS Isensee, S. 979.

V. Abschließende eigene Bewertung

Die verschiedenen verfassungsrechtlichen Herleitungen für das Folgerichtigkeitsgebot sollen nun auf Konsistenz überprüft werden: Es wurde gezeigt, der Gleichheitssatz *allein* kann nicht Grundlage für eine verfassungsrechtliche Begründung des Folgerichtigkeitsgebots sein, denn er ist bereichsspezifisch durch Wertmaßstäbe zu konkretisieren, die von außen an ihn herangetragen werden müssen.[469] Das Gebot der diskriminierungsvermeidenden Folgerichtigkeit ist jedoch nicht nur eine Leitlinie ohne verfassungsrechtliche Bedeutung.[470] Hierbei wird der Anwendungsbereich des Folgerichtigkeitsprinzips zu eng gezogen, denn es kommt nicht nur unmittelbar bei der Besteuerung nach der wirtschaftlichen Leistungsfähigkeit zum Tragen, sondern kann auch davon unabhängig in anderen Rechtsgebieten eine Rolle spielen.

Ob sich für das Folgerichtigkeitsprinzip ähnlich wie beim Leistungsfähigkeitsprinzip auch eine Rechtssatzstruktur extrapolieren lässt, erscheint fraglich: Die Rechtsprechung des Bundesverfassungsgerichts zeigt eine Anwendung des Folgerichtigkeitsgebots nicht nur im Steuerrecht[471], sondern auch bei anderen Regelungen als Steuergesetzen. Vernachlässigt man dies jedoch zunächst,[472] bleibt die Problematik der Rechtssatzstruktur bestehen. Beim Folgerichtigkeitsgebot lässt sich der abstrakte Rechtssatz formulieren: „Bei der Ausgestaltung des steuerlichen Ausgangstatbestandes ist die einmal getroffene Belastungsentscheidung folgerichtig im Sinne der Belastungsgleichheit umzusetzen.“[473] Es müsste also zunächst die Belastungsgrundentscheidung als Tatbestand ermittelt werden, die dann als Rechtsfolge im Sinne der Belastungsgleichheit umgesetzt wird. Hierbei ist jedoch folgender Einwand zu beachten: Folgerichtigkeit ist allein ein sekundäres Gebot, welches dem demokratisch legitimierten Gesetzgeber keine absoluten Bindungen auferlegt.[474] Bedeutet Folgerichtigkeit aber allein eine nachfolgende Bindung an die zuvor gewählte Grundentscheidung, so rückt deren Gewicht ins Zentrum. Die entscheidende Frage ist die verfassungsrechtliche Vorzeichnung der gesetzgeberischen Ausgangsentscheidung. Von ihr hängt auch das anzulegende Rechtfertigungsmaß ab: Die Durchbrechung muss bei geringem verfassungsrechtlichen Gewicht der Grundentscheidungen nur die ver-

---

469 So *Tipke,* StRO I, S. 483 für das Leistungsfähigkeitsprinzip.

470 So aber *Weber-Grellet,* DStR 2009, 349, 351.

471 Siehe Anwendung bei der Überprüfung der Nichtraucherschutzgesetze, BVerfGE 121, 317, 362.

472 So auch *Birk,* Das Leistungsfähigkeitsprinzip, S. 66.

473 Vgl. BVerfGE 84, 239, 271.

474 Vgl. *Di Fabio,* JZ 2007, 749, 754.

fassungsgerichtliche Willkürkontrolle passieren, bei höherer verfassungsrechtlicher Dignität dagegen dem Verhältnismäßigkeitsmaßstab standhalten.[475] Lässt es sich also mit dem Rechtssatzcharakter vereinbaren, dass der Ausgangstatbestand und mit ihm die Belastungsgrundentscheidung einmal mehr und einmal weniger verfassungsrechtliches Gewicht besitzt?

Während beim Leistungsfähigkeitsprinzip der Verteilungsgegenstand immer aus Steuern besteht, kann man dies vom Ausgangstatbestand des Folgerichtigkeitsgebots nicht sagen: Die Belastungsgrundentscheidung muss nicht immer gleich sein und ihr kommt zudem unterschiedliches (verfassungsrechtliches) Gewicht zu. Für einen Rechtssatz dürfen aber nicht der Tatbestand bzw. seine Voraussetzungen unbestimmt sein oder wechseln; er muss sich präzise bestimmen lassen, sonst kommt es zu einem Verstoß gegen das Bestimmtheitsgebot und den Grundsatz der Rechtssicherheit. Auch die Rechtsfolge muss immer die gleiche sein. Beim Folgerichtigkeitsgebot kommt es jedoch nicht darauf an, ob die Ausgangsentscheidung verfassungsrechtliches Gewicht hat oder nicht – es gilt vielmehr: Aus dem Zusammenspiel von Art. 3 Abs. 1 GG und dem Allgemeinheitsgebot ergibt sich ein Festhaltegebot an der Systementscheidung für den Gesetzgeber. Denn Art. 3 Abs. 1 GG verlangt die Geltung der Ausgangsentscheidung für „alle". Demnach ist die These, dass das Folgerichtigkeitsargument umso mehr zu überzeugen vermöge, je zwingender oder verfassungsfester die gesetzgeberische Grundwertung ist[476], widerlegbar, denn ob die Ausgangsentscheidung eine einfachgesetzliche oder verfassungsrechtliche ist, hat für die Geltung und Anwendbarkeit des Folgerichtigkeitsgebots keine Bedeutung. Damit wird aber auch der Unterschied zum Leistungsfähigkeitsprinzip deutlich. Zudem können mehrere konkretisierende Ableitungen in vertretbarer Weise wertungsfolgerichtig sein;[477] der Spielraum des Gesetzgebers wird somit *erst* enger, wenn er sich auf eine Ausgangssystementscheidung festgelegt hat. Das Folgerichtigkeitsgebot hat somit keinen Rechtssatzcharakter und lässt sich in dieser Hinsicht nicht mit dem Leistungsfähigkeitsprinzip vergleichen.

Ein anderer Ansatz setzt dagegen beim System und damit abstrakt und rechtsgebietsübergreifend an: diese Überlegungen zum Prinzipiencharakter der Folgerichtigkeit und die Unterteilung in normkonzipierende und normdirigierende Prinzipien überzeugen. Auch wenn man darüber streiten kann, ob das Leistungsfähigkeitsprinzip immer die sachgerechte Ausgangsbasis für das Fol-

---

475 *Drüen,* JZ 2010, 91, 94.
476 *Drüen,* JZ 2010, 91, 94.
477 Vgl. *Tipke,* JZ 2009, 533, 535.

gerichtigkeitsgebot bildet[478], kann nur ein Handeln im Rahmen von sachgerechten Prämissen oder auch Grundentscheidungen, die auch nicht beliebig veränderbar sind, eine Gleichbehandlung garantieren. Als Subprinzip muss das Folgerichtigkeitsgebot dann jedoch ebenfalls verfassungsrechtlich garantiert sein. Denn gerade weil der Gleichheitssatz durch die Anwendung sachgerechter Prinzipien konkretisiert werden muss, ist es unverzichtbar, Maßstäbe zu finden, die schon durch die Verfassung garantiert sind. Offen bleibt dann jedoch die Frage, wie zu verfahren ist, wenn das ein (Teilrechts-)system bestimmende Prinzip nur einfachgesetzlich und nicht verfassungsrechtlich garantiert ist. Kann dann das Folgerichtigkeitsprinzip als sekundäres verfassungsrechtliches Gebot bei mangelnder folgerichtiger Umsetzung der einfachgesetzlichen Ausgangsentscheidung einen Verfassungsverstoß herbeiführen? Oder anders gefragt: Besteht eine verfassungsrechtliche Verpflichtung, eine einfachgesetzliche Ausgangsentscheidung folgerichtigkeitskonform umzusetzen?

Eine Anknüpfung des Konsequenzgebots an einfachrechtliche Wertentscheidungen ist zu akzeptieren, wenn verfassungsrechtliche fehlen. Darin ist auch kein Indiz für einen mangelnden verfassungsrechtlichen Status des Folgerichtigkeitsgebots zu sehen. Das Konsequenzgebot ist vielmehr subjektivrechtlich zu begründen, hat einen grundrechtlichen Kern und Verfassungsrang. Der grundrechtliche Kern des Menschen- und Bürgerrechts, staatliche Inkonsequenz abzuwehren, d. h. den Gesetzgeber an seiner Ausgangsentscheidung festzuhalten, wird auch nicht dadurch berührt, dass das Gebot der Allgemeinheit auch mit Rechtsstaat, Demokratie und Bundesstaat in Verbindung steht.[479]

Bei der verfassungsrechtlichen Herleitung des Leistungsfähigkeitsprinzips berücksichtigen einige Autoren ausschließlich verfassungsrechtliche Wertungen[480]. Diesem Ansatz wird jedoch widersprochen: Dies überfordere nicht nur die Verfassung, sondern übersehe auch die Möglichkeit, verfassungsrechtliche Spannungslagen durch in der Rechtsgemeinschaft verwurzelte rechtsethische Überzeugungen in eine bestimmte Richtung hin auflösen zu können.[481] Verfassungsrechtliche Wertmaßstäbe dürfen zwar auch bei der Begründung des Folgerichtigkeitsgebots nicht völlig ausgeblendet werden[482], dennoch muss es möglich

478 Wohl a. A. (jedenfalls für das Unternehmensteuerrecht): *Drüen,* GmbHR 2008, 393, 398f.

479 *Hufeld,* in: BK des GG, Art. 19, i. E. (2012).

480 *Vogel/Waldhoff,* Grundlagen des Finanzverfassungsrechts , Rn. 518f.

481 So *Tipke*, StRO I, S. 484 und *Englisch,* Wettbewerbsgleichheit, S. 572, Fn. 71.

482 So für das Leistungsfähigkeitsprinzip *Englisch,* Wettbewerbsgleichheit, S. 572, Fn. 71;so aber *Walzer,* StuW 1986, 201, 209.

sein, an einfachrechtliche Wertungen anzuknüpfen, wenn verfassungsrechtliche fehlen, wie beispielsweise im Unternehmensteuerrecht, wo das Leistungsfähigkeitsprinzip und damit die Rechtsformneutralität nicht als Belastungsgrundentscheidung gilt.[483] Denn wenn das Folgerichtigkeitsprinzip verfassungsrechtlichen Status haben soll, muss es allgemein in jedem (Teil-) Rechtsgebiet anwendbar sein und an die jeweilige Ausgangsentscheidung anknüpfen – egal ob diese selbst von der Verfassung vorgegeben ist oder nicht. Wenn aber auch für die Begründung des Leistungsfähigkeitsprinzips einfachrechtliche Wertungen herangezogen werden, muss dies auch bei der Begründung des Folgerichtigkeitsgebots möglich sein.

Durch die Verbindung des Allgemeinheitsgebots nicht nur mit dem Gleichheitssatz, sondern auch mit dem Rechtsstaats-, Demokratie- und Bundesstaatsprinzip, wird zudem deutlich, dass das Folgerichtigkeitsprinzip auf mehrere Säulen gestützt und überdies der Argumentation, die das Konsequenzgebot auch im Bundesstaatsprinzip verankert[484], zugestimmt werden kann. So dient das Bundesstaatsprinzip dazu, einen in sich folgerichtigen Ausgleich zwischen obersten Bundesgesetzen und Normen niedrigeren Ranges zu schaffen, wenn jeweils beide eine (den Steuerpflichtigen belastende) Ausgangsentscheidung treffen. Die jeweils getroffenen Ausgangsentscheidungen im Landes- und Bundesrecht dürfen sich nicht widersprechen, dies gebietet das Rechtsstaatsprinzip. Wenn der Gesetzgeber aber im Steuerrecht durch die Grundrechte verpflichtet ist, eine Systementscheidung zu treffen, muss diese im zweiten Schritt folgerichtig umgesetzt werden und auch eine Bindung an diese erfolgen, sonst hat die getroffene Ausgangsentscheidung keinen Wert und wandelt sich gegen ihren eigenen Ausgangsgrund in ein Privileg. Die Verpflichtung zur instrumentellen Allgemeinheit folgt aber nicht allein aus dem Gleichheitssatz, sondern aus der Kombination von Art. 19 Abs. 1 S. 1 GG und den Freiheitsrechten mit diesem. Damit nimmt die verfassungsrechtliche Begründung des Folgerichtigkeitsgebots auch Aspekte der Allgemeinheit des Gesetzes und anderer Grundrechte sowie des Bundes- und Rechtstaatsprinzips mit auf.

Gegen eine Unterteilung des Folgerichtigkeitsgebotes in die Grundsätze der Wertungskonsequenz und -konsistenz und einer weiteren Differenzierung des letzten Grundsatzes in die Gebote der Wertungsinvarianz, -disproportionalität

483 In diese Richtung auch *Drüen,* GmbHR 2008, 393, 398f.; a. A. aber *Tipke*, StuW 2007, 201, 207.

484 So *P. Kirchhof,* AöR 128 (2003), 1, 45; *ders.* StuW 2006, 3, 14.

und in -widersprüche[485] spricht Folgendes: Bei einer sehr feinen Unterscheidung in unterschiedliche Abstufungen eines Verstoßes des Gesetzgebers gegen seine Ausgangsentscheidung rückt dieser in den Hintergrund. Maßgebend ist aber nicht, ob bei der gesetzgeberischen Ausnahme von der Belastungsgrundentscheidung eine unterschiedliche Rechtsfolgenabstufung auch möglich gewesen wäre[486], sondern ob diese Abweichung in der Rechtsfolge durch einen besonderen sachlichen Grund im Rahmen der Prüfung am Maßstab des Folgerichtigkeitsgebots als Ausnahme von der Ausgangsentscheidung gerechtfertigt werden kann. Bei einer sehr ausdifferenzierten Unterscheidung der einzelnen Verstöße kann es zudem auch zu Überschneidungen kommen.[487] Wenn nicht klar ist, welcher Fall einer Wertungsinkonsistenz vorliegt, steht nicht sicher fest, ob ein Verstoß gegen das Folgerichtigkeitsgebot gegeben ist. Aber nur im Falle einer klaren, verständlichen und eindeutigen Qualifizierung eines Folgerichtigkeitsverstoßes dient das Konsequenzgebot der Ermittlung einer Verfassungswidrigkeit von Normen. Dennoch kann dem Ansatz insofern gefolgt werden, dass ein sachlicher Grund als Rechtfertigung für mangelnde Konsequenz zugleich auf Konsistenz zu überprüfen ist. Nur inhaltlich stichhaltige sachliche Gründe können einen Verstoß gegen das Folgerichtigkeitsgebot rechtfertigen.

Dem Verständnis, die Folgerichtigkeit als Wettbewerbsgleichheit bzw. als spezifisch wirtschaftsrechtliche Ausprägung des allgemeinen Gleichheitssatzes zu begreifen, die über das bloße Willkürverbot hinaus zu einer Prüfung von Wettbewerbsverzerrungen am strengen Maßstab der Verhältnismäßigkeit veranlasse[488], wird aus folgenden Gründen widersprochen: Einmal, weil der Grundsatz der Folgerichtigkeit in seinem Anwendungsbereich nicht auf Eingriffe in Wirtschaftsgrundrechte reduziert werden könne und zum anderen, weil bei Betroffenheit von (Wirtschafts-)Grundrechten nach der Neuen Formel ohnehin ein verschärfter Rechtfertigungsmaßstab gelte. Das Folgerichtigkeitsprinzip wäre dann insoweit tatsächlich aussage- und bedeutungslos.[489] Dieser Kritik kann hinsichtlich der Begrenzung des Anwendungsbereiches der Folgerichtigkeit zugestimmt werden, da das Konsequenzgebot auch auf Eingriffe in Freiheitsgrundrechte übertragen wird.

485 So *Englisch,* Wettbewerbsgleichheit, S. 140.

486 *Englisch,* Wettbewerbsgleichheit, S. 141 zur Wertungsinvarianz.

487 So *Englisch,* Wettbewerbsgleichheit, S. 141: Wertungsinvarianz sei letztlich nur ein Sonderfall der Wertungsdisproportionalität. Eine Definition der Wertungsdisproportionalität bleibt er indes schuldig.

488 *Michael,* JZ 2008, 875, 878.

489 *Bulla,* ZJS 2008, 585, 591.

Zu der vorgeschlagenen Anwendung der Folgerichtigkeit neben dem Gleichheitssatz auch im Rahmen der Geeignetheit der Verhältnismäßigkeitsprüfung von Freiheitsrechten ist zunächst zu beachten: Der Grundsatz der Verhältnismäßigkeit setzt die Existenz abwägungsfähiger Rechtsprinzipien voraus und kann diese nicht selbst begründen. Bei der Verhältnismäßigkeit handelt es sich um eine originäre, der Legislative als demokratischer Instanz überantwortete rechtsethische Wertung, die fundamentalere Werte bereichsspezifisch konkretisiert und zur Entfaltung bringt, nicht aber situationsspezifisch optimiert. Wenn es also darum geht, freiheitsrechtliche Elemente in die Maßstabsfindung einfließen zu lassen, kann und muss schon unmittelbar auf jene selbst abgestellt werden, um die Gerechtigkeitsqualität des Leitprinzips zu begründen.[490] Damit ist dem Vorschlag zu widersprechen, das Folgerichtigkeitsgebot aus der Verhältnismäßigkeit herzuleiten. Da diese These vor allem auch auf die Entscheidung des Bundesverfassungsgerichts zu den Nichtraucherschutzgesetzen gestützt wird[491], das Folgerichtigkeitsgebot jedoch überwiegend bei der verfassungsrechtlichen Prüfung von Steuergesetzen relevant wird, muss zudem Folgendes berücksichtigt werden: Begreift man die Besteuerung auch als Eingriff in Freiheitsrechte[492], so sind die Verhältnismäßigkeitsprüfung und mit ihr die Gebote der Eignung und Erforderlichkeit kaum greifbare Ansatzpunkte für eine Begrenzung des Steuereingriffs. „Jenseits ‚erdrosselnder', die Steuerquelle selbst vernichtender Belastung, die schon begrifflich kaum noch als Steuer qualifiziert werden kann [...], werden Steuern mit dem Zweck, Einnahmen zur Deckung des staatlichen Finanzbedarfs zu erzielen, gemessen an diesem Zweck grundsätzlich immer geeignet und erforderlich sein."[493]

Dann aber eignet sich die vorgeschlagene Modifikation der Verhältnismäßigkeit jedenfalls nicht für die Prüfung der folgerichtigen Umsetzung einer Belastungsentscheidung im Steuerrecht, denn hier werden die Freiheitsrechte kaum einen effektiven Grundrechtsschutz gewährleisten können.[494] Damit besteht ein weiterer Unterschied zur verfassungsrechtlichen Begründung des Leistungsfähigkeitsprinzips, da dies nur im Teilrechtsgebiet Steuerrecht zur Anwendung kommt, die folgerichtige Ausgestaltung von Regelungen jedoch auch in anderen Rechtsgebieten überprüft wird. Anders als die Messung der individuellen Leis-

490 So jedenfalls *Englisch,* Wettbewerbsgleichheit, S. 574 für das Leistungsfähigkeitsprinzip.

491 Siehe *Bulla,* ZJS 2008, 585, 593f.

492 So *G. Kirchhof,* Die Allgemeinheit des Gesetzes, S. 535; anders aber *Wieland,* DStJG 24 (2001), 29f.

493 BVerfGE 115, 97, 115 m. w. N.

494 Siehe hierzu auch *G. Kirchhof,* Die Allgemeinheit des Gesetzes, S. 536f.

tungsfähigkeit lässt sich das Folgerichtigkeits- oder Verallgemeinerungsgebot grundsätzlich nicht (auf ein Teilrechtsgebiet) begrenzen, denn das folgerichtige Denken ist frei und nicht an Grenzen gebunden.[495] Diesem Ansatz ist aber insofern zuzustimmen, dass die Freiheitsgrundrechte den Gleichheitssatz bereichsspezifisch verstärken sollen, die Verhältnismäßigkeitsprüfung bzw. das Gebot der Geeignetheit selbst können jedoch nicht der Sitz des Folgerichtigkeitsgebots sein. Festzuhalten ist dennoch: Jedenfalls bei nichtsteuerlichen Entscheidungen garantiert das Folgerichtigkeitsprinzip eine Grenzziehung für Änderungen eines Systems jedenfalls dann, wo und wenn sie zu einem belastenden Eingriff in die Freiheitsrechte des Einzelnen werden.[496] Deshalb ist es auch geboten, den allgemeinen Gleichheitssatz gegebenenfalls durch die Freiheitsgrundrechte zu konkretisieren, um das Folgerichtigkeitsgebot zu einem harten Prüfungsmaßstab bei einem Verstoß zu vervollkommnen.

Vor allem aber dem Rechtsstaatsprinzip kommt bei der verfassungsrechtlichen Begründung ein hoher Bedeutungsgehalt zu, denn erst durch die Nichteinhaltung des Systems ergibt sich ein inkonsequentes Handeln, welches in einem zweiten Schritt zu einer Ungleichbehandlung führen kann[497] – nur wenn der Gesetzgeber folgerichtig innerhalb seines selbst gesetzten Systems bleibt, wird willkürliches und damit auch rechtsstaatswidriges Verhalten vermieden. Ob man allerdings Konsequenz auch als Inhalt des Verhältnismäßigkeitsmaßstabes anerkennen kann, bleibt fraglich.[498] Zwar kann das Folgerichtigkeitsgebot ein Kriterium für die Beurteilung der Verhältnismäßigkeit bilden. Der Verhältnismäßigkeitsgrundsatz allein (jedenfalls bei steuerrechtlichen Entscheidungen) kann, wie oben bereits ausgeführt, jedoch nicht der verfassungsrechtliche Sitz des Folgerichtigkeitsgebots sein.

Es ist vielmehr die Argumentation zu bestätigen, die auf das Allgemeinheitsgebot setzt: Die Voraussehbarkeit gesetzlicher Regelungen verlangt auch ein widerspruchsfreies und folgerichtiges Zusammenwirken mit anderen Normen.[499] Die klare und voraussehbare Struktur eines Gesetzes für den jeweiligen Normadressaten bildet eine der Grundvoraussetzungen des Rechtsstaatsprinzips. Im Zusammenhang mit den Grundsätzen der Normenklarheit und Normenwahrheit wird auch auf ein neueres Urteil des Bundesverfassungsgerichts zur An-

495 Vgl. *Tipke,* StuW 2007, 201, 205.

496 So bei den landesrechtlichen Nichtraucherschutzgesetzen, BVerfGE 121, 317, 362.

497 *Prokisch,* in: FS für Vogel, S. 293, 306f.

498 So vertreten von *Englisch,* Wettbewerbsgleichheit, S. 152.

499 *G. Kirchhof,* Die Allgemeinheit des Gesetzes, S. 321 und bereits oben unter Kapitel 2 III.

rechnung von Kindergeld auf den Kindesunterhalt verwiesen: Dieses Entscheidung habe noch einmal die Relevanz der Klarheit des Norminhalts und die Voraussehbarkeit der Ergebnisse der Normanwendung verdeutlicht. Dies gilt insbesondere dann, wenn die praktische Bedeutung einer Regelung für den Normunterworfenen nicht nur von der Geltung und Anwendung einer Einzelnorm abhängt, sondern vom Zusammenspiel von Normen unterschiedlicher Regelungsbereiche.[500] Damit werden der bestimmte Norminhalt und die richtige Normanwendung als Bestandteil der folgerichtigen Abstimmung von Regelungen unterschiedlicher Rechtsgebiete verfassungsrechtlich garantiert und das Rechtsstaatsprinzip als Grundlage des Folgerichtigkeitsgebots implementiert.

Abschließend lässt sich somit konstatieren: Das Folgerichtigkeitsgebot kann verfassungsrechtlich nicht nur aus Art. 3 Abs. 1 GG gefolgert werden, sondern bei der Herleitung sind vor allem auch rechtsstaatliche Aspekte zu berücksichtigen. Der Verhältnismäßigkeitsgrundsatz allein kann ebenfalls nicht Geltungsgrund des Folgerichtigkeitsprinzips sein; jedoch kann eine strenge Verhältnismäßigkeitsprüfung dazu beitragen, dem Konsequenzgebot größere Relevanz zu verschaffen. Insofern kann Folgerichtigkeit auch Inhalt der Verhältnismäßigkeitsprüfung sein. Der Gleichheitssatz garantiert zudem die Überprüfung einer neuen Regelung nicht nur auf Konsequenz innerhalb des jeweiligen Systems, sondern auch die Konsistenz eines sachlich rechtfertigenden Grundes. Darüber hinaus muss das Folgerichtigkeitsgebot jedoch bei Eingriffen in Freiheitsrechte bereichsspezifisch entfaltet werden – der allgemeine Gleichheitssatz reicht hier als verfassungsrechtliche Stütze nicht aus. Auch aus dem Allgemeinheitsgebot lässt sich ein verfassungsrechtlicher Aspekt des Folgerichtigkeitsprinzips herleiten: In Kombination mit dem Gleichheitssatz garantiert dieses eine Verpflichtung des (Steuer-)gesetzgebers, eine Systementscheidung zu treffen, die dann auch konsequent umgesetzt werden muss. Diese Direktive folgt allgemein aus den Grundrechten: Stets schuldet der Staat Rechtfertigung. Sobald er eine Ausgangsentscheidung – getroffen hat, schuldet er Allgemeinheit und Konsequenz.[501]

B. Konkretisierung des Maßstabs

Um das Folgerichtigkeitsgebot als Maßstab zu konkretisieren, soll analysiert werden, ob sich seine Anwendbarkeit auf eine einzelne Teilrechtsordnung beschränkt, oder aber es eine systemübergreifende Wirkung entfaltet. Dabei soll

500 *Mellinghoff,* Stbg 2007, 549, 558 mit Verweis auf BVerfGE 108, 52, 74.
501 *Hufeld,* in: BK des GG, Art. 19, i. E. (2012).

auf die Fälle eingegangen werden, in denen das Steuerrecht mit dem Zivil- und Sozialrecht so in Berührung kommt, dass eine Ausgangsentscheidung teilrechtssystemübergreifend folgerichtig umgesetzt wird.

I. Anwendbarkeit auf einzelne Teilrechtsordnungen

Folgerichtigkeit kann man als eine jeweils bereichsspezifische Sachgerechtigkeit verstehen.[502] Dann geht es um die „innere Konsistenz“[503] eines Regelungsbereiches. Rauchverbote im Gaststättenrecht müssten also nicht demselben Schutzkonzept folgen wie Rauchverbote in anderen Gewerbebereichen, zum Beispiel in Spielhallen. Rauchverbote in Verkehrsmitteln müssten nicht mit Rauchverboten in allen öffentlichen Einrichtungen einhergehen. Bei der Wettbewerbsgleichheit[504] lasse sich die Vergleichbarkeit aus der Sache besonders gut begründen: Es komme darauf an, ob es sich bei den Vergleichsgruppen um wirtschaftliche Konkurrenten, also um Wettbewerber desselben Marktes handelt. Die Vergleichsgruppen müssten sich zudem auch rechtlich vergleichen lassen.[505]

Analysiert man Entscheidungen des Bundesverfassungsgerichts zur teilrechtsgebietsübergreifenden Folgerichtigkeit, so wird deutlich: Das Gericht überschreitet die normierten Sachbereiche nur ungern. Die Anwendung des Gleichheitssatzes auf unterschiedliche Gesetzeswerke, die vergleichbare soziale Sachverhalte regeln (z. B. Recht der Beamten und der sonstigen Arbeitnehmer des öffentlichen Dienstes), ist erheblich erschwert. Die verfassungsgerichtliche Überprüfung der Folgerichtigkeit einer Regelung erfolgt damit grundsätzlich am Maßstab des betreffenden Teilsystems, in welches die Norm eingebettet ist, bezieht dann also keine über- oder nebengeordneten Rechtssysteme mit ein.[506]

Zudem misst das Bundesverfassungsgericht Sondervorschriften auch am inneren System von Einzelsteuergesetzen. Mit diesem inneren System sind nicht

---

502 *Michael,* JZ 2008, 875, 879.

503 *Drüen,* StuW 2008, 3, 9.

504 *Michael* gesteht jedoch ein, dass bei der Folgerichtigkeit im Steuerrecht die Bestimmung der Vergleichbarkeit komplizierter ist und verweist zur Unterscheidung zwischen verschiedenen Einkunftsarten auf BVerfGE 84, 348, 363f; zum Vergleich zwischen Renten- und Versorgungsanwartschaften trotz deren unterschiedlicher verfassungsrechtlicher Anknüpfung an Art. 14 GG einerseits und an Art. 33 Abs. 5 GG andererseits: BVerfGE 105, 73, 131.

505 *Michael,* JZ 2008, 875, 879.

506 *Dürig,* in: Maunz/Dürig, Grundgesetz Kommentar, Art. 3 Abs. 1, Rn. 313a.

die das Steuerrecht insgesamt beherrschenden Prinzipien wie das Leistungsfähigkeitsprinzip oder das Bedarfsprinzip gemeint, sondern die das jeweilige Steuergesetz kennzeichnende Eigenart. Eine Steuer wird insbesondere durch den Steuertatbestand oder die Erhebungsform charakterisiert, es kommen aber auch andere typische Eigenschaften in Betracht, die eine Steuer im Einzelfall als solche qualifizieren können und die dann systembildend wirken.[507] Das Gericht begreift die einzelnen Steuerarten in ihrer gesetzlichen Ausformung als System und fordert auch eine gewisse Folgerichtigkeit vom Gesetzgeber. Abweichungen bleiben jedoch zulässig, wenn diese durch einleuchtende Gründe zu rechtfertigen sind, insbesondere wenn ein anzuerkennender Lenkungszweck die Norm motiviert.[508]

II. Systemübergreifende Anwendbarkeit

P. Kirchhof ist einer der vehementesten Verfechter einer systemübergreifenden Anwendbarkeit des Konsequenzgebotes. „Das Folgerichtigkeitsprinzip bezieht stets zusammenwirkende Rechtssätze senkrecht aufeinander, aber es verengt keinesfalls den gleichheitsrechtlichen Blickwinkel auf das „Binnensystem“ eines Teilrechtsgebietes.“[509] Das Gebot der Folgerichtigkeit gelte für das Zusammenwirken der einzelnen Teilrechtsordnungen, aber auch innerhalb einer Teilrechtsordnung und sodann innerhalb eines einzelnen Gesetzes. Deshalb müssten das Steuerrecht auf das Haushaltsrecht, das materielle Steuerrecht auf das Verfahrensrecht, der einzelne Aufwandstatbestand auf das einkommensteuerliche Nettoprinzip so abgestimmt werden, dass die jeweiligen gesetzlichen Grundsatzentscheidungen widerspruchsfrei in den Einzelbestimmungen wiederkehren oder aber als gegenläufige gesetzliche Aussage sichtbar und gerechtfertigt werden.[510]

Das Bundesverfassungsgericht prüfte nicht nur die folgerichtige Ausgestaltung der Landesabgaben (Landesabfallabgabengesetz) sondern auch ein Bundesgesetz (Bundesemissionsschutzgesetz) auf Vereinbarkeit mit dem Konsequenzgebot.[511] Kritisiert wurde das Gericht mit der Argumentation, wenn das Folgerichtigkeitsprinzip damit sogar über das Steuer- und Abgabenrecht hinaus-

---

507 *Prokisch,* in: FS für Vogel, S. 293, 299.

508 *Prokisch,* in: FS für Vogel, S. 293, 302.

509 *P. Kirchhof,* in: Isensee/Kirchhof, HStR Bd. V, § 124, Rn. 225; ebenso mit Verweis auf BVerfGE 82, 60, 84; BVerfGE 89, 329, 337; BVerfGE 95, 252, 266, *Eckhoff,* Rechtsanwendungsgleichheit im Steuerrecht, S. 178.

510 *P. Kirchhof,* StuW 2000, 316, 322.

511 BVerfGE 93, 83, 97.

greift, sei schon fraglich, warum das Steuerrecht dann nicht als Ganzes betrachtet werde und das Folgerichtigkeitsprinzip damit nur im Binnenraum der jeweiligen Steuer (mit frei ausgewähltem Steuergegenstand) angewendet wird.[512] Wer nur Binnenraumdenken für die Folgerichtigkeit einer Steuer zulasse (um den Bestand der von Art. 105, 106 GG erfassten Steuern als solchen zu schützen), der beschränke das Gerechtigkeitskriterium der Folgerichtigkeit beträchtlich und sorge für den Bestandsschutz ungerechter Steuern.[513] „Wenn das Leistungsfähigkeitsprinzip das sachgerechte Fundamentalprinzip des Steuerrechts ist, folgt aus dem Folgerichtigkeitsgebot, dass es *für alle Steuern* gelten muss und dass Steuern, die diesem Prinzip nicht gerecht werden, das Prinzip der Gleichbelastung verletzen."[514]

Das Bundesverfassungsgericht wendet das Folgerichtigkeitsgebot zudem nicht nur steuerübergreifend, sondern sogar rechtsübergreifend an, soweit Art. 105, 106 GG nicht eingreifen.[515] Das Verlangen von Konsequenz nur im Binnenbereich der einzelnen Steuer reiche nicht aus. Steuern müssen auch steuerübergreifend wertungswiderspruchsfrei sein.[516]

1. Steuerrecht und Zivilrecht

Für das Verhältnis von Steuerrecht und Zivilrecht ist als Ausgangsentscheidung insbesondere das Urteil zu der unterschiedlichen Behandlung von personenbezogenen und sog. „anonymen" Kapitalgesellschaften aus dem 13. Band zu nennen.[517] Das Gericht hielt dabei die zivilrechtliche Ordnung für das Steuerrecht nicht als durchgängig maßstabgebend an. Der Gesetzgeber sei aber grundsätzlich gebunden, wenn die Verbindung zum Zivilrecht eine spezielle Qualifikation aufweise, d. h., „wo das Steuerrecht nicht nur an die gegebenen Lebensverhältnisse und damit auch an ihre zivilrechtliche Ordnung anknüpft, sondern den Steuergegenstand prinzipiell nach Rechtsformen des bürgerlichen Rechts bestimmt." Allerdings schließt eine solche „tiefgreifende" Verbindung eine steuerrechtliche Abweichung nicht aus, wenn die Abweichung von der selbst statuierten Sachgesetzlichkeit von „überzeugenden Gründen" getragen wird.[518]

512 *Tipke,* JZ 2009, 533, 537.

513 *Tipke,* StuW 2007, 201, 209.

514 *Tipke,* StuW 2007, 201, 206.

515 *Tipke,* StuW 2007, 201, 209 mit Verweis auf BVerfGE 98, 83, 97ff.; BVerfGE 106, 118f., 125ff.; BVerfGE 108, 169, 181f.

516 *Tipke,* in: FS Friauf, S. 741, 757.

517 *Prokisch,* in: FS für Vogel, S. 293, 297 mit Verweis auf BVerfGE 13, 331, 340.

518 BVerfGE 13, 331, 340.

In der Folgezeit hat das Bundesverfassungsgericht diese Rechtsprechung jedoch wesentlich abgeschwächt.[519] Das Gericht hat verstärkt auf die das Steuerrecht weitgehend beherrschende wirtschaftliche Betrachtungsweise abgestellt.[520] Im Verhältnis zwischen Zivilrecht und Steuerrecht steht somit die Autonomie des Steuerrechts im Vordergrund. Soweit das Steuerrecht an das Zivilrecht anknüpft, geschieht dies regelmäßig mit dem Ziel, wirtschaftliche Sachverhalte zu erfassen.[521] Das Bundesverfassungsgericht hielt jedoch noch lange an dem Grundsatz der Systemwidrigkeit einer Durchbrechung der zivilrechtlichen Ordnung fest – dies bilde ein Verstoß gegen Art. 3 Abs. 1 GG.[522]

2. Steuerrecht und Sozialrecht

Fundamentalprinzip des Steuerrechts ist das Leistungsfähigkeitsprinzip, das Fundamentalprinzip des Sozialrechts ist das Bedarfs- und Bedürfnisprinzip.[523] Bei der Entscheidung zur steuerlichen Verschonung des Existenzminimums sämtlicher Familienmitglieder (Familienlastenausgleich) stellte das Bundesverfassungsgericht fest: Es ist inkonsequent, wenn der Staat dem Unterhaltspflichtigen die für den Unterhalt notwendigen Mittel einerseits nimmt, andererseits dann die Unterstützung des Bedürftigen selbst übernehmen müsste.[524] Diese Rechtsprechung zur Sicherung des Existenzminimums ist vom Bundesverfassungsgericht dann bestätigt und weiter konkretisiert worden.[525]

In diesem Urteil kam das Konsequenzgebot systemübergreifend zur Anwendung, da zwischen Regelungen des Sozialrechts und des Einkommensteuerrechts eine folgerichtige Abstimmung im Interesse des Existenzminimums gefordert wurde. Insofern bestätigt dieses Urteil die Forderung *P. Kirchhofs,* das Folgerichtigkeitsprinzip systemübergreifend anzuwenden.

III. Anwendbarkeit für diese Arbeit

Beim Verhältnis Steuerrecht und Zivilrecht zeigt sich, dass beide Teilrechtsordnungen keinem gemeinsamen Ordnungsprinzip unterliegen und es daher an ei-

519 *Prokisch,* in: FS für Vogel, S. 293, 298 mit Verweis auf BVerfGE 18, 224ff.; BVerfGE 22, 156ff.

520 *Prokisch,* in: FS für Vogel, S. 293, 298.

521 *Lang,* in: Tipke/Lang, Steuerrecht, § 1, Rn. 17.

522 So ausdrücklich in BVerfGE 30, 59, 63.

523 *Tipke,* in: FS Friauf, S. 741, 742.

524 BVerfGE 82, 60, 86.

525 Siehe BVerfGE 87, 153, 169ff.; BVerfGE 91, 93, 108ff.

nem Maßstab fehlt, anhand dessen sich eine „Systemwidrigkeit" feststellen lässt.[526] In diese Richtung geht auch die Auffassung des Bundesverfassungsgerichts, wonach das Folgerichtigkeitsgebot die Gestaltungsfreiheit des Gesetzgebers nur im Binnensystem einer Steuer beschränkt.[527] Dies könnte für eine Anwendung des Folgerichtigkeitsgrundsatzes jeweils nur innerhalb eines Teilrechtsgebiets sprechen.

Ein enges Verständnis des Folgerichtigkeitsgebots und eine Beschränkung auf die jeweilige Teilrechtsordnung haben den Vorteil, nicht die Vereinbarkeit mit über- oder nebengeordneten Regelungssystemen auch in eine Prüfung mit einbeziehen zu müssen.[528] Denn je weitgehender auch Ober- und Nebensysteme einbezogen werden müssen, desto ungenauer wird die Prüfung der Folgerichtigkeit. Erst ein zurückgenommener Prüfungsmaßstab ermöglicht es, die dem jeweiligen Teilrechtssystem eigenen, besonderen Wertungen und Ziele nachzuvollziehen und ihnen zur Durchsetzung zu verhelfen.[529] Im Erbschaftsteuerrecht lassen sich beispielsweise Betriebs- und Privatvermögen gezielt auf ihre Folgerichtigkeit im Hinblick auf die Vermögensbewertung miteinander vergleichen. Das Folgerichtigkeitsgebot erfordert richtigerweise nicht unbedingt eine übergreifende Konzeption, sondern kann auch innerhalb einer höchst unterschiedlichen Normstruktur eingehalten werden.[530] Für diese Arbeit soll das Folgerichtigkeitsgebot daher nur eng, bezogen auf das Teilrechtsgebiet des Erbschaftsteuerrechts zur Anwendung kommen.

---

526 *Prokisch,* in: FS für Vogel, S. 293, 309 mit Verweis auf *Degenhart,* Systemgerechtigkeit, S. 90ff.

527 So *Hey,* FR 2008, 1033, 1038.

528 So auch *Bulla,* Freiheit der Berufswahl, S. 309 mit Verweis auf *Degenhart,* Systemgerechtigkeit, S. 6ff. und 19ff., der zwischen der Systemgerechtigkeit im Verhältnis verschiedener Ordnungssysteme und innerhalb eines Ordnungssystems differenziert.

529 *Starck,* in: v. Mangoldt/Klein/Starck, Kommentar zum GG, Art. 3, Rn. 50; *Bulla,* Freiheit der Berufswahl, S. 309.

530 So *Birk,* DStR 2009, 887, 881.

Kapitel 3: Folgerichtigkeit im Steuerrecht

A. Der allgemeine Gleichheitssatz

Angesichts der abgestuften Bindungsintensität des Gleichheitssatzes stellt sich bei der verfassungsrechtlichen Rechtfertigung von Ungleichbehandlungen die Frage, von welcher Qualität die Gründe sein müssen, die eine Ungleichbehandlung zu rechtfertigen vermögen.[531] Das Verhältnis des Folgerichtigkeitsgebots zum Willkürverbot einerseits und der neuen Formel des Bundesverfassungsgerichts andererseits bedarf einer näheren Untersuchung, denn in der Rechtsprechung der Senate hat hinsichtlich der Intensität von Gleichheitsprüfungen ein Wandel stattgefunden.[532]

I. Die Willkürformel

Das Verständnis des allgemeinen Gleichheitssatzes als Willkürverbot prägt die Judikatur des Bundesverfassungsgerichts zum allgemeinen Gleichheitssatz seit den ersten Entscheidungen.[533] Danach wurde der Gleichheitssatz erst dann als verletzt angesehen, wenn ein sich aus der Natur der Sache ergebender oder sonst wie einleuchtender Grund für die gesetzliche Gleich- oder Ungleichbehandlung nicht finden ließ, die Bestimmung also willkürlich war. In diesem Sinne wird in einer Reihe von Entscheidungen der Prüfungsrahmen für die Gerichte eingeschränkt.[534] Dem Gesetzgeber komme ein weiter Gestaltungsspielraum zu, der erst dann seine Grenze finde, wenn eine Regelung unter keinem sachlich vertretbaren Gesichtspunkt gerechtfertigt erscheine, ihre Unsachlichkeit somit evident sei.[535]

Auf das Steuerrecht bezogen bedeutet das Willkürverbot: Bei der Erschließung der Steuerquellen hat der demokratisch legitimierte Gesetzgeber eine weit-

---

531 *Wernsmann,* Verhaltenslenkung, S. 216.

532 *Schulte/M. Birnbaum,* DStZ 2007, 401, 412.

533 BVerfGE 1, 13, 52; BVerfGE 1, 14, 52; im Anschluss an *Leibholz*, Gleichheit, S. 72ff.; 78ff.

534 BVerfGE 6, 273, 280; BVerfGE 9, 3, 10f; BVerfGE 13, 225, 228; BVerfGE 35, 263, 272; BVerfGE 50, 57, 77; BVerfGE 53, 164, 178f.; BVerfGE 71, 39, 53; BVerfGE 71, 255, 271; *Schulte/M. Birnbaum,* DStZ 2007, 409, 412.

535 BVerfGE 11, 245, 253; BVerfGE 12, 326, 333; BVerfGE 13, 356, 362; BVerfGE 14, 221, 238; BVerfGE 17, 122, 130; BVerfGE 18, 121, 124; BVerfGE 19, 1, 8; BVerfGE 23, 50, 60; BVerfGE 23, 135, 143; BVerfGE 25, 269, 292f.; BVerfGE 32, 157, 167; BVerfGE 49, 382, 396; BVerfGE 52, 277, 281; BVerfGE 71, 206, 221f.

gehende Gestaltungsfreiheit.[536] Denn es gibt keine Sachgesetzlichkeit für die Steueranknüpfung.[537] Weder der Zweck der Besteuerung, den staatlichen Haushalt mit Finanzmitteln auszustatten[538], noch die Verwendung des Steueraufkommens geben der Steuerbelastung Anknüpfungspunkte oder ziehen ihr Grenzen.[539] Will der Gesetzgeber eine bestimmte Steuerquelle erschließen, andere hingegen nicht, dann ist der allgemeine Gleichheitssatz grundsätzlich nicht verletzt, solange sich diese unterschiedliche Behandlung mit finanzpolitischen, volkswirtschaftlichen, sozialpolitischen oder steuertechnischen Erwägungen rechtfertigen lässt.[540] Von der fehlenden Sachgesetzlichkeit der Steueranknüpfung ist jedoch die Sachgesetzlichkeit der Steuerausgestaltung zu unterscheiden.[541] Denn mit der Gestaltungsfreiheit des Gesetzgebers bei der Steueranknüpfung korrespondiert seine Pflicht, die Steuertatbestände nachvollziehbar und konsequent auszugestalten.[542]

---

536 Ständige Rspr. BVerfGE 93, 121, 136; BVerfGE 99, 88, 95; BVerfGE 105, 17, 46; BVerfGE 107, 27, 47.

537 *Drüen,* in: Tipke/Kruse, AO/FGO, § 3 AO, Rn. 45.

538 BVerfGE 93, 121, 134.

539 BVerfGE 84, 239, 268; ähnlich BVerfGE 110, 274, 292.

540 BVerfGE 81, 108, 117; BVerfGE 85, 238, 244; BVerfGE 93, 121, 147.

541 *Kruse,* StuW 1990, 323, 328f.; *Drüen,* in: FS Kruse, S. 200.

542 *Drüen,* in: Tipke/Kruse, AO/FGO, § 3 AO, Rn. 46.

II. Die neue Formel und ihre Auswirkungen auf die Folgerichtigkeit

Die sog. Neue Formel wurde vom Bundesverfassungsgericht im Jahr 1980 im Rahmen einer Grundsatzentscheidung entwickelt;[543] sie stellt eine Beziehung zwischen dem Grad der Ungleichbehandlung und dem rechtfertigenden Grund her, d. h. das Gericht prüft, ob zwischen zwei Gruppen von Normadressaten ein Unterschied von solcher Art und solchem Gewicht besteht, dass er die Ungleichbehandlung zu rechtfertigen vermag.[544] Es werden also weitergehende Anforderungen an das Gewicht des die Ungleichbehandlung rechtfertigenden Grundes gestellt.[545]

Das Bundesverfassungsgericht hat die Neue Formel jedoch nicht als Bruch mit der bisherigen Rechtsprechung empfunden, dies wird in BVerfGE 55, 72, 88 deutlich, hier beruft sich das Gericht ausdrücklich auf BVerfGE 22, 387, 415 und BVerfGE 52, 277, 280.[546] Die Neue Formel entwickelt die bisherige Willkürprüfung fort und verschärft tendenziell die Prüfung anhand des Gleichheitssatzes.[547] Das Gericht gebraucht die Neue Formel nicht in jeder Entscheidung[548], sondern greift auch häufig auf die älteren Formulierungen zur Willkür zurück, die demnach nicht überholt sind.[549] Betrachtet man unter verfassungsrechtlichen Gesichtspunkten nur den Binnenbereich der jeweiligen Teilrechtsordnung, so lässt sich als grundlegende Aussage der Neuen Formel des Bundesverfassungsgerichts festhalten: Der Gesetzgeber hat Ausnahmen und Durchbrechungen von seinem selbst statuierten System nicht nur als Ungleichbehandlung konkreter

543 BVerfGE 55, 72.

544 BVerfGE 55, 72, 88; BVerfGE 60, 123, 133f.; BVerfGE 65, 104, 112f.; BVerfGE 66, 234, 242; BVerfGE 67, 231, 236; BVerfGE 70, 230, 239f.; BVerfGE 72, 141, 150; BVerfGE 73, 301, 321; BVerfGE 74, 9, 24; BVerfGE 74, 129, 149; BVerfGE 75, 78, 105; BVerfGE 75, 284, 300f.; BVerfGE 78, 232, 247; BVerfGE 81, 228, 236; BVerfGE 82, 126, 146; BVerfGE 83, 395, 401; BVerfGE 85, 191, 210; BVerfGE 85, 238, 244; BVerfGE 87, 1, 35; BVerfGE 87, 234, 255. Das Bundesverfassungsgericht bringt den Prüfungsmaßstab der Neuen Formel inzwischen ausdrücklich mit dem Verhältnismäßigkeitsprinzip in Verbindung, so BVerfGE 88, 87, 96; BVerfGE 89, 15, 22; BVerfGE 101, 54, 101; BVerfGE 105, 73, 110; BVerfGE 107, 27, 45; BVerfGE 110, 412, 431; ebenso *Herzog,* in: Maunz/Dürig, Grundgesetz Kommentar, Anh. Art. 3, Rn. 6; *Schulte/M. Birnbaum,* DStZ 2007, 409, 412.

545 *Schulte/M. Birnbaum,* DStZ 2007, 409, 412.

546 *Rüfner,* in: BK des GG, Art. 3 Abs. 1, Rn. 27.

547 *Katzenstein,* SGb 1988, 177, 181.

548 Z. B. nicht in BVerfGE 74, 78, 91; BVerfGE 74, 182, 200f.; BVerfGE 77, 308, 338.

549 *Rüfner,* in: BK des GG, Art. 3 Abs. 1, Rn. 28.

Vergleichsgruppen, sondern auch vor der Systemstimmigkeit als Verfassungsprinzip am Maßstab des Art. 3 Abs. 1 GG zu rechtfertigen.[550]

Bei der Anwendung der Neuen Formel soll nach Auffassung des Bundesverfassungsgerichts zwischen dem personalen Gleichheitsgebot als Grundrecht und einem objektiv-verfassungsrechtlichen Willkürverbot unterschieden werden.[551] Der Satz: „Alle Menschen sind vor dem Gesetz gleich", verlangt bei einer Ungleichbehandlung im Hinblick auf persönliche Eigenschaften Gründe von Gewicht, jede plausible Begründung reicht hier nicht. Außerhalb des personalen Gleichheitssatzes werden weniger strenge Anforderungen an die Rechtfertigung gestellt. Hier gelten das Willkürverbot, das Gebot sachgemäßer Begründung und das Gebot der Folgerichtigkeit zwar auch, jedoch mit weniger hohen Anforderungen: plausible Gründe reichen aus. Gründe von Gewicht, wie sie bei einer Ungleichbehandlung im Hinblick auf persönliche Eigenschaften geboten sind, seien dagegen nicht zu verlangen.[552]

Die Auswirkungen der sich aus BVerfGE 55, 72, 88 ergebenden Rechtsprechung zeigen: Die Neue Formel führt in Kombination mit dem Gebot der Folgerichtigkeit bei Ungleichbehandlungen im Hinblick auf persönliche Eigenschaften zu strengeren Anforderungen bei der Gleichheitsprüfung. Wenn das Folgerichtigkeitsgebot auch im Rahmen der Willkürprüfung zur Anwendung kommt, hat es hier keine die Rechtfertigung verschärfenden Auswirkungen, da dann lediglich plausible Gründe ausreichen.

III. Das Verhältnis von Leistungsfähigkeitsprinzip und Folgerichtigkeitsgrundsatz

Für das Steuerrecht wurde Art. 3 Abs. 1 GG schon sehr früh als „Grundsatz der allgemeinen Steuergerechtigkeit" interpretiert. Aus dem Gebot der Steuergerechtigkeit hat das Bundesverfassungsgericht dann in einem zweiten Schritt die Geltung des Prinzips der Besteuerung nach der jeweiligen Leistungsfähigkeit als Verfassungsrechtssatz abgeleitet.[553] Das Prinzip der Besteuerung nach der indi-

---

550 *Bulla,* Freiheit der Berufswahl, S. 313.

551 *Vogel,* DStJG 12 (1989), 123, 140 mit Verweis auf *Eyermann,* in: FS Bayerischer Verfassungsgerichtshof, S. 46ff.; *Hamann/Lenz,* Das Grundgesetz, Art. 3 GG, B 4. c) cc) S. 161.

552 *Vogel,* DStJG 12 (1989), 123, 140.

553 BVerfGE 6, 55, 83; ebenso später BVerfGE 26, 302, 310; BVerfGE 43, 108, 120; BVerfGE 61, 319, 343f.; BVerfGE 66, 214, 223.

viduellen wirtschaftlichen Leistungsfähigkeit ist nicht nur ein finanzwissenschaftliches Postulat, sondern als Ausprägung der Steuergleichheit und damit als Konkretisierung geltenden Verfassungsrechts für den Steuergesetzgeber unmittelbar bindend. Es handelt sich um ein Rechtsprinzip und damit um die Konkretisierung von Rechtssätzen.[554]

Wegen des immanenten Charakters der Steuer als öffentlicher Last muss Gleichheit im Sinne des Gleichheitssatzes bei ihr prinzipiell gleiche Lastenverteilung bzw. Lastengleichheit bedeuten.[555] Was Lastengleichheit bei der Steuer bedeutet, ergibt sich aus ihrem spezifischen Lastencharakter. Bei der Steuer ist ihr Charakter als Gemeinlast entscheidend, denn sie lässt sich nicht auf besondere Zurechnungsgründe gegenüber einzelnen Bürgern stützen:[556] Da niemanden eine besondere Verantwortlichkeit für die mit ihr zu finanzierenden Lasten der Gemeinschaft trifft, muss jeder nach Maßgabe seiner Lastentragungsfähigkeit bzw. seiner individuellen und damit gleichen Leistungsfähigkeit zur Finanzierung dieser die Gemeinschaft treffenden Lasten herangezogen werden.[557]

Das Leistungsfähigkeitsprinzip im Steuerrecht wird gemeinhin durch drei Indikatoren konkretisiert: Die Einkommens-, die Vermögens- und die Konsumleistungsfähigkeit.[558] Neben dem Einkommensteuerrecht wird das Leistungsfähigkeitsprinzip in Literatur[559] und Rechtsprechung[560] auch zur Rechtfertigung der Erbschaftsteuer herangezogen. Die Erbschaftsteuer belastet grundsätzlich die mit dem Vermögenszugang einhergehende Leistungsfähigkeit. Denn wenn Geldvermögen zufließt, erhöht sich durch den Gelderwerb die Fähigkeit zur Steuerzahlung für den Betroffenen. Ist anderes Vermögen als Geldvermögen betroffen, wird die mit dem Erwerb des Gegenstandes beim Steuerpflichtigen eingetretene Steigerung der Leistungsfähigkeit zahlenmäßig erfasst, indem eine Veräußerung fingiert wird. Der Steuerpflichtige ist in der Höhe der Geldsumme, die er nach der Veräußerung des erworbenen Vermögens zur Verfügung hätte, (erhöht) steuerlich leistungsfähig.[561]

---

554 *Waldhoff,* DV 2008 (Heft 41), 259, 261; a. A. *Kruse,* in: FS Tipke, S. 290, kein Fundamentalprinzip des Steuerrechts.

555 *Wendt,* NVwZ 1988, 778, 783 mit Verweis auf BVerfGE 55, 274, 303f.

556 Vgl. *Wendt,* NVwZ 1988, 778, 783.

557 Vgl. BVerfGE 55, 274, 302; BVerfGE 61, 319, 344; BVerfGE 66, 214, 223; BVerfGE 67, 290, 297; BVerfGE 68, 143, 152f.; *Vogel,* in: GS Martens, S. 274f.

558 *Englisch,* Wettbewerbsgleichheit, S. 139.

559 *Tipke,* StRO II, S. 872; *Seer,* StuW 1997, 283, 284; *Crezelius,* in: FS Tipke, S. 403, 406.

560 BVerfGE 117, 1, 33.

561 *Spitzbart,* Betriebsvermögen, S. 130.

Für die Erbschaftsteuer kann jedoch nicht angenommen werden, dass Art. 3 Abs. 1 GG unmittelbar eine Besteuerung nach der finanziellen Leistungsfähigkeit gebietet. Die Erbschaftsteuer als Nachlasssteuer würde dem Leistungsfähigkeitsprinzip widersprechen, weil nicht auf den beim einzelnen Erwerber eingetretenen Vermögenszuwachs (und die dadurch vermittelte Leistungsfähigkeit), sondern auf das beim Erblasser zuletzt vorhandene Vermögen abgestellt wird.[562] Da der Gesetzgeber sich allerdings mit der derzeitigen Ausgestaltung des ErbStG auf eine Erbanfallsteuer und damit auf eine Besteuerung des beim Erwerber eingetretenen Vermögenszuwachses festgelegt hat, ist er indirekt doch an das Leistungsfähigkeitsprinzip gebunden. Denn der Gesetzgeber hat, nachdem er bei der Auswahl des Steuergegenstandes sein Gestaltungsermessen ausgeübt hat, die einmal getroffene Belastungsentscheidung folgerichtig umzusetzen.[563]

Damit wird das Verhältnis von Leistungsfähigkeitsprinzip und Folgerichtigkeitsgrundsatz deutlich: Durch das Folgerichtigkeitsgebot wird der Gesetzgeber an die Belastungs(grund)entscheidung der Erbschaftsteuer als Erbanfallsteuer gebunden. Diese Grundentscheidung steht wiederum indirekt mit dem Leistungsfähigkeitsprinzip in Beziehung. Dieses Verhältnis der beiden Prinzipien besteht zudem nicht nur im Erbschaftsteuerrecht, sondern auch im Steuerrecht als Ganzem: Hat der Gesetzgeber sich für eine bestimmte Ausgangsentscheidung entschieden, wird er durch das Folgerichtigkeitsgebot daran festgehalten. Das Bekennen des Gesetzgebers zu einer Grundentscheidung innerhalb eines bestimmten Teilrechtssystems sagt jedoch noch nichts darüber aus, ob dann auch das Leistungsfähigkeitsprinzip zur Anwendung kommt.[564] Bildet aber das objektive Nettoprinzip und mit ihm die Besteuerung der Leistungsfähigkeit die Ausgangsentscheidung, kann der Gesetzgeber von der folgerichtigen Umsetzung der Folgeentscheidungen nicht ohne sachlich rechtfertigende Gründe abweichen. Der Systembruch der Belastungsgrundentscheidung führt somit zu einem Rechtfertigungszwang des Gesetzgebers.

---

562 *Spitzbart,* Betriebsvermögen, S. 126.

563 *Spitzbart,* Betriebsvermögen, S. 127 mit Verweis auf BVerfGE 93, 165, 172; BVerfGE 93, 121, 136; BVerfGE 84, 239, 271; siehe dazu auch *Seer,* StuW 1997, 283, 285; *Lang,* in: Tipke/Lang, Steuerrecht, § 4, Rn. 75ff.; *Tipke,* StRO I, S. 354ff.

564 Siehe beispielsweise im Unternehmensteuerrecht die Entscheidung zu den Jubiläumsrückstellungen, BVerfGE 123, 111, 122f. – hier bildet das objektive Nettoprinzip nicht die Ausgangsentscheidung.

B. Systembindung im Steuerrecht

Nahezu alle Gesetze stehen in einem mehr oder weniger großen Wertungs- und Systemzusammenhang. Hierin liegt die Unbestimmtheit des Kriteriums der Systemkonsequenz: „Je weiter die Normenkontrolle in Obersysteme ausgreift und Untersysteme auf Wertungskonsistenz mit einem Obersystem überprüft, um so mehr verblasst die Systemgerechtigkeit des Untersystems und damit die besondere Wertung des Gesetzgebers."[565] Die Schwierigkeit liegt also in der Bestimmung des vom Gesetzgeber gewählten Systems, welches den Ausgangspunkt für die verfassungsrechtliche Beurteilung einer Regelung bildet.[566]

I. Zweistufigkeit der Systembindung

Speziell im Steuerrecht greift nach der Rechtsprechung des Bundesverfassungsgerichts ein gestufter Gestaltungsspielraum für den Gesetzgeber und damit korrespondierend eine gestufte Kontrolldichte des Gerichts.[567] Während er auf der ersten Stufe der Steueranknüpfung sehr frei ist, unterliegt er bei der nachfolgenden Stufe der Steuerausgestaltung Bindungen.[568] Danach rechtfertigt die Differenzierung beim steuerlichen Belastungserfolg durch den Steuersatz nicht auch automatisch Differenzierungen auf den vorgehenden Stufen.[569]

Im Steuerrecht gilt generell, dass der durch die Besteuerung bewirkte Eingriff seine Rechtfertigung auch und gerade durch die Gleichheit der Lastenzuteilung gewinnt.[570] Deshalb kann der Gesetzgeber auf der zweiten Stufe der konkreten Ausgestaltung in einem mit hohen Belastungen verbundenen Bereich nicht einen weitgehenden, nur durch die Grenze der Willkürkontrolle beschränkten Gestaltungsspielraum haben. Auf dieser Ebene ist vielmehr eine strenge Bindung an den Grundsatz der Verhältnismäßigkeit anzunehmen.[571]

---

565 *Starck,* in: C. Link, Gleichheitssatz, S. 51, 72 und ebenso in: v. Mangoldt/Klein/Starck, Kommentar zum GG, Art. 3 Abs. 1, Rn. 50.

566 *Eckhoff,* Rechtsanwendungsgleichheit im Steuerrecht, S. 170.

567 *Kruse,* in: FS Ritter, S. 425; *Drüen,* StuW 2008, 3, 8; *ders.,* in: Tipke/Kruse, AO/FGO, § 3 AO, Rn. 44ff.

568 *Drüen,* GmbHR 2008, 393, 399.

569 *Drüen,* GmbHR 2008, 393, 400.

570 Umfassend dazu *Tipke,* StRO Bd. I, S. 290ff.; *Schulte/M. Birnbaum,* DStZ 2007, 409, 413.

571 So auch *Schulte/M. Birnbaum,* DStZ 2007, 409, 413.

II. Prinzipien- oder Systemwechsel als dritte Stufe

Auf einer dritten Kontrollebene geht es darum, wie zu entscheiden ist, wenn der Gesetzgeber Ausnahmen von dem Grundsatz der Gleichbehandlung und seinen Leitlinien anordnen will.[572] Als besondere sachliche Gründe, die auf dem Gebiet des Steuerrechts einen Eingriff in den Schutzbereich des Art. 3 Abs. 1 GG rechtfertigen, hat das Bundesverfassungsgericht in seiner bisherigen Rechtsprechung vor allem außerfiskalische Förderungs- und Lenkungszwecke sowie Typisierungs- und Vereinfachungserfordernisse anerkannt. Darüber hinaus kann sich der Gesetzgeber auch für einen grundlegenden Systemwechsel entscheiden.[573] Das Gericht billigt dem Steuergesetzgeber zu, einen Kurswechsel vorzunehmen, also gegebenenfalls auch in Teilschritten eine neue gesetzgeberische Ausgangsentscheidung anzusteuern. Hierbei scheiden rein fiskalische Ziele jedoch ebenso aus wie Einzelregelungen, die keinen prinzipiellen, also verallgemeinerungsfähigen Inhalt haben.[574] Das anvisierte Ziel muss – wie jedes staatliche Ziel – verfassungskonform sein.[575]

Der Prinzipien- oder Systemwechsel wird als neue Figur der Verfassungsrechtsprechung[576] verstanden, als eine Fortentwicklung der Folgerichtigkeitsdogmatik. Mit dem Kurswechsel werde dem Gesetzgeber eine behutsame Lockerung der Selbstbindung unter den genannten Voraussetzungen ermöglicht.[577] In der Entscheidung des Bundesverfassungsgerichts zur Pendlerpauschale wurde das Folgerichtigkeitsgebot und mit ihm die Möglichkeit eines Systemwechsels auf ihre Praxistauglichkeit überprüft: Die Begründung des sog. „Werkstorprinzip“ des § 9 Abs. 2 S. 1 EStG hielt das Gericht jedoch nicht für überzeugend; es handele sich weder um einen grundlegenden Systemwechsel noch um eine neue, dem objektiven Nettoprinzip nicht nachgeordnete, sondern gleichrangig gegenüberstehende oder dieses Prinzip konkretisierende Zuordnungsentscheidung für Wegeaufwendungen. Der Neuregelung fehle es für einen verfassungsrechtlich grundsätzlich zulässigen grundlegenden Systemwechsel an einem Mindestmaß

572 *Breinersdorfer,* DStR 2010, 2492.

573 BVerfGE 122, 210f.

574 *Drüen,* Ubg 2009, 23, 27; a. A. aber *Wernsmann,* DStR 2008 (Beihefter zu Heft 17), 37, 44, der in der Einschränkung der Abziehbarkeit bei der Pendlerpauschale eine „systemändernde neue Grundentscheidung“ sieht.

575 *Drüen,* Ubg 2009, 23, 27.

576 Bislang findet sich der Topos des Systemwechsels in der Verfassungsrechtsprechung zum Gleichheitssatz z. B. im Zusammenhang mit dem Wechsel des Rentenversicherungssystems im Zuge der Wiederherstellung der Deutschen Einheit (BVerfGE 112, 368, 402 m. w. N.).

577 *Drüen,* Ubg 2009, 23, 27.

an neuer Systemorientierung.[578] Der Gesetzgeber könne daher dem objektiven Nettoprinzip nicht einfach ein „Werkstorprinzip“ entgegenstellen, um die Abschaffung der Pendlerpauschale zu legitimieren.[579] Der grundsätzliche Wertungsspielraum des Gesetzgebers bezüglich gemischt veranlasster Aufwendungen berechtige ihn nicht dazu, diesen in nicht verfassungskonformer Weise auszufüllen.[580]

Das Bundesverfassungsgericht setzte sich im Rahmen der Entscheidung zur Pendlerpauschale auch vertieft mit dem Rechtfertigungsgrund der Typisierung auseinander. Dabei geht das Gericht so vor, zunächst den Typisierungsspielraum des Gesetzgebers zu bestimmen und sich sodann mit den verfassungsrechtlichen Anforderungen an die Typisierungsmethode auseinanderzusetzen.[581] Dabei enthält sich das Gericht aber der Wertung oder Gewichtung der gesetzgeberischen Regelungsziele. Geprüft wird vielmehr unter dem Gesichtspunkt der Folgerichtigkeit, ob die Wirkung des Gesetzes mit den – als möglich unterstellten – Regelungszielen des Gesetzgebers im Widerspruch steht.[582]

Die gesetzgeberische Gestaltungsfreiheit umfasst die Möglichkeit eines Systemwechsels. Bei Einführung eines (völlig) neuen Systems gerät der Gesetzgeber durch das Folgerichtigkeitsgebot nicht unter Rechtfertigungsdruck. Der Systemwechsel muss jedoch ein Mindestmaß an neuer Systemorientierung aufweisen, um den Anforderungen des Folgerichtigkeitsgebots gerecht zu werden. Kommt es nicht zu einem neuen System bzw. einer anderen systematischen Zielrichtung, ist der Gesetzgeber dann insofern an seine eigene Ausgangsentscheidung gebunden. Auch die Typisierungsbefugnis des Gesetzgebers spielt im Rahmen der Folgerichtigkeitsprüfung eine wichtige Rolle und wird vom Bundesverfassungsgericht regelmäßig herangezogen; sie bildet einen eigenen, neben den außerfiskalischen Förderungs- und Lenkungszwecken stehenden Rechtfertigungsgrund. Es gibt somit zwei Rechtfertigungsgründe, über die sich der Gesetzgeber für eine Durchbrechung des Folgerichtigkeitsgebots entlasten kann: Außerfiskalische Förderungs- und Lenkungszwecke, die Möglichkeit eines Systemwechsels und die Typisierungsbefugnis bzw. das Interesse an der Miss-

---

578 *Breinersdorfer,* DStR 2010, 2492, 2495 mit Verweis auf BVerfGE 122, 210f. und in dieser Arbeit IV. S. 139.

579 So *Tipke,* BB 2007, 1525ff.; *Hey,* FR 2008, 1033, 1038; a. A. *Leisner-Egensperger,* BB 2007, 639, 644; *Wernsmann,* DStR 2007, 1149, 1154.

580 *Hey,* FR 2008, 1033, 1038.

581 *Breinersdorfer,* DStR 2010, 2492, 2496.

582 *Breinersdorfer,* DStR 2010, 2492, 2495; in diese Richtung auch *Kannengießer,* in: Schmidt-Bleibtreu/Hofmann/Hopfauf, Kommentar zum GG, Art. 3, Rn. 20ff.

brauchsvermeidung des Gesetzgebers.[583] Keinen Rechtfertigungsgrund für die Abweichung von der Grundentscheidung stellt dagegen der Wechsel der Systementscheidung dar.

583 Siehe hierzu ausführlich unter C. III.

Kapitel 4: Folgerichtigkeit im Erbschaftsteuerrecht

A. Vorlagebeschluss des Bundesfinanzhofs

In seinem Vorlagebeschluss zum ErbStG i. d. F. des JStG 1997 vom 20. Dezember 1996 hat der Zweite Senat des BFH im Jahr 2002 mit einem Antrag auf konkrete Normenkontrolle gem. Art. 100 Abs. 1 GG sowohl die Verfassungsmäßigkeit der Unterschiede in der Bewertung des der Erbschaftsteuer zugrunde gelegten Vermögens als auch der besonderen Begünstigung für Betriebsvermögen in Abrede gestellt.[584]

Bei der damaligen Begünstigung von Betriebsvermögen durch die §§ 13a, 19a und 28 ErbStG[585] (35%iger Bewertungsabschlag, Freibetrag i. H. v. 225.000 €, Steuerklassenprivileg und zinslose Stundung, soweit zum Betriebserhalt notwendig) ging es dem BFH um die Frage, ob dies mit Art. 3 Abs. 1 GG vereinbar ist. Das Betriebsvermögen wurde zudem durch die Bewertungsvorschriften in Höhe der Differenz zwischen dem gemeinen Wert und dem tatsächlichen Steuerwert entlastet. Die in § 109 Abs. 1 BewG[586] angeordnete Übernahme der Steuerbilanzwerte bewirkte für Betriebsvermögen in vielen Fällen einen deutlich unter dem gemeinen Wert liegenden Steuerwert.[587] Voraussetzung für den Freibetrag und Bewertungsabschlag war lediglich die unveränderte Fortführung der begünstigten Vermögensteile über einen Zeitraum von fünf Jahren, § 13a Abs. 5 ErbStG (a. F.). Zweifel hatte das vorlegende Gericht insbesondere im Hinblick auf die Kumulationswirkung, die durch das Zusammentreffen der Unterbewertung durch den Steuerbilanzwertansatz und die verschiedenen Begünstigungstatbestände entsteht.[588]

584 *Hey,* Jura 2007, 859 mit Verweis auf BFH vom 22.5.2002 II R 61/99, BStBl. II 2002, 598ff.

585 ErbStG i. d. F. der Bekanntmachung vom 27.02.1997, BGBl. I 1997, S. 378; zuletzt geändert am 10.10.2007, BGBl. I 2007, S. 2332.

586 BewG i. d. F. der Bekanntmachung vom 01.02.1991, BGBl. I 1991, S. 230; zuletzt geändert am 20.12.2007, BGBl. I 2007, S. 3150.

587 Siehe hierzu ausführlich *R. Birnbaum,* Die Begünstigung unternehmerischen Vermögens, S. 27f.

588 *Hey,* Jura 2007, 859, 860 mit Verweis auf BFH vom 22.5.2002 II R 61/99, BStBl. II 2002, 598, 608.

B. BVerfGE 117, 1, 37 – Zweistufigkeit der Vermögensbewertung

Kernaussage des Bundesverfassungsgerichts-Beschlusses vom 7.11.2006 war die Unvereinbarkeit der Anwendung eines einheitlichen Erbschaftsteuertarifs mit dem Grundgesetz, wenn die Ermittlung der zugrunde liegenden Steuerwerte den Anforderungen von Art. 3 Abs. 1 GG nicht genügt.[589]

Das Gericht hat in diesem Beschluss drei Ebenen unterschieden: die der Bewertung, die der Bemessungsgrundlage und die des Tarifs. Auf der Bewertungsebene hat sich der Gesetzgeber strikt am gemeinen Wert (Verkehrswert) auszurichten. Auf der Ebene der Bemessungsgrundlage kann der Gesetzgeber jedoch zu Lenkungszwecken Steuerverschonungen, also Durchbrechungen der Belastungsgleichheit, zulassen, die dann allerdings der strengen Prüfung am Verhältnismäßigkeitsprinzip unterliegen. Zudem darf sich die Tarifbelastung am Verwandtschaftsgrad und der Höhe der Bereicherung orientieren.[590]

I. Belastungs(grund)entscheidung

Die Belastungsgrundentscheidung ergibt sich aus der folgerichtigen Konkretisierung des vom Gesetzgeber in Ausübung seines weiten Ermessens bestimmten Steuergegenstandes.[591] Als Rechtfertigung der Erbschaftsteuer kann nur das Motiv der staatlichen Einnahmeerzielung, also der Fiskalzweck tragend sein.[592] Die Belastungsentscheidung des Gesetzgebers ist die Ausgestaltung der Erbschaftsteuer als Erbanfallsteuer. Erfasst werden soll die durch den Vermögensanfall gesteigerte Leistungsfähigkeit des Erben.[593] Das Erbschaft- und Schenkungsteuergesetz konkretisiert das Leistungsfähigkeitsprinzip durch das Bereicherungsprinzip.[594] Damit ist das Erbanfallsystem als Subjektbesteuerung angelegt, das auf die (private) Bereicherung des Miterben abstellt, bei der dann u. U. auch unternehmerisches Vermögen in die erbschaftsteuerrechtliche Bemessungsgrundlage einzubeziehen ist.[595]

589 BVerfGE 117, 1 (Leitsatz).

590 *Birk,* DStR 2009, 877, 880.

591 *Röder,* Das System der Verlustverrechnung im deutschen Steuerrecht, S. 152.

592 Zu der früher vertretenen Rechtfertigung der Erbschaftsteuer als Lenkungssteuer vgl. *M. Birnbaum,* Leistungsfähigkeitsprinzip und ErbStG, S. 23f.

593 *Hey,* Jura 2007, 859, 861; *Tipke,* StRO II, S. 872ff.; ebenso BVerfGE 93, 165, 172.

594 *Tipke,* JZ 2009, 533, 538.

595 *Crezelius,* in: FS Ritter, S. 331, 334.

Die Erbschaftsteuer hat ein Doppelgesicht: Sie knüpft an Rechtsverkehrsvorgänge (= bestimmte zivilrechtlich bezeichnete Erwerbsvorgänge) an und will damit doch wirtschaftliche Vorgänge erfassen, die sich in diesen Rechtsverkehrsvorgängen nicht immer klar genug widerspiegeln. Zudem steht die Erbschaftsteuer der Einkommensteuer nahe, verfolgt dabei jedoch das Ziel der Substanzbesteuerung, das mit einer Ertragsteuerkonzeption nur schwer zu vereinbaren ist.[596]

596 *Meincke,* in: Kommentar zum Erbschaftsteuer- und Schenkungsteuergesetz, Einführung, Rn. 1.

II. Erste Stufe: einheitliche Bewertung nach Verkehrswerten

Aus der Konzeption der Erbschaftsteuer als Erbanfallsteuer[597] folgert das Bundesverfassungsgericht richtigerweise den Ansatz von Substanzwerten.[598] Der Erbe ist nicht nur um die zukünftigen Erträge des ererbten Vermögens bereichert, sondern auch um die Vermögenssubstanz.[599] Der Leistungsfähigkeitszuwachs des Erben entspricht dem Preis, zu dem das ererbte Vermögen unter objektivierten Bedingungen am Markt realisiert werden könnte[600] – also dem Bewertungsansatz des § 9 BewG, dem gemeinen Wert oder Verkehrswert.

Das Urteil des Bundesverfassungsgerichts vom 7.11.2006 fordert dem Gesetzgeber zudem ein höheres Maß an Transparenz ab und verlangt Folgerichtigkeit bei der Umsetzung der Belastungsentscheidungen. Der Gesetzgeber ist verpflichtet, offen zu legen, welche Arten des Vermögenserwerbs er in welchem Maße begünstigen will. Zudem ist er gehalten, ein folgerichtiges System zu schaffen, welches diese Begünstigungen tatsächlich gewährt. Insoweit haben die Grundlagen dieser Bundesverfassungsgerichtsentscheidung auch außerhalb der Erbschaft- und Schenkungsteuer Bedeutung und sind als allgemeine Maxime des Steuerrechts zu verstehen.[601] Mit seiner Entscheidung hat das Bundesverfassungsgericht zum ersten Mal eine verfassungsrechtlich gebotene Bemessungsgrundlage angeordnet. Sämtliche Wertmaßstäbe sind somit an der Bemessungsgrundlage des gemeinen Wertes zu messen. Bildet dieser nicht die Grundlage für die Belastung mit Erbschaftsteuer, verstößt der Gesetzgeber nicht nur gegen einfaches, sondern auch gegen Verfassungsrecht.[602]

Der Wert eines Unternehmens bestimmt sich unter der Voraussetzung ausschließlich finanzieller Ziele durch den Barwert der mit dem Eigentum an dem Unternehmen verbundenen Nettozuflüsse an die Unternehmenseigner. Für die Unternehmensbewertung hat sich das Ertragswertverfahren durchgesetzt, wel-

597 Vgl. *Kessler/Märkle/Offerhaus,* DB Beilage Nr. 2/2003, 1, 7.
598 So *Thiel,* DB 1997, 64, 66; *Seer,* in: Tipke/Lang, Steuerrecht, § 13, Rn. 104; *Hey,* JZ 2007, 564, 565.
599 *Tipke,* StRO Bd. II, S. 900; *Meincke,* in: FS Tipke, S. 391, 395.
600 BVerfGE 117, 1, 34; *Hey,* JZ 2007, 564, 565.
601 *Papier,* DStR 2007, 973, 976.
602 *Piltz,* DStR 2008, 745, 746.

ches im Rahmen einer Planungsrechnung die zukünftigen Ertragsaussichten des Unternehmens auf den Gegenwartswert abdiskontiert.[603]

1. Geringere Fungibilität von Betriebsvermögen

Der Gesetzgeber will die geringere Fungibilität von Betriebsvermögen bei der steuerlichen Behandlung des Erbfalls berücksichtigen. Unter Fungibilität versteht man die Austauschbarkeit von Gütern, Devisen und Wertpapieren von einer Investition in eine andere. Ein Wertpapier besitzt beispielsweise dann eine hohe Fungibilität, wenn es an der Börse leicht kauf- und verkaufbar ist.[604]

In vielen Betrieben ist beträchtliches Kapital für Produktionszwecke gebunden. Die im Erbfall trotz Begünstigung anfallende Erbschaftsteuer ist oft nicht aus liquidem Vermögen oder aus laufenden Erträgen zu begleichen. Liquiditätsreserven und Investitionsfähigkeit sollen durch staatliche Ansprüche nicht erschöpft werden. Gerade Zeiten des Betriebsübergangs brauchen stabile Rahmenbedingungen, weil sie oft Umstrukturierungen und Neuinvestitionen erforderlich machen.[605] Einem Erwerber wird durch die Erbschaftsteuer grundsätzlich auferlegt, zumindest Teile des Erworbenen zu veräußern, um die Steuer begleichen zu können. Einzelne Teile eines betrieblichen Vermögens lassen sich jedoch oft nur schwer und unter finanziellen Verlusten zu Geld machen.[606] Denn ein Gegenstand kann einzeln nicht zu dem Preis veräußert werden, der von dem Betriebsinhaber für ihn aufgewendet worden ist. Gebrauchte Maschinen sind z. B. außerhalb der betrieblichen Einheit oft nur unter Inkaufnahme von größeren Verlusten verkäuflich. Es gibt zudem Wirtschaftsgüter, die ohne den Gesamtbetrieb überhaupt nicht zu verkaufen sind.[607] Gerade der betriebliche Zusammenhang verschiedener Wirtschaftsgüter macht ihren Wert aus. Betriebliches Vermögen wird daher auch als Gesamtheit bewertet und nicht als Summe einzelner Werte angesehen.[608]

---

603 *Creutzmann,* Stbg 2008, 148.

604 Vgl. *Perridon/Steiner/Rathgeber,* Finanzwirtschaft der Unternehmung, S. 396 zur Fungibilität von Industrieobligationen.

605 BT-Drs. 16/7918, S. 33.

606 *Balle/Gress,* BB 2007, 2660, 2667.

607 *Spitzbart,* Betriebsvermögen, S. 147.

608 *Balle/Gress,* BB 2007, 2660, 2667; *Spitzbart,* Betriebsvermögen, S. 146.

Die geringere finanzielle Leistungsfähigkeit der Erben von betrieblichem Vermögen wird über den Verkehrswert jedoch schon auf der Ebene der Bewertung berücksichtigt, denn der Markt berücksichtigt alle Aspekte, die für die Preisbildung von Bedeutung sind, also auch die Sozialpflichtigkeit eines Unternehmens.[609]

2. Bedeutung des Unternehmerrisikos für die Bewertung

Hinsichtlich des Unternehmerrisikos ist zu berücksichtigen, dass Unternehmen von Betriebsstörungen durch höhere Gewalt, von Insolvenzen wichtiger Abnehmer, von einer erheblichen Verschlechterung der Markt- und Konkurrenzsituation sowie von wirtschaftlichen oder politischen Krisen nachhaltig beeinträchtigt werden können. Damit unterliegt der Unternehmer im Vergleich zu Erben von nichtunternehmerischen Vermögen einem erhöhten Insolvenzrisiko. Dies kann den vollständigen Verlust des eingesetzten Kapitals zur Folge haben.[610]

Die Unternehmensbewertung im neuen Erbschaftsteuerrecht richtet sich für kleine und mittlere Unternehmen gem. § 200 BewG nach dem vereinfachten Ertragswertverfahren. Dabei wird der Unternehmenswert aus der Summe des betriebsneutralen Vermögens und dem Ertragswert des Unternehmens ermittelt. Der Ertragswert wird dabei in der Weise ermittelt, dass die zukünftigen Erträge (ihrerseits ermittelt durch Schätzung auf der Basis von Vergangenheitserträgen) mit einem Zinssatz kapitalisiert werden. Dieser Kapitalisierungszinssatz resultiert aus verschiedenen Elementen, insbesondere dem Basiszinssatz, einem Risikozuschlag und einem Inflations- oder Wachstumsabschlag.[611]

Für die Wertermittlung von nicht notierten Anteilen an Kapitalgesellschaften und Betriebsvermögen kann das vereinfachte Ertragswertverfahren gem. § 200 BewG angewendet werden, wenn die Voraussetzungen für die Anwendbarkeit nach § 199 BewG vorliegen. Hierbei ist der zukünftig nachhaltig erzielbare Jahresertrag (§§ 201 und 202) mit dem Kapitalisierungsfaktor (§ 203) zu multiplizieren, § 200 Abs. 1 BewG. Der Kapitalisierungsfaktor ist der Kehrwert des Kapitalisierungszinssatzes, § 203 Abs. 3 BewG. Der Kapitalisierungszinssatz setzt sich wiederum aus zwei Komponenten zusammen: einem Basiszins

609 BVerfGE 107, 1, 53; *Balle/Gress,* BB 2007, 2660, 2667 mit Verweis auf *Bareis,* DB 1996, 1153, 1157; *Bach/Broekelschen/Maiterth,* DStR 2006, 1961, 1966; ebenso *Meincke,* DStR 1996, 1305, 1309; *Spitzbart,* Betriebsvermögen, S. 150; *Hey,* Jura 2007, 859, 862; *Seer,* DStJG 22, (1999), 191, 212.

610 *Spitzbart,* Betriebsvermögen, S. 148.

611 Vgl. *Piltz,* DStR 2008, 745, 746.

und einem Zuschlag von 4,5 %, § 203 Abs. 1 BewG. Dieser Zuschlag (4,5 %) berücksichtigt pauschal neben dem Unternehmerrisiko auch andere Korrekturposten, z. B. Fungibilitätszuschlag, Wachstumsabschlag oder inhaberabhängige Faktoren.[612] Es ergibt sich somit folgende Berechnungsformel für die Wertermittlung:

$$\text{Zukünftiger Jahresertrag} * \frac{1}{\text{Basiszinssatz} + 4{,}5\ \%}$$

Für einen etwaigen Ertragsteueraufwand ist zudem ein 30 %-iger Wertabschlag auf ein positives Betriebsergebnis vorgesehen, § 202 Abs. 3 BewG.

Auch wenn in diesem Zusammenhang insbesondere die Höhe des Risikozuschlags kritisiert wird[613] – Gegenstand dieser Arbeit ist keine betriebswirtschaftliche Analyse der Bewertungsregelungen des Ertragswertverfahrens. Es wird zudem häufig vom Einzelfall abhängen, ob die Risikozuschläge angemessen sind, oder nicht. Auch die Frage der Angemessenheit des Ertragsteueraufwands gem. § 202 Abs. 3 BewG und ob Anteilseigner und Betriebsinhaber teilweise um persönliche Steuern entlastet werden[614], kann hier mangels umfangreicher Berechnungen nicht entschieden werden.

Jedenfalls bestehen insbesondere bei kleineren Unternehmen im Vergleich zu börsennotierten Kapitalgesellschaften Bewertungsunsicherheiten für die Feststellung des Unternehmenswertes. Dieses (gesteigerte) Unternehmerrisiko durch Inflation oder Insolvenz wird im neuen Erbschaftsteuerrecht in der Bewertung beim Kapitalisierungszinssatz und damit schon auf der ersten Stufe bei der einheitlichen Bewertung berücksichtigt. Diese Feststellung ist für die Analyse der Verschonungsregelungen der §§ 13a, 13b und 19a ErbStG als Vorfrage entscheidend, denn es wird somit schon auf der Bewertungsebene zumindest ein Teil des Unternehmerrisikos berücksichtigt.

3. Gesteigerte rechtliche Bindung und Sozialpflichtigkeit unternehmerischen Vermögens

In seinem früheren Erbschaftsteuer-Beschluss vom 22.6.1995 betonte das Bundesverfassungsgericht, im Zuge der Erbrechtsgarantie habe der Gesetzgeber bei

612 *Kühnold/Mannweiler,* DStZ 2008, 167, 172.

613 *Neufang,* BB 2009, 2004, 2010; *Wüstemann,* BB 2009, 1518, 1521; *Gerber/König,* BB 2009, 1268, 1272.

614 So *Hannes/Onderka,* ZEV 2008, 173, 175.

der Gestaltung der Steuerlast zu berücksichtigen, „dass die Existenz von bestimmten Betrieben – namentlich von mittelständischen Unternehmen – durch zusätzliche finanzielle Belastungen, wie sie durch die Erbschaftsteuer auftreten, gefährdet werden kann. Derartige Betriebe, die durch ihre Widmung für einen konkreten Zweck verselbstständigt und als wirtschaftlich zusammengehörige Funktionseinheit organisiert sind, sind in besonderer Weise gemeinwohlverbunden und gemeinwohlverpflichtet: Sie unterliegen als Garant von Produktivität und Arbeitsplätzen insbesondere durch Verpflichtungen gegenüber den Arbeitnehmern, [...] und durch die langfristigen Investitionen einer gesteigerten rechtlichen Bindung. Sie hat zur Folge, dass die durch die Erbschaftsteuer erfasste finanzielle Leistungsfähigkeit des Erben nicht seinem durch den Erbfall erworbenen Vermögenszuwachs voll entspricht. Die Verfügbarkeit über den Betrieb und einzelne dem Betrieb zugehörige Wirtschaftsgüter ist beschränkter als bei betrieblich ungebundenem Vermögen.“[615]

Die grundgesetzliche Sozialpflichtigkeit des Eigentums kennt jedoch keine Abstufung zwischen unternehmerischem Vermögen und sonstigen Vermögensgegenständen.[616] Nahezu jede Vermögensart dient unmittelbar oder mittelbar dem Wohle der Allgemeinheit. Art. 14 Abs. 2 GG beschränkt sich nicht auf bestimmte Vermögensarten. Auch Grundeigentümer und Wertpapierinhaber können durch ihre Tätigkeit bzw. die Zurverfügungstellung von Kapital Arbeitsplätze sichern.[617] Aus der Sozialpflichtigkeit unternehmerisch gebundenen Vermögens lässt sich daher ein verfassungsrechtliches Gebot spezieller Steuererleichterungen nicht ableiten.[618] Jedenfalls wird auch die gesteigerte rechtliche Bindung und Sozialpflichtigkeit unternehmerischen Vermögens teilweise auf der Bewertungsebene bereits berücksichtigt.

4. Ergebnis

Das Bundesverfassungsgericht hat in seinem Beschluss vom 7.11.2006 bereits festgestellt, Faktoren wie etwa geringe Fungibilität und eine höhere Sozialbindung als Besonderheiten des Betriebsvermögens kommen nicht als Rechtfertigung für Verschonungsregelungen in Betracht, soweit sie sich bereits in den Marktpreisen abbilden.[619] So werden Verpflichtungen gegenüber Arbeitnehmern und Belastungen durch Betriebsverfassungs- und Wirtschaftsverwaltungsrecht

615 BVerfGE 93, 165, 175f.

616 *Watrin,* Erbschaftsteuerplanung, S. 206.

617 *Seer,* StuW 1997, 238, 294.

618 *M. Birnbaum,* Leistungsfähigkeitsprinzip und ErbStG, S. 175.

619 BVerfGE 117, 1, 53.

bereits beim Verkehrswert des Vermögens berücksichtigt.[620] Damit ist klar: Durch die Bewertung mit dem gemeinen Wert sind die Besonderheiten des Betriebsvermögens grundsätzlich bereits ausgeglichen.

Obwohl der Risikozuschlag des § 203 Abs. 1 BewG als nicht ausreichend kritisiert wird, muss beachtet werden, dass die Nachteile, die sich aus der geringeren Fungibilität und den besonderen rechtlichen Bindungen des Betriebsvermögens ergeben, jedenfalls grundsätzlich bereits im Rahmen der Bewertung zum gemeinen Wert erfasst werden und zwar einerseits durch den Zuschlag i. H. v. 4,5 % gem. § 203 Abs. 1 BewG und andererseits durch den 30 %-igen Wertabschlag gem. § 202 Abs. 3 BewG. In der weitgehend vorgegebenen Festlegung des Kapitalisierungszinssatzes liegt auch ein wesentlicher Teil der Vereinfachung des insoweit vorgesehenen Bewertungsverfahrens.[621] Die Abgeltung des 30 %igen Ertragsteueraufwandes dient zudem der Rechtsformneutralität, auch wenn die Gesellschafter von Personengesellschaften zum Teil auch von persönlichen Steuern entlastet werden können. Eine weitere Berücksichtigung auf der zweiten Stufe im Rahmen der Verfolgung von Lenkungszwecken scheidet somit aus.

III. Zweite Stufe: Verfolgung von Lenkungszwecken

Der Gesetzgeber ist auf der zweiten Stufe jedoch nicht daran gehindert, außerfiskalische Förderungs- und Lenkungsziele zu verfolgen. Er darf durch „mittelbare Verhaltenssteuerung auf Wirtschaft und Gesellschaft gestaltenden Einfluss nehmen."[622] Der Beschluss vom 7.11.2006 unterscheidet klar zwischen Fiskalzwecknorm (einheitliche Ermittlung der Bemessungsgrundlage nach dem gemeinen Wert) und Sozialzwecknorm (Verfolgung außerfiskalischer Förderungs- und Lenkungsziele).[623]

620 *Bareis,* DB 1996, 1153, 1157.

621 *Hannes/Onderka,* ZEV 2008, 173, 176.

622 BVerfGE 117, 2, 31.

623 So *Hey,* JZ 2007, 564, 568; *Lang,* StuW 2008, 189, 192; allgemein zur Unterscheidung von Fiskal- und Sozialzwecknormen m. w. N. *Lang,* in: Tipke/Lang, Steuerrecht, § 4, Rn. 19ff.

Lenkungsnormen korrespondieren mit dem Gestaltungsrecht des Steuergesetzgebers. Sie können im Übrigen nur dann als solche bezeichnet werden, wenn der Gesetzgeber seine Absicht und die von ihm bezeichnete Lenkungsrichtung aufzeigt. Es gibt folglich keine faktischen Lenkungsnormen.[624]

Lenkungspolitisch motivierte Steuertatbestände sind im Regelfall durch verschiedene Alternativen gekennzeichnet, aus denen der Steuerpflichtige wählen und so sein Verhalten an den Begünstigungstatbestand anpassen kann. Dem Einzelnen bleibt also die Wahl, zur begünstigten oder zur nicht begünstigten Gruppe zu gehören, je nachdem, ob er sich für das privilegierte oder das nicht privilegierte Verhalten entscheidet. Verhaltensbezogene Differenzierungen unterliegen grundsätzlich nur dann der strengen Kontrolle, wenn sie in die Nähe personenbezogener Kriterien kommen oder die Ausübung grundrechtlicher Freiheiten beeinträchtigen.[625]

Das Bundesverfassungsgericht hat in seinem Beschluss vom 7.11.2006 besondere Anforderungen an die Ausgestaltung erbschaftsteuerverschonender Lenkungsnormen aufgestellt:[626] Der Gesetzgeber muss den Lenkungszweck deutlich erkennen lassen[627]; dieser darf weder in einer Bewertungsnorm[628], noch in einer Tarifnorm[629], noch sonst in einer Fiskalzwecknorm versteckt sein. Der Kreis der begünstigten Steuerpflichtigen muss nach sachgerechten „Gründen des Gemeinwohls"[630] abgegrenzt sein (Wahrung der Außengerechtigkeit). Die Lenkungsnorm muss zielgenau und klar sein.[631] Die Lenkungsnorm muss die Begünstigungsadressaten möglichst gleichmäßig berücksichtigen (Wahrung der Binnengerechtigkeit).[632] Der Lenkungszweck unterliegt letztlich den Anforderungen des Verhältnismäßigkeitsprinzips.[633] Im Rahmen der Verhältnismäßigkeitsprüfung hat der Gesetzgeber insbesondere zu beachten, dass der Steuereingriff in die Vermögens- und Rechtssphäre des Erben seine Legitimation auch und gerade aus der Gleichheit der Lastenzuteilung gewinnt. Der mit der Maß-

---

624 Vgl. dazu *Tipke,* StRO I, S. 81.

625 *Schulte/M. Birnbaum,* DStZ 2007, 409, 413.

626 *Seer,* ZEV 2007, 101, 106.

627 BVerfGE 117, 1, 32f.

628 BVerfGE 117, 1, 35f.

629 Die vom Vermögensteuerbeschluss (BVerfGE 93, 121, 136) zugelassene Alternative differenzierender Bemessung der Steuersätze hat der Beschluss vom 7.11.2006 (BVerfGE 117, 1f.) fallen gelassen. Dazu *Seer,* in: Tipke/Lang, Steuerrecht, § 13, Rn. 30.

630 BVerfGE 117, 1, 31.

631 BVerfGE 117, 1, 37.

632 BVerfGE 117, 1, 32f.

633 BVerfGE 117, 1, 30.

nahme verfolgte Zweck ist am Ausmaß der unterschiedlichen Behandlung der Vergleichsgruppen zu messen. Die durch die Ungleichbehandlung bewirkte Entlastung darf nicht weiter greifen, als der die Differenzierung legitimierende Zweck es rechtfertigt.[634]

C. Folgerichtigkeit der Betriebsvermögensbegünstigungen

I. Überblick zum Entlastungssystem der §§ 13a und 13b ErbStG

1. Verschonungsabschlag und Freibetrag, § 13a ErbStG

a) *Regelverschonung (Freistellung zu 85 %)*

Kernstück der Erbschaftsteuerreform ist die Erleichterung der Unternehmensnachfolge durch die für das Betriebsvermögen[635] eingeführten weitgehenden Verschonungsregeln sowie durch einen Freibetrag in Form eines Abzugsbetrages. Da der Gesetzgeber durch die Einführung der Verschonungsregelungen nur diejenigen Unternehmen von der Steuer entlasten will, bei denen im Zuge des Betriebsübergangs die Arbeitsplätze durch eine langfristige Unternehmensfortführung weitestgehend gesichert sind, werden diese Entlastungsregelungen nur unter bestimmten Voraussetzungen gewährt. Zudem hat der Gesetzgeber Nachsteuerregelungen eingeführt, wenn der Steuerpflichtige gegen die Auflagen verstößt, § 13a Abs. 5 ErbStG.

Soweit begünstigtes Vermögen im Sinne des § 13b ErbStG vorliegt, kommt zunächst der Verschonungsabschlag nach § 13a Abs. 1 ErbStG zur Anwendung. Hierfür sind zwei Varianten vorgesehen: Die Regelverschonung (auch als Grundmodell bezeichnet) und die Optionsverschonung. Sofern das Verwaltungsvermögen[636] nicht mehr als 50 % beträgt, kommt die Regelverschonung und damit ein Abschlag von 85 % zur Anwendung, § 13a Abs. 1 ErbStG. Der

634 *Seer,* GmbHR 2007, 281, 286; *Viskorf,* FR 2007, 624, 627.

635 Unter Betriebsvermögen wird im Folgenden land- und forstwirtschaftliches Vermögen sowie beim Erwerb eines ganzen Gewerbebetriebes, eines Teilbetriebes, eines Mitunternehmeranteils, eines Anteils eines persönlich haftenden Gesellschafters, einer Kommanditgesellschaft auf Aktien oder eines Anteils daran das nach §§ 95 – 97 BewG inländische Betriebsvermögen verstanden. Zum Betriebsvermögen gehört zudem auch das Vermögen, welches einer freiberuflichen Tätigkeit dient, sowie das Vermögen der gewerblich geprägten oder infizierten Personengesellschaft i. S. d. § 15 Abs. 3 Nr. 1 und 2 EStG.

636 Siehe dazu ausführlich unter C. IV. 1.

Verschonungsabschlag unterliegt keiner zeitlichen Reglementierung. Er kann beliebig oft in Anspruch genommen werden – auch dann, wenn unternehmerisches Vermögen auf ein und dieselbe Person übertragen wird. Der Steuerpflichtige muss den Verschonungsabschlag nicht beantragen, er wird vielmehr von Amts wegen gewährt. Die Steuerbefreiung ist zwingend.[637]

b) *Optionsverschonung (Freistellung zu 100 %)*

Beträgt dagegen das Verwaltungsvermögen nicht mehr als 10 %, kann unwiderruflich die Option einer vollständigen Steuerbefreiung nach § 13a Abs. 1 i. V. m. Abs. 8 ErbStG beantragt werden. Danach wird ein Abschlag von 100 % gewährt, § 13b Abs. 4 i. V. m. § 13a Abs. 8 ErbStG. Bei Wahl der Optionsverschonung kommt es damit für das begünstigte Unternehmensvermögen im Zeitpunkt der Übertragung zu keiner Erbschaftsteuerbelastung.[638]

c) *Abzugsbetrag*

Für Klein- und Kleinstbetriebe oder bei Übertragung von Teilen des Betriebs oder der Gesellschaft wird nach § 13a Abs. 2 ErbStG zudem ein Abzugsbetrag von 150.000 € gewährt, der sich mit 50 % des 150.000 € übersteigenden Werts des begünstigten Vermögens abbaut. Hierbei ist vor Anwendung des Abzugsbetrags der Verschonungsabschlag zu berücksichtigen, so dass der Abzugsbetrag nur bei Inanspruchnahme der 85 %-igen Freistellung des Betriebsvermögens (Grundmodell) wirkt, § 13a Abs. 2 i. V. m. § 13b Abs. 4 ErbStG. Im Regelfall kann damit Betriebsvermögen im Wert von 1 Mio. € ohne Steuerbelastung vererbt werden. Beträgt der Abzugsbetrag 3 Mio. €, entfällt der Abzugsbetrag vollständig.[639] Der Abzugsbetrag soll eine Wertermittlung und aufwändige Überwachung von Klein- und Kleinstfällen unterhalb des Grenzwertes ersparen. Bei größeren Betrieben trete dieser Vereinfachungseffekt in den Hintergrund. Deshalb sei die Abschmelzung des Abzugsbetrages angemessen.[640]

Der Abzugsbetrag ist erwerbs- und erwerberbezogen. Bei einem Erwerb von begünstigtem Vermögen durch z. B. zwei Erben wird der Abzugsbetrag in voller Höhe von 150.000 € jedem Erben gewährt. Im Ergebnis vervielfältigt sich die Auswirkung des Abzugsbetrages also entsprechend der Zahl der Erwerber.[641] Der Abzugsbetrag wird aber nur einmal in zehn Jahren gewährt, § 13a Abs. 2 S. 3 ErbStG. Durch diese Regelung soll verhindert werden, dass

---

637 *Söffing,* ErbStB 2009, 48, 50.

638 Siehe dazu ausführlich *Siegmund/Zipfel,* BB 2009, 641ff.

639 *Schwind/Schmidt,* NWB 2009, 609, 610.

640 BT-Drs. 16/7918, S. 33f.

641 *Haar,* SteuerStud 2009, 429, 434.

durch ein Aufspalten einer größeren Zuwendung in mehrere Zuwendungen unterhalb des Abzugsbetrags ein nicht gerechtfertigter Steuervorteil erwachsen kann.[642] Ein zu versteuernder Restbetrag des vergünstigten Vermögens unterliegt für natürliche Personen als Erwerber stets der günstigsten Steuerklasse I, auch wenn Schenker oder Erblasser und Erwerber nur entfernt oder überhaupt nicht verwandt sind, § 19a Abs. 4 ErbStG.

2. Begünstigtes Vermögen

a) *Land- und forstwirtschaftliches Vermögen, § 13b Abs. 1 Nr. 1 ErbStG*

Begünstigt ist gem. § 13b Abs. 1 Nr. 1 ErbStG der inländische Wirtschaftsteil des land- und forstwirtschaftlichen Vermögens und selbst bewirtschaftete Grundstücke i. S. d. § 159 BewG sowie entsprechendes land- und forstwirtschaftliches Vermögen, welches einer Betriebsstätte in einem Mitgliedsstaat der EU oder in einem Staat des EWR dient. Von der Begünstigung ausgeschlossen sind der Wohnteil, Betriebswohnungen und Stückländereien, §§ 168 Abs. 2, 160 Abs. 7 BewG. Nach § 160 Abs. 7 S. 2 BewG sind Stückländereien einzelne land- und forstwirtschaftlich genutzte Flächen, bei denen die Wirtschaftsgebäude, die Betriebsmittel oder beide Arten von Wirtschaftsgütern nicht dem Eigentümer des Grund und Bodens gehören, sondern am Bewertungsstichtag für mindestens 15 Jahre einem anderen Betrieb der Land- und Forstwirtschaft zu dienen bestimmt sind.[643]

b) *Betriebsvermögen i. S. d. § 13b Abs. 1 Nr. 2 ErbStG*

In § 13b Abs. 1 Nr. 2 ErbStG sind die Bestandteile des begünstigten Betriebsvermögens aufgezählt: Dazu gehören beim Erwerb eines ganzen Gewerbebetriebes, eines Teilbetriebes, eines Mitunternehmeranteils, eines Anteils eines persönlich haftenden Gesellschafters, einer Kommanditgesellschaft auf Aktien oder eines Anteils daran das nach §§ 95 – 97 BewG inländische Betriebsvermögen. Von § 13b Abs. 1 Nr. 2 ErbStG sind neben der originär gewerblichen Tätigkeit auch nach § 15 Abs. 3 Nr. 1 EStG gewerblich infizierte Personengesellschaften und i. S. d. § 15 Abs. 3 Nr. 2 EStG gewerblich geprägte Personengesellschaften erfasst, nicht jedoch rein vermögensverwaltende Personengesellschaften.[644] Auch der Erwerb von Betriebsvermögen, welches dem Betrieb einer freiberuflichen Tätigkeit dient, ist begünstigt, dies zeigt der Verweis auf § 18 Abs. 4 EStG in § 13b Abs. 1 Nr. 2 ErbStG.

---

642 BT-Drs. 16/7918, S. 34.

643 Vgl. BT-Drs. 16/7918, S. 35.

644 *Balmes/Felten,* FR 2009, 258, 261; *Scholten/Korezkij,* DStR 2009, 73, 75.

c) *Anteile an Kapitalgesellschaften i. S. d. § 13b Abs. 1 Nr. 3 ErbStG*

Nach § 13b Abs. 1 Nr. 3 ErbStG werden zudem unmittelbar im Privatvermögen gehaltene Anteile an Kapitalgesellschaften begünstigt, wenn die Kapitalgesellschaft zu der Zeit der Entstehung der Steuer Sitz oder Geschäftsleitung im Inland, in einem EU-Mitgliedstaat oder EWR-Staat hat und der Erblasser oder der Schenker am Nennkapital dieser Kapitalgesellschaft zu mehr als 25 % unmittelbar beteiligt war. Bei Beteiligungsquoten von 25 % und darunter können die Verschonungsregelungen mittels Poolung von Anteilen durch eine vertragliche Verpflichtung zur einheitlichen Verfügung und Stimmrechtsausübung erreicht werden. Entscheidend ist die unmittelbare Beteiligungsquote, Unterbeteiligungen oder über eine andere Kapital- oder Personengesellschaft gehaltene mittelbare Beteiligungen des Erblassers sind somit nicht begünstigt und bleiben bei der Prüfung der Beteiligungsquote unberücksichtigt.[645] Mittelbar gehaltene Kapitalgesellschaftsanteile können somit nur dann begünstigt übertragen werden, wenn die Mindestbeteiligungsquote von 25 % bereits durch unmittelbare Anteile erfüllt ist.[646] Anteile an Kapitalgesellschaften, die zum Betriebsvermögen (einschließlich des Sonderbetriebsvermögens) gehören, sind nach § 13b Abs. 1 Nr. 2 ErbStG als Betriebsvermögen begünstigt (und zwar unabhängig von einer Mindestbeteiligung von mehr als 25 %).[647]

3. Entlastung durch die Tarifbegrenzung des § 19a ErbStG

Zusätzlich zu der Entlastungsregelung in § 13a ErbStG gibt es für das begünstigte Vermögen in § 13b ErbStG noch die Tarifbegrenzung des § 19a ErbStG. Diese „Tarifbegrenzung“ stellt eine Belastungsbegrenzung dar, mit deren Hilfe die Belastung des Erwerbers in Steuerklasse II oder III für einen begünstigten Vermögensteil durch Einsatz eines Entlastungsbetrags nach § 19a Abs. 4 ErbStG unter die aus § 19 ErbStG folgende tarifliche Steuer gesenkt werden kann.[648]

Die Einführung des § 19a ErbStG geht auf Ausführungen des Bundesverfassungsgerichts in seinem Beschluss zur Erbschaftsteuer vom 22.6.1995[649] zurück, wonach das Gericht bemerkt hatte, die Leistungsfähigkeit des Erwerbers von Betriebsvermögen werde durch seinen Erwerb nicht in demselben Umfang wie

645 *Hannes/Onderka,* ZEV 2008, 16, 19; *Scholten/Korezkij,* DStR 2009, 73, 76.

646 Vgl. *Jülicher,* in: Troll/Gebel/Jülicher, Erbschaftsteuer- und Schenkungsteuergesetz, Kommentar, § 13b, Rn. 216.

647 *Wachter,* in: Fischer/Jüptner/Pahlke/Wachter, ErbStG Kommentar, § 13b, Rn. 42; *Geck,* in: Kapp/Ebeling, Erbschaft- und Schenkungsteuergesetz, Kommentar, § 13b, Rn. 41.

648 *Meincke,* in: Kommentar zum Erbschaftsteuer- und Schenkungsteuergesetz, § 19a, Rn. 1.

649 BVerfGE 93, 165.

bei einem Erwerber von Nichtbetriebsvermögen verstärkt. Der Gleichheitssatz des Art. 3 Abs. 1 GG erfordere, „diese verminderte Leistungsfähigkeit bei den Erben zu berücksichtigen, die einen solchen Betrieb weiterführen, also den Betrieb weder veräußern noch aufgeben, ihn vielmehr in seiner Sozialgebundenheit aufrechterhalten, ohne dass Vermögen und Ertragskraft des Betriebes durch den Erbfall vermehrt würden. Die Erbschaftsteuerlast muss hier so bemessen werden, dass die Fortführung des Betriebes steuerlich nicht gefährdet wird. Diese Verpflichtung, eine verminderte finanzielle Leistungsfähigkeit erbschaftsteuerrechtlich zu berücksichtigen, ist unabhängig von der verwandtschaftlichen Nähe zwischen Erblasser und Erben“.[650]

Gehört der Erwerber zu den Personen der Steuerklasse II oder III und erwirbt neben begünstigtem Vermögen auch nichtbegünstigtes Vermögen, muss der Erwerb aufgeteilt werden. Denn für die beiden Erwerbsteile kommen verschiedene Steuertarife zur Anwendung. Dabei gilt es, den Progressionsvorbehalt zu wahren. Trotz der Zerlegung des Mischerwerbs in zwei Teile darf die Steuerstufe, die für den Gesamterwerb gilt, nicht unberücksichtigt bleiben. Jeder Erwerbsteil ist daher so zu erfassen, dass er als Teilbetrag eines Gesamterwerbs besteuert wird. Mit Hilfe des Entlastungsbetrags kann der nach dem Angehörigenverhältnis des Erwerbers zum Erblasser/Schenker zunächst höher besteuerte, begünstigte Erwerb auf die Belastung nach dem Tarif I zurückgeführt werden.[651]

650 BVerfGE 93, 165, 176; *Meincke,* in: Kommentar zum Erbschaftsteuer- und Schenkungsteuergesetz, § 19a, Rn. 1.

651 *Meincke,* in: Kommentar zum Erbschaftsteuer- und Schenkungsteuergesetz, § 19a, Rn. 2.

Um den Teilbetrag der durch den Gesamterwerb ausgelösten Steuer zu ermitteln, der auf das begünstigte Vermögen entfällt, ist das Verhältnis des begünstigten zum nichtbegünstigten Vermögen am Gesamterwerb zu bestimmen. Dazu ist das begünstigte Vermögen dem Gesamterwerb gegenüberzustellen. Nach § 19a Abs. 3 ErbStG muss nicht das Verhältnis des begünstigten Vermögens zum Gesamterwerb, gedacht als Nettoposten nach Abrechnung aller zum Abzug zugelassenen Beträge, sondern das Verhältnis des begünstigten Vermögens zum „gesamten Vermögensanfall" ermittelt werden. Unter dem gesamten Vermögensanfall versteht § 10 Abs. 1 S. 2 ErbStG den Bruttoerwerb vor Abzug der Nachlassverbindlichkeiten und Steuerbefreiungen. Diesem Bruttoerwerb soll der Wert des begünstigten Vermögens nach Anwendung des § 13a gegenübergestellt werden, also ein um die Abzugsposten des § 13a ErbStG gekürzter Betrag.[652]

II. Identifizierung des Systembruchs

Um eine Prüfung des Entlastungssystems für begünstigtes unternehmerisches Vermögen am Maßstab der Folgerichtigkeit zu ermöglichen, muss zunächst der Systembruch ermittelt werden. Der Gesetzgeber hat sich entschieden, die Erbschaftsteuer als Erbanfallsteuer auszugestalten, besteuert wird also die gesteigerte Leistungsfähigkeit des Erben durch den Erbanfall. Um eine Vergleichbarkeit der verschiedenen Vermögensarten zu erzielen, hat das Bundesverfassungsgericht in seinem Beschluss vom 7.11.2006 die einheitliche Bewertung nach dem gemeinen Wert bzw. dem Verkehrswert gefordert. Der Gesetzgeber ist dieser Zielvorgabe nachgekommen, verfolgt er doch auf der ersten Stufe die (weitgehend) einheitliche Bewertung zum gemeinen Wert, auch wenn es hier für das unternehmerische Vermögen Zu- und Abschläge, beispielsweise für die geringere Fungibilität oder das unternehmerische Risiko gibt. Die auf dieser ersten Stufe bereits bestehenden Probleme der Bewertung unternehmerischen Vermögens und daraus u. U. resultierenden Folgen für Ungleichbehandlungen auf der zweiten Stufe werden als Frage der Ökonomie in dieser Arbeit nicht diskutiert. Unter der Annahme einer jedenfalls weitgehend gleichen Bewertung zu Verkehrswerten soll nun allein die Ausgestaltung der erbschaftsteuerlichen Regelungen auf der zweiten Stufe betrachtet werden.

652 *Meincke,* in: Kommentar zum Erbschaftsteuer- und Schenkungsteuergesetz, § 19a, Rn. 8.

Die auf der zweiten Stufe verfolgten Lenkungszwecke widersprechen dem Grundansatz, je größer das ererbte Vermögen, desto leistungsfähiger ist der Erbe und desto stärker wird er zur Zahlung der Erbschaftsteuer herangezogen. Der Systembruch liegt damit in der Verschonung des begünstigten unternehmerischen Vermögens, die bis zur vollständigen Freistellung von der Erbschaftsteuer führen kann (§ 13a Abs. 1 i. V. m. Abs. 8 ErbStG). Denn derjenige Erbe, der den Betrieb seiner Familie fortführt, kann grundsätzlich genauso leistungsfähig sein wie der Erbe von Kapital- oder Grundvermögen. Die besonderen Umstände für das unternehmerische Vermögen werden bereits auf der ersten Stufe der Bewertung berücksichtigt. Durch die Verschonungsregelungen der §§ 13a, 13b und 19a ErbStG kommt es zu einem Verstoß gegen die Grundentscheidung zur Erbanfallsteuer und das Leistungsfähigkeitsprinzip. Durchbrechungen des Prinzips der Gleichbelastung gleich leistungsfähiger Steuerpflichtiger sind nicht grundsätzlich unzulässig, bedürfen aber der Rechtfertigung.[653]

Als Abweichung von der Ausgangsentscheidung setzt dieser Systembruch den Gesetzgeber damit unter Rechtfertigungszwang. Ausnahmen von der folgerichtigen Ausgestaltung der Erbschaftsteuer als Erbanfallsteuer nach dem Bereicherungsprinzip bedürfen der Rechtfertigung durch sachliche Gründe. Diese Rechtfertigungsgründe müssen ihrerseits wiederum folgerichtig ausgestaltet sein. Verfassungsrechtlich hinreichende sachliche Gründe können die Gesichtspunkte der Missbrauchsbekämpfung und der Typisierung sein.[654] Führen die Gestaltungswirkungen jedoch dazu, bestimmte Gruppen entgegen dem Gleichheitsgebot des Art. 3 Abs. 1 GG zu benachteiligen, müssen diese Systembrüche durch einen legitimen Lenkungszweck gerechtfertigt und zu dessen Förderung geeignet, erforderlich und angemessen sein.[655]

III. Analyse der Entlastungsregelungen für Betriebsvermögen und wesentlicher Beteiligungen an Kapitalgesellschaften im Hinblick auf den Folgerichtigkeitsgrundsatz

1. Steuersystematische Einordnung der Begünstigungsregelungen

Die Begünstigungsregelungen müssen als Ausnahme von der Besteuerung nach der Leistungsfähigkeit wiederum hinreichend folgerichtig ausgestaltet sein.

653 Vgl. *Lang,* in: Tipke/Lang, Steuerrecht, § 4, Rn. 79f.

654 Siehe dazu bereits oben unter Kapitel 3, B. II.

655 *Schulte/M. Birnbaum,* DStZ 2007, 409, 411.

Hierfür bedarf es zunächst einer steuersystematischen Einordnung der §§ 13a, 13b und 19a ErbStG anhand der Unterscheidung zwischen Fiskalzweck- und Sozialzweck- oder Lenkungsnormen sowie Vereinfachungsnormen.[656]

Fiskalzweck- und Lenkungsnormen sind in den Steuergesetzen nur äußerlich miteinander verbunden. Die Lenkungsnormen sind keine Steuerrechtsnormen, sondern vielmehr Normen des Wirtschaftsrechts oder anderer Rechtsbereiche, ebenso wie die Vorschriften über offene Subventionen.[657] Steuervergünstigungen können zum einen den Charakter einer „Verschonungssubvention“[658] haben und damit zur Gruppe der Sozialzweck- bzw. Lenkungsnormen gehören.[659] Zum anderen können sie aber auch bestimmte Beträge aus der Bemessungsgrundlage ausgrenzen, weil insofern keine Leistungsfähigkeit besteht. Dann handelt es sich um unechte, „technische“ Steuervergünstigungen.[660]

Die Begünstigungsregelungen der §§ 13a, 13b und 19a ErbStG lassen sich als Lenkungs- bzw. Sozialzwecknormen qualifizieren.[661] Der Gemeinwohlmaßstab der begünstigenden Sozialzwecknorm enthält zwei Elemente: Die Gemeinwohlgebundenheit des arbeitsplatzrelevanten Vermögens und die an den Erben gerichtete Gemeinwohlverpflichtung, das arbeitsplatzrelevante Vermögen zu behalten.[662] Der Gesetzgeber umschreibt den Fördergrund mit den Besonderheiten des Betriebsvermögens gegenüber anderen Vermögensarten, die eine differenzierte Behandlung im Rahmen der Erbschaftsteuer erfordern. Diese Vermögensart bildet die Basis für Wertschöpfung und Beschäftigung und den Erhalt von Arbeitsplätzen.[663]

2. Gesetzgeberische Lenkungszwecke im Erbschaftsteuergesetz

Der Erste Senat des Bundesverfassungsgerichts hat das zentrale Thema der Gemeinwohlbindung und -verpflichtung in seinem umfangreichen Beschluss zur Erbschaftsteuer vom 7.11.2006 nicht erwähnt. Die Überlegungen zur Berücksichtigung der Gemeinwohlbindung und Gemeinwohlverpflichtung von Betriebsvermögen, wie vom Zweiten Senat im Jahr 1995 gefordert, besitzen den-

656 Siehe dazu *Tipke,* StRO I, S. 83ff.; *Lang,* in: Tipke/Lang, Steuerrecht, § 4, Rn. 25.
657 *Tipke,* StRO Bd. I, S. 340.
658 BVerfGE 97, 67, 80.
659 *Schulte/M. Birnbaum,* DStZ 2007, 409, 410.
660 *Birk,* Steuerrecht, Rn. 103; *Wernsmann,* Verhaltenslenkung, S. 88f.
661 *Tipke,* StRO Bd. II, S. 900; *Schulte,* FR 2007, 309, 319.
662 *Lang,* FR 2010, 49, 52.
663 BT-Drs. 16/7918, S. 33.

noch nach wie vor Gültigkeit.[664] Grundsätzlich wird die besondere Sozialgebundenheit von Betriebsvermögen jedoch bereits im Marktpreis abgebildet.[665]

a) *Öffentliches Interesse an der Fortführung von Familienunternehmen*

Den Gesetzesmaterialien lässt sich als Begründung für § 13b ErbStG Folgendes entnehmen: „Die klein- und mittelständisch geprägte Unternehmenslandschaft ist für die deutsche Wirtschaft im internationalen Wettbewerb von Vorteil. Regional vernetzte Familienbetriebe sind notwendige Voraussetzung für wirtschaftliches Wachstum und damit für die Schaffung wettbewerbsfähiger Arbeits- und Ausbildungsplätze in Deutschland. Klein- und mittelständische Betriebe stehen für offene Märkte und hohe Wettbewerbsintensität.“[666]

Eine Definition der klein- und mittelständischen Unternehmen gibt es nicht. Der Gesetzgeber zielt darauf ab, die Unternehmenslandschaft einer bestimmten Prägung zu unterstützen. Eine Konkretisierung dieses Ziels etwa durch bestimmte Kennzahlen hat der Gesetzgeber jedoch nicht für erforderlich gehalten. Der Gesetzgeber gesteht in seiner Begründung jedoch auch ein, dass ein Großteil von Unternehmensaufgaben durch Neugründungen oder konkurrierende Unternehmen kompensiert werden könne.[667]

Der Begründung des Gesetzgebers ist entgegen zu halten: Die steuerliche Freistellung von Betriebsvermögen von der Bemessungsgrundlage der Erbschaft- und Schenkungsteuer ist nicht mit der vom Bundesverfassungsgericht angeführten Gemeinwohlklausel begründbar.[668] Denn das einzelne Unternehmen ist gerade keine Veranstaltung im Interesse des Gemeinwohls.[669] Vielmehr hat der Unternehmer im Rahmen der von der Verfassung vorausgesetzten Privatrechts- und Wirtschaftsordnung in Ausübung seiner Berufs- und Eigentümerfreiheit (Art. 12 Abs. 1, Art. 14 Abs. 1 GG) vorrangig seinen Vorteil im Auge. Ausdruck des erwerbswirtschaftlichen Prinzips ist sein Streben nach Gewinnmaximierung und Rentabilität. Mit derselben Begründung kann auch der Eigentümer von Grundbesitz die besondere Gemeinwohlbindung seines Grundeigentums reklamieren. Selbst dem Wertpapierinhaber, dessen Kapital einem Unter-

---

664 So zutreffend *Wachter,* BB 2007, 577, 584; siehe dazu bereits oben unter Kapitel 4 B. II. 3.

665 BVerfGE 117, 1, 53; siehe auch dazu bereits oben unter Kapitel 4 B. II.

666 BT-Drs. 16/7918, 33.

667 Vgl. dazu *R. Birnbaum,* Die Begünstigung unternehmerischen Vermögens, S. 125; siehe auch die Gesetzesbegründung, BR-Drs. 778/06, S. 13.

668 *Seer,* GmbHR 2007, 281, 287; *Bach/Broekelschen/Maithert,* DStR 2006, 1961, 1966.

669 *Seer,* GmbHR 2007, 281, 287.

nehmen langfristig zur Verfügung gestellt wird und somit gegebenenfalls auch Arbeitsplätze sichert, müsste dann wohl eine besondere Gemeinwohlbindung seines Vermögens zuerkannt werden.[670] Eine erbschaftsteuerliche Begünstigung, welche nur der Unternehmensfortführung dient, ist daher nicht zu rechtfertigen.[671] Schäden für das Gemeinwohl können auch durch nichtunternehmerische Liquidationen und Veräußerungen (z. B. durch Veräußerung wertvollen Kunstbesitzes in das Ausland) entstehen.[672] Die Steuervergünstigungen können zudem zur Fortführung von Unternehmen führen, bei denen es aus unternehmerischer Sicht besser wäre, den Betrieb einzustellen, umzubauen oder zu veräußern. Dieses Ziel kann keinen Gemeinwohlrang haben, da nicht der Staat, sondern nur der Markt den Unternehmenserfolg sichern kann. Die Steuerfreiheit kann somit zu Entscheidungen führen, die nicht ökonomisch sind und in Bezug zum Lenkungsziel gerade kontraproduktiv sein können.[673] Das alleinige Interesse am Erhalt und der Fortführung von Familienunternehmen genügt damit nicht den Anforderungen an einen Lenkungszweck.

Im Zusammenhang mit der besonderen Bedeutung des Erhalts von Familienunternehmen sind insbesondere auch die land- und forstwirtschaftlichen Betriebe zu berücksichtigen. Schon in seiner Entscheidung zur Erbschaftsteuer von 1995 stellte das Bundesverfassungsgericht die Vorgabe auf, die Erbschaftsteuer auf land- und forstwirtschaftliches Vermögen sei so zu bemessen, dass die Fortführung der Betriebe steuerlich nicht gefährdet und eine Zerschlagung vermieden wird.[674] Die Privilegierung von land- und forstwirtschaftlichem Vermögen lässt sich auch den Gesetzesmaterialien entnehmen; der Gesetzgeber führt neben ökonomischen Gründen jedoch auch das „gewachsene ökologische Bewusstsein“ der Bevölkerung als Begründung an.[675] Das besondere gesetzgeberische Interesse am Erhalt land- und forstwirtschaftlicher Betriebe spiegelt sich bereits im Zivilrecht wider, denn nach § 2049 BGB wird bei der Fortführung eines Landguts das Ertragswertverfahren angewendet. Insoweit gilt ein Sondererbrecht für Erben von landwirtschaftlichem Vermögen, welches zudem in den norddeutschen Bundesländern noch durch die besondere Privilegierung des Hofnachfolgers durch das Höferecht (sog. Höfeordnung) verstärkt wird. Diese Besonderheiten im Erbrecht hat der Gesetzgeber folgerichtig auch in das Erb-

---

670 So zutreffend *Seer,* GmbHR 2007, 281, 287; *ders.,* DStJG 22 (1999), 191, 211.

671 Ausführlich dazu *Seer,* ZEV 2007, 101; *Seer,* in: Tipke/Lang, Steuerrecht, § 13, Rn. 30, 100, 151; *Lang,* in: Tipke/Lang, Steuerrecht, § 4, Rn. 225.

672 *Lang,* in: Tipke/Lang, Steuerrecht, § 4, Rn. 225.

673 *Birk,* StuW 2005, 346, 351.

674 BVerfGE 93, 165, 176.

675 BT-Drs. 16/7918, S. 23.

schaftsteuerrecht übernommen, da hier besondere Bewertungsregelungen und Begünstigungen zur Anwendung kommen. Das Ziel, land- und forstwirtschaftliche Betriebe zu erhalten und fortzuführen, bildet somit einen legitimen Zweck.

b) Schaffung/Erhaltung von Arbeitsplätzen

Ein zentrales Lenkungsziel für die weitgehende Verschonung von Betriebsvermögen ist die Fortführung des Unternehmens durch den Erwerber. Durch die Entrichtung der Erbschaftsteuer wird die Übernahme des Unternehmens im Zeitpunkt des Umstellungsprozesses in der Unternehmensführung belastet. Zusätzlich zu den erbschaftsteuerlichen Lasten kann der Unternehmensnachfolger auch zivilrechtlichen Ansprüchen, z. B. Pflichtteilsansprüchen gem. § 2303 BGB ausgesetzt sein. Zwar ist zunächst der Erbe betroffen, jedoch wirken sich diese Ansprüche jedenfalls mittelbar auf das Unternehmen aus, denn häufig werden dem Unternehmensnachfolger nicht die Mittel zur Verfügung stehen, diese Belastungen durch sonstiges Vermögen zu tragen.[676]

Gegen den gesetzgeberischen Lenkungszweck wird angeführt, es gäbe keine Kausalität für die Vernichtung von Arbeitsplätzen durch die Belastung mit Erbschaftsteuer und auch keine dafür, dass eine Nicht- oder Geringbelastung sie erhält. Die Neu-Schaffung von Arbeitsplätzen wird gerade nicht begünstigt. Zudem führt der Verkauf des Unternehmens gewöhnlich nicht zum Verlust von Arbeitsplätzen, weil der Käufer die Arbeitnehmer weiter beschäftigt und der Beteiligungsverkauf die Arbeitsverträge der Gesellschaft (§ 613a BGB) unberührt lässt. Es gibt auch keine rechtstatsächlichen Untersuchungen, die eine Entlassung von Arbeitnehmern zwecks Beschaffung der Erbschaftsteuer belegen.[677] Da jedoch umgekehrt auch nicht offensichtlich feststeht, dass eine Verschonung von der Erbschaftsteuer im Kern nicht einen Anreiz zum Erhalt von Arbeitsplätzen schaffen kann,[678] ist das gesetzgeberische Lenkungsziel nicht zu beanstanden. Damit bilden auch die Ziele des Erhalts und der Schaffung von (neuen) Arbeitsplätzen einen legitimen Lenkungszweck des Gesetzgebers.

c) *Bedeutung für den internationalen Steuerwettbewerb*

In der Gesetzesbegründung wird auch die Bedeutung klein- und mittelständischer Unternehmen für den internationalen Wettbewerb hervorgehoben. Die Verlagerung von Unternehmen und damit von Arbeitsplätzen ins Ausland ist

676 *Seitz,* Die Bedeutung der Erbschaftsteuer, S. 144f.; *R. Birnbaum,* Die Begünstigung unternehmerischen Vermögens, S. 123.

677 *Piltz,* in: FS Schaumburg, S. 1057, 1076; so auch *Viskorf,* FR 2007, 624, 628.

678 Vgl. zur Schaffung eines Anreizes für die Übernahme einer bestimmten Tätigkeit BVerfGE 99, 280, 291ff.

jedoch auch durch eine Steuerbegünstigung nicht zu verhindern: Der internationale Steuerwettbewerb kann dazu führen, dass Unternehmen bei unterschiedlichen Steuerbelastungen ihre Betriebsstätten in Niedrigsteuerländer verlagern. Das betrifft vor allem die Ertragsteuern, kann aber auch die Erbschaftsteuer einschließen. Die Konkurrenz durch Niedrigsteuerländer betrifft hinsichtlich der Erbschaftsteuer auch alle anderen Vermögensarten, vor allem privates Finanzvermögen. Der internationale Steuerwettbewerb stellt daher auch keinen hinreichenden Grund für die Begünstigung von Betriebsvermögen im Rahmen der Erbschaftsteuer dar.[679] Das Ziel der Aufkommenssicherung konkurriert hierbei mit dem Ziel der Standortattraktivität. Zwar ist der Gesetzgeber gestaltungsfrei, welchem Ziel er den Vorrang einräumt. Wird jedoch für nicht unternehmerisches Vermögen der Standort Deutschland im Bereich der Erbschaftsteuer unattraktiv, führt dies im Umkehrschluss nicht dazu, das Aufkommen der Erbschaftsteuer zu sichern.[680] Dem Ziel des Erhalts klein- und mittelständischer Unternehmen für den internationalen Steuerwettbewerb kommt im Rahmen der Erbschaftsteuer somit nur sehr begrenzte Bedeutung zu.

d) *Zwischenergebnis*

Eine Entlastung von der Erbschaftsteuer dient grundsätzlich der Unternehmenskontinuität und kann damit die klein- und mittelständische Unternehmenslandschaft wahren. Diese Feststellung beantwortet jedoch nicht die Frage, ob der Erhalt und die Fortführung von Familienunternehmen im öffentlichen Interesse liegen und damit einen ausreichenden Gemeinwohlgrund bilden.

Der Erste Senat hat das Argument der Sozialpflichtigkeit des Betriebsvermögens in seinem Beschluss zur Erbschaftsteuer im Jahr 2006 im Gegensatz zu seiner früheren Entscheidung vom 22.6.1995[681] nicht mehr als Rechtfertigungsgrund akzeptiert. Bereits in der Entscheidung des Zweiten Senates vom Juni 2006 zur Tarifermäßigung gewerblicher Einkünfte bei der Einkommensteuer hat das Bundesverfassungsgericht die Gemeinwohlbindung von Gewerbetreibenden nicht als Rechtfertigungsgrund anerkannt.[682] Dies könnte für eine Distanzierung des Gerichts hinsichtlich der Gründe des Gemeinwohls und der besonderen Sozialpflichtigkeit von Familienunternehmen als Rechtfertigungsgründe sprechen.[683]

---

679 *Hubert,* StuB 2010, 464, 467.

680 In diesem Sinne *Hey,* FR 2008, 1033, 1036.

681 *Wachter,* BB 2007, 577, 584.

682 BVerfGE 116, 164f.

683 *Wachter,* BB 2007, 577, 584; so auch *Piltz,* DStR 2010, 1913, 1918; *Wernsmann,* Verhaltenslenkung, S. 296.

Eine Rechtfertigung mit der besonderen Gemeinwohlbindung läuft insbesondere der einheitlichen Bewertung zu Verkehrswerten zuwider: Es entscheidet dann nämlich allein der Zustand des Vermögens, welcher zufällig sein kann, über die steuerliche Leistungsfähigkeit.[684] Der Lenkungszweck der besonderen Gemeinwohlbindung des unternehmerischen Vermögens und das Interesse an der Fortführung von Familienunternehmen allein bilden somit keinen ausreichenden legitimen Lenkungszweck. Dennoch muss berücksichtigt werden: Der Gesetzgeber verknüpft den Lenkungszweck der Fortführung von Betrieben mit der Sicherung von Arbeitsplätzen. Als Begründung für die Verschonungsregelungen führt er an, um den Erhalt von Arbeitsplätzen nicht zu gefährden, müssten Betriebe vor kurzfristig hohen Belastungen durch die Erbschaftsteuer geschützt werden.

Eine Gefährdung von Arbeitsplätzen ist im Falle einer hohen Erbschaftsteuerbelastung auch grundsätzlich möglich. Es gibt keine statistischen Erhebungen, die den Nachweis erbringen, dass durch die Verschonung von der Erbschaftsteuer grundsätzlich keine Arbeitsplätze erhalten und gesichert werden. Erst durch die Verknüpfung der Fortführung von Familienunternehmen mit dem Erhalt und der Sicherung von Arbeitsplätzen wird somit ein legitimer außerfiskalischer Lenkungszweck verfolgt. Darüber hinaus bildet auch der Erhalt land- und forstwirtschaftlicher Betriebe einen legitimen Lenkungszweck. Ob die angeführten Gründe für die Förderung von unternehmerischem Vermögen jedoch geeignet sind und den weiteren Anforderungen eines sachlich rechtfertigenden Grundes für die Ausnahme von der folgerichtigen Umsetzung der Ausgangsentscheidung bilden, wird auf den folgenden Ebenen entschieden werden.

3. Geeignetheit des Mittels

Bei den Steuervergünstigungen ist weiterhin zu untersuchen, ob sie tatsächlich geeignet sind, die Fortführung eines Unternehmens zu fördern. Die Vergünstigungen dürfen also nicht etwa auch Steuerpflichtigen zu Gute kommen, die den geerbten Betrieb nicht fortführen.[685] Zudem müsste der Fortbestand der Familienunternehmen tatsächlich gefährdet sein. Das Lenkungsziel muss auf einer gesetzgeberischen Entscheidung beruhen, die in den Begünstigungsregeln erkennbar ist und das Begünstigungssystem der §§ 13a, 13b und 19a ErbStG muss ein Mindestmaß an zweckgerichteter Ausgestaltung aufweisen.

---

684 *Piltz,* DStR 2010,1913, 1918.

685 *Schulte/M. Birnbaum,* DStZ 2007, 409, 414; so auch schon BFH vom 22.5.2002 – II R 61/99, GmbHR 2002, 917, 926.

a) *Tatsächliche Gefährdung des Fortbestands von Familienunternehmen*

Die Vergünstigung darf nicht ohne Anknüpfung an den Bedarf, d. h. unabhängig von der tatsächlichen Gefährdung, gewährt werden. Die Belastung mit Erbschaftsteuer führt keineswegs zwingend zum Verkauf des Unternehmens mit der Gefahr des Erwerbs durch Großunternehmen. Dem Erben stehen verschiedene Möglichkeiten zur Finanzierung der Steuerlast zur Verfügung, wie der Zugriff auf sein eigenes Privatvermögen, die Aufnahme von Krediten oder eines (weiteren) Teilhabers in sein Unternehmen. Ob die Gefährdung des Fortbestands steigt, je größer das Unternehmen oder die Beteiligung hieran ist, die an den neuen Inhaber/Teilhaber abgegeben werden muss und es damit unwahrscheinlicher wird, dass ein Familienmitglied oder eine anlagebereite Privatperson in das Unternehmen eintritt[686], ist nicht generell zu beantworten. Der Fortbestand kann im Einzelfall von unterschiedlichen Faktoren abhängen, die berechnet werden müssen – in dieser Arbeit kann somit keine grundsätzliche Aussage dahingehend erfolgen, ob die Zahlung von Erbschaftsteuer für das Unternehmen oder die Beteiligung hieran tatsächlich (immer) bestandsgefährdend ist.

Der Erwerber eines Familienunternehmens kann auf das Betriebsvermögen zugreifen, um die Erbschaftsteuer zu entrichten; dies ist somit kein Nachteil dieser Unternehmen, sondern ein Vorteil für den Erwerber, der beispielsweise den Erben oder Beschenkten von Privatvermögen (z. B. von Immobilien) nicht zu Gute kommt.[687] Bei ausreichender Liquidität im Unternehmen kann für den Erwerber von Betriebsvermögen grundsätzlich die Möglichkeit bestehen, die Erbschaft- oder Schenkungsteuer durch Entnahmen, bei Einzelunternehmen bzw. Personengesellschaften oder bei Kapitalgesellschaften durch Ausschüttung finanzieren zu können. Der Erwerber einer Immobilie kann die für die Zahlung der Erbschaftsteuer notwendigen Mittel dagegen u. U. erst nach langen und aufwändigen Verkaufsverhandlungen realisieren.

Eine tatsächliche Gefährdung des Fortbestands von Familienunternehmen besteht somit nur dann, wenn der Erbe weder durch eine Entnahme-/Ausschüttungsmöglichkeit aus dem Betriebsvermögen, noch durch eigenes Privatvermögen oder einen Kredit in der Lage ist, die Erbschaftsteuer zu zahlen und infolgedessen ein fremder Teilhaber aufgenommen werden muss. Nur für diese Fälle kann das Argument der Gefährdung des Fortbestands von Familienunternehmen überzeugen.

---

686 *Frank,* Erbschaftsteuer und Unternehmung, S. 123; *R. Birnbaum,* Die Begünstigung unternehmerischen Vermögens, S. 127.

687 *Spitzbart,* Betriebsvermögen, S. 177.

b) *Mindestmaß an zweckgerichteter Ausgestaltung des Vergünstigungstatbestandes*

Für eine Kompensation außersteuerlicher Nachteile durch steuerliche Vergünstigungen ist ein Mindestmaß an gegenseitiger Abstimmung erforderlich.[688] Die Begünstigungsregelungen müssen daher am Bedarf ausgerichtet sein, also zielgenau den Steuerpflichtigen, die gemessen am gesetzgeberischen Ziel am bedürftigsten sind, den größten Vorteil bringen. Anderenfalls bestünde eine Ungleichbehandlung innerhalb der Gruppe der Begünstigten, die die Eignung des Differenzierungskriteriums ebenso ausschließen würde wie eine unrichtige Abgrenzung von Begünstigten und Nichtbegünstigten.[689]

Das Bundesverfassungsgericht räumt dem Gesetzgeber insbesondere im Steuerrecht einen weiten Einschätzungsspielraum ein – er darf bei der Lenkung mit Hilfe des Steuerrechts in Kauf nehmen, dass das Lenkungsziel nicht in jedem Fall erreicht wird.[690] Demnach kann dem System der Begünstigungsregelungen nur dann ein Mindestmaß an zweckgerechter tatbestandlicher Ausgestaltung abgesprochen werden, wenn es offensichtlich nicht der Erreichung der vom Gesetzgeber intendierten Lenkungswirkung dient oder ihr sogar zuwider läuft.

Für ein Mindestmaß an zweckgerichteter Ausgestaltung der Begünstigungsregeln müssten jedenfalls grundsätzlich diejenigen Steuerpflichtigen am stärksten entlastet werden, die die größten Probleme haben, die Erbschaftsteuer zu zahlen. In dem derzeitigen Begünstigungssystem für Betriebsvermögen werden die das Unternehmen fortführenden Erben unabhängig davon entlastet, ob sie über die zur Zahlung der Erbschaftsteuer erforderlichen liquiden Mittel verfügen. Es wird auch keine Differenzierung dahingehend unternommen, wie hoch der gemeine Wert des Betriebsvermögens ausfällt. Den neben dem 85 %-igen Abschlag zusätzlich entlastenden Abzugsbetrag i. H. v. 150.000 € können Erwerber von Betriebsvermögen, deren Unternehmenswert 3 Mio. € übersteigt, grundsätzlich nicht in Anspruch nehmen. Beim Erwerb von Betriebsvermögen gehen jedoch auch ohne Abzugsbetrag des § 13a Abs. 2 ErbStG für das begünstigte Vermögen nur maximal 15 % in die Bemessungsgrundlage ein. Der Gesetzgeber entlastet somit daher grundsätzlich die (richtige) Zielgruppe, bei der eine Gefahr für die Fortführung besteht. So gibt es zwar Unschärfen, wenn Unternehmen mit höherem Steuerwert auch stärker von den Begünstigungen der §§ 13a, 13b ErbStG profitieren als andere Unternehmen, denen liquide Mittel

688 BVerfGE 105, 73, 113.

689 *M. Birnbaum,* Leistungsfähigkeitsprinzip und ErbStG, S. 185.

690 BVerfGE 117, 1, 32f.

für die Steuerzahlung fehlen. Die Betriebsvermögensbegünstigungen dienen insgesamt aber auch der Fortführung und dem Erhalt von Unternehmen. Sie laufen damit dem Lenkungszweck des Gesetzgebers nicht offensichtlich zuwider und weisen somit ein Mindestmaß an zweckgerichteter Ausgestaltung auf.

c) *Erkennbare gesetzgeberische Entscheidung*

Das Bundesverfassungsgericht fordert für die Ausgestaltung einer Lenkungsnorm, dass der Lenkungszweck von einer erkennbaren gesetzgeberischen Entscheidung getragen wird.[691] Indem das Gericht auf den Willen des Gesetzgebers, nicht auf Aussagen des Gesetzes abstellt, soll ein „subjektiver Einschlag" in den Rechtfertigungsanforderungen zum Ausdruck kommen.[692]

Bei den Vorschriften der Begünstigung von Betriebsvermögen des ErbStG a. F. mit den (zum Teil) vorteilhaften Bewertungsregelungen wurde kritisiert, der unbefangene Leser des Erbschaftsteuergesetzes könne den Verschonungswillen des Gesetzgebers nicht ohne weiteres erkennen. Insbesondere wurde nicht deutlich, dass mit dem Verweis auf die ertragsteuerlichen Vorschriften (§ 12 Abs. 5 S. 2 ErbStG[693] i. V. m. §§ 95 und 109 Abs. 1 BewG[694]) eine bewertungsrechtliche Vergünstigung verbunden war.[695]

Bei den Neuregelungen der §§ 13a und 13b ErbStG kommt der Verschonungswille im Gesetz durch die Verwendung von Begriffen wie Verschonungsabschlag, Abzugsbetrag und begünstigtes Vermögen zum Ausdruck. Der Sinn der Regelung wird damit auch dem steuerjuristisch nicht geschulten Leser deutlich. Der gesetzgeberische Wille, unternehmerisches Vermögen zu begünstigen und das Ausmaß dieser Begünstigung sind erkennbar. Damit ist das Erfordernis einer erkennbaren gesetzgeberischen Entscheidung erfüllt.[696]

In den Begrifflichkeiten der Begünstigungsregelungen ist der subjektive gesetzgeberische Wille erkennbar. Die Regelungen der §§ 13a, 13b und 13c sowie 19a ErbStG verfolgen somit Lenkungszwecke, die auf einer erkennbaren Entscheidung des Gesetzgebers beruhen, da seine Konzeption in deutlich wird.

691 BVerfGE 105, 73, 112f.; BVerfGE 117, 1, 69.

692 *Wernsmann,* Verhaltenslenkung, S. 241.

693 ErbStG i. d. F. der Bekanntmachung vom 27.02.1997, BGBl. I 1997, S. 378; zuletzt geändert am 10.10.2007, BGBl. I 2007, S. 2332.

694 BewG i. d. F. der Bekanntmachung vom 01.02.1991, BGBl. I 1991, S. 230; zuletzt geändert am 20.12.2007, BGBl. I 2007, S. 3150.

695 So *Spitzbart,* Betriebsvermögen, S. 173.

696 *R. Birnbaum,* Die Begünstigung unternehmerischen Vermögens, S. 126.

d) *Begünstigung nur des tatsächlich fortführenden Erwerbers*

Das Betriebsvermögen wird zudem auch dadurch erbschaftsteuerlich begünstigt, dass nur der Erwerber, der den Betrieb auch tatsächlich fortführt, den Verschonungsabschlag in Anspruch nehmen kann. Dies entspricht auch den Anforderungen des Bundesverfassungsgerichts[697], wonach die Erbschaft- und Schenkungsteuer eine Leistungsfähigkeitsbesteuerung darstellt. Danach darf der unentgeltliche Leistungsfähigkeitszuwachs nur dann teilweise oder vollkommen freigestellt werden, wenn zielgenaue und normenklare Ausnahmen kodifiziert werden.[698]

Durch die Regelung des § 13a Abs. 3 S. 1 ErbStG werden Abschlag und Abzugsbetrag nicht formal dem Erben, sondern demjenigen zugewiesen, der z. B. auf Grund eines Sachvermächtnisses (auch als Vorausvermächtnis) das Unternehmensvermögen tatsächlich erhält und fortführt. Bei dem Erben, der mit dem Sachvermächtnis belastet ist, handelt es sich um einen bloßen Durchgangserwerb. Er ist im Ergebnis nicht bereichert; sein Erwerb wird durch eine korrespondierende Nachlassverbindlichkeit kompensiert.[699]

Die Vorschriften der §§ 13a Abs. 3 und 13b Abs. 3 ErbStG beeinflussen zudem das Vorgehen bei der Festsetzung der Steuer. Die zivilrechtlichen Folgen des Erbfalls ändern sich nicht, der Nachlass wird gemeinschaftliches Eigentum der Erbengemeinschaft, § 1922 Abs. 1, § 2032 BGB. Konnten bisher Bewertungen und Bewertungsabschläge ihre Wirkung schon auf der Ebene der Erbengemeinschaft entfalten, so wirken die Verschonungsabschläge jetzt erst und nur auf Ebene der Erben oder allgemein der Übernehmer.[700]

Beispielsfall 1:

Im Nachlass des Erblassers V befinden sich ein Anteil an einer gewerblichen Personengesellschaft mit einem (Steuer-)Ertragswert von 5 Mio. €, privates Immobilienvermögen mit einem Steuerwert von 3 Mio. € und privates Kapitalvermögen von 2 Mio. €. Erben sind seine beiden Kinder S und T. Der gesamte Nachlass umfasst also ein Vermögen von 10 Mio. €. Die Teilungsanordnung sieht vor, dass S den Anteil an der gewerblichen Personengesellschaft und T das übrige Vermögen erhalten soll.

---

697 BVerfGE 117, 1, 33.

698 *Crezelius,* FR 2009, 881, 886.

699 *Seer,* in: Tipke/Lang, Steuerrecht, § 13, Rn. 152; weiterführend zum Problem der Kollision von Teilungsanordnung und Erbanfallprinzip siehe *Seer,* GmbHR 2009, 225, 232f.

700 *Pach-Hanssenheimb,* DStR 2008, 957, 961.

Lösung:

Zwar ist nach dem Urteil des BFH vom 1.4.1992[701] die Teilungsanordnung erbschaftsteuerlich grundsätzlich ohne Auswirkung mit der Folge, dass der Erwerb den Erben nach den Erbquoten zugerechnet wird. Hiervon wird jedoch in § 13a Abs. 3 S. 2 ErbStG abgewichen[702]: Nur S, der den Anteil an der gewerblichen Personengesellschaft allein fortführt, steht der Verschonungsabschlag nach § 13a Abs. 1 ErbStG zu.

Hinsichtlich der Zielgenauigkeit der Verschonungsregelungen für Betriebsvermögen ist demnach die Fortführung gerade durch den Erwerber gesichert. Die Regelungen der §§ 13a Abs. 3 und 13b Abs. 3 ErbStG gewährleisten eine Nutzung des Verschonungsabschlags nur von demjenigen, der letztendlich das begünstigte Vermögen erhält und das Unternehmen fortführt.

e) *Zwischenergebnis zur Geeignetheit des Mittels*

Eine tatsächliche Gefährdung des Fortbestands von Unternehmen kann in bestimmten Fällen gegeben sein, wenn Unternehmen zum Zeitpunkt der Entstehung der Steuerzahlungspflicht nicht über die erforderliche Liquidität verfügen.[703] Die Entlastungswirkung bei Betrieben mit einem höheren Unternehmenswert kann zwar größer sein als bei Unternehmen mit niedrigeren Werten – ein (hoher) Unternehmenswert führt jedoch nicht zwangsläufig zum Vorhandensein liquider Mittel für die Zahlung der Erbschaftsteuer. Diese Ungenauigkeiten führen nicht dazu, die Ziele des Gesetzgebers offensichtlich zu verfehlen oder sie zu unterlaufen. Ein Mindestmaß an zweckgerichteter Ausgestaltung weisen die Begünstigungsregelungen der §§ 13a, 13b und 19a ErbStG daher auf. Die mit der Verschonungskonzeption verfolgten Lenkungszwecke beruhen auch auf einer erkennbaren gesetzgeberischen Entscheidung. Es erfolgt zudem nur eine Begünstigung des Erwerbers, der auch das Unternehmen fortführt. Die Begünstigungsregelungen sind zur Umsetzung der Lenkungsziele des Gesetzgebers somit auch grundsätzlich geeignet.

4. Geeignetheit

Die Art der Abgrenzung zwischen bevorzugter und benachteiligter Gruppe beantwortet die Frage, ob die Norm geeignet ist, das mit der Differenzierung verfolgte Ziel zu erreichen. Begünstigt die Norm mehr (und andere) Personen als nach dem Zweck zu erwarten wäre, so ist die Norm nicht geeignet, dieses Ziel herbeizuführen. Gleiches gilt, wenn weniger Personen begünstigt werden als der Zweck verlangt. Denn in diesen Fällen werden Personen *nicht* begünstigt, die

701 BFH vom 1.4.1992 – II R 21/89, BStBl. II 1992, 669.

702 *Geck,* in: Kapp/Ebeling, Erbschaftsteuer- und Schenkungsteuergesetz, Kommentar, § 13a, Rn. 59.

703 So auch *Piltz,* DStR 2010, 1913, 1920.

bei Zugrundelegung dieses Zwecks den Vorteil auch erhalten müssten. Zudem kann es aber auch Fälle geben, bei denen Personen begünstigt werden, die nach dem Zweck die Begünstigung nicht erhalten dürften.[704]

Der Erbe von Privatvermögen, der mit seinem geerbten Vermögen ein Unternehmen gründet, kann die Steuerbegünstigung des § 13a ErbStG nicht nutzen, obwohl der das Ziel der Fortführung von Unternehmen zum Erhalt von Arbeitsplätzen voll erfüllt.[705] Denn dieser Erbe erhält nicht einfach bereits bestehende, sondern schafft sogar neue Arbeitsplätze.[706] Damit werden bestimmte Personen bzw. Erben von der Begünstigung ausgenommen, obwohl sie bei Zugrundelegung des Zwecks des Erhalts bzw. der Schaffung von Arbeitsplätzen auch von der Zahlung der Erbschaftsteuer entlastet werden müssen. Der Gesetzgeber hat diesen Fall der Verwendung des ererbten Privatvermögens im Sinne der gesetzgeberischen Lenkungszwecke nicht gesehen. Es handelt sich hierbei auch nicht um einen atypischen Fall[707], den der Gesetzgeber nicht berücksichtigen muss, da Erben ihr ererbtes Vermögen in der Regel anlegen oder weiter investieren werden, sofern sie nicht auf die Liquidität angewiesen sind. Insofern handelt es sich um eine Lücke in seinem Begünstigungssystem.

Beispielsfall 2:

Wie Beispielsfall 1, jedoch beabsichtigt T, mit dem aus dem Erbfall nach V erhaltenen Kapitalvermögen alsbald ein eigenes Unternehmen zu gründen.

Lösung:

Der Erwerb ihres Erbteils ist bei T nicht gemäß § 13a ErbStG begünstigt.

Beispielsfall 2a:

Das Gleiche ergibt sich, wenn T das Kapitalvermögen in ein bereits bei ihr vorhandenes Unternehmen investiert (auch wenn damit dessen Existenz und Arbeitsplätze gesichert werden).

Der umgekehrte Fall, die Begünstigung der Erben von Betriebsvermögen, die der Entlastung nach Zugrundelegung des gesetzgeberischen Zwecks des Erhalts oder der Schaffung von Arbeitsplätzen nicht bedürften, wird im Fall der

704 *Wernsmann,* Verhaltenslenkung, S. 248f.

705 So zu recht *Seer,* StuW 2005, 353, 364f.; *ders.*, GmbHR 2007, 281, 287; *Schönwetter/Bareis,* StuB 2007, 144, 146.

706 *Seer*, GmbHR 2007, 281, 287.

707 Zur Typisierung siehe ausführlich unter Kapitel 4 C. VII.

Begünstigung von im Betriebsvermögen enthaltenem Festgeld gesehen.[708] Vom Wortlaut des § 13b Abs. 2 S. 2 ErbStG ist liquides Vermögen wie Kassenbestände und Festgeld nicht umfasst, es fällt daher nicht in die Kategorie des schädlichen und nicht begünstigten Verwaltungsvermögens,[709] sondern kann begünstigt übertragen werden, sofern es zum Betriebsvermögen gehört. Als operatives Unternehmensvermögen diene Festgeld jedoch nicht der Schaffung/des Erhalts von Arbeitsplätzen noch seien für seine Begünstigung sonst Gemeinwohlgründe ersichtlich.[710]

Diesem Ansatz ist jedoch zu widersprechen: Bei Unternehmen, die ein saisonal stark schwankendes Geschäft betreiben, sind zur Vorfinanzierung oder zur Überbrückung häufig größere liquide Mittel erforderlich. Diese Mittel müssen u. U. schnell verfügbar sein und können dem Unternehmen dann in Form von Festgeld oder sonstigen liquiden Mitteln zur Verfügung zur stehen. Da somit auch liquide Mittel im Betriebsvermögen dem Betrieb dienen und dadurch jedenfalls mittelbar Arbeitsplätze erhalten, werden von den §§ 13a und 13b ErbStG somit unter Berücksichtigung des Lenkungszwecks bezüglich des Festgeldes nicht Personen begünstigt, die der Verschonung nicht bedürften.

Für die erste Gruppe der Erben, die ihr ererbtes Vermögen zur Investition in ein bestehendes Vermögen nutzen oder sogar ein Unternehmen neu gründen, gibt es jedoch keine Rechtfertigung der Nichtbegünstigung. Der Gesetzgeber hätte für diese Fälle eine Ausnahmeregelung von der grundsätzlichen Nichtbegünstigung schaffen müssen. Die Begünstigungsregelungen der §§ 13a und 13b ErbStG sind somit nicht geeignet, im Hinblick auf diese Personen eine dem Lenkungsziel des Erhalts sowie der Schaffung von neuen Arbeitsplätzen entsprechende Entlastung zu gewährleisten.

5. Erforderlichkeit

Das Prüfkriterium der Erforderlichkeit bezieht sich auf den Umfang der Ungleichbehandlung, also darauf, ob ein Steuervorteil in der betreffenden Höhe notwendig ist oder ob ein geringer Abstand zwischen Begünstigten und Benachteiligten genügt. Dem Gesetzgeber kommt hier allerdings eine Einschätzungsprärogative zu.[711]

---

708 *Piltz,* DStR 2010, 1913, 1920.

709 Zum Verwaltungsvermögen siehe unter IV. 1.

710 *Piltz,* DStR 2010, 1913, 1920.

711 *Wernsmann,* Verhaltenslenkung, S. 248.

Das eigentliche Problem der Erbschaftsteuer auf Unternehmensvermögen liegt in dem (plötzlichen) Liquiditätsentzug ohne Realisationsakt.[712] Eine Lösung wäre die Möglichkeit, Erbschaftsteuer aus den zukünftigen Erträgen des Betriebsvermögens zu entrichten.[713] Als ein milderes Mittel zur Begünstigung wird daher die Stundungsmöglichkeit gem. § 28 ErbStG angeführt.[714] Danach wird die Steuer auf Antrag bis zu zehn Jahre gestundet, wenn die Fortführung des Betriebes durch die Belastung mit Erbschaft- bzw. Schenkungsteuer im Einzelfall gefährdet ist, § 28 Abs. 1 ErbStG. Die Stundung führt zwar zu keiner endgültigen Steuerbefreiung. Es handelt sich jedoch grundsätzlich um ein milderes Mittel.[715] Der Abzinsungsvorteil durch die zinslose Stundung stellt zudem bereits eine erhebliche Vergünstigung dar[716], denn eine zinslose Stundung über zehn Jahre dürfte abgezinst nur einen sich der Hälfte nähernden Teilbetrag der Steuer übrig lassen.[717] Dennoch muss auch hier die Beschränkung auf Erwerbe von Todes wegen beachtet werden – bei Schenkungen unter Lebenden ist eine zinsfreie Stundung nicht möglich, § 28 Abs. 1 S. 2 2. Halbsatz ErbStG. Im Gegensatz zum plötzlichen Erbfall sind Schenkungen und damit auch die Steuerbelastung planbar, so dass es der Stundungsmöglichkeit des § 28 ErbStG nicht unbedingt bedarf.

Das mildere Mittel müsste jedoch zur Zielerreichung ebenso geeignet sein. Die Regelung des § 28 ErbStG greift nicht für Anteile an Kapitalgesellschaften, obwohl gerade bei dieser Vermögenskategorie ein großer Bedarf an einer effektiven Stundungsregelung besteht.[718] Zudem kann im Falle einer Schenkung unter Lebenden nicht zinsfrei gestundet werden, § 28 Abs. 1 S. 2 2. Halbsatz ErbStG.

Während in der Literatur vorgeschlagen wird, die Stundungsregelung des § 28 ErbStG als milderes Mittel derart auszugestalten, eine Stundungsmöglichkeit an die (Un-)Fähigkeit zu koppeln, die Erbschaftsteuer aus der laufenden Eigenkapitalrendite des geerbten Unternehmens zu finanzieren,[719] stellt die Finanzverwaltung noch strengere Anforderungen für die Inanspruchnahme der

712 *Hey,* JZ 2007, 564, 573; a. A. *Scheffler/Wigger,* BB 2006, 2443, 2445, die in der Erbschaftsteuer kein Liquiditäts- sondern ein Belastungsproblem sehen.

713 *Hey,* JZ 2007, 564, 573.

714 *R. Birnbaum,* Die Begünstigung unternehmerischen Vermögens, S. 134; *Hey,* JZ 2007, 564, 573.

715 So auch *Hubert,* StuB 2010, 464, 467.

716 *R. Birnbaum,* Die Begünstigung unternehmerischen Vermögens, S. 161.

717 *Meincke,* in: Kommentar zum Erbschaftsteuer- und Schenkungsteuergesetz, § 13c, Rn. 1.

718 *Hübner,* Ubg 2009, 1, 7.

719 *Seer,* GmbHR 2009, 225, 236.

Stundung auf: Nach den Anwendungserlassen kommt die Regelung des § 28 ErbStG erst dann zur Anwendung, wenn der Erwerber die auf das begünstigte Vermögen entfallene Erbschaft- oder Schenkungsteuer weder aus weiterem erworbenem Vermögen noch aus eigenem Vermögen aufbringen kann und auch die Möglichkeit einer Kreditaufnahme ausgeschöpft hat.[720] Die restriktive Auslegung des Anwendungsfalls steht jedoch in Korrespondenz zu den Entlastungsregelungen der §§ 13a, 13b und 19a ErbStG: Durch die Reichweite der Verschonung sind die Steuerpflichtigen auf eine Stundung in vielen Fällen gar nicht mehr angewiesen.

Geht man für die Stundungsregelung des § 28 ErbStG als milderem Mittel aber fiktiv davon aus, die Verschonungs- und Begünstigungsregelungen der §§ 13a, 13b und 19a ErbStG wären nicht vorhanden und die Anwendung der Stundung würde sich dann nach § 222 AO richten, wären die Anforderungen kaum geringer. Denn auch bei dieser allgemeinen Regelung soll in der Regel nur auf Antrag und gegen Sicherheitsleistung gestundet werden, § 222 S. 2 AO. Auch hier stellt die Finanzverwaltung hohe Anforderungen an die Anwendbarkeit: Stundungsbedürftig ist nur, wer zum Fälligkeitstag nicht über die erforderlichen Mittel verfügt und auch nicht in der Lage ist, sich diese auf zumutbare Weise zu verschaffen. Hierbei werden wie bei § 28 ErbStG die Aufzehrung vorhandenen Vermögens, die Einschränkung des Lebensstandards sowie eine Kreditaufnahme als zumutbar angesehen. Zudem muss der Steuerpflichtige auch stundungswürdig sein, also seine mangelnde steuerliche Leistungsfähigkeit nicht durch Verbrauchen erzielter Gewinne oder des vorhandenen Vermögens ohne Rücksicht auf absehbare Steuerforderungen selbst herbeigeführt und damit gegen die Interessen der Allgemeinheit verstoßen haben.[721]

Selbst wenn die Anforderungen der Literatur zur Anwendbarkeit der Stundungsregelung des § 28 ErbStG weniger restriktiv als die der Finanzverwaltung sind: Eine zinsfreie Stundung hat nicht die gleiche Entlastungswirkung auf Unternehmen wie die Verschonungsregelungen. Auch bei Annahme eines Abzinsungsvorteils eines noch hälftigen Teilbetrages der Erbschaftsteuer nach zehn Jahren hat dieser Vorteil nicht die gleiche Entlastungswirkung wie eine Verschonung zu 85 bzw. 100 %. Zudem stellt die Finanzverwaltung sehr hohe Anforderungen für die Inanspruchnahme des § 28 ErbStG auf, der Steuerpflichtige muss bis zur Aufnahme eines Kredits alles getan haben, um die Erbschaftsteuer

720 Vgl. H 42 Abschnitt 43 Abs. 3 S. 3 gleich lautender Ländererlass der obersten Finanzbehörden der Länder zur Umsetzung des ErbStRG, BStBl. I 2009, S. 713, 745.

721 *Höne,* ZEV 2010, 565, 567.

zu begleichen. Diese Voraussetzungen werden aber nur selten gegeben sein, wenn man bereits die Möglichkeit der Entlastung durch Verschonungsregelungen berücksichtigt. Der zur Zahlung der Erbschaftsteuer verpflichtete Erbe müsste dann nach Inanspruchnahme der Verschonungsregelungen immer noch einer so hohen Last unterliegen, die er nicht mit Mitteln aus seinem übrigen Vermögen oder mit einem Kredit begleichen kann und daher auf die Stundung gem. § 28 ErbStG angewiesen sein. Durch die restriktive Auslegung der Finanzverwaltung sowie den Ausschluss der Kapitalgesellschaften und der Schenkungen unter Lebenden wird die Effektivität der Stundung des § 28 ErbStG jedoch stark eingeschränkt. Auch im Hinblick auf die Tatsache, dass die Stundung die Zahlung der Erbschaftsteuer nur aufschiebt, ist die Regelung des § 28 ErbStG jedenfalls in ihrer derzeitigen Ausgestaltung als milderes Mittel somit nicht gleich geeignet. Die Betriebsvermögensbegünstigungen der §§ 13a, 13b ErbStG sind daher erforderlich.

6. Angemessenheit

Bei der Angemessenheit wird die Relation zwischen dem Ausmaß der Ungleichbehandlung und der damit bewirkten Beförderung des Lenkungsziels geprüft, also die Angemessenheit der Vergünstigung oder Verhältnismäßigkeit im engeren Sinne. Genauer geht es darum, ob ein Lenkungsziel auch den Abstand zu den Nichtbegünstigten rechtfertigt, also im Rahmen der gleichheitsrechtlichen „Verhältnismäßigkeitsprüfung" einer Steuervergünstigung um eine Zweck-Mittel-Abwägung zwischen dem (etwa wirtschaftspolitischen) Ziel und der Schwere der Ungleichbehandlung als dem dazu eingesetzten Mittel.[722]

Das Bundesverfassungsgericht hat in seinem Erbschaftsteuerbeschluss von 1995 keine nahezu vollständige Freistellung von Betriebsvermögen gefordert oder befürwortet. Der Gesetzgeber wurde vielmehr nur dazu aufgefordert, die Erbschaftsteuer so zu bemessen, dass die Fortführung der Betriebe nicht gefährdet wird.[723] Bei seiner erneuten Überprüfung der Erbschaftsteuer im Jahr 2006 hat das Gericht jedoch festgehalten: Eine Entlastung im Ausnahmefall könne in verfassungsrechtlich zulässiger Weise auch dazu führen, bestimmte Steuergegenstände von der Besteuerung vollständig auszunehmen.[724] Im Zusammenhang mit der Überprüfung der Verfassungsmäßigkeit des § 32c EStG deutete der Zweite Senat jedoch an, diese Maßgabe unterliege der Einschränkung, dass die Gefährdung der Betriebsfortführung vom Gesetzgeber nur dann zu berücksichti-

722 *Schulte/M. Birnbaum,* DStZ 2007, 409, 415.
723 *M. Birnbaum,* Leistungsfähigkeitsprinzip und ErbStG, S. 204.
724 BVerfGE 117, 1, 32.

gen ist, wenn der Erblasser für die Erbschaftsteuer in ausreichender Weise vorgesorgt hat.[725] Dies könnte dafür sprechen, die vom Gericht gerechtfertigte Verschonung nicht im Sinne einer vollkommenen Freistellung zu verstehen und somit nur Belastungsminderungen verfassungskonform sind.[726]

Eine ungleichmäßige Besteuerung wird nicht bereits deshalb gerechtfertigt, weil sich irgendein sachlicher Grund für die gesetzliche Differenzierung finden lässt. Dies gilt gerade auch in der Relation zwischen den von einer Steuerverschonung Begünstigten und den Nichtbegünstigten (Wahrung der Außengerechtigkeit).[727] Da die Erbschaftsteuer beim Erben von Privatvermögen zudem in sein durch Art. 14 GG geschütztes Erbrecht eingreift, welches das Eigentum flankiert und ihm ein Individualgrundrecht vermittelt, unterliegt die Ungleichbehandlung der beiden Personengruppen „Erwerber von Betriebsvermögen" und „Erwerber von Privatvermögen" eher strengen Maßstäben. Schon im alten Erbschaftsteuerrecht gingen der Freibetrag und Bewertungsabschlag nach § 13a ErbStG a. F. notwendigerweise auf Kosten der Nichtbegünstigten.[728] Die Aushöhlung der Bemessungsgrundlage für Erwerber von Betriebsvermögen führt damit unweigerlich zur zusätzlichen Belastung der Erwerber von Privatvermögen.[729] Dies scheint zwar der Aussage des BVerfG zu widersprechen, wonach bei Vorliegen ausreichender Gemeinwohlgründe die (erbschaftsteuerliche) Entlastung im Ausnahmefall in verfassungsrechtlich zulässiger Weise sogar dazu führen könne, dass bestimmte Steuergegenstände vollständig von der Besteuerung ausgenommen werden.[730] Tatsächlich verschärft es nur die Anforderungen an die Gemeinwohlgründe. Diese müssen als Rechtfertigungsgründe auch geeignet, erforderlich und angemessen sein, um die Ungleichbehandlung zu rechtfertigen.

Als legitimer Zweck kann das Interesse an der Fortführung von Familienunternehmen nur in Kombination mit dem Erhalt von Arbeitsplätzen überzeugen. Die Begünstigungsregelungen der §§ 13a, 13b und 19a ErbStG tragen jedoch nur dann zur Fortführung von Unternehmen bei, wenn die Erbschaftsteuerbelastung die Unternehmenskontinuität tatsächlich beeinträchtigen würde.[731]

---

725 BVerfGE 116, 164, 190.

726 *Crezelius,* ZEV 2009, 1, 2.

727 *Seer,* GmbHR 2007, 281, 286.

728 So bereits *Meincke,* ZEV 1997, 52, 55; *Seer,* GmbHR 2007, 281, 287.

729 *Seer,* GmbHR 2007, 281, 287.

730 BVerfGE 117, 1, 32.

731 *Spitzbart,* Betriebsvermögen, S. 212.

Der BFH hat darauf hingewiesen, es sei nicht generell davon auszugehen, die Erbschaftsteuer gefährde im Regelfall die Betriebsfortführung.[732] Dies wird auch durch die wenigen der Finanzverwaltung bekannt gewordenen Ausnahmefälle über die letzten Jahrzehnte bestätigt.[733] Im Zeitpunkt des Generationenwechsels gibt es neben der Erbschaftsteuer zudem weitere Belastungen (z. B. zivilrechtliche Ansprüche), die den Fortbestand des Unternehmens gefährden können und bei denen die Vergünstigungsregelungen der §§ 13a, 13b und 19a ErbStG jedoch keine Abhilfe schaffen.[734] Der Fortbestand eines Unternehmens kann unabhängig vom Generationswechsel gefährdet sein. Das Erbschaftsteuerrecht und insbesondere die Vergünstigungsregelungen könnten die Gefahr für die Kontinuität auch in diesen Fällen nicht abwenden.[735]

Möglich wäre der Verlust von Arbeitsplätzen im Fall des Unternehmensverkaufs jedoch dann, wenn es wegen des besonderen Zuschnitts des Unternehmens unmöglich ist, den Betrieb von einer anderen Person als dem Erben/Beschenkten fortzuführen. Hier könnten Arbeitsplätze gesichert werden, wenn die Begünstigungsregelungen eine Liquidation des Unternehmens durch den Erwerber verhindern. Die Erbschaftsteuervergünstigungen würden ferner einen Beitrag zur Sicherung von Arbeitsplätzen leisten, wenn eine Finanzierung der Erbschaftsteuer durch die Aufnahme eines weiteren Teilhabers zu einer Gefahr für den Bestand des Unternehmens führen würde.[736]

Es gibt somit Situationen, in denen die Verschonungsregelungen der §§ 13a, 13b und 19a ErbStG den Erhalt von Arbeitsplätzen sichern können. Auch der Erhalt von land- und forstwirtschaftlichen Betrieben kann diesem Zweck dienen. In Relation dazu sind jedoch die Verschonungen von bis zu 100 % zu sehen: Auch die Erben von nichtbegünstigtem Vermögen können in bestimmten Fällen das Lenkungsziel des Erhalt bzw. der Neuschaffung von Arbeitsplätzen erreichen. Der Fall des Erben von Privatvermögen, der sein Erbe in den Kauf eines Unternehmens investiert, bildet eine Lücke im Begünstigungssystem.[737] Zudem muss der Verkauf eines Unternehmens in Folge drohender Erbschaftsteuerbelas-

---

732 BFH vom 22.5.2002, II R 61/99, BStBl. II 2002, 598; so auch *Bach/Broekelschen/Maitherth,* DStR 2006, 1961, 1967; zum alten Erbschaftsteuerrecht bereits *Bareis/Elser,* DStR 1997, 557, 561; *Moench,* DStR 1996, 725, 727.

733 *Viskorf,* FR 2007, 624, 628.

734 Vgl. dazu *Spitzbart,* Betriebsvermögen, S. 212; *R. Birnbaum,* Die Begünstigung unternehmerischen Vermögens, S. 123.

735 *Spitzbart,* Betriebsvermögen, S. 213.

736 *Spitzbart,* Betriebsvermögen, S. 210.

737 Siehe dazu bereits oben unter Kapitel 4 C. III. 2. b).

tung nicht zwangsläufig den Verlust von Arbeitsplätzen bedeuten. Berücksichtigt man dies, so kann das Entlastungssystem der §§ 13a, 13b und 19a ErbStG vor allem im Hinblick auf die mangelnde Geeignetheit der Regelungen nicht mehr als angemessen bezeichnet werden.

Gesetzt den Fall, die Lücke[738] bestünde nicht, bzw. der Gesetzgeber würde diese ausfüllen, ist weiterhin hilfsweise zu überprüfen, ob auch die zur Sicherung des Entlastungssystems der §§ 13a, 13b und 19a ErbStG eingeführten Ausnahmen von den Begünstigungen sowie Auflagen und Restriktionen die vom Gesetzgeber verfolgten Ziele folgerichtig umsetzen. So wird bestimmtes Vermögen nicht begünstigt, weil es als unproduktiv qualifiziert wird. Der Erbe verschonten Vermögens muss zudem auch eine bestimmte Lohnsumme und Behaltensfristen einhalten und sein ererbtes Vermögen darf eine bestimmte Quote von unproduktivem Vermögen nicht überschreiten. Von der Qualifizierung des unproduktiven Vermögens gibt es auch wieder Rückausnahmen, in denen das Vermögen (doch) nach den Begünstigungsregelungen verschont wird. Verstößt der Erbe begünstigten Vermögens gegen die genannten Auflagen, kommt es zur anteiligen Nachversteuerung. In diesem Zusammenhang wird auch zu überprüfen sein, ob der Gesetzgeber seine Typisierungsbefugnis, die auch einen Rechtfertigungsgrund für den Verstoß gegen die folgerichtige Ausgestaltung bilden kann, angemessen ausgeübt hat.[739]

IV. Überblick zu den Ausnahmen und Restriktionen für die Inanspruchnahme der Begünstigungen

1. Kategorie des Verwaltungsvermögens

Von der Begünstigungsregel des § 13a ErbStG ausgeschlossen ist das so genannte Verwaltungsvermögen. Dieses Vermögen, welches – nach Auffassung des Gesetzgebers – in erster Linie der weitgehend risikolosen Renditeerzielung dient und in der Regel weder die Schaffung von Arbeitsplätzen noch zusätzliche volkswirtschaftliche Leistungen bewirkt, soll von der Begünstigung ausgenommen werden.740 Um Gestaltungen zu vermeiden, in denen Vermögensgegen-

738 Es wird davon ausgegangen, dass der in Beispielfall 2 und 2a (oben unter C. III. 4.) genannte Fall des Erben, der sein ererbtes Kapitalvermögen in ein bestehendes Unternehmen investiert oder ein neues Unternehmen kauft, keinen atypischen Fall bildet.

739 Siehe dazu ausführlich unter Kapitel 4 C. VII.

740 Vgl. BT-Drs. 16/7918, S. 36; in den Vorentwürfen als nichtproduktives Vermögen bezeichnet, z. B. BT-Drs. 15/5555, S. 7.

stände, die ihrer Natur nach der privaten Lebensführung dienen, zu „gewillkürtem“ Betriebsvermögen zu erklären, hat der Gesetzgeber den Verwaltungsvermögenstest des § 13b Abs. 2 ErbStG eingeführt. Damit sollen Gegenstände, die üblicherweise in Form der privaten Vermögensverwaltung gehalten werden (z. B. vermietete und verpachtete Grundstücke und Gebäude, Minderbeteiligungen an Kapitalgesellschaften, Wertpapiere), nicht einfach in Form eines Gewerbebetriebs weitergeführt werden. Hierbei ist bei nach § 13b Abs. 1 ErbStG begünstigtem Betriebsvermögen zunächst zu prüfen, ob dem Grunde nach schädliches Verwaltungsvermögen vorliegt. Wenn schädliches Verwaltungsvermögen identifiziert wurde, ist dann in einem weiteren Schritt zu prüfen, ob das Betriebsvermögen der Betriebe oder der Gesellschaften zu mehr als 50 % bzw. 10 % aus Verwaltungsvermögen besteht. Nur dann, wenn diese Quoten eingehalten wurden, ist das gesamte Betriebsvermögen, d. h. auch das Verwaltungsvermögen, in vollem Umfang begünstigt.741

a) *Begriff des Verwaltungsvermögens*

Der Ausdruck „Verwaltungsvermögen“ ist neu. Er wird zur Bezeichnung des Vermögens verwandt, welches in den Vorentwürfen zum Erbschaftsteuergesetz[742] als nichtproduktives Vermögen bezeichnet worden war.

aa) Dritten zur Nutzung überlassener Grundbesitz

Zum schädlichen Verwaltungsvermögen nach § 13b Abs. 2 S. 2 Nr. 1 ErbStG gehören zunächst die Dritten zur Nutzung überlassenen Grundstücke, Grundstücksteile und grundstücksgleiche Rechte und Bauten, nicht dagegen bewegliche Wirtschaftsgüter. Von dieser grundsätzlichen Einordnung von zur Nutzung überlassenen Grundstücken als Verwaltungsvermögen hat der Gesetzgeber jedoch wiederum Rückausnahmen vorgesehen, wenn die Nutzungsüberlassung den „Hauptzweck“ der unternehmerischen Tätigkeit bildet. Diese Ausnahmetatbestände sind in § 13b Abs. 2 S. 2 Nr. 1 lit. a-e ErbStG normiert.

741 Vgl. hierzu *Balmes/Felten,* FR 2009, 258, 264.
742 BT-Drs. 15/5555, S. 7.

(1) Nutzungsüberlassung bei Betriebsaufspaltung und bei Sonderbetriebsvermögen

Nach § 13b Abs. 2 S. 2 Nr. 1a ErbStG handelt es sich bei den zur Nutzung überlassenen Grundstücken dann um unschädliches Verwaltungsvermögen, sofern der Erblasser/Schenker sowohl im überlassenen Betrieb als auch im nutzenden Betrieb allein oder gemeinsam mit anderen Gesellschaftern (Gruppenbetrachtung) einen einheitlichen geschäftlichen Betätigungswillen durchsetzen konnte. Der Begriff der „Betriebsaufspaltung" wird zwar nicht verwendet, jedoch sind insbesondere diese Fälle gemeint.[743]

(2) Nutzungsüberlassung bei Betriebsverpachtung

Im Rahmen einer Betriebsverpachtung im Ganzen werden zwar Grundstücke zur Nutzung an Dritte überlassen. Dennoch soll es nicht zu Verwaltungsvermögen kommen, wenn der Pächter nicht als außenstehender Dritter angesehen werden kann, weil der Verpächter ihn im Zusammenhang mit einer unbefristeten Verpachtung zum Erben eingesetzt hat oder wenn der Verpächter die Verpachtung nur für eine Übergangszeit von höchstens zehn Jahren vorgenommen hat, weil der mit dem Betrieb Beschenkte die Qualifikation zum Führen des Betriebs noch nicht erworben hat.[744] Voraussetzung für den Ausschluss eines Grundstücks vom Verwaltungsvermögen ist die Verpachtung des gesamten Betriebes. Dieser muss zudem vor seiner Verpachtung, mithin als aktiver Betrieb beim Verpächter zu Einkünften nach § 2 Abs. 1 Nr. 2, 3 EStG (Einkünfte aus Gewerbebetrieb oder selbstständiger Arbeit) geführt haben.[745]

---

743 *Geck,* in: Kapp/Ebeling, Erbschaftsteuer- und Schenkungsteuergesetz, Kommentar, § 13b, Rn. 93.

744 *Meincke,* in: Kommentar zum Erbschaftsteuer- und Schenkungsteuergesetz, § 13b, Rn. 14.

745 *Geck,* in: Kapp/Ebeling, Erbschaftsteuer- und Schenkungsteuergesetz, Kommentar, § 13b, Rn. 103.

(3) Nutzungsüberlassung im Konzern

Überlässt eine Obergesellschaft einem konzernabhängigen Unternehmen Grundbesitz zur Nutzung, stellt dieser kein Verwaltungsvermögen dar. Das Gleiche gilt, wenn eine Tochtergesellschaft den Grundbesitz an eine Enkelgesellschaft zur Nutzung überlässt, da bei der Bewertung des Anteils an der Obergesellschaft gem. § 13b Abs. 2 S. 2 Nr. 3 ErbStG ebenfalls zu prüfen ist, ob diese Tochtergesellschaft einen Anteil von mehr als 50 % an Verwaltungsvermögen hat und insoweit das überlassene Grundstück kein Verwaltungsvermögen ist. Der überlassende und der nutzende Betrieb müssen zu einem Konzern i. S. d. § 4h EStG gehören.[746]

(4) Nutzungsüberlassung durch ein Wohnungsunternehmen

Bei Wohnungsunternehmen erfolgt die Grundstücksüberlassung nicht außerhalb des eigentlichen Unternehmenszwecks. Vielmehr bestehen der Hauptzweck und damit der überwiegende Teil der Tätigkeit des Unternehmens gerade in der Vermietung von Wohnraum. Die Ausnahmeregelung gilt zudem nur dann, wenn die Erfüllung des Hauptzwecks des Unternehmens einen wirtschaftlichen Geschäftsbetrieb erfordert, es sich also um ein Unternehmen handelt, welches in einer nicht ganz geringen Größenordnung im Geschäftsverkehr tätig ist.[747]

(5) Nutzungsüberlassung im Rahmen der Land- und Forstwirtschaft

Eine Nutzungsüberlassung an Dritte ist nicht anzunehmen, wenn Grundstücke zur land- und forstwirtschaftlichen Nutzung überlassen werden. Bei einem land- und forstwirtschaftlichen Betrieb, welcher über verpachtete Grundstücke verfügt (dies dürfte häufig der Fall sein), gelten die verpachteten Grundstücke somit nicht als Verwaltungsvermögen. Gleiches gilt, wenn die Grundstücke nicht an verschiedene Dritte zu land- und forstwirtschaftlichen Zwecken überlassen werden, sondern es sich um eine Betriebsverpachtung im Ganzen handelt.[748]

bb) Beteiligungen an (Kapital)gesellschaften

Weiterhin gehören zum schädlichen Verwaltungsvermögen gem. § 13b Abs. 2 S. 2 Nr. 2 ErbStG Anteile an Kapitalgesellschaften, wenn die unmittelbare Beteiligung am Nennkapital 25 % oder weniger beträgt. Kein schädliches Verwaltungsvermögen ist jedoch dann gegeben, wenn es sich bei dem begünstigt über-

746 *Geck,* in: Kapp/Ebeling, Erbschaftsteuer- und Schenkungsteuergesetz, Kommentar, § 13b, Rn. 109.

747 *Meincke,* in: Kommentar zum Erbschaftsteuer- und Schenkungsteuergesetz, § 13b, Rn. 16.

748 *Geck,* in: Kapp/Ebeling, Erbschaftsteuer- und Schenkungsteuergesetz, Kommentar, § 13b, Rn. 114.

tragenen Rechtsträger um ein Kreditinstitut i. S. d. § 1 Abs. 1 und 1a KWG (Gesetz über das Kreditwesen) oder ein Versicherungsunternehmen handelt, welches der Aufsicht nach § 1 Abs. 1 Nr. 1 VAG (Gesetz über die Beaufsichtigung der Versicherungsunternehmen) unterliegt.

Zum Verwaltungsvermögen gehören auch Beteiligungen an in- und ausländischen Mitunternehmerschaften sowie Anteile an in- und ausländischen Kapitalgesellschaften von mehr als 25 %, wenn bei diesen Gesellschaften das Verwaltungsvermögen mehr als 50 % beträgt. Gehören zum Vermögen der zu bewertenden Wirtschaftseinheit Beteiligungsketten, müssen aufgrund von § 13b Abs. 2 S. 2 Nr. 3 ErbStG Tochter-, Enkel- und Urenkelgesellschaften transparent gemacht werden. Dies bedeutet, dass ausgehend von der untersten Beteiligungsebene festzustellen ist, ob die jeweilige Beteiligung als Verwaltungsvermögen zu qualifizieren ist oder nicht.[749]

cc) Wertpapiere und vergleichbare Forderungen

Auch Wertpapiere oder vergleichbare Forderungen, sofern sie nicht dem Hauptzweck eines Kredit- oder Finanzdienstleistungsinstituts oder einer Versicherung dienen, gehören gem. § 13b Abs. 2 S. 2 Nr. 4 ErbStG ebenfalls zum schädlichen Verwaltungsvermögen. Der Passus „Wertpapiere und vergleichbare Forderungen“ ist nicht legal definiert worden. Auch das Zivilrecht kennt keine vergleichbare Begrifflichkeit, derzeit ist somit noch unklar, wie dieser unbestimmte Rechtsbegriff auszulegen ist.[750]

dd) Kunstgegenstände und vergleichbare Gegenstände

Weiterhin gehören nach § 13b Abs. 2 S. 2 Nr. 5 ErbStG auch Kunstgegenstände, Kunstsammlungen, wissenschaftliche Sammlungen, Bibliotheken und Archive, Münzen, Edelmetalle und Edelsteine zum Verwaltungsvermögen, es sei denn, der Handel mit diesen Gegenständen oder deren Verarbeitung ist der Hauptzweck des Gewerbebetriebs.

b) *Verwaltungsvermögen der Höhe nach*

Wurde zunächst grundsätzlich Vermögen als Verwaltungsvermögen qualifiziert, muss dann ermittelt werden, ob die Verwaltungsvermögensgrenzen von mehr als 50 % nach § 13b Abs. 2 S. 1 ErbStG bzw. 10 % nach § 13a Abs. 8 Nr. 4 ErbStG des maßgeblichen Betriebsvermögens eingehalten wurden.

---

749 *Balmes/Felten,* FR 2009, 258, 265.
750 *Balmes/Felten,* FR 2009, 258, 266.

Für die Berechnung der Verwaltungsvermögensgrenzen ist das Verwaltungsvermögen mit der Summe der gemeinen Werte seiner Einzelwirtschaftsgüter im Übertragungszeitpunkt anzusetzen und mit dem gemeinen Wert des Betriebs ins Verhältnis zu setzen. Der sich daraus ergebende Prozentsatz ist die Verwaltungsvermögensquote (Abschn. 35 Abs. 1 AEErbStG):

$$\frac{\text{Summe der Einzelwirtschaftsgüter des Verwaltungsvermögens}}{\text{Unternehmenswert}} * 100$$
$$= \text{Verwaltungsvermögensquote}$$

Die Bestandteile des Verwaltungsvermögens werden hierbei ohne Unternehmensbezug bewertet. Mit dem Verwaltungsvermögen zusammenhängende Schulden werden bei der Ermittlung der Vergleichsquote nicht berücksichtigt, § 13b Abs. 2 S. 2 Nr. 3 ErbStG. Das Verwaltungsvermögen wird somit nur als Aktivposten dem gemeinen Wert des Unternehmens gegenübergestellt.[751] Die begünstigungsfähigen wirtschaftlichen Einheiten werden dagegen als Reinvermögen verstanden, bei deren Bewertung die Schulden und Lasten berücksichtigt sind.[752] Dadurch, dass der Bruttowert des Verwaltungsvermögens mit einem Nettowert (Ertragswert des Unternehmens) verglichen wird, erhöht sich die Quote des Verwaltungsvermögens u. U. erheblich.[753]

751 *Balmes/Felten,* FR 2009, 258, 266.

752 *Meincke,* in: Kommentar zum Erbschaftsteuer- und Schenkungsteuergesetz, § 13b, Rn. 11.

753 *Haar,* SteuerStud 2009, 429, 433; siehe zu dieser Problematik ausführlich unter Kapitel 4 V. 2. a).

c) *Bereinigung um junges Verwaltungsvermögen*

Sind die Verwaltungsvermögensgrenzen von mehr als 50 % bzw. 10 % des maßgeblichen Betriebsvermögens eingehalten worden, muss nach § 13b Abs. 2 S. 3 ErbStG das Verwaltungsvermögen zudem daraufhin untersucht werden, ob es dem Betrieb im Besteuerungszeitpunkt weniger als zwei Jahre zuzurechnen ist. Hierbei sind sämtliche als Verwaltungsvermögen identifizierte Wirtschaftsgüter auf jeder Beteiligungsebene zu untersuchen. Diese sog. „jungen Wirtschaftsgüter" gehören dann nicht zu dem nach § 13b Abs.1 ErbStG begünstigten Vermögen[754], der Verschonungsabschlag wird jedoch bezogen auf das übrige Betriebsvermögen (einschließlich des übrigen Verwaltungsvermögens) gewährt.[755]

Bei der Bereinigung des begünstigten Betriebsvermögens um das junge Verwaltungsvermögen ist zwischen Einzelunternehmen und Personen(handels)gesellschaften einerseits und Kapitalgesellschaften andererseits zu unterscheiden. Der Grund hierfür ist die steuerliche Behandlung der Personen(handels)gesellschaften als transparente und Kapitalgesellschaften als intransparente Einheiten.[756] Während bei Personen(handels)gesellschaften die Wirtschaftsgüter des jungen Verwaltungsvermögens entsprechend der Beteiligung der Gesellschafter an der Mitunternehmerschaft dem jeweiligen Gesellschafter in voller Höhe zugerechnet und dann ohne die erbschaftsteuerlichen Begünstigungen der Besteuerung unterworfen werden, stellt man bei Kapitalgesellschaften gem. § 13b Abs. 2 S. 7 ErbStG alleine auf die bestehenden Geschäftsanteile ab. Somit sind die dem Grunde nach begünstigten Anteile an Kapitalgesellschaften in dem Verhältnis, also „soweit" nicht begünstigt, welches dem Verhältnis der Summe der gemeinen Werte der Wirtschaftsgüter des jungen Verwaltungsvermögens zum gemeinen Wert des Betriebs der Kapitalgesellschaft entspricht.[757]

2. Lohnsummenklausel

Damit der Verschonungsabschlag vollumfänglich erhalten bleibt, muss gemäß § 13a Abs. 1 S. 2 und 5, Abs. 8 Nr. 1 ErbStG je nach Art der Verschonungsoption eine bestimmte Lohnsummenvorgabe innerhalb der Lohnsummenfrist er-

754 *Balmes/Felten,* FR 2009, 258, 267.

755 *Geck,* in: Kapp/Ebeling, Erbschaftsteuer- und Schenkungsteuergesetz, Kommentar, § 13b, Rn. 80.

756 *Hannes/Steger/Stalleiken,* BB 2010, 1439, 1442.

757 *Rohde/Gemeinhardt,* StuB 2010, 663, 667; siehe zu den weiteren Problemen bei jungem Verwaltungsvermögen auch *Hannes/Steger/Stalleiken,* BB 2010, 1439, 1442f.

reicht werden.[758] Eine Ausnahme bilden solche Unternehmen, die entweder keine Arbeitnehmer beschäftigen („Ausgangslohnsumme 0 €") oder die unter § 23 Abs. 1 S. 3 Kündigungsschutzgesetz fallen („der Betrieb nicht mehr als 10 Beschäftigte hat") – bei diesen wird gem. § 13a Abs. 1 S. 4 ErbStG auf die Mindestlohnsumme als Prüfungsmaßstab verzichtet.[759]

Im Wachstumsbeschleunigungsgesetz[760] hat der Gesetzgeber als eine der erbschaft- und schenkungsteuerlichen Maßnahmen die erforderliche Mindestlohnsumme des § 13a Abs. 1 S. 2 ErbStG von 650 % auf 400 % abgesenkt. Zudem wurde die Nichtanwendung der Lohnsummenklausel auf Betriebe mit nicht mehr als 10 auf 20 Beschäftigte erweitert, § 13a Abs. 1 S. 4 ErbStG. Für die vollständige Befreiung von der Erbschaftsteuer nach § 13a Abs. 8 ErbStG verminderte der Gesetzgeber die Mindestlohnsumme von 1000 % auf 700 %.[761] Die Lohnsummenfrist wurde im Fall der Regelverschonung (85 %) zudem von sieben auf nunmehr fünf Jahre reduziert. Auch für die Optionsverschonung (von 100 %) gilt seit dem 1.1.2010 eine veränderte Lohnsummenfrist von nur noch sieben Jahren. Die jährliche Lohnsumme muss somit durchschnittlich unverändert 100 % betragen, allerdings nur noch sieben (und nicht mehr zehn) Jahre lang.[762]

Bei einem Verstoß gegen die vorgegebene Lohnsumme wird gem. § 13a Abs. 1 S. 5 ErbStG lediglich der Verschonungsabschlag mit Wirkung für die Vergangenheit in demselben prozentualen Verhältnis gemindert, wie die Lohnsumme unterschritten wird. Keine Auswirkung hat der Lohnsummenverstoß dagegen auf den nach § 13a Abs. 2 ErbStG zu gewährenden Abzugsbetrag. Die Ausgangslohnsumme – also die Berechnungsbasis – bemisst sich dabei nach der durchschnittlichen Lohnsumme der letzten fünf Jahre vor dem Besteuerungszeitraum, § 13a Abs. 1 S. 3 ErbStG. Der Erhalt der Ausgangslohnsumme über sieben Jahre gilt als Indikator für die Fortführung des begünstigten Betriebs und für die Sicherung der Arbeitsplätze, § 13a Abs. 4 ErbStG. Was Lohn i. S. d. Lohnsummenregelung ist, muss sich an dieser Zielsetzung messen lassen.[763]

---

758 Zum Begriff der Lohnsumme ausführlich *Schulz/Althof/Markl*, BB 2008, 528, 529f.

759 *Wienbracke,* FR 2009, 197, 202 mit Verweis auf *Crezelius,* ZEV 2009, 1, 4; *Scholten/Korezkij,* DStR 2009, 253, 254.

760 BGBl. I 2009, S. 3950; abgekürzt WaBeschG.

761 Vgl. *Lang,* FR 2010, 49, 57.

762 *Wachter,* DB 2010, 74, 76.

763 *Meincke,* in: Kommentar zum Erbschaftsteuer- und Schenkungsteuergesetz, § 13a, Rn. 20.

3. Behaltensfristen und -regelungen

Sowohl der Verschonungsabschlag als auch der Abzugsbetrag werden zunächst nur vorläufig und unter Vorbehalt eingeräumt. Beide Vergünstigungen können nachträglich entfallen, wenn die Betriebsfortführung durch den Erwerber, die der Gesetzgeber mit den entlastenden Maßnahmen unterstützen will, unterbleibt, weil der begünstigte Erwerber das erworbene Vermögen innerhalb von sieben Jahren nach dem Erwerb nicht behält, sondern veräußert oder aufgibt.[764] Dies gilt ebenso für die Veräußerung wesentlicher Betriebsgrundlagen, deren Überführung in das Privatvermögen oder der Zuführung zu anderen betriebsfremden Zwecken, § 13a Abs. 5 Nr. 1 S. 2 ErbStG.

Zu den eigentlichen Behaltensfristen des § 13a Abs. 5 ErbStG gehören auch die relativ restriktiven Entnahmeregelungen des § 13a Abs. 5 Nr. 3 ErbStG: Soweit Inhaber gewerblicher Betriebe, freiberuflicher oder land- und forstwirtschaftlicher Betriebe oder deren Gesellschafter innerhalb der fünfjährigen Behaltensfrist Entnahmen tätigen, die die Summe ihrer Einlagen und der ihnen zustehenden Gewinnanteile seit dem Erwerb um mehr als 150.000 € übersteigen, fallen der Verschonungsabschlag nach § 13a Abs. 1 ErbStG und der Abzugsbetrag nach § 13a Abs. 2 ErbStG rückwirkend weg. Hier besteht kein gleitender Übergang.[765]

Die Fünfjahresfrist gem. § 13a Abs. 5 S. 1 ErbStG beginnt mit dem Entstehen der Steuer, bei Erwerben von Todes wegen also regelmäßig mit dem Erbfall. Sie endet auf den Tag genau fünf Jahre später, außer wenn die Begünstigung wegfällt, weil es zur Veräußerung des erworbenen Vermögens oder zu einem der in Abs. 5 der Veräußerung gleichgestellten Fälle kommt, dann endet die Frist bereits vor Ablauf der Fünfjahresfrist.[766]

Die Nachversteuerungsfrist für land- und forstwirtschaftliches Vermögen wurde jedoch nicht verkürzt und beträgt damit unverändert 15 Jahre; dies richtet sich nach den §§ 162 Abs. 3 und 4, 166 BewG. Danach ist eine Bewertung der wirtschaftlichen Einheit mit dem Liquidationswert (anstatt wie üblich mit dem Fortführungswert) vorgesehen, wenn und soweit der Betrieb, Teilbetrieb oder wesentliche Betriebsgrundlagen innerhalb eines Zeitraums von 15 Jahren veräu-

---

764 *Meincke,* in: Kommentar zum Erbschaftsteuer- und Schenkungsteuergesetz, § 13a, Rn. 23.

765 *Balmes/Felten,* FR 2009, 258, 268.

766 *Meincke,* in: Kommentar zum Erbschaftsteuer- und Schenkungsteuergesetz, § 13a, Rn. 24.

ßert oder entnommen werden (sog. Nachbewertungsvorbehalt). Durch diese lange – vom Gesetz vorgesehene – Bindung profitiert nur langfristig gehaltenes Vermögen von der typisierenden Ertragswertermittlung.[767]

4. Restriktionen bei Verstoß gegen Behaltensfristen, Lohnsummenklausel und Verwaltungsvermögensquote

Hat der Erwerber das begünstigte Vermögen nicht fortgeführt, sondern auf die eine oder andere Art veräußert, kommt es gem. § 13a Abs. 5 ErbStG zur Nachsteuer, die die Begünstigung durch Verschonungsabschlag und Abzugsbetrag zurücknimmt. Von der Nachsteuer ist die Abschlagsminderung gem. § 13a Abs. 1 S. 5 ErbStG zu unterscheiden, zu der es kommt, wenn sich nach Ablauf der Lohnsummenfrist zeigt, dass die Mindestlohnsumme nicht eingehalten wurde. Bezieht sich die Nachsteuer auf den Verschonungsabschlag und den Abzugsbetrag, wird bei der Abschlagsminderung nur der Verschonungsabschlag gekürzt.[768]

a) Verstoß gegen Behaltensfristen

Die Nachversteuerung greift gem. § 13a Abs. 5 S. 1 ErbStG nur ein, soweit der Erwerber eine schädliche Veräußerung vornimmt. Betrifft die Veräußerung nur einen Teil des begünstigten Vermögens, dann fällt auch nur der auf diesen Vermögensteil bezogene Verschonungsabschlag und Abzugsbetrag weg. Der Nachsteuertatbestand wird entsprechend dem Veräußerungsumfang gegenständlich begrenzt und greift damit nur insoweit, wie ein schädliches Verhalten gegeben ist.[769] Innerhalb von fünf Jahren darf es nicht zu einer Betriebsveräußerung kommen. Eine Teilbetriebsveräußerung oder eine Betriebsaufgabe steht dem gleich. Auch eine Veräußerung bzw. Entnahme wesentlicher Betriebsgrundlagen ist schädlich. Die Veräußerung von Anteilen an Kapitalgesellschaften bzw. des Anteils an Personengesellschaften oder eines Anteils daran ist genauso schädlich wie die Veräußerung des Anteils des persönlich haftenden Gesellschafters einer KGaA.[770] Ausgenommen ist lediglich ein Verstoß in Form einer Überentnahme gem. § 13a Abs. 5 Nr. 3 ErbStG. Denn eine Überentnahme kann erst nach Ablauf der siebenjährigen Behaltensfrist festgestellt werden und wird damit immer nur den gesamten Behaltenszeitraum betreffen.[771]

---

767 *Seer,* in: Tipke/Lang, Steuerrecht, § 13, Rn. 40.

768 *Meincke,* in: Kommentar zum Erbschaftsteuer- und Schenkungsteuergesetz, § 13a, Rn. 26.

769 *Meincke,* in: Kommentar zum Erbschaftsteuer- und Schenkungsteuergesetz, § 13a, Rn. 25.

770 *Haar,* SteuerStud 2009, 429, 435.

771 *Söffing,* ErbStB 2009, 48, 52.

Auch wenn land- und forstwirtschaftliches Vermögen i. S. d. § 168 Abs. 1 Nr. 1 BewG (Wirtschaftsteil) und selbst bewirtschaftete Grundstücke i. S. d. § 159 BewG innerhalb von sieben Jahren veräußert werden, liegt ein Verstoß gegen die Behaltensfristen des § 13a Abs. 5 S. 2 Nr. 1 ErbStG vor. Da die ertragsteuerliche Aufgabe eines Betriebs zur Vermögensverwaltung führt und bewertungsrechtlich nicht in Frage kommt, ist der dauerhafte Übergang vom aktiven Betrieb der Land- und Forstwirtschaft hin zu einer vermögensverwaltenden Tätigkeit nach der Gesetzesbegründung aus Gleichbehandlungsgründen als schädlicher Vorgang einzustufen. Bei der Land- und Forstwirtschaft fallen damit die Fristen für den Bewertungsvorbehalt (nachträglicher Ansatz von Liquidationswerten bei einer Veräußerung innerhalb von 15 Jahren, § 162 Abs. 3 BewG) und die Behaltensfrist (Nachversteuerungsvorbehalt) auseinander.[772]

Ein Verstoß gegen Behaltensfristen ist zudem gegeben, wenn bei Anteilen an Kapitalgesellschaften unter 25 % im Fall einer Stimmenpoolbildung die Stimmrechtsbindung oder Verfügungsbeschränkung vor Ablauf der Behaltensfrist aufgehoben wird. Dann können der Verschonungsabschlag nach § 13a Abs. 1 ErbStG, der Abzugsbetrag nach § 13a Abs. 2 ErbStG und gegebenenfalls auch der Entlastungsbetrag nach § 19a ErbStG mit Wirkung für die Vergangenheit wegfallen, §§ 13a Abs. 5 Nr. 5, 19a Abs. 5 S. 1 ErbStG. Der Nachsteuertatbestand des § 13a Abs. 5 Nr. 5 ErbStG knüpft an den Anteilserwerb an. Damit beginnt die Frist des § 13a Abs. 5 ErbStG mit jeder Anteilsübertragung neu zu laufen.[773]

b) Verstoß gegen Lohnsummenklausel

Ein Verstoß gegen die Mindestlohnsumme liegt vor, wenn die Summe der im Nachversteuerungszeitraum von fünf Jahren (Regelverschonung) erbrachten Lohnsummen unter der Mindestlohnsumme liegt. Ein solcher Verstoß kann z. B. durch Abbau von Arbeitsplätzen entstehen, aber auch durch die Verlagerung von Arbeitsplätzen in Nicht-EU/EWR-Staaten.[774] Ein Verstoß gegen die Lohnsummenregelung führt sowohl im Fall der Regelverschonung als auch im Fall der Optionsverschonung zu einer Kürzung des Verschonungsabschlags, §§ 13a Abs. 1, Abs. 8 Nr. 1 ErbStG. Die Kürzung des Verschonungsabschlags erfolgt in demselben prozentualen Anteil, um den die Mindestlohnsumme unterschritten wurde, § 13a Abs. 1 S. 5 ErbStG (mit ex tunc Wirkung).

---

772 *Brey/Merz/Neufang,* BB 2009, 692, 694.

773 *Onderka/Lasa,* Ubg 2009, 309, 314.

774 *Onderka/Steger,* in: Friese, Fachanwaltskommentar Erbrecht, §§ 13a, 13b ErbStG, Rn. 91.

Beispiel: Das Unternehmen erreicht einen Lohnsummenwert von 320 % und unterschreitet damit die Lohnsumme um 20 %, also um $^1/_5$ von 400 %, so dass sich auch der Verschonungsabschlag um $^1/_5$ von 85 % auf 68 % verringert. Bei einem gemeinen Wert des Betriebes im Besteuerungszeitpunkt von 10 Mio. € sind in diesem Beispiel nach Nachsteuerauslösung wegen Lohnsummenverfehlung somit (1,5 Mio. € plus 1,7 Mio. € =) 3,2 Mio. € zu versteuern.[775]

c) *Doppelverstoß gegen Behaltensfrist und Lohnsummenklausel*

Eine Regelung, die den gleichzeitigen Verstoß gegen Lohnsummenregelung (§ 13a Abs. 1 S. 2 bis 4 ErbStG) und Behaltensfrist (§ 13a Abs. 5 ErbStG) sanktioniert, ist gesetzlich nicht vorgesehen.[776] Ein solcher Fall kann z. B. dann eintreten, wenn zum einen ein Teilbetrieb steuerschädlich veräußert und zum anderen nach Ablauf der siebenjährigen Lohnsummenfrist die Mindestlohnsumme überschritten wird.[777]

Es wurden dabei verschiedene Lösungsansätze von der Literatur entwickelt: Zum einen könnte man argumentieren, dass immer nur ein einziger Verstoß zur Nachversteuerung führen kann. Der zweite, spätere Verstoß würde dann unberücksichtigt bleiben. Dieser Ansatz beruht auf der Überlegung, dass bei einem Doppelverstoß die Regelung zum Verstoß gegen die Behaltensfrist zwingend zeitlich früher eintreten muss, weil die Erreichung der Mindestlohnsumme erst nach Ablauf der siebenjährigen Lohnsummenfrist überprüft wird.[778] Er wird jedoch als nicht überzeugend abgelehnt, weil er gegen den Sinn und Zweck der Lohnsummenregelung verstoße, die gerade den Erhalt von Arbeitsplätzen bewirken soll. Sonst würde nämlich dieser Zweck von Anfang an keine Rolle spielen, wenn innerhalb der Behaltensfrist eine Veräußerung des Unternehmensvermögens stattfinden soll, da es dann nicht zur Sanktion des Nichterreichens der Mindestlohnsumme käme. Auch könnte selbst bei massiver Unterschreitung der Mindestlohnsumme immer der „Notanker Veräußerung" im siebten Jahr geworfen werden – mit der Konsequenz, dass unabhängig vom Erreichen der Mindestlohnsumme maximal i. H. v. 1/7 der 85 %-ige Verschonungsabschlag wegfiele.[779]

Zum anderen könnte man die Regelungen zum Verstoß gegen Behaltensfrist und Lohnsumme parallel mit einer jeweils absoluten Wirkung auf den Verscho-

775 Siehe dieses Beispiel in *Jülicher,* in: Troll/Gebel/Jülicher, Erbschaftsteuer- und Schenkungsteuergesetz, Kommentar, § 13a, Rn. 28.

776 *Thonemann,* DB 2008, 2616, 2618; *Lüdicke/Fürwentsches,* DB 2009, 12, 15; *Schulte/M. Birnbaum/Hinkers,* BB 2009, 300, 305; *Balmes/Felten,* FR 2009, 258, 269.

777 Beispiel bei *Söffing,* ErbStB 2009, 48, 53.

778 So Söffing, ErbStB 2009, 48, 53; Thonemann, DB 2008, 2616, 2618.

779 *Thonemann,* DB 2008, 2616, 2618.

nungsabschlag anwenden, d. h. es würde zunächst der Verschonungsabschlag um den Verstoß gegen die Behaltensfrist, dann um den Verstoß gegen die Lohnsummenklausel gekürzt und beide Kürzungen zusammengerechnet und insgesamt vom Verschonungsabschlag abgezogen. Obergrenze der Kürzung wären dann stets die 85 %. Der zeitlich später eintretende Verstoß gegen die Mindestlohnsumme könnte aber auch lediglich eine anteilige Verminderung des nach Verstoß gegen die Behaltensfrist verbliebenen, reduzierten Verschonungsabschlages bewirken. Systematisch betrachtet existiert zu diesem Zeitpunkt nämlich nur noch der bereits gekürzte Verschonungsabschlag. Diese Regelung ergäbe sich aus der Gesetzessystematik und würde auch dem Sinn und Zweck des § 13a ErbStG entsprechen. So bestehe auch noch ein Anreiz, den verbleibenden Verschonungsabschlag durch bestmögliche Erzielung der Lohnsumme nach Verstoß gegen die Behaltensfrist noch zu erreichen.780

Die Finanzverwaltung hat sich jedoch für folgende Lösung entschieden: Die zu kürzenden Verschonungsabschläge wegen des Verstoßes gegen die Behaltensfrist nach § 13a Abs. 5 ErbStG und wegen des Unterschreitens der Mindestlohnsumme gem. § 13a Abs. 1 S. 5 ErbStG sind gesondert zu berechnen, nur der höhere, der sich hierbei ergebenen Beträge wird bei der Kürzung berücksichtigt. Erfasst die schädliche Verfügung nach § 13a Abs. 5 ErbStG nur einen Teil des begünstigten Vermögens, ist die Kürzung der Mindestlohnsumme auf diesen Teil zu beschränken.[781]

780 *Thonemann,* DB 2008, 2616, 2618.

781 Siehe dazu H 13 Abschnitt 16 Abs. 3 und H 16 Bsp. 2 gleich lautender Ländererlass der obersten Finanzbehörden der Länder zur Umsetzung des ErbStRG, BStBl. I 2009, S. 713, 726f.; ebenso *Schulte/M. Birnbaum/Hinkers,* BB 2009, 300, 305; a. A. jedoch *Thonemann,* DB 2008, 2616, 2618; *Lüdicke/Fürwentsches,* DB 2009, 12, 15.

d) Prüfung von Reinvestitionen

Die Betriebsveräußerung/-aufgabe oder Teilveräußerung sowie Veräußerung/Entnahme von wesentlichen Betriebsgrundlagen innerhalb der sieben Jahre führen in dem entsprechenden Umfang zum Wegfall der Begünstigung (Verschonungsabschlag und Abzugsbetrag), es sei denn es erfolgt in zeitlichem Zusammenhang (6 Monate) eine Reinvestition in den Betrieb (sog. Reinvestitionsklausel), § 13a Abs. 5 S. 3 ErbStG. Von dieser Reinvestitionsklausel werden allein die Missbrauchstatbestände erfasst, die einen Veräußerungsvorgang zum Gegenstand haben. Bei einer Überentnahme ist dies nicht der Fall, so dass folgerichtig § 13a Abs. 5 Nr. 3 ErbStG von der Reinvestionsklausel ausgenommen worden ist.[782]

Im Falle einer Reinvestition innerhalb von sechs Monaten nach der grundsätzlich schädlichen Handlung liegt kein Verstoß gegen die Behaltensfristen vor. Wird jedoch Verwaltungsvermögen erworben, so ist keine Reinvestition gegeben. Was genau eine Reinvestition ist, bleibt jedoch umstritten. Wenn eine wesentliche Betriebsgrundlage veräußert wird und eine andere gleichartige erworben wird, soll dies in jedem Fall als eine Reinvestition anzusehen sein (Betriebsgrundstück wird wegen des Erwerbs eines neuen Betriebsgrundstücks verkauft).[783]

Da das Gesetz von „innerhalb der begünstigten Vermögensart" und nicht von „innerhalb einer begünstigten Vermögensart" spricht, ist Voraussetzung für ein Absehen von der Nachversteuerung, dass der Veräußerungserlös innerhalb der nach § 13b Abs. 1 ErbStG begünstigten Vermögensart verbleibt. Nach dem Wortlaut des Gesetzes muss die Reinvestition somit in die Vermögensart erfolgen, aus der heraus auch veräußert wurde.[784] Daraus wird geschlossen: Bei einer Veräußerung eines GmbH-Anteils ist beispielsweise der Erwerb eines anderen GmbH-Anteils als Reinvestition anzusehen (Vermögensart gleich, nämlich Anteile an Kapitalgesellschaften).[785]

---

782 *Söffing,* ErbStB 2009, 48, 53.

783 *Haar,* SteuerStud 2009, 429, 435.

784 *Söffing,* ErbStB 2009, 48, 53.

785 Dieses Beispiel bei *Haar,* SteuerStud 2009, 429, 436; weitere Einzelheiten hierzu in H 13 Abschnitt 15 des gleich lautender Ländererlass der obersten Finanzbehörden der Länder zur Umsetzung des ErbStRG, BStBl. I 2009, S. 713, 724.

V. Analyse der Restriktionen und Auflagen im Hinblick auf die Vereinbarkeit mit dem Folgerichtigkeitsgrundsatz

1. Legitimer Zweck

Auch die Rückausnahmen einer gesetzlichen Ausnahmeregelung müssen wieder in sich folgerichtig ausgestaltet sein, im Folgenden wird daher geprüft, ob die Restriktionen und Auflagen den Anforderungen des Folgerichtigkeitsgebots entsprechen. Mit den Ausnahmen und Restriktionen verfolgt der Gesetzgeber verschiedene Zwecke. So will er durch die Ausgrenzung des Verwaltungsvermögens bewirken, so genanntes unproduktives Vermögen, welches – nach Ansicht des Gesetzgebers – der weitgehend risikolosen Renditeerzielung dient und in der Regel weder die Schaffung von Arbeitsplätzen noch zusätzlicher volkswirtschaftlicher Leistungen[786] zur Folge hat, von der Begünstigung auszunehmen.

Ein geeigneter Indikator für die Unternehmensfortführung und insbesondere die Erhaltung der Arbeitsplätze in einem durch Erbfall oder Schenkung erworbenen Unternehmen ist die jeweilige Lohnsumme, also die Summe der im Unternehmen gezahlten Löhne und Gehälter in Form eines Durchschnittsbetrags über die dem Unternehmensübergang vorangegangenen fünf Jahre. Angesichts des genannten Zeitraums von fünf Jahren wird eine Fortschreibung des Indikators Lohnsumme auf der Grundlage der durchschnittlichen Lohn- und Gehaltsentwicklung vorgesehen. Dadurch würde bei positiver gesamtwirtschaftlicher Lohnentwicklung das Kriterium nicht entwertet, bei allgemein sinkenden Löhnen blieben Anpassungsreaktionen möglich.[787]

Die im Wachstumsbeschleunigungsgesetz erfolgte Herabsetzung der ursprünglich höheren Mindestlohnsumme sowie die Verkürzung des Überwachungszeitraums der Einhaltung der Lohnsumme begründet der Gesetzgeber wie folgt: „Zum Zeitpunkt des Gesetzesbeschlusses zum Erbschaftsteuerreformgesetz waren die Folgen der weltweiten Wirtschaftskrise auf die deutsche Wirtschaft und den Arbeitsmarkt noch nicht absehbar. Um das Gesetzesziel – Erhaltung der betrieblichen Arbeitsplätze beim Übergang von Unternehmen – überhaupt noch erreichen zu können, sollen die Betriebe situationsgerecht auf die jeweiligen Marktlagen reagieren können. Vorrangiges Ziel muss jetzt sein, dem Unternehmen mehr Flexibilität in Krisenzeiten zu ermöglichen und eine dauerhafte Positionierung am Markt zu fördern. Nur erfolgreiche Unternehmen können sichere Arbeitsplätze anbieten. Angesichts aktueller Probleme auch großer

786 BT-Drs. 16/7918, S. 35f.
787 BT-Drs. 16/7918, S. 33.

deutscher Traditionsfirmen und vieler mittelständischer Familienunternehmen ist eine Neuausrichtung der zur Erreichung des Gesetzeszwecks notwendigen Maßnahmen dringend erforderlich."[788] Die Anforderungen für den Erhalt und die Schaffung von Arbeitsplätzen über die Einhaltung der Lohnsumme wurden also noch einmal deutlich gelockert. Der Gesetzgeber hielt die bisherigen Maßnahmen zur Erreichung seines Lenkungsziels somit noch nicht für ausreichend.[789]

Der Nachsteuervorbehalt soll die Erreichung der vom Gesetzgeber angestrebten Ziele sicherstellen, indem bei einer im Einzelfall nicht mehr gerechtfertigten steuerlichen Lenkung die Ungleichbehandlung rückgängig gemacht wird.[790] Zudem werden bei Entziehung des begünstigten Vermögens durch Veräußerung oder Aufgabe in der Regel auch die Mittel zur Begleichung der Erbschaftsteuer frei.[791]

2. Geeignetheit des Mittels

Die vom Gesetzgeber durch die Ausgrenzung von Verwaltungsvermögen sowie durch Lohnsummenklausel und Behaltensfristen eingesetzten Restriktionen müssen als Mittel zur Erreichung der legitimen Zwecke jedoch auch geeignet sein. Auf dieser Ebene wird nicht geprüft, ob die Verwaltungsvermögensquote des § 13b Abs. 2 S. 1 ErbStG den Anforderungen an eine Typisierungsregelung genügt.[792] Es ist vielmehr zu fragen, ob die Ausgrenzung des Verwaltungsvermögens sowie die Lohnsummenklausel und Behaltensfristen grundsätzlich folgerichtig ausgestaltet sind.

a) *Behandlung des Verwaltungsvermögens*

Bei der Behandlung des Verwaltungsvermögens als unproduktives Vermögen muss zunächst Folgendes berücksichtigt werden: Auch Verwaltungsvermögen dient jedenfalls mittelbar der Erhaltung von Arbeitsplätzen. Es sichert die Kapitaldecke von Unternehmen. Mittelbar kann damit von dem in § 13b Abs. 2 ErbStG genannten Vermögen auch ein Nutzen für die Volkswirtschaft ausgehen, z. B. durch jegliche Beteiligung an einem Unternehmen.[793] So kann das Verwaltungsvermögen auch für operative Zwecke oder als Reserve für

788 BT-Drs. 17/15, S. 20.
789 So *Wachter,* DB 2010, 74, 76.
790 BVerfGE 117, 1, 37.
791 BT-Drs. 16/7918, S. 34.
792 Siehe dazu unter Kapitel 4 VII. 1.
793 *R. Birnbaum,* Die Begünstigung unternehmerischen Vermögens, S. 132.

langfristig vorbereitete Maßnahmen sowie für Änderungen des Betriebsablaufs benötigt werden.[794]

Beispiel[795]**:** Reedereien mit Barmitteln zum Erwerb von Schiffen; große Versicherungsvermittler mit Geldern zur Rückerstattung von bereits entrichteten Provisionen an die Versicherer.

Zudem werden bei der Ermittlung des Verwaltungsvermögens mit diesem zusammenhängende Schulden nicht berücksichtigt. Verbindlichkeiten, die wirtschaftlich mit dem Verwaltungsvermögen zusammenhängen, etwa ein Darlehen für den Erwerb eines Vorratsgrundstücks, sind kein Verwaltungsvermögen.[796] Diese gesetzgeberische Vorgabe steht im Widerspruch zu den sonstigen Regelungen des Bewertungs- und des Erbschaftsteuergesetzes. So werden beispielsweise in den §§ 103, 200 Abs. 2 und 4 BewG Schulden und sonstige Abzüge, die zum Betriebsvermögen gehören, bei der Bewertung grundsätzlich dann berücksichtigt, wenn sie mit diesem in wirtschaftlichem Zusammenhang stehen.[797] Auch bei der Ermittlung des (erbschaft)steuerpflichtigen Erwerbs sind Schulden und Lasten, die mit teilweise befreiten Vermögensgegenständen im wirtschaftlichem Zusammenhang stehen, vom steuerpflichtigen Betrag abziehbar, § 10 Abs. 6 ErbStG. Ferner können bei dem nach den §§ 13a und 13c ErbStG begünstigten Vermögen Schulden und Lasten jedenfalls eingeschränkt berücksichtigt werden, §§ 10 Abs. 6, 19a ErbStG.

Ein weiterer Widerspruch ergibt sich aus der Mischung von Netto- und Bruttobetrachtung bei der Verwaltungsvermögensquote: Die Wirtschaftsgüter des Verwaltungsvermögens werden als Bruttowerte angesetzt. Dabei ist völlig irrelevant, ob und inwieweit Schulden in Zusammenhang mit der Finanzierung der Wirtschaftsgüter des Verwaltungsvermögens stehen. Diese sind nicht vom Wert des Verwaltungsvermögens abzugsfähig.[798] Diese Bruttogröße wird ins Verhältnis zur Nettogröße „Unternehmenswert" gesetzt. Der Unternehmenswert wird unter Beachtung der in dem Unternehmen vorhandenen Verbindlichkeiten ermittelt.[799] So werden die eigentlich dem Verwaltungsvermögen zuzuordnen-

---

794 *Schulte/M. Birnbaum,* DStZ 2007, 409, 414 mit Verweis auf *Schulte,* FR 2007, 309, 323.

795 Siehe diese Beispiele in BR-Drs. 778/06, S. 4.

796 *Hübner,* Ubg 2009, 1, 8.

797 *Hübner,* Ubg 2009, 1, 8.

798 *Onderka/Steger,* in: Frieser, Fachanwaltskommentar Erbrecht, §§ 13a, 13b ErbStG, Rn. 51; *Jülicher,* in: Troll/Gebel/Jülicher, Erbschaftsteuer- und Schenkungsteuergesetz, Kommentar, § 13b, Rn. 242.

799 *Onderka/Steger,* in: Frieser, Fachanwaltskommentar Erbrecht, §§ 13a, 13b ErbStG, Rn. 51.

den Schulden nicht bei diesem berücksichtigt, wohl aber bei dem Nicht-Verwaltungsvermögen, mindern damit in der Tendenz dessen Wert und senken damit die 50 %- bzw. die 10 %-Grenze nach § 13b Abs. 2 S. 1 bzw. § 13a Abs. 8 Nr. 3 ErbStG ab.[800]

Beispiel[801]:

Im Betriebsvermögen eines Unternehmens, welches der Mindestbewertung nach den §§ 109 Abs. 1 S. 2, 11 Abs. 2 S. 3 BewG unterliegt, beläuft sich das Aktivvermögen auf 1.000 und das Passivvermögen auf 600. Zum Betriebsvermögen gehört eine 20 %-ige Beteiligung an einer GmbH (Verwaltungsvermögen) mit einem gemeinen Wert von 500, die in Höhe von 300 durch Fremdmittel finanziert wurde. Die übrigen Verbindlichkeiten (300) hängen wirtschaftlich mit dem Nicht-Verwaltungsvermögen zusammen.

Vergleicht man allein das Aktiv- oder Bruttovermögen (Gesamtvermögen 1.000, Verwaltungsvermögen 500), ist die 50 %-Grenze nicht überschritten. Dasselbe Ergebnis ergibt sich, wenn man dem Nettobetriebsvermögen (400) das Nettoverwaltungsvermögen (200) gegenüberstellt. Lediglich dann, wenn man – wie im Gesetz vorgesehen – dem Nettobetriebsvermögen (400) das Bruttoverwaltungsvermögen (500) gegenüberstellt, ist die 50 %-Grenze des § 13b Abs. 2 S. 1 ErbStG überschritten.

Die Problematik der Nichtberücksichtigung von Verbindlichkeiten im Zusammenhang mit dem Verwaltungsvermögen kann sich insbesondere bei Personengesellschaften im Sonderbetriebsvermögen u. U. sehr stark auswirken. Im Extremfall kann dies zu einer Benachteiligung der Gesellschafter einer Personengesellschaft gegenüber den Gesellschaftern einer Kapitalgesellschaft führen[802]: Die Vermögensgegenstände des Verwaltungsvermögens sind abschließend in § 13b Abs. 2 ErbStG geregelt. Bei der Problematik des Sonderbetriebsvermögens im Zusammenhang mit der Ermittlung der Verwaltungsvermögensquote müssen somit zunächst die in § 13b Abs. 2 ErbStG Vermögensgegenstände auf ihre Eignung als Sonderbetriebsvermögen und damit die verschiedenen Arten des Sonderbetriebsvermögens voneinander abgegrenzt werden: Als Sonderbetriebsvermögen I (SBV I) werden alle Wirtschaftsgüter bezeichnet, die objektiv erkennbar zum Einsatz im Betrieb der Personengesellschaft selbst bestimmt sind. Hierzu zählen insbesondere Wirtschaftsgüter, die der Personengesellschaft von einem ihrer Gesellschafter unmittelbar zur Nutzung überlassen worden sind und von dieser für eigengewerbliche Zwecke genutzt werden.[803]

---

800 So *Hübner,* Ubg 2009, 1, 8.

801 Siehe dieses Beispiel bei *Hübner,* Ubg 2009, 1, 8.

802 Ebenso *Viskorf/Philipp,* ZEV 2009, 230, 234; *Schiffers,* DStZ 2009, 610, 613.

803 Vgl. dazu BFH vom 13. Oktober 1998 VIII R 46/95, BFHE 187, 425, BStBl II 1999, S. 357, unter II. 2. a der Gründe, m. w. N.; BFH vom 19. Oktober 2000 IV R 73/99, BFHE

Beispiel: Das Firmengebäude mit Maschinen/Wirtschaftsgütern wird der KG von Gesellschafter A zur unmittelbaren Nutzung zur Verfügung gestellt.

Notwendiges Sonderbetriebsvermögen II (SBV II) liegt demgegenüber dann vor, wenn Wirtschaftsgüter unmittelbar der Begründung oder Stärkung der Beteiligung des jeweiligen Gesellschafters an der Personengesellschaft dienen.[804]

Beispiele: Kommanditist A der A&B-KG beteiligt sich an einer Einkaufsgenossenschaft (Kapitalgesellschaft), um sich Vorteile auf dem Markt beim Betrieb der KG zu sichern.

Gesellschafter A ist Kommanditist einer GmbH & Co.KG. Um den Einfluss der Personengesellschaft bei der Komplementär-GmbH zu sichern und um gleiche Gesellschaftsanteile in KG und GmbH zu erhalten, beteiligt sich A neben seinem 20 %-igen Anteil an der KG auch zu 20 % an der GmbH.

Schließlich können Wirtschaftsgüter durch entsprechende Widmung zu gewillkürtem Sonderbetriebsvermögen werden, wenn sie objektiv geeignet sind, den Betrieb der Personengesellschaft oder die Beteiligung des Gesellschafters an der Personengesellschaft zu fördern und subjektiv hierzu bestimmt sind.[805]

Beispiel: Gesellschafter A der A&B-GbR kauft ein neben dem Betriebsgelände gelegenes Vorratsgrundstück, welches er für eine spätere betriebliche Nutzung vorgesehen hat. Vorläufig wird dieses Grundstück jedoch Dritten zur Nutzung überlassen.

Der in der Praxis häufig anzutreffende Fall des Betriebsgrundstücks, welches der Mitunternehmer seiner Personengesellschaft überlässt, ist vom Verwaltungsvermögen nicht erfasst, denn es handelt sich dabei um notwendiges SBV I, welches nicht an Dritte i. S. d. § 13b Abs. 2 ErbStG zur Nutzung überlassen wird.[806] Praxisrelevant sind jedoch die Fälle der Anteile an Kapitalgesellschaften mit einer Beteiligung von weniger als 25 %, die entweder gewillkürtes SBV oder notwendiges SBV II darstellen.

193, 354, BStBl II 2001, S. 335, unter II. 1. der Gründe, m. w. N.; BFH vom 18.12.2001 VIII R 27/00.

804 Vgl. dazu BFH-Urteile vom 13. Oktober 1998 VIII R 46/95, BFHE 187, 425, BStBl II 1999, S. 357, unter II. 2. a der Gründe m. w. N.; BFH vom 19. Oktober 2000 IV R 73/99, BFHE 193, 354, BStBl II 2001, S. 335, unter II. 1. der Gründe m. w. N.; BFH vom 18.12.2001 VIII R 27/00.

805 Vgl. dazu BFH-Urteil vom 24. Januar 2008 IV R 45/05, BFHE 220, 366, BStBl II 2009, S. 449, unter II. 2. b der Gründe m. w. N.

806 *Viskorf/Philipp,* ZEV 2009, 230, 232; vgl. auch die Rückausnahme in § 13b Abs. 1 Nr. 1 S. 2 a) HS. 2 ErbStG.

Beispiel: Gesellschafter A und B sind jeweils zu 50 % an der A&B-KG beteiligt. Der Buchwert des Anlage- und Umlaufvermögens, jedoch ohne Verwaltungsvermögen, beträgt 600, der gemeine Wert 1.200. Der Buchwert des Verwaltungsvermögens der KG beläuft sich auf 400; dessen gemeiner Wert beträgt 800. A hat seinen Kommanditanteil jedoch in Höhe von 300 mit einem Darlehen fremdfinanziert. Gesellschafter A ist verstorben, sein Anteil soll an Sohn X übertragen werden.

Gesamthandsbilanz der A & B-KG

AKTIVA	Buchwert	Gemeiner Wert	PASSIVA	Buchwert	Gemeiner Wert
Anlage-/ Umlaufvermögen	600	1.200	Eigenkapital A	500	1.000
Verwaltungsvermögen	400	800	Eigenkapital B	500	1.000
Summe	1.000	2.000	Summe	1.000	2.000

Sonderbilanz des A in A & B-KG

AKTIVA	Gemeiner Wert	PASSIVA	Gemeiner Wert
(neg.) Eigenkapital A	300	Darlehen	300
Summe	300	Summe	300

Das von A zur Finanzierung seiner Kommanditbeteiligung aufgenommene Darlehen ist in einer Sonderbilanz zur Gesamthandsbilanz der KG zu führen. Es muss jedoch in den Verwaltungsvermögenstest einbezogen werden.

Verwaltungsvermögenstest:			
		Gesellschafter	
	Gesamt	A	B
Unternehmenswert (Gesamthandsbilanz)	2.000	1.000	1.000
Fremdkapital in SBV des A	300	300	
Eigenkapital in SBV des A		-300	
Unternehmenswert mit SBV gesamt:	1.700	700	1.000
Verwaltungsvermögen brutto:	800	400	400
Verwaltungsvermögensquote:		**57,14%**	40,00%

Ergebnis: Da der Anteil des Verwaltungsvermögens 50 % überschreitet, kann bei der Übertragung des Anteils an Sohn X keine Begünstigung in Anspruch genommen werden.

Wird gewillkürtes SBV nicht nur teilweise, sondern sogar vollständig fremdfinanziert, verstärkt sich die Problematik der Nichtabziehbarkeit von Schulden und Lasten vom Verwaltungsvermögen derart, dass der Anteil des Verwaltungsvermögens am Betriebsvermögen sogar mehr als 100 % betragen kann:[807]

807 Siehe dieses Beispiel bei *Viskorf/Philipp,* ZEV 2009, 230, 234.

Beispiel: Wie vorangegangenes Beispiel, jedoch führt A in seinem Sonderbetriebsvermögen ein Grundstück, das als Verwaltungsvermögen (z. B. ein bisher nicht an die A&B-KG, sondern vorläufig an Dritte vermietetes Vorratsgrundstück) zu qualifizieren ist. Dieses Grundstück hat einen gemeinen Wert von 700 und ist voll fremd finanziert.

Verwaltungsvermögenstest:			
		Gesellschafter	
	Gesamt	A	B
Unternehmenswert (Gesamthandsbilanz)	2.000	1.000	1.000
Grundstück (Verwaltungsvermögen) in SBV des A	700	700	
Fremdkapital in SBV des A	700	700	
Eigenkapital in SBV des A		0	
Unternehmenswert mit SBV gesamt:	2.000	1.000	1.000
Verwaltungsvermögen in Gesamthandsbilanz	800	400	400
Verwaltungsvermögen in SBV	700	700	0
Verwaltungsvermögen gesamt:	1.500	1.100	400
Verwaltungsvermögensquote:		**110,00%**	40,00%

Während bei einer Personengesellschaft die Einbeziehung von Verbindlichkeiten im Sonderbetriebsvermögen zu einer Versagung der Begünstigung führen kann, ist eine Verbindlichkeit, die im Zusammenhang mit dem Erwerb einer Kapitalgesellschaft steht, nicht zu berücksichtigen.[808] Dies führt zu einer deutlichen Schlechterstellung von fremd finanzierten Beteiligungen an Personengesellschaften im Vergleich zu einer ebenfalls fremd finanzierten Beteiligung an einer Kapitalgesellschaft.

Ein weiteres Problem bei der Behandlung des Verwaltungsvermögens ist die Möglichkeit, dass Aktiva bei ertragsstarken Unternehmen zudem fast ausschließlich aus Verwaltungsvermögen bestehen können, aber die 50 %-Grenze dennoch eingehalten wird, da der Unternehmenswert mindestens das Doppelte des gemeinen Werts des Verwaltungsvermögens beträgt. Andererseits kann das Betriebsvermögen bei ertragsschwachen Unternehmen zu mehr als 50 % aus Verwaltungsvermögen bestehen, obwohl dieses Vermögen nur einen Bruchteil der Aktiva ausmacht.[809]

Beispiele[810]:

Die W-GmbH hat Aktiva, die ausschließlich aus Verwaltungsvermögen bestehen. Dieses hat einen gemeinen Wert von 2.000.000 €. Aufgrund einer sehr guten Ertragslage im Übertragungszeitpunkt beträgt der Unternehmenswert 5.000.000 €. Die Verwaltungsvermögensquote beträgt somit nur 40 % (2.000.000 €/5.000.000 €) des Unternehmenswertes, so dass die W-GmbH die Begünstigung in Anspruch nehmen kann.

Die Z-GmbH hat Verwaltungsvermögen im Wert von 100.000 €. Die übrigen Aktiva haben einen gemeinen Wert von 1 Mio. €. Durch eine hohe Fremdfinanzierung (Fremdkapital 1 Mio. und Eigenkapital von 100.000 €) und einer sehr schlechten Ertragslage beträgt der Unternehmenswert lediglich 150.000 €. Die Verwaltungsvermögensquote beträgt damit 66 % (100.000 €/150.000 €) des Unternehmenswertes, der Z-GmbH wird somit keine Begünstigung gewährt.

In der Literatur wird teilweise darauf hingewiesen, Forderungen nach einem Abzug der Verbindlichkeiten vom Wert des Verwaltungsvermögens könne kaum nachgekommen werden, weil eine konkrete Zuordnung von betrieblichen Verbindlichkeiten fast nie zweifelsfrei möglich sein dürfte. Sei der gemeine Wert eines Gewerbebetriebs ausnahmsweise einmal negativ, habe etwa vorhan-

---

808 *Viskorf/Philipp,* ZEV 2009, 230, 234.

809 *Scholten/Korezkij,* DStR 2009, 147, 148.

810 Vgl. für dieses Beispiel *Scholten/Korezkij,* DStR 2009, 147, 148; *Corsten,* Nachfolgeplanung in Familienunternehmen, S. 63.

denes Verwaltungsvermögen stets einen Anteil größer als 50 % bzw. 10 %.[811] Diese Argumentation kann jedoch nicht überzeugen, da auch in anderen Bereichen des Steuerrechts derartige Abgrenzungen vorgenommen werden müssen, so z. B. bei der Aufteilung von Zinsen in abziehbare und nicht abziehbare Betriebsausgaben gem. § 4 Abs. 4a EStG.

Als problematisch kann sich die Verwaltungsquote dann erweisen, wenn der Steuerpflichtige den Verstoß (bzw. das Einhalten) nicht beeinflussen kann.[812] Typischerweise betrifft diese Problematik Minderheitsgesellschafter, sowie von der Geschäftsführung ausgeschlossene Gesellschafter.[813]

Beispiel[814]: Der Minderheitsgesellschafter M kann einen Beschluss der Mehrheitsgesellschafter über die Auflösung der Kapitalgesellschaft nicht verhindern. Es kommt letztlich zur Aufgabe des Gewerbebetriebes und in der Folge zur Nachversteuerung, von der auch M betroffen ist.

Die Aussonderung des Verwaltungsvermögens aus dem begünstigten Vermögen birgt zahlreiche Probleme und ist an mehreren Stellen inkonsequent: Selbst wenn man die mittelbare Wirkung des Verwaltungsvermögens für den Erhalt von Arbeitsplätzen und der Sicherung des Unternehmensbestandes vernachlässigt, bleibt die Problematik des Abzugs von Verbindlichkeiten bestehen. Es widerspricht den Zielen des Gesetzgebers, wenn Erben/Beschenkte von Unternehmen mit hoher Ertragskraft und einem dementsprechend hohen Unternehmenswert selbst bei einem besonders hohen Verwaltungsvermögen erbschaftsteuerlich begünstigt werden, während Erwerber von ertragsschwachen Unternehmen – mit dann meist hoher Fremdkapitalbelastung – nicht von Verschonungsabschlag und Freibetrag profitieren können. Die Nichtabziehbarkeit von Verbindlichkeiten führt zudem zu einer deutlichen Schlechterstellung der Rechtsform der Personengesellschaften, wenn diese über (gewillkürtes) Sonderbetriebsvermögen verfügen. Gleichheitsrechtlich problematisch im Sinne mangelnder Folgerichtigkeit wirkt sich die Verwaltungsvermögensquote auch dann aus, wenn der Erbe sie nicht beeinflussen kann.

---

811 *Weinmann,* in: Moench/Albrecht, Erbschaft- und Schenkungsteuer, Kommentar, § 13b, Rn. 84.

812 *Sedemund/Strnad,* BB 2010, 2282, 2283; so auch bereits *Perwein*, DStR 2005, 1758ff.

813 Vgl. *Weng*, BB 2009, 1780ff. (zu Behaltensregelungen und Lohnsumme).

814 Siehe dieses Beispiel bei *Weng*, BB 2009, 1780, 1782.

b) *Lohnsummenklausel, Behaltensfristen und Nachversteuerung*

Auch die Lohnsummenklausel des § 13a Abs. 1 S. 2 und 5, Abs. 8 Nr. 1 ErbStG und die Behaltensfristen sowie Nachversteuerung nach § 13a Abs. 5 ErbStG müssten als Privilegierungsmittel geeignet sein, das Lenkungsziel, die Erhaltung von Unternehmenskontinuitäten und damit die Sicherung von Arbeitsplätzen, zu erreichen.

Anders als die abstrakte Arbeitnehmerzahl wird die Lohnsumme aufgrund der vielfältig denkbaren Varianten von Beschäftigungsverhältnissen als ein geeignetes Kontrollkriterium angesehen, um zu prüfen, ob nach einem begünstigten Erwerb der Betrieb eingeschränkt wird.[815] Vorteilhaft kann sich die Tatsache auswirken, dass erst am Ende der Frist abgerechnet wird. So können Absenkungen der Lohnsumme bis zum Ende der Lohnsummenfrist aufgeholt werden.[816] Die Ausgangslohnsumme hängt jedoch vom Durchschnitt der letzten fünf Jahre ab: Würde die Lohnsumme dagegen vom Stand des Betriebs beim Transfer bestimmt, wären Manipulationen denkbar, die diese im Hinblick auf den Betriebsübergang gezielt verändern könnten.[817]

Bei der Nachsteuerregelung des § 13a Abs. 5 ErbStG handelt es sich um eine materiell nur vorläufig gewährte Steuerbegünstigung, denn sie knüpft an Tatbestandsmerkmale an, die über die des ursprünglichen Erwerbs hinausgehen.[818] Nach ihrem Normzweck setzt sie für den Erwerber des begünstigten Vermögens die „Zweckbindung in seiner Hand“[819] voraus. Der Erwerber darf danach das Vermögen weder an einen anderen veräußern, selbst wenn es im Übrigen bei der unveränderten Fortführung des Betriebs bleibt, noch darf er selbst seinen Betrieb einstellen.[820]

Die grundsätzliche Annahme, die Lohnsummenregelung sei verfehlt, weil sie in Zeiten wirtschaftlicher Krisen mit drohendem Personalabbau ein Hinder-

---

815 *Jülicher,* in: Troll/Gebel/Jülicher, Erbschaftsteuer- und Schenkungsteuergesetz, Kommentar, § 13a, Rn. 19.

816 *Geck,* ZEV 2008, 557, 562.

817 *Meincke,* in: Kommentar zum Erbschaftsteuer- und Schenkungsteuergesetz, § 13a, Rn. 22.

818 *Jülicher,* in: Troll/Gebel/Jülicher, Erbschaftsteuer- und Schenkungsteuergesetz, Kommentar, § 13a, Rn. 138.

819 BT-Drs. 16/7918, S. 34.

820 *Jülicher,* in: Troll/Gebel/Jülicher, Erbschaftsteuer- und Schenkungsteuergesetz, § 13a, Rn. 136.

nis für die Vermögensübergabe darstelle und der Erwerber latente Steuerlasten durch eine drohende nachträgliche Erbschaftsteuererhöhung einkalkulieren muss[821], dementiert noch nicht, dass sie als Mittel grundsätzlich geeignet ist. Denn die Lohnsummenklausel will als eigener Lenkungszweck Anreize geben, im Fall der Inanspruchnahme der 85 %-igen Steuerverschonung über einen bestimmten Zeitraum Arbeitsplätze zu erhalten.[822] Das Ziel, einen Anreiz zu schaffen, ist auch grundsätzlich erreichbar. Die Problematik der Ausnahmen in Krisenzeiten und die Schwierigkeit des Erwerbes von Gesellschaftsanteilen, die keinen unternehmerischen Einfluss vermitteln und dann zur Nachversteuerung durch den Minderheitsgesellschafter führen können, ist dagegen im Rahmen der Geeignetheit und Angemessenheit zu erörtern. Die Lohnsumme kann in Kombination mit den Behaltensfristen die bei einem Verstoß zur Nachversteuerung bzw. anteiligem Wegfall der Begünstigungen führen, das Ziel des Erhalts und der Sicherung von Arbeitsplätzen grundsätzlich erreichen und ist damit geeignetes Mittel.

c) *Sachgerechte Abgrenzung der Begünstigten*

Weiterhin ist aber zu fragen, ob die Abgrenzung der Begünstigten von den Nichtbegünstigten sachgerecht ist. Diese muss derart ausgestaltet sein, dass beide Gruppen im Hinblick auf den Zweck, der mit der Trennung der beiden Gruppen verfolgt wird, richtig zusammengesetzt sind.[823]

So wird argumentiert, die Gruppe der nicht begünstigten Steuerpflichtigen lasse sich von denjenigen, die durch die Verschonungsregeln begünstigt sind, nicht klar abgrenzen. Eine Verhältnismäßigkeitsprüfung unter dem Gesichtspunkt einer verschärften Betroffenheit der Erben von unproduktivem Vermögen sei daher nicht erforderlich.[824] Es bestehe kein ausreichend enger Zusammenhang zwischen der Begünstigung der Erwerber unternehmerischen Vermögens und der stärkeren Belastung der Erwerber sonstigen Vermögens. Steuervergünstigungen werden durch verschiedene Maßnahmen gegenfinanziert, da nicht jede Vergünstigung durch eine Erhöhung der Staatsschulden finanziert werden kann und dies auch nicht angestrebt wird.[825] Es sei eher eine Ausweitung des gesetz-

821 So kritisch *Geck,* in: Kapp/Ebeling, Erbschaftsteuer- und Schenkungsteuergesetz, Kommentar, § 13a, Rn. 42.

822 So zutreffend *Jebens,* DStZ 2009, 573; ebenso auch *R. Birnbaum,* Die Begünstigung unternehmerischen Vermögens, S. 136.

823 BVerfGE 117, 1, 69; *Wernsmann,* Verhaltenslenkung, S. 246.

824 *R. Birnbaum,* Die Begünstigung unternehmerischen Vermögens, S. 106, 107; a. A.: *Spitzbart,* Betriebsvermögen, S. 170; *Schulte/M. Birnbaum,* DStZ 2007, 409, 413.

825 *R. Birnbaum,* Die Begünstigung unternehmerischen Vermögens, S. 107.

geberischen Entscheidungsspielraums im Einzelfall hinzunehmen, als eine Beeinträchtigung der Gewaltenteilung als Grundprinzip unserer verfassungsmäßigen Ordnung durch das Anlegen eines bundesverfassungsgerichtlichen intensiven Prüfungsmaßstabs bei der Prüfung der Zulässigkeit von Steuervergünstigungen.[826] Bei den Begünstigungsregelungen der §§ 13a, 13b und 19a ErbStG handle es sich um reine Fiskalzwecknormen[827], eine Prüfung am Maßstab des Willkürverbots sei daher ausreichend.[828]

Dieser Ansatz greift jedoch zu kurz. Die Argumentation kann schon deshalb nicht überzeugen, weil die Begünstigungsregelungen der §§ 13a, 13b und 19a ErbStG eben keine Fiskalzweck-, sondern Lenkungsnormen sind. Es besteht somit ein strengerer Rechtfertigungsmaßstab als eine bloße Willkürprüfung. Der Gestaltungsspielraum des Gesetzgebers spielt auf dieser Ebene keine Rolle. Die Begünstigungsregelungen müssen vielmehr in sich folgerichtig ausgestaltet sein; Voraussetzung hierfür ist auch eine sachgerechte Abgrenzung der Begünstigten, wobei dem Gesetzgeber hierbei auch wieder ein Typisierungsspielraum zugestanden werden muss.

Eine trennscharfe Abgrenzung des produktiven vom nicht produktiven Vermögen lässt sich jedoch nicht erreichen. Der Gesetzgeber hat die Möglichkeit der Umwandlung von Privatvermögen in gewillkürtes Betriebsvermögen gesehen, die nach dem Einkommensteuerrecht möglich ist. Um nicht zu einer kaum administrierbaren gegenständlichen Abgrenzung greifen zu müssen, hat er den Anteil des begünstigten Vermögens gem. § 13b Abs. 4 ErbStG daher auf 85 % festgelegt.[829] Gesteht man dem Gesetzgeber diesen Typisierungsspielraum bei der Festlegung des nicht begünstigten Vermögens i. H. v. pauschal 15 % zu, so bleiben jedoch Gestaltungsmöglichkeiten bestehen, Wirtschaftsgüter, die kein Verwaltungsvermögen sind, vor dem Besteuerungszeitpunkt dem Betriebsvermögen zuzuführen, um die Einhaltung der Verwaltungsvermögensgrenze von 50 % bzw. 10 % zu sichern.[830] Andererseits kann bis zur 50 %-Grenze zumindest mittelfristig Privatvermögen durch Umwandlung in Betriebsvermögen in

826 *R. Birnbaum,* Die Begünstigung unternehmerischen Vermögens, S. 108.

827 *R. Birnbaum,* Die Begünstigung unternehmerischen Vermögens, S. 107.

828 *R. Birnbaum,* Die Begünstigung unternehmerischen Vermögens, S. 106; *Starck,* in: v. Mangoldt/Klein/Starck, Kommentar zum GG, Art. 3, Rn. 12.

829 BT-Drs. 16/7918, S. 36.

830 *Geck,* in: Kapp/Ebeling, Kommentar zum Erbschaftsteuer- und Schenkungsteuergesetz, § 13b, Rn. 86; *Müller-Gatermann,* FR 2008, 353, 354; *Scholten/Korezkij,* DStR 2009, 147, 149.

die Begünstigung einbezogen und der 85 %-ige Verschonungsabschlag in Anspruch genommen werden.[831]

Zudem bestehen noch weitere Probleme bei der sachgerechten Abgrenzung: So wird durch zahlreiche Rückausnahmen aus dem „schädlichen" Verwaltungsvermögen gem. § 13b Abs. 2 S. 2 Nr. 1 S. 2 lit. a-e ErbStG nur noch punktuell unproduktives Vermögen von der Begünstigung ausgenommen. Dies führt zu einer völlig inkonsequenten Durchführung der Feststellung, ob Verwaltungsvermögen vorliegt oder nicht. Die vom Gesetzgeber angeführten Kriterien eignen sich für eine sachgerechte Abgrenzung der Begünstigten von den Nichtbegünstigten daher nicht.

d) *Gleichheitsgerechte Ausgestaltung der Begünstigung*

Die bisweilen zu findende Aufforderung des Bundesverfassungsgerichts, ein steuerlicher Verschonungstatbestand – also eine gleichheitsrechtlich rechtfertigungsbedürftige Norm – müsse seinerseits „gleichheitsgerecht ausgestaltet" sein, meint nichts anderes als die Forderung nach der richtigen „Ziehung der Trennlinie".[832] Der Begünstigungstatbestand ist nur dann gleichheitsgerecht ausgestaltet, wenn der Gesetzgeber in die Begünstigung die gesamte Personengruppe einbezieht, die durch ihr Verhalten das Lenkungsziel erreichen kann. Um eine wirkliche Tragfähigkeit des Lenkungszwecks zu erreichen, dürfen nicht Personen ausgeschlossen werden, die das Gestaltungsziel in gleicher Weise herbeiführen können.[833] Hierbei ist insbesondere zu untersuchen, ob die einzelnen unternehmerischen Vermögensarten untereinander gleichheitsgerecht ausgestaltet sind. Sodann wird das unternehmerische begünstigte Vermögen in Beziehung zu dem sonstigen, nicht begünstigten Vermögen gesetzt. Anschließend wird die unterschiedliche Progressionswirkung zu erläutern sein, denn auch diese kann sich in einer dem Gleichheitssatz widersprechenden Weise auswirken.

aa) Land- und forstwirtschaftliches Vermögen

Zunächst soll das land- und forstwirtschaftliche Vermögen betrachtet werden: Zweifel bestanden bereits an der Reichweite der (früheren) Begünstigungsregel für land- und forstwirtschaftliches Vermögen: Hierzu äußerte sich das Bundesverfassungsgericht in seiner Entscheidung vom November 2006: Wenn sogar beim Erwerb eines Betriebs mit einem Gewinn von mehr als 100.000 € pro Jahr, 140 Hektar landwirtschaftlich genutzter Fläche und einem Verkehrswert von 2,7 Mio. € keine Erbschaftsteuer anfallen würde, wäre nicht nur fraglich, ob diese

---

831 *Hannes/Onderka,* ZEV 2008, 16, 17.

832 So *Wernsmann,* Verhaltenslenkung, S. 249.

833 *Birk,* StuW 2005, 346, 351f.

weit reichende Entlastung noch von der gesetzgeberischen Entscheidung gedeckt, sondern auch, ob diese in der erforderlichen Weise gerechtfertigt ist.[834]

Für kleinere land- und forstwirtschaftliche Betriebe kann die Neuregelung mit weiteren Privilegien, unter Umständen auch mit einer Null-Besteuerung verbunden sein. Bei größeren land- und forstwirtschaftlichen Anwesen („Gutshöfen") kann es beim Übergang zu einem leichten Steueranstieg kommen, der allerdings gravierend ausfallen wird, wenn die junge Generation den Hof nicht halten kann.[835]

Der gemeine Wert des land- und forstwirtschaftlichen Vermögens wird aus der Summe der gemeinen Werte der land- und forstwirtschaftlichen Nutzungen, der Nebenbetriebe sowie des Abbau-, Geringst- und Unlands ermittelt, §§ 165 Abs. 1, 163 BewG. Da dieser Wert in der überwiegenden Anzahl der Fälle bei 0 € liegt oder sogar zu Negativwerten führen wird,[836] bestimmt § 165 Abs. 2 BewG für den Wirtschaftsteil den Ansatz eines Mindestwertes gem. § 164 BewG, der nicht weniger als 0 € betragen darf. Eine realitätsgerechte Bewertung ist dadurch aber keinesfalls gesichert; voraussichtlich wird der Mindestwert den Regelfall bilden.[837]

Auch bei Dritten zur land- und forstwirtschaftlichen Nutzung überlassenen Grundstücken nach § 13b Abs. 2 S. 2 Nr. 1 S. 2e ErbStG als Rückausnahme von der Qualifikation als Verwaltungsvermögen wird ein bedeutendes Privileg für die Land- und Forstwirtschaft eröffnet.[838] Insbesondere die vom Gesetzgeber angeführte Begründung (Besonderheiten des Bewertungsverfahrens, § 160 Abs. 7 BewG) ist nicht ausreichend. Danach gehören zum Betrieb der Land- und Forstwirtschaft auch Stückländereien, die am Bewertungsstichtag für mindestens 15 Jahre einem anderen Betrieb der Land- und Forstwirtschaft zu dienen bestimmt sind. Diese hier genannten Merkmale werden jedoch in § 13b Abs. 2 S. 2 Nr. 1 S. 2e ErbStG nicht wiederholt.[839]

834 BVerfGE 117, 1, 68.

835 *Preißer,* in: Preißer/Rödl/u.a., Erbschaft- und Schenkungsteuer, Kompakt-Kommentar, § 13a, § 13b, Kap. 4.1.2.3, S. 853.

836 Vgl. *Kühnold,* ErbStB 2008, 80, 82.

837 *Kühnold,* ErbStB 2008, 80, 82.

838 *Geck,* in: Kapp/Ebeling, Erbschaftsteuer- und Schenkungsteuergesetz, Kommentar, § 13b, Rn. 114.

839 *Meincke,* in: Kommentar zum Erbschaft- und Schenkungsteuergesetz, § 13b, Rn. 17.

Zudem ist das Verwaltungsvermögen bei der Land- und Forstwirtschaft von vornherein begrifflich dadurch eingeschränkt, dass eine Reihe von Vermögensgegenständen, z. B. Anteile an Kapitalgesellschaften, Wertpapiere etc., bereits bewertungsrechtlich nicht zum land- und forstwirtschaftlichen Vermögen gehören, § 158 Abs. 4 BewG. Bei der Berechnung des prozentualen Anteils des Verwaltungsvermögens am gesamten Betriebsvermögen wird der gemeine Wert des gesamten Betriebs bei Betrieben der Land- und Forstwirtschaft um den Wert des nicht begünstigten Wohnteils gekürzt, § 167 BewG.[840]

bb) Nutzungsüberlassungen im Konzern

Im Rahmen eines Vergleichs des unternehmerischen Vermögens ist dann weiterhin insbesondere die Berücksichtigung von Vermögen innerhalb eines Konzerns und damit die Konzernklausel des § 13b Abs. 2 Nr. 1 c ErbStG zu beachten: Danach führt eine Nutzungsüberlassung von Grundstücken, Grundstücksteilen, grundstücksgleichen Rechten und Bauten innerhalb eines Konzerns i. S. v. § 4h EStG nicht zum Ausschluss der Verschonungsregelung und bildet damit kein schädliches Verwaltungsvermögen. Diese Ausnahme und damit konzernfreundliche Betrachtungsweise begründete der Gesetzgeber wie folgt: „Die Einordnung von konzernintern überlassenen Grundstücken usw. als produktives, d. h. begünstigungswertes Vermögen, ist folgerichtig, da die überlassenen Wirtschaftsgüter auch bei dieser Sachverhaltskonstellation produktiv genutzt werden und nicht der reinen Kapitalanlage dienen. Gerade große Familienunternehmen sind aus betriebswirtschaftlichen Gründen häufig in verzweigten (oftmals historisch gewachsenen) Betriebsstrukturen organisiert. Aus dieser Organisationsstruktur kann nicht von vornherein gefolgert werden, dass die gegenseitige Überlassung von Wirtschaftsgütern innerhalb dieses Rahmens zu steuerschädlichem Verwaltungsvermögen führt.“[841] Der Gesetzgeber hat für die Begünstigung des § 13b Abs. 2 Nr. 1 c ErbStG als Rückausnahme vom Verwaltungsvermögen jedoch nicht dargelegt, warum gerade die gegenseitige Nutzungsüberlassung von Grundstücken innerhalb von großen Konzernen dem Ziel des Erhalts von Arbeitsplätzen dient. Dies gilt insbesondere im Vergleich mit kleineren Unternehmen, die diese Rückausnahme nicht in Anspruch nehmen können.

cc) (Wohnungs-)vermietungsgesellschaften

Wohnungsvermietungsgesellschaften werden gem. § 13b Abs. 2 Nr. 1 d ErbStG ebenfalls von der Qualifizierung als Verwaltungsvermögen ausgenommen, wenn sie einen wirtschaftlichen Geschäftsbetrieb erfordern. An dieser Ausnahme wird

840 *Jülicher,* in: Troll/Gebel/Jülicher, Erbschaftsteuer- und Schenkungsteuergesetz, Kommentar, § 13b, Rn. 233; *Hutmacher,* ZEV 2008, 22, 27.

841 BT-Drs. 16/7918, S. 14.

die Anknüpfung der Begünstigung an die Anzahl der vermieteten Wohnungen bemängelt. Wer 200 Wohnungen erwirbt, ist leistungsfähiger als der Erwerber von 20 Wohnungen. Es sei dann aber nicht folgerichtig, 20 Wohnungen zu besteuern und 200 Wohnungen steuerfrei zu lassen.[842] Dem ist indes entgegen zu halten, dass Wohnungsunternehmen mit einem ausreichend umfangreichen Wohnungsbestand und über die Vermietung hinausgehenden Zusatzleistungen über ihren wirtschaftlichen Geschäftsbetrieb für Arbeitsplätze und damit eine Sozialbindung sorgen, die denen eines gewerblich produzierenden Betriebs oder eines Dienstleistungsunternehmens in etwa gleich steht.[843] Zwar kommt es somit auch zwischen gewerblich Wohnungsunternehmen ohne wirtschaftlichen Geschäftsbetrieb (deren Wohnungsbestand i. d. R. als Verwaltungsvermögen)[844] und (größeren) Wohnungsunternehmen mit einem wirtschaftlichen Geschäftsbetrieb zu Ungleichheiten. Diese erscheinen jedoch im Hinblick auf das gesetzgeberische Lenkungsziel des Erhalts von Arbeitsplätzen in Wohnungsgesellschaften mit wirtschaftlichem Geschäftsbetrieb vertretbar.

In § 13b Abs. 2 Nr. 1c ErbStG ist allerdings nur eine Begünstigung von Vermietungsgesellschaften mit wirtschaftlichem Geschäftsbetrieb vorgesehen, deren Hauptzweck in der Vermietung von Wohnraum besteht. Damit kommt es zu einer Ungleichbehandlung zwischen Vermietungsgesellschaften, deren Hauptzweck – trotz der Unterhaltung eines wirtschaftlichen Geschäftsbetriebs – in der Vermietung von z. B. gewerblichen Grundstücken (= Grundfall des § 13b Abs. 2 ErbStG) besteht.[845] Denn private und gewerbliche Wohnungsvermieter unterliegen den gleichen Bindungen durch das Mietrecht; die durch sie geschaffenen Arbeitsplätze sind in gleichem Maße sicher oder unsicher.[846] Um konsequent und folgerichtig alle Vermieter von Wohnraum, die das Ziel des Erhalts von Arbeitsplätzen verfolgen, zu begünstigen, hätte der Gesetzgeber auch für die Vermieter von gewerblichen Immobilien/Grundstücken eine Rückausnahme schaffen müssen.

Eine weitere Ungleichbehandlung entsteht zwischen Erben großer Wohnungsvermietungsgesellschaften gegenüber Erwerbern von kleinen und mittle-

842 *Piltz,* DStR 2010, 1913, 1920.
843 *Geck,* in: Kapp/Ebeling, Erbschaftsteuer- und Schenkungsteuergesetz, Kommentar, § 13b, Rn. 112.
844 *Geck,* in: Kapp/Ebeling, Erbschaftsteuer- und Schenkungsteuergesetz, Kommentar, § 13b, Rn. 112, 113.
845 In diese Richtung auch *Lang,* FR 2010, 49, 54.
846 *Lang,* FR 2010, 49, 54.

ren Wohnungsvermietungsgesellschaften mit einer Angestelltenzahl von unter 20: Die Erben von solchen Unternehmen müssen die Lohnsummenklausel des § 13a Abs. 1 S. 2 und 5, Abs. 8 Nr. 1 ErbStG nicht einhalten, da sie weniger als 20 Beschäftigte haben, § 13a Abs. 1 S. 3 ErbStG. Diese Erben unterliegen somit nur den Behaltensfristen des § 13a Abs. 5 ErbStG. Für die Inanspruchnahme der Begünstigung kommt es somit überhaupt nicht auf die Anzahl der ererbten und vermieteten Wohnungen an, entscheidend ist nur die Beschäftigtenzahl. Wer aber beispielsweise nur eine Sekretärin und 1 – 2 Hilfskräfte in seinem Wohnungsvermietungsunternehmen (mit wirtschaftlichem Geschäftsbetrieb) mit einem Bestand von beispielsweise 100 Wohnungen beschäftigt, kann eine 85- oder 100 %-ige Verschonung von der Erbschaftsteuer ohne Einhaltung einer Lohnsumme in Anspruch nehmen. Das Ziel des Erhalts oder der Schaffung von Arbeitsplätzen steht hier nicht mehr im Vordergrund. Es entsteht hier auch ein Ungleichgewicht gegenüber Erben von vermieteten Immobilien, die das Erfordernis des wirtschaftlichen Geschäftsbetriebs nicht erfüllen. Diese Erben können zwar einen großen Bestand von vermieteten Immobilien erben, ohne wirtschaftlichen Geschäftsbetrieb können sie die Verschonungsoptionen jedoch nicht nutzen. Damit setzt der Gesetzgeber auch Anreize in Richtung verstärkter Investition in Wohnungsvermietungsgesellschaften mit wirtschaftlichem Geschäftsbetrieb, dies führt jedoch nicht zwingend zur Schaffung (vieler) neuer Arbeitsplätze.

dd) Unterschiedliche Progressionswirkung

Im Zusammenhang mit der gleichheitsgerechten Ausgestaltung ist auch die unterschiedliche Progressionswirkung zu beachten. Und zwar einerseits zwischen Privatvermögen/unproduktivem Vermögen und dem produktivem Betriebsvermögen und andererseits auch innerhalb des begünstigten Betriebsvermögens durch die Kaskadensprünge des § 19 ErbStG.[847] Kann der Erbe von Betriebsvermögen den Verschonungsabschlag von 85 % in Anspruch nehmen, sind per se nur 15 % dieses Vermögens überhaupt mit Erbschaftsteuer belastet, er steigt somit auf einer viel niedrigeren Stufe des Steuersatzes ein, als beispielsweise der Erbe von Grundvermögen, der ohne Abschlag mit dem vollen Steuersatz belastet wird.

Beispiel: Erbe A erbt den Betrieb seines Vaters mit einem Verkehrswert von 3 Mio. € und will diesen auch fortführen. Erbe B erbt von seiner Mutter dagegen mehrere Grundstücke ebenfalls mit Verkehrswert von 3 Mio. €. Erbe A muss nach Abzug des 85 %-igen Verschonungsabschlags nur noch ein Vermögen von 450.000 € versteuern. Erbe B kann diese Option nicht in Anspruch nehmen und bleibt somit bei einem erbschaftsteuerpflichti-

847 *Schulte,* FR 2007, 309, 322; *Piltz,* in: FS Schaumburg, S. 1057, 1073.

gen Erwerb von 3 Mio. €. Für Erbe A ergibt sich nach § 19 Abs. 1 ErbStG ein Steuersatz von 15 %, Erbe B steigt dagegen auf der höheren Stufe mit einem Steuersatz von 19 % ein.

Tabelle nach § 19 ErbStG:

Wert des steuerpflichtigen Erwerbs (§ 10 ErbStG) bis einschließlich ...€	Prozentsatz in der Steuerklasse I
600.000	15
6.000.000	19

Ein weiteres Problem der unterschiedlichen Progressionswirkung ergibt sich innerhalb des begünstigten Betriebsvermögens: Bei produktivem Vermögen, bei dem die 85 %-Verschonung greift, macht es keinen Unterschied, ob das Betriebsvermögen beispielsweise einen Verkehrswert von 5 Mio. € oder 40 Mio. € aufweist.[848] Aufgrund des Kaskadensprungs bei § 19 ErbStG profitiert großes Produktivvermögen damit überproportional von der gewählten Art des Pauschalabschlages.[849]

Beispiel: Bei Betriebsvermögen mit einem Verkehrswert von 5 Mio. € bleibt nach Abzug des 85 %-igen Verschonungsabschlags noch ein Vermögen im Wert von 750.000 € übrig. Hierfür ergibt sich in der Steuerklasse I ein Steuersatz von 19 %. Im Vergleich dazu ist bei einem Betriebsvermögen mit Verkehrswert von 40 Mio. € nach Verschonungsabschlag nur noch ein Vermögen im Wert von 6.000.000 € zu versteuern. Hierbei ergibt sich in der Steuerklasse I jedoch der gleiche Steuersatz, nämlich ebenfalls 19 %.

Die Progressionssprünge sowohl innerhalb des Betriebsvermögens als auch zwischen produktivem und unproduktivem Vermögen können damit im Einzelfall sehr groß ausfallen. Diese Unterschiede verstärken die Ungleichbehandlung zwischen den Vermögensarten damit noch zusätzlich.

ee) Unternehmerisches Vermögen im Vergleich zu nicht begünstigtem Vermögen

Es wurde bereits gezeigt, dass der Gesetzgeber keine sachgerechte Abgrenzung der Begünstigten von den Nichtbegünstigten vorgenommen hat. Allein dadurch ergeben sich bereits Ungleichbehandlungen. Es sind aber auch die weiteren Fol-

848 Zu diesem Beispiel vgl. *Piltz,* in: FS Schaumburg, S. 1057, 1073.

849 *Preißer,* in: Preißer/Rödl/u.a., Erbschaft- und Schenkungsteuergesetz Kompakt-Kommentar, § 13a, § 13b, Kap. 4.4.2., S. 902.

gen für die Erben, die die Verschonungsregelungen nicht in Anspruch nehmen können, zu berücksichtigen: Gleichheitsrechtlich besonders problematisch ist die Beschränkung der Erbschaftsteuerlast.[850] Bei den nicht verschonten Erben wirkt sich die Bewertung zu Verkehrswerten viel deutlicher aus, sie können zudem die günstigste Steuerklasse I gem. § 19a ErbStG nicht grundsätzlich in Anspruch nehmen.[851] Zu diesen nicht begünstigten Erben gehören Personenunternehmen und Anteile an Kapitalgesellschaften ohne Begünstigungen, vermietete Wohnimmobilien ohne wirtschaftlichen Geschäftsbetrieb sowie zu gewerblichen oder öffentlichen Zwecken vermietete Immobilien.[852] Die Verschonung einzelner Erwerber – setzt man eine feste Einkommensgröße voraus – müssen die nicht begünstigten Erben mit bezahlen.[853]

Eine weitere ungleiche Belastung ergibt sich dann, wenn begünstigte und gleichzeitig weitere, nicht entlastete Vermögensgegenstände vor allem des Privatvermögens übertragen werden. Eine mittelbare Entlastung entsteht durch die Zusammenrechnung mit dem durch die Verschonung mit vermindertem Wert angesetzten Betriebsvermögens und der Folge der niedrigeren Bemessungsgrundlage des steuerpflichtigen Erwerbs.[854] Dann aber sind Steuerzahlungen nicht mehr die Folge eines Zuwachses an Leistungsfähigkeit, sondern das Ergebnis der ungeschickten rechtlichen Gestaltung des Vermögensübergangs.[855]

---

850 *Lang,* FR 2010, 49, 54; *Seer,* in: Tipke/Lang, Steuerrecht, § 13, Rn. 101.

851 *Seer,* in: Tipke/Lang, Steuerrecht, § 13, Rn. 101; siehe dazu bereits ausführlich unter 4. Kapitel V. 2. c) cc).

852 *Piltz,* DStR 2010, 1913, 1915; in diese Richtung auch *Lang,* FR 2010, 49, 54.

853 *Meincke,* in: Kommentar zum Erbschaftsteuer- und Schenkungsteuergesetz, § 13a, Rn. 3.

854 *Geck,* in: Kapp/Ebeling, Erbschaft- und Schenkungsteuergesetz, Kommentar, Vor § 13a, Rn. 5 und bereits unter Kapitel 4 V. 2. c) cc).

855 *Heilgeist,* DStR 2009, 2625, 2627; *Birk,* DStR 2009, 877, 881.

ff) Zwischenergebnis

Den Anforderungen an eine gleichheitsgerechte Ausgestaltung ist der Gesetzgeber sowohl innerhalb als auch zwischen verschontem und nicht entlastetem Vermögen nicht nachgekommen. So stehen die Begünstigungen für land- und forstwirtschaftliches Vermögen nicht nur bei der Bewertung in keinem Vergleich zum übrigen unternehmerischen Vermögen. Bei einem Vergleich der Rechtsform Kapitalgesellschaft gegenüber Personenunternehmen gibt es jedoch auch Ungleichbehandlungen. Letztlich wirkt sich auch die unterschiedliche Progression stark ungleichmäßig aus. Die Verschonungsregeln führen damit zu einer so weit reichenden Steuerbefreiung, dass der Unterschied zu anderen Vermögensarten sich nicht mehr im Rahmen der Vergleichspaarbildung des Art. 3 Abs. 1 GG bewegt.

e) *Identifizierung des Systembruchs innerhalb des unternehmerischen Vermögens*

Die Analyse der Behandlung des Verwaltungsvermögens und der Vergleich des unternehmerischen Vermögens zeigen auch Ungleichbehandlungen innerhalb der verschiedenen Arten des Betriebsvermögens. Da die Ausnahmen von der folgerichtigen Ausgestaltung der Belastungsgrundentscheidung ihrerseits folgerichtig ausgestaltet sein müssen, kann auf dieser Ebene wiederum ein etwaiger Systembruch innerhalb des unternehmerischen Vermögens ermittelt werden: Das Bundesverfassungsgericht hat sich bezüglich der Erbschaft- und Schenkungsteuer nicht ausdrücklich dazu geäußert, ob der Gesetzgeber eine rechtsformneutrale Besteuerung vornehmen muss.[856] Die Verpflichtung, auf der ersten Stufe eine einheitliche Bewertung zu Verkehrswerten bzw. dem gemeinen Wert zu realisieren, bezieht sich aber auch auf die Bewertung von Gesellschaftsanteilen. Damit ist die Notwendigkeit einer rechtsformneutralen Bewertung von Gesellschaftsanteilen für Zwecke der Erbschaft- und Schenkungsteuer der Entscheidung des Bundesverfassungsgerichts vom 7.11.2006 jedenfalls mittelbar zu entnehmen[857]: „Das Steuerrecht nimmt [...] bei der Bestimmung verschiedener Zurechnungsobjekte steuerlicher Leistungsfähigkeit – verfassungsrechtlich unbedenklich – die zivilrechtliche Grundentscheidung auf, nach der bei Personengesellschaften das Gesellschaftsvermögen den Gesellschaftern zugerechnet wird (vgl. § 718 BGB i. V. m. § 105 Abs. 3, § 161 Abs. 2 HGB), während das Ver-

856 Bislang nur zur rechtsformneutralen Besteuerung im Umsatzsteuerrecht: BVerfGE 101, 151, 155ff.

857 *Wachter*, BB 2007, 577, 579.

mögen der Kapitalgesellschaften gegenüber dem Vermögen ihrer Gesellschafter grundsätzlich selbstständig ist [...]".[858]

Berücksichtigt man diese Vorgaben, kommt es auch innerhalb des unternehmerischen Vermögens durch den Verstoß gegen die Rechtsformneutralität zu Systembrüchen: Zunächst wird mit dem Verwaltungsvermögen jedenfalls teilweise auch unternehmerisches Vermögen von den Begünstigungsregeln ausgenommen, welches ebenfalls operativen Zwecken dienen kann.[859] Zusätzlich sind Schulden, die im Zusammenhang mit dem Verwaltungsvermögen stehen, grundsätzlich nicht abziehbar. Dies führt zu einer Schlechterstellung der Personengesellschaften gegenüber den Kapitalgesellschaften, weil bei (gewillkürtem) negativen Sonderbetriebsvermögen keine Möglichkeit besteht, die mit diesem im Zusammenhang stehenden Schulden abzuziehen.[860]

Eine vermögensmäßige Beteiligung an einer Personengesellschaft von 25 % oder weniger wird im Gegensatz zu einer quotal entsprechenden Beteiligung an einer Kapitalgesellschaft nicht als schädliches Verwaltungsvermögen qualifiziert. Solche Gesellschafter können jederzeit frei über ihre Beteiligung verfügen. Die Umschichtung von Kleinstbeteiligungen löst weder im Zeitpunkt der Übertragung noch zukünftig erbschaft- und schenkungsteuerlich negative Folgen aus. Demgegenüber müssen die Minderheitsgesellschafter einer Kapitalgesellschaft mit anderen Gesellschaftern Poolvereinbarungen schließen, damit diese Anteile nicht als Verwaltungsvermögen qualifiziert werden, gelingt dies nicht, so kann die Folge das Nichtbestehen des Verwaltungsvermögenstests sein.[861] Das Bundesverfassungsgericht hat in seinem Beschluss vom 7.11.2006 zwar angedeutet, es sei „nicht unplausibel", wenn der Gesetzgeber den Erwerb von Anteilen an Personengesellschaften stets, den Erwerb von Kapitalgesellschaften nur dann begünstigt, wenn der Veräußerer mit mehr als 25 % am Kapital der Gesellschaft beteiligt ist und hat sich dabei auf die Sperrminorität bei satzungsändernden Beschlüssen gestützt.[862] Gleichwohl ist zu beachten: Ein Kommanditist einer GmbH & Co. KG hat bei einer Beteiligung von 1 % keinerlei Einfluss auf unternehmerische Entscheidungen, kann aber die Verschonungsregelungen nach § 13b Abs. 1 Nr. 2 ErbStG nutzen. Obwohl die Situation mit einem 1 %-Gesellschafter einer GmbH vergleichbar ist, wird über die Mindestbeteiligungs-

858 BVerfGE 127, 224, 250 mit Verweis auf BVerfGE 116, 164, 198f.
859 Siehe dazu bereits oben unter Kapitel 4, C. V. 2. a).
860 Siehe dazu bereits oben unter Kapitel 4, C. V. 2. a).
861 *Balmes/Felten,* FR 2009, 258, 265.
862 BVerfGE 117, 1, 63.

quote hier eine Begünstigung ausgeschlossen, § 13b Abs. 1 Nr. 3 ErbStG.[863] Damit werden Anteilseigner einer Kapitalgesellschaft mit Beteiligungen unter 25 % gegenüber den an einer Personengesellschaft beteiligten Gesellschaftern ungleich behandelt.

Es kommt somit auch innerhalb des unternehmerischen Vermögens zu Systembrüchen und damit zu Verstößen gegen die folgerichtige Ausgestaltung der Belastungsgrundentscheidung einer rechtsformneutralen Besteuerung im Erbschaft- und Schenkungsteuergesetz.

f) Zwischenergebnis zur Geeignetheit des Mittels

Während sich die Lohnsummenklausel in Kombination mit den Behaltensfristen und Nachversteuerungsregelungen als Mittel zur Erreichung der gesetzgeberischen Zwecke als geeignet erweisen, genügt die Auflage der Einhaltung einer bestimmten Verwaltungsvermögensquote nach § 13b Abs. 2 ErbStG aus den genannten Gründen diesen Anforderungen nicht. Es kann weder die grundsätzliche Behandlung des Verwaltungsvermögens überzeugen, noch hat der Gesetzgeber eine sachgerechte Abgrenzung zwischen verschontem und unproduktivem Vermögen getroffen. Durch die Rückausnahmen gem. § 13b Abs. 2 Nr. 1 c und d ErbStG vom Verwaltungsvermögen werden unter Verstoß gegen den Gleichheitssatz bestimmte Unternehmen in die Begünstigung einbezogen, obwohl sie nicht primär dem Ziel des Erhalts von Arbeitsplätzen unter der Fortführung des Unternehmens dienen. Die Nichtabziehbarkeit von im Zusammenhang mit dem Verwaltungsvermögen stehenden Verbindlichkeiten wird zudem nicht durch eine Härtefallregelung abgemildert und kann den Systembruch innerhalb des unternehmerischen Vermögens daher nicht rechtfertigen. Auch wenn man bei der Verwaltungsvermögensquote grundsätzlich den Typisierungsspielraum des Gesetzgebers berücksichtigen muss,[864] wirkt die Aussonderung des Verwaltungsvermögens einer gleichheitsgerechten Ausgestaltung auch dann entgegen, wenn der Erbe die Verwaltungsvermögensquote aus von ihm nicht zu vertretenen Gründen nicht einhalten kann.

3. Geeignetheit

Neben der Restriktion durch die Verwaltungsvermögensquote, die sich als legitimer Zweck grundsätzlich nicht geeignet erweist, sind als weitere Auflagen jedoch die Lohnsummenklausel, die Behaltensfristen und die Nachversteuerungsregelung auf ihre Geeignetheit zu überprüfen. Die Lohnsummenklausel und die

---

863 *Piltz,* DStR 2010, 1913, 1920; *Crezelius,* DStR 2007, 415, 418; sowie ausführlich zu dieser Problematik unter Kapitel 4 VII. 2.

864 Siehe dazu ausführlich unter Kapitel 4 VII. 1.

Behaltensfristen müssten also dazu führen, die vom Gesetzgeber mit ihnen verfolgten Ziele, der Sicherstellung der Fortführung von Unternehmen und des Arbeitsplatzerhalts sowie der Rückgängigmachung von Ungleichbehandlungen durch Nachversteuerung zu gewährleisten.

Mit dem Argument der Sicherung von Arbeitsplätzen kann nicht jede steuerrechtliche Maßnahme gerechtfertigt werden. Zwar steht hinter jedem Arbeitsplatz bzw. hinter jedem Verlust eines Arbeitsplatzes ein Einzel- und Familienschicksal. Weitgehende Vollbeschäftigung ist auch ein erstrebenswertes Ziel, diese kann aber nicht allein über das Erbschaftsteuerrecht gelöst werden.[865] Der Gesetzgeber hat bei diesem Ziel auch nicht festgelegt, ob hierfür die mikro- oder die makroökonomische Betrachtungsweise gewählt wird. Es ist aber davon auszugehen, dass die Arbeitsplätze eines Einzelbetriebs und nicht bundesweit gesamtwirtschaftlich Stellen gesichert werden sollen, da gerade ein Interesse an der Fortführung einzelner (Familien-)Unternehmen besteht. Der Gesetzgeber hat damit offenbar in besonderem Maße eine mikroökonomische Betrachtungsweise im Auge.

Die Verschonungsregelungen können auch Unternehmererben in Anspruch nehmen, die überhaupt keine oder kaum Arbeitnehmer beschäftigen. In Betracht kommen hier z. B. verpachtete landwirtschaftliche Betriebe oder die sog. Wohnungsunternehmen; ein bestimmtes Verhältnis zwischen der Höhe der Steuerbefreiung und der Zahl der gesicherten Arbeitsplätze hat der Gesetzgeber nicht vorausgesetzt.[866] Die Begünstigung kann zudem gerade den Betrieben zu Gute kommen, deren wirtschaftliche Lage stabil ist (die die Steuerbelastung also hätten schultern können); entwickelt sich das Geschäft dann aber innerhalb des Überwachungszeitraums schlecht, führen betrieblich erforderliche Entlassungen zu einer erheblichen Nachversteuerung und damit erst recht zur Gefährdung der noch vorhandenen Arbeitsplätze.[867] Werden dem Erben eines Vermietungsunternehmens mit einem wirtschaftlichen Geschäftsbetrieb auch Gebäude mit gemischter Nutzung vererbt, bei dem die begünstigten Werte von Wohnungen und Nicht-Wohnungen etwa die Hälfte ausmachen, kann der Eigentümer erbschaftsteuerlich veranlasst werden, einem solventen und eine hohe Miete zahlenden Gewerbetreibenden zu kündigen, damit das Überwiegen der Vermietung von Wohnungen hergestellt werden kann. Die Arbeitsplätze der vom Eigentü-

865 *Crezelius,* in: FS Solms, S. 213, 222.

866 *Spiegelberger/Wartenburger,* ErbStB 2009, 98, 102 mit Verweis auf *Viskorf,* FR 2007, 624, 628.

867 *Spiegelberger/Wartenburger,* ErbStB 2009, 98, 102.

mer beschäftigten Verwaltungsangestellten werden dadurch u. U. sogar unsicherer.[868] Die Lohnsummenklausel des § 13a Abs. 4 ErbStG kann zudem auch zu negativen Anreizen führen, in dem der Personalbestand vor dem Generationswechsel abgebaut oder heruntergefahren wird und die Arbeit an Zeitarbeits- oder andere Dienstleistungsunternehmen ausgelagert wird.[869]

Unter die weite Definition der Lohnsummenklausel fallen zudem auch Vergütungen an Personen, die nicht typischerweise Arbeitnehmer oder Angestellte des Unternehmens sind, sondern eine Eigentümerposition inne haben, wie beispielsweise Gesellschafter-Geschäftsführer oder der Kommanditist, der im Rahmen seiner Mitunternehmerschaft einen gesonderten Arbeitsvertrag abgeschlossen hat.[870] Dies sind jedoch Unebenheiten, die dem Gesetzgeber im Rahmen seines Typisierungsspielraums zugestanden werden müssen.

Das von der Regierung geförderte Instrument der Kurzarbeit[871] zur Förderung konstanter Beschäftigung und damit dem Erhalt und der Sicherung von Arbeitsplätzen kann zudem der Anwendung des Verschonungsabschlags durch Verletzung der Lohnsummenklausel des § 13a Abs. 4 ErbStG entgegenwirken.[872] Die Einhaltung der Lohnsumme als Voraussetzung einer Steuerverschonung kann in der Rezession unerreichbar sein, wenn der Unternehmer Kurzarbeit einführen muss und teilweise Entlassungen für das Überleben des Unternehmens unumgänglich sind. Als Folge können der Wegfall der erbschaftsteuerlichen Begünstigungen und eine Nachversteuerung mit zumindest indirekter[873] zusätzlicher Belastung für das Unternehmen drohen.[874] Die Einhaltung der Fristen von fünf bzw. sieben Jahren des § 13a Abs. 5 ErbStG bergen in der Praxis die Gefahr, wichtige Strukturentscheidungen bei Änderungen auf dem Markt infolge von schnellen Entwicklungen oder wirtschaftlichen Krisen verhindern und setzen damit die Fortführung des Unternehmens aufs Spiel.[875] Die Lohn-

868 *Lang,* FR 2010, 49, 56.

869 *Seer,* GmbHR 2009, 225, 234.

870 So die Kritik von *Söffing,* ErbStB 2009, 48, 51.

871 So insbesondere zuletzt in der – allerdings bis zum 31.12.2010 befristeten – Änderung des SGB III, § 421 t, Gesetz zur Sicherung von Beschäftigung und Stabilität in Deutschland, BGBl I, S. 416.

872 *Stiller,* ZErb 2010, 133, 134.

873 Zwar wird im Regelfall nicht das Unternehmen selbst mit Erbschaftsteuer belastet, sondern der Unternehmer. Jedoch muss gerade in inhabergeführten kleineren und mittleren Unternehmen im Falle einer Nachversteuerung die hierfür erforderliche Liquidität oft dem Unternehmen entzogen werden.

874 *Stiller,* ZErb 2010, 133, 137.

875 *Seer,* GmbHR 2009, 225, 235.

summenklausel kann auch negative Anreize geben und durch Gestaltungen umgangen werden.

Unter die weite Definition der Lohnsummenklausel fallen zudem auch Unternehmen, die kaum oder nur sehr wenige Arbeitnehmer beschäftigen und es werden auch die Vergütungen an Personen erfasst, deren Arbeit nicht primär dem Ziel des Erhalts und der Sicherung von Arbeitsplätzen, sondern ihrer Eigentümerposition dient. Diese atypischen Fälle allein dementieren jedoch noch nicht die Geeignetheit des Lenkungsmittels. Der Gesetzgeber ist nicht verpflichtet, allen Besonderheiten jeweils durch Sonderregelungen Rechnung zu tragen. Die gesetzlichen Verallgemeinerungen müssen jedoch auf eine möglichst breite, alle betroffenen Gruppen und Regelungsgegenstände einschließende Beobachtung gestützt werden.[876] Es muss den Begünstigten also grundsätzlich möglich sein, die Lohnsummenklausel einzuhalten. Ist diese Voraussetzung für eine bestimmte Gruppe nicht gegeben, so ist dies kein atypischer Fall, sondern ein Verstoß gegen die Geeignetheit.

Der Erwerber hat auf die Lohnsumme dann keinen Einfluss, wenn er Gesellschaftsanteile erwirbt, die ihm keine beherrschende Stellung vermitteln. Dies kann insbesondere dann der Fall sein, wenn er Minderheitsgesellschafter wird, ohne dass dies durch gesellschaftsrechtliche Stimmrechtsregelungen ausgeglichen wird.[877] In derartigen Fällen hat er keinen entscheidenden Einfluss auf die von ihm einzuhaltende Lohnsummenklausel.

Beispiel: Eine GmbH mit vier Gesellschaftern, von denen A durch Erbfall einen Anteil von 26 % erhalten hat, stellt Strümpfe her. Die übrigen Gesellschafter beschließen, wesentliche Teile der Produktion und damit viele Arbeitsplätze nach Asien zu verlagern, weil sich der Betrieb in Deutschland nicht mehr lohnt. Gesellschafter A hat mit seinem 26 %-igen Anteil keine Chance, sich gegen den Abbau von Arbeitsplätzen (in Deutschland) zu wehren und kann daher die Lohnsummenklausel nicht einhalten.

Hat der Erwerber begünstigten Vermögens jedoch keine Möglichkeit, auf die Lohnsumme einzuwirken und sie einzuhalten, kann das Ziel der Sicherung von Arbeitsplätzen überhaupt nicht erreicht werden. Es gibt in dem geschilderten Fall auch keine Härtefallklauseln. Die Gruppe der Minderheitsgesellschafter hat der Gesetzgeber bei der Ausgestaltung der Lohnsummenklausel nicht in sei-

---

876 BVerfGE 122, 210, 232 mit Verweis auf BVerfGE 84, 348, 359; BVerfGE 87, 234, 255; BVerfGE 96, 1, 6.

877 *Geck,* in: Kapp/Ebeling, Erbschaftsteuer- und Schenkungsteuergesetz, Kommentar, § 13a, Rn. 42.

ne Überlegungen mit einbezogen. Die Gruppe der Minderheitsgesellschafter bildet auch keinen atypischen Fall, den der Gesetzgeber vernachlässigen kann. Dass er die Problematik des Minderheitsgesellschafters gesehen hat, zeigt sich bei der Schaffung der Poolvereinbarung in § 13b Abs. 1 Nr. 3 S. 2 ErbStG: Hier wollte der Gesetzgeber gerade auch für Erwerber von Beteiligungen an Kapitalgesellschaften unter 25 % die Möglichkeit schaffen, die Begünstigungsregelungen durch Poolverträge nutzen zu können. Im Zusammenhang mit der Einhaltung der Lohnsummenklausel hat er für die Erwerber von Anteilen, die ihm keine beherrschende Stellung vermitteln, jedoch keine Ausnahmeregelungen geschaffen. Dann sind die Lohnsummenklausel gem. § 13a Abs. 1 S. 2 und 5, Abs. 8 Nr. 1 ErbStG in Kombination mit den Behaltensfristen und den Nachversteuerungsregelungen gem. § 13a Abs. 5 ErbStG jedoch nicht geeignet, die gesetzgeberischen Ziele zu erreichen.

4. Zwischenergebnis

Als Zwischenergebnis zur Analyse der Restriktionen und Auflagen im Hinblick auf die Folgerichtigkeit lässt sich festhalten: Weder ist die Verwaltungsvermögensquote grundsätzlich geeignet als legitimer Zweck, noch sind die Lohnsummenklausel in Kombination mit den Behaltensfristen sowie anschließender Nachversteuerung geeignet. Damit können die Restriktionen und Auflagen den Verstoß der Begünstigungsregelungen gegen das Folgerichtigkeitsgebot als Rückausnahmen eines Lenkungszwecks nicht rechtfertigen. Der Rechtfertigungsgrund der Förderungs- und Lenkungszwecke als Ausnahme von der folgerichtigen Ausgestaltung der Ausgangsentscheidung Erbanfallsteuer überzeugt somit nicht. Als weitere Rechtfertigungsgründe kommen jedoch der Systemwechsel bzw. eine neue Systementscheidung und die Typisierungsbefugnis des Gesetzgebers in Betracht.

VI. Systemwechsel oder neue Systementscheidung?

Der Gesetzgeber hat im Erbschaftsteuergesetz auf der zweiten Stufe durch die Möglichkeit einer nahezu vollständigen Verschonung des betrieblichen Vermögens im Falle der Fortführung eines Unternehmens von seinem Entscheidungsspielraum weiten Gebrauch gemacht. Es stellt sich somit die Frage, ob die unterschiedliche Behandlung von unternehmerischem Vermögen im Vergleich zu Privatvermögen eine zweite grundlegende Systementscheidung auf der zweiten Stufe nach der ersten Systementscheidung der grundsätzlich einheitlichen Bewertung zu Verkehrswerten (erste Stufe) ist. Denn die Möglichkeit eines Systemwechsels oder einer grundlegend neuen (zweiten) Systementscheidung steht dem Gesetzgeber jederzeit offen.

Für eine neue Systementscheidung der grundsätzlichen Begünstigung des unternehmerischen Vermögens gegenüber den anderen Vermögensarten könnte die völlige Neustrukturierung der §§ 13a, 13b und 19a ErbStG sprechen. Einen zulässigen Systemwechsel kann es jedoch ohne ein Mindestmaß an konzeptioneller Neuorientierung nicht geben. Dies gilt insbesondere dann, wenn bei im Übrigen unveränderten Grundentscheidungen eine von diesen abweichende Belastungsentscheidung lediglich in einem schmalen Teilbereich mit der Behauptung eines Systemwechsels begründet wird.[878] Bereits im alten Erbschaftsteuergesetz gab es zahlreiche Begünstigungen für Betriebsvermögen, so konnte der Erbe von unternehmerischen Vermögen zusätzlich zu der nach den Buchwerten günstigeren Bewertung einen Unternehmensfreibetrag i. H. v. 225.000 € sowie einen Wertabschlag i. H. v. 35 % in Anspruch nehmen. Er unterlag zudem der günstigen Steuerklasse I. Ein weiterer Vorteil dieser (damaligen) Unternehmensbegünstigungen war die Möglichkeit der Anwendung der Begünstigungen nach Wahl für jede Art von Vermögen, auch für nichtunternehmerisches Vermögen. Dies erfolgte durch die ertragsteuerliche Zuordnung solchen Vermögens zu unternehmerischem Vermögen, insbesondere durch Einlage in eine gewerblich geprägte Personengesellschaft oder eine Kapitalgesellschaft.[879] Die vorhandenen Ungleichbehandlungen zwischen den Vermögensarten resultierten zwar im Wesentlichen aus der Bewertung mit dem Steuerwert, die in bestimmten Fällen dazu führte, aus einem wirtschaftlichen Positivvermögen steuerlich ein so genannten Negativerwerb zu machen.[880] Die Bewertungsunterschiede waren auch rechtsformabhängig und führten zu (völlig) unterschiedlichen Belastungswirkungen, je nachdem ob die Rechtsform der Personen- oder Kapitalgesellschaft gewählt wurde. Zusätzliche Vorteile für Betriebsvermögen brachte jedoch insbesondere der Schuldenabzug: So waren Schulden als Teil des Betriebsvermögens komplett abzugsfähig und Vermögen mit wirtschaftlich positivem Wert konnte steuerlich als Negativvermögen auszuweisen sein.[881]

Die neuen Verschonungsregeln des Erbschaftsteuergesetzes können u. U. zu einer völligen Freistellung des Steuerpflichtigen von der Erbschaftsteuerzahlung führen, wenn der Erbe des Unternehmens dieses für eine bestimmte Zeit fort-

878 BVerfGE 122, 210, 243.

879 Siehe dazu *Piltz,* in: FS Schaumburg, S. 1057, 1060.

880 *Piltz,* in: FS Schaumburg, S. 1057, 1059.

881 *Piltz,* in: FS Schaumburg, S. 1057, 1060.

führt und zudem bestimmte Voraussetzungen einhält. Der Gesetzgeber hat die früher günstigere Bewertung von Unternehmen zu Buchwerten im neuen Erbschaftsteuergesetz somit durch die Verschonungsregelungen kompensiert. Zudem wird nicht „jedes" unternehmerische Vermögen begünstigt, sondern bestimmtes, vom Gesetzgeber als „gutes" qualifiziertes Betriebsvermögen. So wird das Verwaltungsvermögen, welches – nach Auffassung des Gesetzgebers – in erster Linie der weitgehend risikolosen Renditeerzielung dient und in der Regel weder die Schaffung von Arbeitsplätzen, noch zusätzliche volkswirtschaftliche Leistungen bewirkt,[882] von den Verschonungsregeln ausgenommen. Auch im alten Erbschaftsteuerrecht waren insbesondere die Erben von Betriebsvermögen begünstigt – Erben von Privatvermögen konnten keinen Unternehmensfreibetrag und Wertabschlag in Anspruch nehmen. Problematisch bleibt auch im neuen Erbschaftsteuerrecht die nicht durchgängige Gewährleistung der Rechtsformneutralität, was zu Belastungsunterschieden der Besteuerung von Personen- und Kapitalgesellschaften führt.[883] Auch im neuen Erbschaftsteuerrecht sind Schulden, die im Zusammenhang mit dem Betriebsvermögen stehen, uneingeschränkt abziehbar. Besonders nachteilig wirkt sich jedoch die Nichtabziehbarkeit von Schulden aus, die im Zusammenhang mit dem Verwaltungsvermögen stehen – auch nach neuem Recht kann somit produktives Vermögen mit Erbschaftsteuer belastet sein, obwohl es eigentlich entlastet werden müsste. Durch die Schaffung des Verwaltungsvermögens und der Möglichkeit, Vermögen innerhalb des Unternehmens umzuschichten, treten zum Teil ähnliche Effekte wie im alten Erbschaftsteuerrecht ein: An sich unproduktives Vermögen wird doch begünstigt und produktives Vermögen, welches dem Erhalt oder der Schaffung von Arbeitsplätzen dient, ist von den Entlastungsregelungen ausgenommen. Auch wenn diese Wirkungen im neuen Recht nicht mehr über die Bewertung zu Steuerwerten, sondern über die Ausgestaltung der Entlastungsregelungen erzielt werden, hat sich die besondere Stellung des Betriebsvermögens nicht verändert. Es wird somit keine abweichende Belastungsentscheidung begründet.

Die Verschonungs- und Begünstigungskonzeption der §§ 13a, 13b und 19a ErbStG ist somit keine neue Systementscheidung – der Gesetzgeber setzt hier vielmehr seine schon früher verfolgten Ziele der besonderen Förderung von Unternehmen und dem Erhalt von Arbeitsplätzen fort.[884] Dies hatten auch schon die Regelungen zum alten Erbschaftsteuergesetz zur Folge. Dies reicht nicht für

882 Vgl. BT-Drs. 16/7918, S. 36; in den Vorentwürfen als nichtproduktives Vermögen bezeichnet, z. B. BT-Drs. 15/5555, S. 7.

883 Siehe dazu bereits unter Kapitel 4 V. 2. e).

884 Siehe hierzu schon die im Jahr 1995 angeführte Begründung in BVerfGE 93, 165, 175f.

die Annahme eines Systemwechsels bzw. die Begründung eines völlig neuen Systems. Die Ausgestaltung der Verschonungsregelungen der §§ 13a, 13b und 19a ErbStG zeigt somit nicht jenes Mindestmaß an konzeptioneller Neuorientierung, welches für einen Systemwechsel oder eine grundlegend neue Zuordnungsentscheidung zu fordern ist. Der Verstoß der Begünstigungsregelungen gegen das Gebot der folgerichtigen Ausgestaltung der Erbschaftsteuer als Erbanfallsteuer bleibt somit bestehen.

VII. Typisierungsbefugnis

Neben außerfiskalischen Förderungs- und Lenkungszwecken und einem grundlegenden Systemwechsel bzw. einer neuen Systementscheidung kann die Ungleichbehandlung und mangelnde Folgerichtigkeit bei der Ausgestaltung der Betriebsvermögensbegünstigungen jedoch auch durch die Typisierungsbefugnis des Gesetzgebers bzw. zur Missbrauchsabwehr sachlich gerechtfertigt sein.

Der Rechtfertigungsgrund der Missbrauchsabwehr und der Typisierungsbefugnis sind eng miteinander verknüpft.[885] Von einer Typisierung spricht man, wenn der Gesetzgeber auf eine vollständige Realisierung des Regelungszwecks verzichtet, indem er an Tatbestandsmerkmale anknüpft, die nicht zwingend, sondern nur typischerweise mit dem angestrebten Regelungszweck in Beziehung stehen.[886] Typisierung bedeutet nach Auffassung des Bundesverfassungsgerichts, bestimmte in wesentlichen Elementen gleich geartete Lebenssachverhalte normativ zusammenzufassen. Der Gesetzgeber dürfe sich dabei grundsätzlich am Regelfall orientieren und Besonderheiten des Einzelfalls oder ganzer Gruppen vernachlässigen.[887] Die Verallgemeinerung müsse allerdings realitätsgerecht sein, weshalb ein atypischer Fall nicht Leitbild sein könne. Diese Anforderungen an die Entscheidungsfindung erfordern eine ordnungsgemäße empirische Grundlage für die Abwägung des Gesetzgebers, die von einer möglichst breiten, alle betroffenen Gruppen und Regelungsgegenstände einschließenden Beobachtung auszugehen hat.[888]

Eine steuerliche Typisierung wird hingenommen, wenn sie nur geringfügig ist oder nur in besonderen Fällen zu einer sachlichen Ungleichbehandlung

885 *Drüen,* StuW 2008, 3, 13.

886 *Tetens,* Verfassungsmäßigkeit der Besteuerung des Betriebsvermögens, S. 60.

887 BVerfGE 99, 280; BVerfGE 117, 1.

888 *Breinersdorfer,* DStR 2010, 2492, 2496 mit Verweis auf BVerfGE 122, 210f.

führt[889]; dabei kann im Einzelfall ein Ausgleich durch Härteregelungen von Verfassungs wegen geboten sein, um einen ungewollten Überhang des gesetzlichen Steuertatbestandes zu korrigieren.[890] Die wirtschaftlich ungleiche Wirkung auf die Steuerzahler darf allerdings ein gewisses Maß nicht übersteigen. Vielmehr müssen die steuerlichen Vorteile der Typisierung im rechten Verhältnis zu der mit der Typisierung notwendig verbundenen Ungleichheit der steuerlichen Belastung stehen.[891] Das Bundesverfassungsgericht hat den Gesichtspunkt der Vereinfachung der Verwaltungstätigkeit vielfach als Rechtfertigungsgrund für eine Typisierung und Pauschalisierung anerkannt.[892] Die wesentliche Funktion der Typisierung im Steuerrecht ist jedoch die Entlastung des Rechtsanwenders im Massenfallrecht.[893]

Im Erbschaftsteuergesetz hat der Gesetzgeber an mehreren Stellen Typisierungen vorgenommen. So stellt beispielsweise auch die Grundannahme des Gesetzgebers, dass produktives Vermögen zur Erhaltung und Sicherung von Arbeitsplätzen einen größeren Beitrag leistet als unproduktives Vermögen eine Typisierung dar. Um den Rahmen dieser Arbeit nicht zu sprengen, sollen im Folgenden zwei zentrale Typisierungsfälle aus der Verschonungskonzeption daraufhin untersucht werden, ob sie einen eigenen Rechtfertigungsgrund für den Verstoß gegen das Folgerichtigkeitsgebot bilden.

---

889 BVerfGE 13, 331, 341; BVerfGE 21, 12, 27.

890 BVerfGE 43, 1, 12; BVerfGE 48, 102, 115ff.; BVerfGE 50, 57, 86.

891 Vgl. BVerfGE 110, 274, 292; BVerfGE 117, 1, 31; sowie BVerfGE 96, 1, 6; BVerfGE 99, 280, 290; BVerfGE 105, 73, 127; BVerfGE 116, 164, 182f.; BVerfGE 120, 1, 30.

892 Vgl. BVerfGE 63, 119, 128; BVerfGE 84, 348, 364; BVerfGE 122, 210, 232f. m. w. N.

893 Vgl. *Isensee,* Die typisierende Verwaltung, S. 52; *Lang,* in: Tipke/Lang, Steuerrecht, § 4, Rn. 132.

1. Typisierung der Verwaltungsvermögensgrenze

Der Verschonungsabschlag des § 13a Abs. 1 ErbStG wird nach § 13b Abs. 2 ErbStG gänzlich versagt, wenn das Verwaltungsvermögen die Grenze von 50 % (bzw. 10 % nach § 13a Abs. 8 Nr. 4 ErbStG im Fall des sog. Optionsmodells) übersteigt. Hierbei handelt es sich um eine Typisierung, die der Rechtfertigung bedarf.[894] Da die Verwaltungsvermögensquote als legitimes Mittel grundsätzlich nicht geeignet ist,[895] soll nun unterstellt werden, sie wäre insgesamt angemessen. Dann muss der Gesetzgeber bei der Typisierung als eigenem Rechtfertigungsgrund für den Systembruch ebenfalls bestimmte Anforderungen erfüllen.

a) *Zur Typisierung grundsätzlich geeignete Ziele*

Die Verwaltungsvermögensgrenze des § 13b Abs. 2 ErbStG soll diejenigen unerwünschten steuerlichen Gestaltungen, bei denen das Vermögen, welches in erster Linie der weitgehend risikolosen Renditeerzielung im Rahmen einer Vermögensverwaltung dient und damit i. d. R. weder der Schaffung von Arbeitsplätzen, noch zusätzliche volkswirtschaftliche Leistungen bewirkt,[896] von der Betriebsvermögensbegünstigung ausschließen. Der Gesetzgeber verfolgt damit legitime und auch zur Rechtfertigung von Typisierungsregelungen grundsätzlich geeignete Ziele.[897] Hiermit korrespondieren auch die §§ 11 Abs. 2 S. 4, 200 Abs. 2 BewG, die das nicht betriebsnotwendige Vermögen von der Gesamtbewertung ausnehmen, denn dieses Vermögen leistet zum Ergebnis des operativen Unternehmens keinen Beitrag.[898]

b) *Vereinfachungszwecke*

Die 50 %-Grenze müsste jedoch weiterhin der Vereinfachung dienen. Der Gesetzgeber könnte mit dieser Grenze die Absicht gehabt haben, den Aufwand vermeiden zu wollen, bei jedem (zunächst nach den Verschonungsregeln begünstigtem) Unternehmer das Verwaltungsvermögen genauer heraus zu rechnen. Eine Möglichkeit wäre gewesen, das Verwaltungsvermögen von der Begünstigung ganz auszuschließen und nur das Vermögen, welches nicht Verwaltungs-

894 *R. Birnbaum,* Die Begünstigung unternehmerischen Vermögens, S. 131.

895 Siehe dazu bereits oben unter Kapitel 4 V. 2. f).

896 BT-Drs. 16/7918, S. 35f.; zum Verwaltungsvermögen siehe bereits unter Kapitel 4 IV. 1.

897 Zur grundsätzlichen Geeignetheit als legitimer Zweck siehe dazu bereits oben unter Kapitel 4 V.

898 *Hübner,* Ubg 2009, 1, 6.

vermögen ist, in die Begünstigung einzubeziehen.[899] Da der Gesetzgeber diesen Weg jedoch nicht gegangen ist, muss festgestellt werden, ob die Begrenzung auf 50 % gegebenenfalls doch Vereinfachungszwecken dient.

Gegen eine Vereinfachung sprechen die vier verschiedenen Betriebsvermögenskategorien, die sich teilweise überschneiden: notwendiges Betriebsvermögen, gewillkürtes Betriebsvermögen, nicht betriebsnotwendiges Vermögen (§ 200 Abs. 2 BewG) und schließlich Verwaltungsvermögen. Dies kann eine langfristige Planung des Vermögensübergangs und der Struktur des Vermögens bewirken, um begünstigt übertragen zu können. Die Verwaltungsvermögensquote in § 13b Abs. 2 ErbStG führt in bestimmten, nicht nur atypischen (Einzel-) Fällen zu einer Strukturierung mit einem hohen Unternehmenswert, damit das Verwaltungsvermögen die Grenze von 50 % sicher unterschreitet und der 85 %-ige Verschonungsabschlag genutzt werden kann. In diesem Fall wird eine höhere Unternehmensbewertung im Ergebnis zu einer deutlich niedrigeren Erbschaft- und Schenkungsteuer führen.[900] Ein weiterer Aspekt ist dann jedoch der Anstieg der latenten Steuerlast für den Fall einer späteren Nachversteuerung.[901]

Die Abgrenzung zwischen den Wirtschaftsgütern, die als nicht betriebsnotwendig der Einzelbewertung nach § 200 Abs. 2 BewG unterliegen und den Wirtschaftsgütern, die dem Verwaltungsvermögen zugeordnet werden, erfolgt zudem nicht nach den gleichen Kriterien. Eine Typisierung wird nur im Bereich des Verwaltungsvermögens vorgenommen. So könnten einzelne Wirtschaftsgüter zwar nicht betriebsnotwendig sein, dies führt jedoch nicht zwangsläufig zu einer Zuordnung zum Verwaltungsvermögen. Auch die umgekehrte Qualifikation ist möglich: Es liegt zwar Verwaltungsvermögen vor, dieses beinhaltet aber auch Wirtschaftsgüter, die betriebsnotwendig sind.[902] So kann Betriebsvermögen rechnerisch zu mehr als 50 % aus Verwaltungsvermögen bestehen, auch wenn das Verwaltungsvermögen nur einen Bruchteil der Aktiva ausmacht.[903]

Die Einführung der Kategorie des Verwaltungsvermögens und die 50 %-Grenze führen nicht zu einer Vereinfachung. Eher wird gerade das Gegenteil

---

899 So *Meincke,* in: Kommentar zum Erbschaftsteuer- und Schenkungsteuergesetz, § 13b, Rn. 10.

900 *Seer,* GmbHR 2009, 225, 233.

901 *Schiffers,* DStZ 2009, 610, 611.

902 *Hübner,* Ubg 2009, 1, 8; in diese Richtung auch *Crezelius,* DStR 2007, 2277, 2280; *Balmes/Felten,* FR 2009, 258, 266.

903 Vgl. *Scholten/Korezkij,* DStR 2009, 147, 148.

von Vereinfachung erreicht, nämlich ein größerer Deklarationsaufwand für den einzelnen Steuerpflichtigen. Es geht dann nicht mehr darum, den Anteil des schädlichen Verwaltungsvermögens möglichst schnell und ohne Bürokratieaufwand festzustellen, sondern wie der Erwerber die Quote am besten einhalten kann. So wird dann das Ziel des Ausschlusses des Verwaltungsvermögens von der Begünstigung durch einen höheren Unternehmenswert umgangen. Dies entspricht nicht den mit einer Typisierung verbundenen Voraussetzungen der Vereinfachung.

c) *Beseitigung von Missbrauchsmöglichkeiten*

Wenn die 50 %-Grenze des § 13b Abs. 2 ErbStG schon keinen Vereinfachungszwecken dient, müsste sie jedoch zumindest bestehende steuerliche Missbrauchsmöglichkeiten beseitigen. Zwar zwingt der Gleichheitssatz den Gesetzgeber – auch unter dem Gesichtspunkt der Folgerichtigkeit – nicht, alle Missbrauchsbekämpfungsnormen gleich auszugestalten. Ein zu weit reichender Anwendungsbereich einer belastenden und benachteiligenden Missbrauchsbekämpfungsnorm, die offensichtlich auch in Konstellationen eingreifen kann, bei denen es überhaupt nicht zum Missbrauch oder zur Umgehung kommen konnte, lässt sich jedoch nicht mehr mit dem Hinweis auf eine entgegenstehende Praktikabilität rechtfertigen.[904]

Einerseits wird die Vorschrift des § 13b Abs. 2 S. 2 Nr. 3 ErbStG als überzeugend gelobt: Denn durch die Aussonderung von Beteiligungen an Personengesellschaften sowie Anteilen an Kapitalgesellschaften von mehr als 25 % (wenn bei diesen Gesellschaften selbst das Verwaltungsvermögen mehr als 50% beträgt) als Verwaltungsvermögen werde die Transparenz von unmittelbaren sowie mittelbaren Personen- und Kapitalgesellschaftsbeteiligungen sichergestellt. Zudem beuge diese Vorschrift Umgehungsgestaltungen vor, mit denen Verwaltungsvermögen in Tochter- oder Enkelgesellschaften verschoben wird. Die Verwaltungsvermögensgrenze von 50 % könne durch Einbringungen von Verwaltungsvermögen in breit gefächerte Konzernstrukturen nicht umgangen werden.[905]

Andererseits wird auf die Möglichkeit, Betriebsvermögen zu willküren, hingewiesen: Ab Mitte der 90er-Jahre, d. h. mit dem Inkrafttreten der alten Begünstigungsregelung für Produktivvermögen (§ 13a ErbStG a.F.), wurde häufig Pri-

---

904 *Wernsmann/Desens,* DStR 2008, 221, 228.

905 *Viskorf,* in: Viskorf/Glier/Hübner/Knobel/Schuck, Erbschaftsteuer- und Schenkungsteuergesetz, Bewertungsgesetz, Kommentar, § 13b ErbStG, Rn. 186.

vatvermögen insbesondere in Form von Immobilien, im Rahmen einer Betriebsoption dem sog. gewillkürten Betriebsvermögen zugeordnet. Hierbei wurde durch die Rechtsform der GmbH & Co. KG Privatvermögen aufgrund der Abfärbetheorie des § 15 Abs. 3 EStG zu Betriebsvermögen umfunktioniert.[906] Die Verwaltungsvermögensgrenze des § 13b Abs. 2 ErbStG wird angesichts dieser früher üblichen Gestaltungsmodelle daher auch als Missbrauchsverhinderungsvorschrift angesehen.[907]

Die bis zur Erbschaftsteuerreform bestehende Möglichkeit der Nutzung gewerblich geprägter Personengesellschaften zur steuerbegünstigten Übertragung von Privatvermögen kann nach der Neufassung des Erbschaft- und Schenkungssteuergesetzes aber nun in modifizierter Form fortgeführt werden, wenn ein originär gewerblicher Betrieb mit einem gem. § 13b Abs. 2 ErbStG maximal zulässigem Maß an Verwaltungsvermögen aufgefüllt wird.[908] Weitere Gestaltungsmöglichkeiten bestehen auch für Immobilieneigentümer, wenn sie sich zu Vermietungsgesellschaften zusammenschließen, die nicht mehr vermögensverwaltend, sondern in kaufmännisch eingerichteter Weise tätig werden und so die Verschonung des § 13b Abs. 2 S. 2 Nr. 1 d) ErbStG in Anspruch nehmen können.[909]

Zusammenfassend lässt sich somit sagen: Mit der Verwaltungsvermögensgrenze des § 13b Abs. 2 ErbStG können Missbrauchsfälle wie etwa die Einbringung von nicht produktivem Vermögen in eine gewerblich geprägte GmbH & Co. KG zwar grundsätzlich bekämpft werden. Es bestehen jedoch nach wie vor bestimmte Möglichkeiten, die Verwaltungsvermögensquote durch Gestaltungen zu umgehen. Die derzeitige Ausgestaltung der 50 %-Grenze genügt damit auch nicht den Anforderungen an die Vermeidung von Missbrauchsmöglichkeiten.

906 *Preißer,* in: Preißer/Rödl/u.a., Erbschaft- und Schenkungsteuergesetz, Kompakt-Kommentar, § 13a, § 13b, Kap. 4.2.1, S. 872.
907 *Sedemund/Strnad,* BB 2010, 2282, 2283 (mit genanntem Beispiel).
908 So jedenfalls *Kamps,* FR 2009, 353, 365.
909 *Spiegelberger/Wartenburger,* ErbStB 2009, 98, 102.

d) *Orientierung am Regelfall*

Die Verwaltungsvermögensquotenregelung des § 13b Abs. 2 ErbStG müsste sich dann jedoch zumindest in vertretbarer und plausibler Weise am Vorliegen von nicht produktivem Vermögen i. H. v. unter 50 % als Regelfall orientieren. Der Gesetzgeber muss somit von der Prämisse ausgegangen sein, bei vererbtem Betriebsvermögen diene regelmäßig weniger als die Hälfte der Vermögensgegenstände der risikolosen Vermögensverwaltung und damit nicht dem Erhalt von Arbeitsplätzen.

An dieser Abgrenzung wird jedoch folgender Umstand kritisiert: Ob Vermögen produktiv oder nicht produktiv ist, hängt nicht von der Vermögensart, sondern vom Einsatz des Vermögens ab.[910] So kann beispielsweise die Kapitalrücklage (diese kann z. B. Wertpapiere beinhalten, die gem. § 13b Abs. 2 Nr. 4 ErbStG nicht begünstigt sind) im Unternehmen produktiv sein, soweit sie der Finanzierung einer unternehmerischen Investition dient.[911] Eine vermögensartspezifische Typisierung könne bezogen auf den Begünstigungszweck nicht zu einer sachgerechten Abgrenzung führen. Denn es sei unmöglich, gutes und schlechtes Vermögen sauber zu trennen.[912]

Wenn aber eine saubere Trennung von produktivem und unproduktivem Vermögen nicht möglich ist, muss verstärkt die Einschätzungsprärogative des Gesetzgebers beachtet werden: Dieser hat sich aufgrund der schwierigen Abgrenzung der Vermögensarten dazu entschlossen, eine relativ hohe Typisierungsgrenze i. H. v. 50 % festzulegen. Dies ist im Rahmen des Folgerichtigkeitsgebots nicht zu beanstanden. Dennoch ist in einem weiteren Schritt zu untersuchen, ob mit der Grenze tatsächlich auch das Ziel der Förderung von mittelständischen Familienunternehmen und des Erhalts von Arbeitsplätzen erreicht wird.

Der Umfang des Verwaltungsvermögens und der Katalog der Rückausnahmen wurden im Laufe des Gesetzgebungsverfahrens wiederholt geändert. Im Rahmen der abschließenden parlamentarischen Beratungen wurden insbesondere die Rückausnahmen nochmals erheblich erweitert[913] und damit auch der Begriff des (schädlichen) Verwaltungsvermögens. Diese Rückausnahmen, die u. a.

---

910 So zutreffend *Hey,* JZ 2007, 564, 572; Beispiele bei *Hannes,* DStR 2006, 2058, 2060f.

911 *Hey,* JZ 2007, 564, 572; *Wachter,* Stbg 2006, 565, 572; *Seer,* StuW 2005, 353, 364ff.; ebenso *R. Birnbaum,* Die Begünstigung unternehmerischen Vermögens, S. 131.

912 *Hey,* JZ 2007, 564, 572; *Wachter,* Stbg 2006, 565, 572; *Seer,* StuW 2005, 353, 364ff.

913 BT-Drs. 16/11107, S. 13f.

auch für große Wohnungsunternehmen gelten (§ 13b Abs. 2 S. 2 Nr. 1d ErbStG), sprechen nicht für eine Orientierung der Grenze für Verwaltungsvermögen am Regelfall. Insbesondere dann, wenn man die Möglichkeit der Umschichtung von Verwaltungsvermögen innerhalb des Unternehmens berücksichtigt und zudem den Gesichtspunkt der Bewertung beachtet, von der abhängt, wie hoch der Unternehmenswert und im Verhältnis dazu das Verwaltungsvermögen ist. Dies zeigt deutlich, die Einhaltung der 50 %-Grenze kann reiner Zufall sein. Der Gesetzgeber hat hiermit nicht die Anforderungen an einen Regelfall eingehalten. Die Grenze ist vielmehr nicht folgerichtig und genügt den Anforderungen an eine gleichheitsgerechte Ausgestaltung nicht – es scheint vielmehr so, als ob der Gesetzgeber sich nicht anders zu helfen wusste, als so das nicht produktive Vermögen von den Begünstigungsregeln auszunehmen. Damit genügt er aber nicht den Anforderungen an eine zulässige Typisierung, insbesondere nicht der Orientierung am Regelfall.

e) *Geringfügige Belastungswirkung*

Die mit der Vorschrift verbundene Belastungswirkung ungleicher Behandlung darf regelmäßig nur geringfügig sein.[914]

Die Nichteinhaltung der 50 %-Grenze des § 13b Abs. 2 ErbStG hat zur Folge, dass das gesamte Betriebsvermögen als nicht produktiv qualifiziert wird und führt damit zum Ausschluss des Verschonungsabschlags des § 13a Abs. 1 ErbStG. Dies kann im Einzelfall zu einer sehr hohen Belastung mit Erbschaftsteuer führen, die sich durch die Anwendung der Steuersätze der Steuerklassen II und III des § 19 ErbStG (bis zu 50 %) noch erheblich verstärken kann. Zudem kann in den einzelnen Unternehmen eine sehr langfristige Planung und gegebenenfalls auch Umstrukturierung erforderlich sein, um einen Wert von unter 50 % des Verwaltungsvermögens zu erreichen. Die Verwaltungsvermögenstests verursachen zudem unverhältnismäßig hohe Bewertungskosten für die Unternehmen.[915] Insofern kann gerade nicht von nur einer geringfügigen Belastungswirkung für den von der Typisierung verfehlten Steuerpflichtigen gesprochen werden.

f) *Entstehung eines negativen Kaskadeneffekts*

Die Pauschalisierung der Verwaltungsvermögensgrenze könnte zudem zu einem negativen Kaskadeneffekt führen.[916] Bei Beteiligungsketten von Unternehmen gestaltet sich die Ermittlung des Verwaltungsvermögens deshalb als schwierig,

---

914 BVerfGE 127, 224, 262.

915 *Lang,* FR 2010, 49, 53.

916 In BVerfGE 127, 224, 263 offen gelassen, ob dieser Kaskadeneffekt entsteht.

weil auf jeder Ebene die Vermögensaufteilung unter Berücksichtigung des vorherigen Gliedes der Kette durchzuführen ist. Zum Verwaltungsvermögen gehören Beteiligungen an Gesellschaften, die wiederum mehr als 50 % Verwaltungsvermögen halten.[917] Dies kann zu einem negativen Kaskadeneffekt führen:

Beispiel[918]:

Die gesamte Beteiligung der O-GmbH wird übertragen. Diese ist zu 100 % an der M-GmbH beteiligt, die M-GmbH zu 100 % an der T-GmbH und diese jeweils zu 100 % an der E1-GmbH und der E2-GmbH. Alle Konzerngesellschaften sind operativ tätig.

Die Werte der Gesellschaften (jeweils ohne Berücksichtigung der Tochtergesellschaften) betragen für die O-GmbH 35 Mio. €, für die M-GmbH 18 Mio. €, für die T-GmbH 7 Mio. € und für E1-GmbH 2 Mio. €. Die E2-GmbH hat einen Wert von 10 Mio. €, sie hat als einzige Gesellschaft Verwaltungsvermögen im Wert von 6 Mio. €.

<u>Lösung:</u>

Für die Prüfung ist auf der untersten Ebene zu beginnen. Die E2-GmbH stellt aus Sicht der T-GmbH Verwaltungsvermögen dar, da bei der E2-GmbH die 50 %-Grenze des Verwaltungsvermögens überschritten ist (6 Mio. € / 10 Mio. € = 60 %). Damit wird bei der T-GmbH Verwaltungsvermögen im Wert von 10 Mio. € fingiert (Wert der Beteiligung an der E2-GmbH). Die T-GmbH hat einen eigenen Wert von 7 Mio. € und Beteiligungen an der E1- und E2-GmbH im Gesamtwert von 12 Mio. € - insgesamt sind also 19 Mio. € zu berücksichtigen. Das Verwaltungsvermögen beträgt auch auf der Ebene der T-GmbH mehr als 50 % des Unternehmenswertes (10 Mio. € / 19 Mio. € > 50 %). Daher zählt auch bei der M-GmbH die gesamte Beteiligung an der T-GmbH im Wert von 19 Mio. € zum Verwaltungsvermögen. Auf der Ebene der M-GmbH übersteigt der Wert des Verwaltungsvermögens (19 Mio. €) 50 % des Unternehmenswertes (18 Mio. € + 19 Mio. € = 37 Mio. €). Somit zählt die Beteiligung an der M-GmbH bei der O-GmbH ebenfalls zum Verwaltungsvermögen. Auch auf dieser obersten Ebene der Beteiligungskette wird der Verwaltungsvermögenstest nicht bestanden, da das Verwaltungsvermögen (37 Mio. €) die Hälfte des Unternehmenswertes (35 Mio. € + 37 Mio. € = 72 Mio. €) übersteigt.

Die Anteile an der O-GmbH sind somit im Ergebnis nicht begünstigt, obwohl bei der konsolidierten Betrachtung nur rund 8 % des Vermögens Verwaltungsvermögen darstellen. Durch das „Alles-oder-nichts“-Prinzip kommt es zu einer mehrstufigen Infizierung von „gesunden“ Beteiligungen durch Verwaltungsvermögen.

---

917 *R. Birnbaum,* BB 2010, 3119.
918 Nach *Scholten/Korezkij,* DStR 2009, 147, 151; *Geck,* in: Kapp/Ebeling, Erbschaft- und Schenkungsteuergesetz, Kommentar, § 13b, Rn. 124.

Hält eine Tochtergesellschaft (nach derzeitiger Rechtslage) 50 % oder weniger Verwaltungsvermögen, stellt die Beteiligung der Muttergesellschaft an ihr insgesamt begünstigtes Vermögen dar und wirkt sich damit nicht nachteilig auf die Verwaltungsvermögensquote bei der Muttergesellschaft aus. Hält die Tochtergesellschaft hingegen 51 % Verwaltungsvermögen, so gilt sie in vollem Umfang, also auch mit den 49 %, die kein Verwaltungsvermögen darstellen, als Verwaltungsvermögen und erhöht damit die Verwaltungsvermögensquote bei der Muttergesellschaft.[919]

Der Kaskadeneffekt kann sich bei Anwendung der Grenze von 50 % auch zu Gunsten des Steuerpflichtigen auswirken, wenn durch die Einhaltung dieser Quote die gesamte Beteiligung auf nächst höherer Stufe aus dem Verwaltungsvermögen heraus fällt.[920] Ein solcher Effekt zu Gunsten des Steuerpflichtigen wird bei der Notwendigkeit der Einhaltung einer 10 %-Grenze der Optionsverschonung des § 13a Abs. 8 ErbStG innerhalb der gesamten Beteiligungskette jedoch nur in seltensten Fällen eintreten.[921] Nach § 13a Abs. 8 Nr. 3 ErbStG tritt bei der Option zur Nullregelung in § 13b Abs. 2 S. 1 ErbStG an die Stelle des Prozentsatzes für das Verwaltungsvermögen von 50 % ein Satz von 10 %. Wer also zur vollen Steuerbefreiung optiert, erhält den dann 100 %-igen Verschonungsabschlag nur, wenn das begünstigte Vermögen nicht zu mehr als 10 % aus Verwaltungsvermögen besteht. Demgegenüber bleibt es in § 13b Abs. 2 S. 2 Nr. 3 ErbStG, also im Rahmen der Verwaltungsvermögensprüfung innerhalb der Holdingstruktur bei den 50 %.[922]

Da der Gesetzgeber bislang jedoch keinen Verweis in § 13a Abs. 8 Nr. 3 ErbStG auf § 13b Abs. 2 S. 2 ErbStG eingeführt hat, ist die Entstehung eines negativen Kaskadeneffekts (jedenfalls bislang) nicht dadurch verschärft worden, dass auf den Beteiligungsebenen eine Grenze von 10 % besteht. Gleichwohl kann es auch bei der derzeitigen Ausgestaltung mit der 50 %-Grenze zu negativen Kaskadeneffekten und dem Ausschluss der Begünstigung kommen, obwohl das in der Unternehmensgruppe enthaltene Verwaltungsvermögen nur geringfügig ist. Bei der Typisierung der Verwaltungsvermögensgrenze entstehen somit auch negative Kaskadeneffekte.

---

919 *Hannes/Steger/Stalleiken,* BB 2010, 1439.

920 *R. Birnbaum,* BB 2010, 3119, 3120.

921 *Hannes/Onderka,* ZEV 2009, 10, 13; *Hannes/Steger/Stalleiken,* BB 2010, 1439f.

922 *Hannes/Onderka,* ZEV 2009, 10, 13; *Richter/Viskorf/Philipp,* DB 2009, Beilage 2 zu Heft 6, 1, 4.

g) *Zwischenergebnis*

Es konnte gezeigt werden, dass die Typisierung der Verwaltungsvermögensgrenze i. H. v. 50 % gegen Vereinfachungszwecke verstößt, sie nicht der Beseitigung von Missbrauchsmöglichkeiten dient und sich nicht am Regelfall orientiert. Zudem ist mit ihr nicht nur eine geringfügige Belastungswirkung für den betroffenen Steuerpflichtigen verbunden und es können in bestimmten Fällen auch negative Kaskadeneffekte entstehen. Damit verstößt die 50 %-Grenze gegen fast alle Voraussetzungen einer zulässigen Typsierung. Auch wenn die Typisierungsgrenze grundsätzlich geeignete Ziele verfolgt, kann dies die Verstöße gegen die Anforderungen einer verfassungskonformen Typisierung nicht aufwiegen. Die Typisierungsregelung des § 13b Abs. 2 S. 2 ErbStG verstößt damit gegen das Folgerichtigkeitsgebot.

2. Typisierung der Beteiligungsgrenze für Kapitalgesellschaften

Eine weitere wichtige Typisierung, die der Gesetzgeber vorgenommen hat, ist die Mindestbeteiligungsgrenze für Kapitalgesellschaften gem. § 13b Abs. 1 Nr. 3 S. 1 ErbStG i. H. v. mehr als 25 %. Auch diese Regelung soll daraufhin überprüft werden, ob sie den Anforderungen an eine Typisierungsregelung genügt und damit gerechtfertigt werden kann. Denn wenn die 25 %-Grenze unterschritten wird, handelt es sich grundsätzlich nicht um begünstigungsfähiges Vermögen; eine Ausnahme hierzu kann lediglich die Poolung von Anteilen der einzelnen Gesellschafter untereinander bilden, § 13b Abs. 1 Nr. 3 S. 2 ErbStG.

a) *Zur Typisierung grundsätzlich geeignete Zwecke*

Die Mindestbeteiligung von mehr als 25 % soll eine unternehmerische Einbindung des Erblasser/Schenkers in die Gesellschaft gewährleisten.[923] Es ist somit zu fragen, ob diese Grenze zur Typisierung grundsätzlich geeignet ist.

Der Gesetzgeber gesteht zwar ein, auch in einer Familientradition befindliche Unternehmen mit Gesellschaftern, die diese Mindestquote nicht erreichen, könnten zum Erhalt von Arbeitsplätzen beitragen. Unter Kosten-Nutzen-Gesichtspunkten sei die mehr als 25 %-Grenze aber zu rechtfertigen, da die erforderlichen Feststellungen auch für Minderheitsgesellschafter (kleiner/gleich 25 % Anteil am Nennkapital) zwecks Prüfung, ob das übertragene Vermögen zum begünstigten Vermögen gehört, nicht nur die Finanzämter, sondern auch die Gesellschaften belasten. Schließlich müsse die Gesellschaft bei ihren Dispositionen stets auch mögliche steuerschädliche Folgen für ihre Gesellschafter berücksichtigen.[924]

Auch für diejenigen im Familienbesitz befindlichen Kapitalgesellschaften mit zersplittertem Gesellschafterkreis, bei dem auf die einzelnen Gesellschafter genau 25 % oder weniger der Anteile entfallen, wollte der Gesetzgeber ebenfalls eine steuerliche Begünstigung schaffen. Er hat daher für Gesellschafter von Beteiligungen von 25 % und weniger gem. § 13b Abs. 1 Nr. 3 S. 2 ErbStG die Möglichkeit der Poolung vorgesehen. Andererseits soll durch die Beschränkung der Kapitalgesellschaftsanteile von mehr als 25 % die Begünstigung des Streubesitzes von Kapitalanlegern ausgeschlossen werden.[925] Bei typischem Streubesitz (z. B. Aktienbesitz an DAX-Unternehmen) wird eine Poolung aus praktischen Gründen kaum möglich sein. Vielmehr erscheint dies nur in einem kleineren, überschaubaren Gesellschafterkreis durchführbar.

923 *Meincke,* in: Kommentar zum Erbschaftsteuer- und Schenkungsteuergesetz, § 13b, Rn. 7.

924 BT-Drs. 16/7918, S. 35.

925 BT-Drs. 16/7918, S. 35.

Die Beteiligungsgrenze von mehr als 25 % des § 13b Abs. 1 Nr. 3 S. 1 ErbStG verfolgt somit zur Typisierung grundsätzlich geeignete Mittel für legitime Zwecke. Denn zum einen soll der Steuerpflichtige nicht nur als Kapitalanleger auftreten, sondern auch unternehmerisch in die Gesellschaft eingebunden sein. Der Gesetzgeber hat zudem das Problem der Zersplitterung von Anteilen an Familienunternehmen gesehen und die Möglichkeit zur Poolung eingeführt, so dass auch Gesellschafter mit Beteiligungsanteilen von genau 25 % und darunter liegenden Anteilen die Begünstigungsregelungen in Anspruch nehmen können.

b) *Orientierung am Regelfall*

Die Beteiligungsgrenze des § 13b Abs. 1 Nr. 3 ErbStG müsste sich auch am Regelfall orientieren. Der Gesetzgeber erkennt in der Beteiligungsgrenze von 25 % „ein Indiz dafür, dass der Anteilseigner unternehmerisch in die Gesellschaft eingebunden ist und nicht nur als Kapitalanleger auftritt".[926] Angesichts der Tatsache, dass der Fortbestand einer Kapitalgesellschaft und der mit ihrer Tätigkeit verbundenen Arbeitsplätze ohnehin weitgehend unabhängig vom Gesellschafterbestand ist, gäbe es hierfür ansonsten keine Rechtfertigung.[927]

Die Mindestbeteiligungsquote ist vom Bundesverfassungsgericht in seinem Beschluss zur Erbschaftsteuer vom 7.11.2006 (in einem obiter dictum) mit dem Arguments gebilligt worden, erst von dieser Höhe an trete der Anteilseigner auf Grund der z. B. in §§ 179 Abs. 2 S. 1 AktG, 53 Abs. 2 GmbHG gewährten Sperrminorität bei satzungsändernden Beschlüssen über seine Stellung als Kapitalanleger hinaus unternehmerisch in der Gesellschaft auf.[928]

Hiergegen wird jedoch eingewandt, die Sperrminorität bilde nicht die richtige Grenze für die Begünstigung. Denn bei einem zu (gerade) mehr als 25 % beteiligten Gesellschafter reiche der Einfluss nicht aus, das Ziel des Erhalts von Arbeitsplätzen zu erreichen.[929] Ein Gesellschafter verfügt zudem bereits ab einer Beteiligung von genau 25 % über eine Sperrminorität. Die Verschonung im Steuerrecht wird indes erst ab einer Beteiligung von *mehr* als 25 % gewährt. Schon aus diesem Grund erscheine die Begründung des Bundesverfassungsge-

926 BT-Drs. 16/7918, S. 35.

927 *Weinmann,* in: Moench/Albrecht, Erbschaft- und Schenkungsteuer, Kommentar, § 13b, Rn. 53 mit Verweis auf BVerfGE 117, 1, 63 – das BVerfG hat die Mindestbeteiligungsquote in diesem Beschluss als „nicht unplausibel" angesehen.

928 BVerfGE 117, 1, 63.

929 *Müller-Gatermann,* FR 2008, 353, 355.

richts keineswegs zwingend.[930] Weiterhin ist zu berücksichtigen, dass es in der Realität höchst unterschiedliche Beteiligungskonstruktionen gibt. Weder der einflusslose, noch der Einfluss habende Gesellschafter sind als breiter Regelfall ersichtlich.[931]

Zudem stellt die erbschaftsteuerliche Mindestbeteiligungsquote sowohl im Verhältnis zu Anteilen an Personengesellschaften als auch zu § 17 Abs. 1 S. 1 EStG (Zuordnung der Veräußerung von zum Privatvermögen gehörenden Anteilen an einer Kapitalgesellschaft i. H. v. mindestens 1 % zu den Einkünften aus Gewerbebetrieb) einen steuersystematischen Bruch dar. Im Rahmen der Erbschaftsteuerreform werden Kapital- und Personengesellschaften künftig gleich bewertet. Und ob – insbesondere im Mittelstand – Familienunternehmen die Rechtsform einer GmbH oder GmbH & Co. KG gewählt haben, wird in vielen Fällen von ertragsteuerlichen Aspekten abhängen[932], oft aber auch von der Historie des Unternehmens. Für die Frage, ob ein „unternehmerischer" Einfluss ausgeübt werde, ist die Rechtsform nicht allein von Bedeutung.[933] Der 2 %-Kommanditist ist genauso wenig unternehmerisch in die Gesellschaft eingebunden wie der 2 %-GmbH-Gesellschafter und genauso ein Kapitalanleger.[934] Weiterhin wird bemängelt, dass auf die Beteiligung des bisherigen Gesellschafters abgestellt wird, statt auf die des Erwerbers. Denn wenn der Erblasser oder Schenker ausreichend beteiligt ist, kommt es auf die Größe der Beteiligung des Erwerbers nicht an.[935]

Der Gesetzgeber hätte bei der Begünstigung von Kapitalgesellschaften eine dem § 17 EStG vergleichbare Regelung mit einer 1 %-Regelung schaffen können, um der Problematik der Rechtsformneutralität zu entgehen.[936] Es ist hierbei jedoch zu beachten, dass schon bei den Vorgängerregelungen die Beteiligungsgrenze des ErbStG nicht mit der Regelung in § 17 Abs. 1 S. 1 EStG kongruent war: Bereits die Vorregelungen des § 13a Abs. 4 Nr. 3 ErbStG a.F. und auch § 13 Abs. 2a ErbStG a.F. wiesen in der Ausgestaltung der Mindestbeteiligungs-

930 *Wachter,* in: Fischer/Jüptner/Pahlke/Wachter, ErbStG Kommentar, § 13b, Rn. 45; kursiv nicht im Original.

931 *Sedemund/Strnad,* BB 2010, 2282, 2283.

932 Vgl. *Weber,* NWB 2007, 3031.

933 *Weber/Schwind,* ZEV 2009, 16; *Geck,* in: Kapp/Ebeling, Erbschaft- und Schenkungsteuergesetz, Kommentar, § 13b, Rn. 40.

934 So *Piltz,* DStR 2010, 1913, 1921; ebenso *Crezelius,* DStR 2007, 415, 418.

935 *Moench/Albrecht,* Erbschaftsteuer, Rn. 849; *Geck,* in: Kapp/Ebeling, Erbschaft- und Schenkungsteuergesetz, Kommentar, § 13b, Rn. 41.

936 So jedenfalls der Vorschlag von *Weber/Schwind,* ZEV 2009, 16.

grenzen Unterschiede zu § 17 EStG a.F. auf – so war für § 13 Abs. 2a ErbStG a.F. beispielsweise eine Mindestgrenze von genau einem Viertel, für § 17 Abs. 1 S. 4 EStG a.F. dagegen eine Beteiligung von mehr als einem Viertel erforderlich.[937] Es konnte für die Auslegung des Begriffs Anteile an Kapitalgesellschaften i. S. d. § 13 Abs. 2a ErbStG a.F. nur begrenzt auf § 17 EStG zurückgegriffen werden – insbesondere waren Wortlaut und Normzweck sowie die Grundprinzipien des Erbschaftsteuerrechts zu beachten.[938] Zwar zeigen die Altregelungen, dass der Gesetzgeber einen Zusammenhang zwischen den beiden Normen gesehen hat. Da § 17 EStG jedoch *Veräußerungs*fälle betrifft, also nur bei einer Beteiligung über 1 % gewerbliche Einkünfte vorliegen – und § 13b Abs. 1 Nr. 3 ErbStG im Gegensatz dazu eben *unentgeltliche* Rechtsvorgänge betrifft, beruhen die beiden Normen auf völlig unterschiedlichen Konzeptionen und sind daher nur sehr eingeschränkt miteinander vergleichbar. Der Gesetzgeber konnte mit der 25 %-Grenze des § 13b Abs. 1 Nr. 3 S. 1 ErbStG somit eine andere Typisierungsregelung treffen, ohne an die Vorgaben des § 17 EStG gebunden zu sein.

Der Gesetzgeber hat erkannt, dass die Mindestbeteiligungsquote bei Familien-Kapitalgesellschaften u. U. problematisch ist. So kann der einzelne unter 25 % beteiligte Erblasser eine Lockerung der 25 %-Grenze dadurch erreichen, dass der Beteiligung des Erblassers oder Schenkers Beteiligungen weiterer Gesellschafter hinzugerechnet werden. Die beteiligten Gesellschafter müssen sich jedoch untereinander unwiderruflich verpflichtet haben, einerseits ihr Stimmrecht in der Gesellschaft einheitlich auszuüben und andererseits über Anteile nur einheitlich zu verfügen oder nur auf andere, derselben Verpflichtung unterliegende Anteilseigner zu übertragen.[939] An dieser Poolungsregelung wird kritisiert, es werde häufig nur vom Zufall abhängen, ob mit entsprechend beteiligten Mitgesellschaftern eine Stimmbindungs- und Vinkulierungsvereinbarung getroffen werden kann, insbesondere wenn die Verpflichtung unwiderruflich erfolgen soll.[940]

Selbst wenn man zudem von der Prämisse ausgeht, der Gesetzgeber habe bei der Ausgestaltung der 25 %-Grenze den Kleinaktionär und Anleger einer Publikumsgesellschaft vor Augen gehabt und diesen von den Verschonungsregelungen ausnehmen wollen[941]: Dann müsste der gering beteiligte Kleinaktionär den

937 Siehe hierzu ausführlich *Jülicher,* ZEV 1996, 97f.

938 *Jülicher,* ZEV 1996, 97, 104.

939 BT-Drs. 16/7918, S. 35.

940 *Hannes,* DStR 2006, 2058, 2061.

941 So *Lang,* FR 2010, 49, 56.

Regelfall bilden, also dürfte nur diese Gruppe von der 25 %-Grenze betroffen sein. Genauso häufig können beispielsweise Beteiligungen unter 25 % an einer GmbH sein, auch diese Gruppe ist somit von der Regelung des § 13b Abs. 1 Nr. 3 ErbStG betroffen. Dass die Mindestbeteiligungsgrenze für alle Kapitalgesellschaften gilt, wird zudem durch die Poolregelung deutlich: Mit dieser Regelung soll nach der Gesetzesbegründung zwar den Besonderheiten bei Familienkapitalgesellschaften Rechnung getragen werden – im Gesetz findet sich aber keinerlei Hinweis auf Familiengesellschaften. Daher gilt die Regelung für alle Kapitalgesellschaften gleichermaßen, unabhängig davon, ob es sich um eine Familien- oder Publikumsgesellschaft handelt.[942] Wenn aber bereits bei der Poolungsregelung keine Unterscheidung zwischen Publikums- und übrigen Kapitalgesellschaften getroffen wurde, muss auch für § 13b Abs. 1 Nr. 3 ErbStG gelten, dass die Beteiligung an einer Publikumsgesellschaft nicht immer den Regelfall bildet.

Nach § 13b Abs. 1 Nr. 3 ErbStG sollen Beteiligungen an Kapitalgesellschaften nur dann gefördert werden, wenn auch wirklich ein Einfluss auf gesellschaftsrechtliche Entscheidungen besteht. Bildet aber dies die Zielsetzung und Ausgangsentscheidung des Gesetzgebers, müsste der Regelfall der lediglich als Kapitalanleger auftretende Aktionär sein. Dies ist jedoch nicht ersichtlich. Damit ist diese Voraussetzung einer zulässigen Typisierung nicht eingehalten worden.

c) *Vereinfachungszwecke*

Die Regelung des § 13b Abs. 1 Nr. 3 S. 1 ErbStG könnte jedoch Vereinfachungszwecken dienen, hier muss überprüft werden, ob das vom Gesetzgeber angeführte Maß von Aufwand und Nutzen durch die 25 %-Grenze tatsächlich vereinfacht.

In der Literatur wird eingewandt, ein in der Gesetzesbegründung angeführter erhöhter Feststellungsaufwand für die Finanzämter und die Gesellschaften könne selbst allenfalls rechtfertigender Grund für eine Aussonderung des Streubesitzes an börsennotierten Gesellschaften sein, eine 25 %-Grenze sei damit hingegen nicht zu rechtfertigen.[943] Es sei zudem grundsätzlich fraglich, ob es zur Verwaltungsvereinfachung nicht ausreichen würde, spezialgesetzliche Aufgriffstatbestände zu schaffen, dem Steuerpflichtigen aber grundsätzlich die

942 *Wachter,* in: Fischer/Jüptner/Pahlke/Wachter, ErbStG Kommentar, § 13b, Rn. 56; so auch *Lahme/Zikesch,* DB 2009, 527, 528.

943 *Hannes,* DStR 2006, 2058, 2061.

Möglichkeit der Entlastung einzuräumen.[944] Allein aus Gründen der Vereinfachung sei eine gewisse Mindestbeteiligung bei Kapitalgesellschaften für den Begünstigungsabschlag erforderlich. Diese müsse dann jedoch deutlich unter 25 % liegen und wäre zumindest bei dem allgemein anerkannten Wesentlichkeitsmerkmal von 10 % anzusiedeln.[945]

Ein bestimmter Prozentsatz für die Beteiligungsquote kann der Vereinfachung dienen. Denn auf diese Weise ist von der Finanzverwaltung schnell und einfach festzustellen, ob der Steuerpflichtige die Steuerbefreiung in Anspruch nehmen darf. Dies wird sich leichter prüfen lassen, als in jedem Einzelfall zu ermitteln, ob spezielle Aufgriffstatbestände zur Anwendung kommen. Die Anforderungen an eine Vereinfachung hat der Gesetzgeber mit der Typisierung der 25 %-Grenze des § 13b Abs. 1 Nr. 3 S. 1 ErbStG somit eingehalten. Die mit der Poolvereinbarung bestehenden Schwierigkeiten der einheitlichen Verfügung und den Behaltensfristen haben für die Frage der Verfolgung von Vereinfachungszwecken bei der 25 %-Regelung des § 13b Abs. 1 Nr. 3 S. 1 ErbStG keine Bedeutung. Die Voraussetzung der Vereinfachungszwecke hat der Gesetzgeber mit der Beteiligungsquote somit eingehalten.

d) *Beseitigung von Missbrauchsmöglichkeiten*

Weiterhin muss durch die 25 %-Grenze auch die Möglichkeit von Missbräuchen ausgeschlossen werden, die Regelung des § 13b Abs. 1 Nr. 3 S. 1 ErbStG also Gestaltungs- und Umgehungsmöglichkeiten, die den mit den Begünstigungszielen verfolgten Zielen widersprechen, effektiv verhindern.

Bei Beteiligungen an Kapitalgesellschaften entscheidet mit der 25 %-Grenze der Anteilsumfang über die Steuerermäßigung – hieran wird kritisiert, dass damit die Mitglieder der Familien Porsche und Quandt ihre Automobilaktien zu deutlich günstigeren Konditionen vererben könnten als die übrigen kleinen Publikumsaktionäre.[946] Die Mindestbeteiligungsquote stellt jedoch umgekehrt auch sicher, diejenigen Anteilseigner, die lediglich als Kapitalanleger am Markt auftreten, von der Steuerbefreiung des § 13b ErbStG auszunehmen. Denn es entspricht nicht den Zielen des Gesetzgebers, auch die kleinen Publikumsaktionäre zu begünstigen, da diese i. d. R. kein Unternehmen fortführen und somit auch keine Arbeitsplätze schaffen oder erhalten. Da bei Beteiligungen an Personengesellschaften jedoch keinerlei Mindestbeteiligungsquote eingehalten werden

944 *Hey,* StuW 2008, 167, 176.
945 *Müller-Gatermann,* FR 2008, 353, 355.
946 *Schön,* DStR 2008 (Beihefter Nr. 17), 10, 18.

muss, kann es durch die Regelung des § 13b Abs. 1 Nr. 3 S. 1 ErbStG vermehrt zu Gestaltungen kommen, bei denen Kapitalgesellschaftsanteile vor dem entgeltlichen Erwerb in eine gewerbliche Einheit – etwa eine GmbH & Co. KG – (z. B. mittels verdeckter Einlage zur Buchwertfortführung)[947] eingebracht werden. Da diese nicht transparent ist, wird der Erwerb zunächst nach § 13b Abs. 1 Nr. 2 ErbStG begünstigt.[948] Dann verhindert die Mindestbeteiligungsquote missbräuchliche Umgehungen nicht. Jedoch muss bei dieser Gestaltung auf der zweiten Stufe dann geprüft werden, ob der dann in aller Regel als Verwaltungsvermögen einzustufende Geschäftsanteil verglichen mit dem Gesamtwert des übertragenen Anteils an dem aufnehmenden Rechtsträger die Verwaltungsvermögensquote von 50 % nicht überschreitet, § 13b Abs. 2 S. 2 ErbStG.[949] Der Steuerpflichtige muss somit vor allem auch den Gesichtspunkt der Verwaltungsvermögensgrenze beachten, will er diese Gestaltungsmöglichkeit nutzen. Weiterhin muss hierbei auch die Zweijahresfrist für das so genannte junge Verwaltungsvermögen berücksichtigt werden, § 13b Abs. 2 S. 3 ErbStG. Damit ist die Einbringung in eine gewerbliche Einheit an mehrere Voraussetzungen gebunden und wird u. U. nicht immer einfach zu bewerkstelligen sein, Missbrauchsmöglichkeiten ergeben sich somit nicht ohne weiteres. So wird der Fall der Einbringung von Kapitalgesellschaftsanteilen in eine GmbH & Co.KG mittels verdeckter Einlage zur Buchwertfortführung auch nicht als Gestaltungsmissbrauch i. S. d. § 42 AO angesehen.[950] Es muss jedoch auch bei Annahme einer legalen Konstruktion beachtet werden, dass diese Gestaltung dennoch eine Umgehung der mit § 13b Abs. 1 Nr. 3 S. 1 ErbStG verfolgten Zwecke einer Beseitigung bzw. Verhinderung von Missbräuchen sein kann.

Die flankierende Möglichkeit der Poolung von Anteilen gem. § 13b Abs. 1 Nr. 3 S. 2 ErbStG, bei der Gesellschaftern/Kleinaktionären (mit Anteilen unter 25 %), durch Abschluss eines Poolvertrags die Inanspruchnahme des Verschonungsabschlags ermöglicht wird, bewegt sich zwar im Rahmen der gesetzlich zulässigen Gestaltungsmöglichkeiten. Es ist jedoch bereits oben erläutert worden: Die Poolung von Anteilen wird nicht in jedem Fall möglich sein und ist zudem an zahlreiche Voraussetzungen und Auflagen gebunden. Steuer-

---

947 Dieses Beispiel bei *Geck,* in: Kapp/Ebeling, Erbschaftsteuer- und Schenkungsteuergesetz, Kommentar, § 13b, Rn. 46.

948 So der Gestaltungsvorschlag von *Geck,* in: Kapp/Ebeling, Erbschaftsteuer- und Schenkungsteuergesetz, Kommentar, § 13b, Rn. 43.

949 *Geck,* in: Kapp/Ebeling, Erbschaftsteuer- und Schenkungsteuergesetz, Kommentar, § 13b, Rn. 43.

950 So die Ansicht von *Jülicher,* in: Troll/Gebel/Jülicher, Erbschaftsteuer- und Schenkungsteuergesetz, Kommentar, § 13b, Rn. 199.

pflichtige, denen der Abschluss eines Poolvertrags zu kompliziert erscheint, können durch die Mindestbeteiligungsquote des § 13b Abs. 1 Nr. 3 S. 1 ErbStG nicht effektiv von einer Umgehung durch die oben beschriebene Gestaltung abgehalten werden. Somit kann ein Missbrauch trotz der Regelung des § 13b Abs. 1 Nr. 3 S. 1 ErbStG nicht abschließend ausgeschlossen werden, da die Mindestbeteiligungsquote Gestaltungs- und Umgehungsmöglichkeiten nicht effektiv verhindert. Sie dient also nicht der Beseitigung von Missbrauchszwecken und bewegt sich damit nicht mehr im Rahmen der Typisierungsmöglichkeiten.

e) *Geringfügige Belastungswirkung*

Die mit der Beteiligungsgrenze von mehr als 25 % erzeugte Belastungswirkung dürfte zudem regelmäßig auch nur geringfügig sein, um die Typisierungsregelung zu rechtfertigen.

Die Poolklausel des § 13b Abs. 1 Nr. 3 S. 2 ErbStG ist im Vergleich zum bisherigen Recht eine erhebliche Erweiterung der Gestaltungsmöglichkeiten bei der Bildung erbschaftsteuerlich begünstigungsfähiger Vermögenseinheiten. Hierbei hat die Poolung von Anteilen den Vorteil, bestehende Unternehmensstrukturen nicht aus erbschaftsteuerlichen Gründen dadurch verändern zu müssen, dass beispielsweise eine Zwischenholding gegründet wird, über die die Beteiligung künftig gehalten wird. Die Anteilsinhaber bleiben Rechtsinhaber und damit grundsätzlich verfügungsberechtigt. Auch die laufende Besteuerung bleibt unverändert.[951]

Die Belastungswirkung der 25 %-Grenze ist durch die Poolungsmöglichkeiten von kleineren Anteilen dann nur noch geringfügig, wenn der Steuerpflichtige die Möglichkeit hat, selbst gestaltend tätig zu werden, um die Voraussetzungen des § 13b Abs. 1 Nr. 3 S. 1 ErbStG einzuhalten. Gelingt es dem Steuerpflichtigen jedoch nicht, einen Pool mit anderen Anteilseignern zu bilden, weil er sich beispielsweise nicht mit diesen einigen kann, ist die Inanspruchnahme der Verschonung gem. § 13b Abs. 1 Nr. 3 S. 1 ErbStG ausgeschlossen. In diesen Fällen ist die Belastungswirkung durch die 25 %-Grenze nicht geringfügig, da der Steuerpflichtige die ihm vererbte Beteiligung voll versteuern muss.

f) *Zwischenergebnis*

Es wurde ermittelt, dass die 25 %-Grenze zur Typisierung grundsätzlich geeignete Zwecke verfolgt und der Vereinfachung dient. Dennoch trifft die Regelung

951 *Onderka/Lasa,* Ubg 2009, 309, 317.

des § 13b Abs. 1 Nr. 3 S. 2 ErbStG nicht den Regelfall und dient auch nicht der Beseitigung von Missbrauchsmöglichkeiten. Denn es ist inkonsequent, auf der Bewertungsebene Rechtsformneutralität zwischen Personen- und Kapitalgesellschaften herzustellen, dann jedoch im Rahmen der Begünstigungsregelungen kleinste Beteiligungen an Personengesellschaften ohne Einhaltung einer Mindestbeteiligungsquote von der Erbschaftsteuer zu verschonen, Anteile von genau oder unter 25 % an einer Kapitalgesellschaft jedoch von jeglicher Begünstigung auszuschließen. Die Grenze des § 13b Abs. 1 Nr. 3 S. 1 ErbStG kann einen Missbrauch durch Gestaltungsmöglichkeiten zudem nicht effektiv verhindern und kann für einzelne Steuerpflichtige, die keinen Poolvertrag bilden können, auch eine erhebliche und nicht nur geringfügige Belastungswirkung erzeugen. Damit sind wichtige Voraussetzungen einer zulässigen Typisierung nicht erfüllt. Der Gesetzgeber kann somit die Inkonsequenz nicht rechtfertigen.

3. Zwischenergebnis zur Typisierungsbefugnis

Grundsätzlich ist der weit reichende Entscheidungsspielraum des Gesetzgebers bei der Auswahl seiner Förderungs- und Lenkungszwecke zu beachten. Seine Typisierungsbefugnis, die Ausnahmen von der folgerichtigen Ausgestaltung der Ausgangsentscheidung rechtfertigen kann, hat er bezüglich der Typisierung der Verwaltungsvermögensgrenze und der Mindestbeteiligungsquote für Anteile an Kapitalgesellschaften jedoch nicht verfassungskonform ausgeübt. Die Regelungen der § 13b Abs. 2 ErbStG und § 13b Abs. 1 Nr. 3 S. 1 ErbStG entsprechen nicht den Anforderungen an eine zulässige Typisierung, die hierfür grundsätzlich geeignete Ziele verfolgen muss, der Vereinfachung und der Beseitigung von Missbräuchen dienen, sich am Regelfall orientieren und den Steuerpflichtigen nur geringfügig belasten soll. Der Verstoß gegen das Folgerichtigkeitsgebot kann somit auch durch den Rechtfertigungsgrund der zulässigen Typisierung nicht gerechtfertigt werden.[952]

VIII. Gesamtergebnis zur Prüfung der Begünstigungsregelungen für Betriebsvermögen

Das Gesamtergebnis der Prüfung der §§ 13a, 13b und 19a ErbStG am Maßstab der Folgerichtigkeit ergibt: Der Systembruch kann durch die angeführten sachlichen Gründe nicht gerechtfertigt werden. Weder das Begünstigungssystem an sich, noch die Ausnahmen und Restriktionen können durch außerfiskalische Förderungs- und Lenkungszwecke einen Verstoß gegen die folgerichtige Ausgestaltung rechtfertigen. Auch der Rechtfertigungsgrund des Systemwechsels

952 Siehe auch unter Kapitel 4 C. III. 4.

überzeugt nicht: Dafür hätte der Gesetzgeber bei der Ausgestaltung des Entlastungssystems der §§ 13a, 13b und 19a ErbStG ein Mindestmaß an konzeptioneller Neuorientierung verfolgen müssen. Eine Rechtfertigung durch Typisierungsregelungen für die Verwaltungsvermögensgrenze gem. § 13b Abs. 2 ErbStG und die 25 %-Grenze für begünstigte Beteiligungen an Kapitalgesellschaften gem. § 13b Abs. 1 Nr. 3 S. 1 ErbStG scheitert ebenfalls, da die Anforderungen dieses Rechtfertigungsgrundes nicht erfüllt sind.

D. Folgerichtigkeit der Begünstigungsregelung für zu Wohnzwecken vermietete Grundstücke

I. Überblick über die Begünstigungsregelung des § 13c ErbStG

1. Wirkung der Entlastungsregelung

Der Gesetzgeber hat neben der Begünstigung von Betriebsvermögen zudem darauf Rücksicht genommen, vermietete Wohnimmobilien, die zur Sicherung der Wohnraumversorgung der Gesamtbevölkerung dienen, bei der Vererbung oder schenkweisen Übertragung nicht dem vollen Zugriff der Erbschaftsteuer zu unterwerfen.[953] Mit § 13c ErbStG wurde ein neues Verschonungssystem für zu Wohnzwecken vermietete Grundstücke geschaffen.[954]

Nach § 13c Abs. 1 ErbStG werden bei der Bewertung von zu Wohnzwecken vermieteten Grundstücken i. S. d. Abs. 3 diese nur mit 90 % ihres Wertes angesetzt. Von dem 10 %-igen Bewertungsabschlag profitieren Erben von Grundstücken oder Grundstücksteilen, die zu Wohnzwecken vermietet werden (Abs. 3 Nr. 1), im Inland, in einem Mitgliedstaat der Europäischen Union oder in einem Staat des Europäischen Wirtschaftsraums belegen sind (Abs. 3 Nr. 2) und die nicht zum begünstigten Betriebsvermögen oder begünstigten Vermögen eines Betriebs der Land- und Forstwirtschaft im Sinne des § 13a ErbStG gehören (Abs. 3 Nr. 3). Bemessungsgrundlage für den Verschonungsabschlag ist nach § 13c Abs. 1 ErbStG der „Wert" des Grundstücks. Als Wert des Grundstücks ist der nach § 12 Abs. 3 ErbStG i. V. m. § 151 BewG festgestellte Wert anzusetzen.

Der Erwerber des nach § 13c ErbStG begünstigten Vermögens kann zudem beantragen, die darauf entfallende Steuer bis zu zehn Jahre zu stunden,

---

953 BT-Drs. 16/7918, S. 23.

954 *Crezelius,* DStR 2007, 2277, 2279.

§ 28 Abs. 3 ErbStG. Voraussetzung ist, dass die Steuer durch die Veräußerung des Vermögens aufgebracht werden müsste. Eine Stundung kommt nicht in Betracht, wenn der Erwerber die auf das begünstigte Vermögen entfallende Erbschaft- und Schenkungsteuer entweder aus weiterem erworbenem Vermögen oder aus eigenem Vermögen aufbringen kann. Dazu muss der Erwerber auch die Möglichkeit der Kreditaufnahme ausschöpfen.[955]

2. Wegfall der Begünstigung

Im Gegensatz zur Regelung des § 13a ErbStG enthält § 13c ErbStG keine Behaltensfrist, wohl aber eine Durchgangserwerbsregelung. Ist der Erwerber vom Erblasser (z. B. durch Anordnung eines Sachvermächtnisses) zur Weitergabe des begünstigten Grundstücks verpflichtet, dann kann er den Grundstückserwerb auf der Bewertungsebene dadurch neutralisieren, dass er dem Erwerb die Weitergabeverpflichtung gegenüberstellt. Die Begünstigung kann bei ihm daher ohne Nachteil entfallen.[956]

II. Analyse im Hinblick auf die Vereinbarkeit mit dem Folgerichtigkeitsgrundsatz

1. Legitimer Zweck

In der Gesetzesbegründung wird für die Entlastungsregelung des § 13c ErbStG angeführt: Das Angebot einer Vielzahl von Mietwohnungen durch Private wie auch durch Personenunternehmen sei als Gegenpol gegen die Marktmacht großer institutioneller Anbieter wichtig für funktionierende Märkte. Das breitere Angebot und der stärkere Wettbewerb garantierten moderate Mieten sowie gleichzeitig eine angemessene Wohnraumversorgung der Bevölkerung auch in der Zukunft. Die Vererbung privater Bestandsimmobilien trage damit dazu bei, ein Marktungleichgewicht, z. B. in Form einer Marktkonzentration bei institutionellen Anbietern, zu verhindern.[957]

---

955 Vgl. H 42 Abschnitt 43 Abs. 3 S. 3 gleich lautender Ländererlass der obersten Finanzbehörden der Länder zur Umsetzung des ErbStRG, BStBl. I 2009, S. 713, 745; ablehnend dagegen *Geck,* in: Kapp/Ebeling, Erbschaft- und Schenkungsteuergesetz, Kommentar, § 28, Rn. 6.1.

956 *Meincke,* in: Kommentar zum Erbschaftsteuer- und Schenkungsteuergesetz, § 13c, Rn. 4.

957 BT-Drs. 16/7918, S. 36.

Der gesetzliche Anspruch auf eine Stundung der auf begünstigte Erwerbe i. S. d. § 13c ErbStG entfallenden Erbschaftsteuer gem. § 28 Abs. 3 ErbStG wird vom Gesetzgeber damit begründet, andernfalls sei das mit der Begünstigung nach § 13c ErbStG verfolgte Ziel, die Wohnraumversorgung der Bevölkerung zu sichern und zugleich die Marktkonzentration auf institutionelle Anbieter zu verringern, nicht zu verwirklichen.[958]

Ein Investitionsanreiz durch Erbschaftsteuerentlastung ist prinzipiell denkbar. Denn gerade bei langfristigen Investitionen kann der zukünftigen Erbschaftsteuerbelastung durchaus Bedeutung zukommen.[959] Wenn der Gesetzgeber durch den Abschlag von 10 % bei der Vererbung von privaten Wohnimmobilien ein Marktungleichgewicht verhindern und weiterhin eine angemessene Wohnraumversorgung der Bevölkerung durch stärkeren Wettbewerb garantieren will, so ist dies grundsätzlich nicht zu beanstanden. Der Gesetzgeber verfolgt somit legitime Zwecke mit der Einführung der Begünstigungsregelung des § 13c ErbStG. Wird Vermögen als förderungswürdig bezeichnet und soll es deshalb steuerlich begünstigt werden, darf die Steuerentrichtung nicht die Veräußerung dieses Vermögens bewirken.[960] Mit der Stundungsregelung des § 28 Abs. 3 ErbStG, die zusätzlich zur Begünstigungsregelung des § 13c ErbStG zur Anwendung kommen kann, verfolgt der Gesetzgeber darüber hinaus somit auch einen legitimen Zweck.

2. Geeignetheit des Mittels

Auf dieser Ebene muss geprüft werden, ob die Ausgestaltung des § 13c ErbStG als Mittel grundsätzlich geeignet ist, die gesetzgeberischen Ziele zu erreichen. Voraussetzung dafür ist zunächst ein Mindestmaß an zweckgerichteter Ausgestaltung der Norm sowie insbesondere die gleichheitsgerechte Ausgestaltung der Begünstigung.

a) *Mindestmaß an zweckgerichteter Ausgestaltung*

Die Ausgestaltung des § 13c ErbStG darf dem Ziel der Versorgung breiter Bevölkerungsschichten mit bezahlbarem Wohnraum nicht offensichtlich zuwider laufen. Das gesetzgeberische Ziel muss durch den 10 %-Abschlag somit überhaupt erreichbar sein.

958 BT-Drs. 16/11107, S. 12.
959 *Viskorf,* FR 2007, 624, 628.
960 *Höne,* ZEV 2010, 565, 568.

Kritisch wird hierzu angeführt: Unabhängig von gezahlter Erbschaftsteuer könne ein Vermieter nicht mehr Mietentgelt erzielen, als am Markt durchsetzbar ist. Umgekehrt werde er bei geringer Belastung nicht weniger fordern. Die Sicherung der Wohnraumversorgung der Bevölkerung sei also mit dem Mittel der Erbschaftsteuervergünstigung schon generell kaum zu erreichen.[961] Dem ist insofern zu widersprechen, dass der Vermieter nach einmal getroffener Entscheidung für die Investition in eine Immobilie sich nicht deshalb von dieser trennt, wenn und weil er hierfür keine Erbschaftsteuerentlastung gem. § 13c ErbStG erhält. Andererseits wird ein Anleger sich etwas eher für eine Investition in eine Wohnimmobilie entscheiden, wenn neben der – vermeintlich – relativ sicheren Geldanlage (z. B. wegen der relativen Inflationssicherheit) auch eine gewisse Entlastung im Erb- oder Schenkungsfall über § 13c ErbStG in Anspruch genommen werden kann.[962]

Das gesetzgeberische Ziel ist somit nicht offensichtlich unerreichbar, da der Abschlag von 10 % von der Erbschaftsteuer dazu dienen kann, Erben privat vermieteter Immobilien zu entlasten, um die Wohnraumversorgung weiterhin zu gewährleisten. Die Begünstigung nach § 13c ErbStG weist somit ein Mindestmaß an zweckgerichteter Ausgestaltung auf.

b) *Gleichheitsgerechte Ausgestaltung*

Die Gesetzesbegründung nennt fünf Aspekte, unter denen aus Sicht des Gesetzgebers eine Förderung des Erwerbs vermieteter Wohnimmobilien gerechtfertigt werden kann. Zunächst wird die volkswirtschaftliche Bedeutung der privaten Vermieterleistungen hervorgehoben. Die Vermietung von Wohnimmobilien erlaube breiten Bevölkerungsschichten eine wünschenswerte Beteiligung am Produktionskapital und sichere eine angemessene Wohnraumversorgung der Bevölkerung auch in der Zukunft. Zum zweiten führe die Vererbung von Wohnimmobilien dazu, ein Marktungleichgewicht durch Marktkonzentration bei institutionellen Anbietern zu verhindern. Zum dritten wird speziell die Wettbewerbssituation zwischen den privaten Anbietern und der institutionellen Konkurrenz angesprochen. Private Anbieter müssten einen Wettbewerbsnachteil im Vergleich zu ihrer institutionellen Konkurrenz hinnehmen, die anders als private Immobilienbesitzer nicht durch die Erbschaftsteuer belastet werde. Viertens liegt es nach

961 So zum Ertragswertverfahren für bebaute Grundstücke nach § 146ff. BewG a. F., *M. Birnbaum,* Leistungsfähigkeitsprinzip und ErbStG, S. 147; ebenfalls kritisch, *Viskorf,* FR 2007, 624, 627f.

962 A. A. dazu *Wachter,* in: FS Spiegelberger, S. 546, der von keiner Zunahme privater Investitionen ausgeht, weil der Verschonungsabschlag meist erst Jahre später genutzt werden könne.

Auffassung des Gesetzgebers im Allgemeininteresse, die Investitionsfähigkeit der privaten Eigentümer von Wohnimmobilien zu erhöhen und kurzfristige Entscheidungen aufgrund der Erbschaftsteuer-Belastung in einem langfristig orientierten Markt zu verhindern. Als fünfter Punkt wird angeführt, Eigentümer privat vermieteter Wohnimmobilien seien eine Art „kleiner Unternehmer", damit würde ihr Eigentum beim Transfer eine an das Betriebsvermögen angenäherte Förderung erlauben.[963]

Die Verschonungskonzeption des § 13c ErbStG ist im Vergleich zur alten Regelungen viel restriktiver ausgestaltet und kann etwaige Nachteile durch die höhere Bewertung nur bedingt ausgleichen. Dennoch zeigt ein Vergleich mit den Entlastungsregelungen der §§ 13a, 13b ErbStG für unternehmerisches Vermögen, dass für diese Begünstigungen grundsätzlich strengere Anforderungen wie Einhaltung von Fristen und der Erhalt und die Sicherung von Arbeitsplätzen durch die Lohnsummenklausel – soweit denn mehr als 20 Beschäftigte in dem Wohnungsunternehmen tätig sind[964] – aufgestellt werden.

Unter gleichheitsrechtlichen Gesichtspunkten wird der Gesetzgeber hinsichtlich der Ausgestaltung des § 13c ErbStG kritisiert: Die Bewirtschaftung von Mietwohnhäusern komme den Aufgaben in einem Betrieb in vielen Fällen sehr nahe. Auch hier müssten Investitionen getätigt und unternehmerische Entscheidungen getroffen werden, sonst könnten Leerstand und Verfall der Mietswohnhäuser die Folge sein. Ein erzwungener Verkauf greife in gewachsene Strukturen ein und führe in der Regel zur Umwandlung von Mietwohnungen in Wohnungseigentum. Eine weitere Folge könne eine hohe Mieterfluktuation sein.[965] Die Verschonung für Erwerber (großer) Wohnungsunternehmen von 85 bzw. 100 % gem. § 13b Abs. 2 S. 2 Nr. 1 d) ErbStG gegenüber den Erwerbern von (kleinen) Mietwohnimmobilien, denen nur der 10 %-ige Wertabschlag gewährt werde, sei zudem widersprüchlich. Die Marktmacht dieser großen Wohnungsunternehmen könne durch diese Regelungen möglicherweise sogar verstärkt werden. Der Gesetzgeber verfehle damit das Ziel der Förderung des kleinen (Immobilien-)Unternehmers.[966]

963 BT-Drs. 16/7918, S. 36; *Meincke,* in: Kommentar zum Erbschaftsteuer- und Schenkungsteuergesetz, § 13c, Rn. 2.

964 Ansonsten Entfall der Lohnsummenklausel wegen § 13a Abs. 1 S. 3 ErbStG.

965 So *Hübner,* Erbschaftsteuerreform 2009, S. 413.

966 *Wachter,* in: FS Spiegelberger, S. 547.

Dieser Argumentation ist jedoch nur eingeschränkt zuzustimmen: Die kleinen und mittleren Wohnungsvermietungsunternehmen werden schon durch die Regelung des § 13b Abs. 2 S. 2 Nr. 1 d) ErbStG stark begünstigt. Die Erben solcher Unternehmen mit weniger als 20 Beschäftigten müssen die Lohnsummenklausel gem. § 13a Abs. 1 S. 3 ErbStG nicht einhalten und können den Verschonungsabschlag trotzdem in Anspruch nehmen.[967] Das Ziel der Förderung des „kleinen" Unternehmers wird somit schon durch die Betriebsvermögensbegünstigungen des § 13b ErbStG erreicht.

Sofern jedoch der private Immobilienbesitzer gegenüber institutionellen Anlegern entlastet und gefördert werden soll, kann die Gesetzesbegründung – wie zutreffend kritisiert wird – nicht überzeugen: Denn durch den 10 %-Abschlag des § 13c ErbStG wird der Gesetzgeber gegenüber (der Investition) in große Immobilienvermietungsgesellschaften die über § 13b Abs. 2 S. 2 Nr. 1 d) ErbStG bereits weitreichend entlastet sind, keine verstärkten Anreize gewährleisten können. Zudem werden Erben mit einem sehr großen Bestand von Immobilien eher versuchen, einen wirtschaftlichen Geschäftsbetrieb mit wenigen Angestellten einzurichten, um die Begünstigung des § 13b ErbStG in Anspruch nehmen zu können, anstatt auf den viel geringeren Abschlag von 10 % des § 13c ErbStG zurückzugreifen. Die Schaffung des § 13c ErbStG wird Erben von privatem Immobilienbesitz von der Erbschaftsteuerbelastung zwar in geringem Maße entlasten, die Begünstigung wird jedoch nicht ausreichen, die Investition in privaten Immobilienbesitz so zu stärken, ein bestehendes Marktungleichgewicht gegenüber den institutionellen Anbietern auszugleichen oder deren Marktkonzentration zu vermeiden. Insofern ist die Ausgestaltung der gesetzgeberischen Ziele hier zumindest widersprüchlich.

Gesteht man dem Gesetzgeber jedoch die auch vom Bundesverfassungsgericht gebilligte[968] Berücksichtigung der Sozialbindung vermieteten Grundbesitzes für Belange der Wohnungswirtschaft zu, kann zumindest ein geringer Anstieg der Investitionen in privat vermietete Immobilien durch den Verschonungsabschlag des § 13c ErbStG nicht völlig ausgeschlossen werden. Der mit der Zurverfügungstellung ausreichenden Wohnraums als existenzielles Grundbedürfnis verbundene Gemeinwohlbelang rechtfertigt zudem die i. H. v. 10 % entstehende Ungleichbehandlung gegenüber anderen Vermögensarten. Die Begünstigung des § 13c ErbStG ist unter diesem Aspekt somit noch als gleichheitsgerecht ausgestaltet anzusehen.

---

967 Siehe zu dieser Ungleichbehandlung bereits oben unter Kapitel 4 C. V. 2. d) cc).

968 BVerfGE 117, 1, 53f.

c) *Zwischenergebnis*

Die Begünstigung des § 13c ErbStG erweist sich als legitimes Mittel als grundsätzlich geeignet. Sie weist ein Mindestmaß an zweckgerichteter Ausgestaltung auf und genügt trotz der sich widersprechenden gesetzgeberischen Ziele im Zusammenhang mit der Begünstigung kleiner und großer Wohnungsvermietungsgesellschaften über § 13b ErbStG den Anforderungen an eine gleichheitsgerechte Ausgestaltung.

3. Geeignetheit

Den Anforderungen an eine Geeignetheit müsste § 13c ErbStG ebenfalls genügen. Es ist also zu fragen, ob die Steuerbefreiung i. H. v. 10 % die gesetzgeberischen Ziele trotz der im Vergleich zum früheren Recht deutlich geringeren Entlastung erreichen kann.

Der Abschlag von 10 % des § 13c ErbStG gleicht die im Vergleich zum früheren Recht verbreiterte Bemessungsgrundlage durch die höhere Bewertung nicht aus.[969] Auch die höheren Tarife in den Steuerklassen I und II und der Wegfall der Vergünstigungen des § 13a ErbStG a. F. für vermietete Grundstücke bei gewerblichen Unternehmen wirken sich zusätzlich nachteilig aus.[970] Der Verschonungsabschlag von 10 % ist damit der einzige Vorteil im Rahmen der Bewertung und -übertragung privater bebauter Grundstücke. Der Erwerb unbebauter Grundstücke wird nicht – wie nach § 146 Abs. 3 BewG a. F. – mit einem Abschlag von 20 % versehen, ebenso existiert kein sog. Alterswertabschlag für Gebäude nach § 146 Abs. 4 BewG a. F. mehr.[971] Der Gesetzgeber sei damit der Verschonung von zu Wohnzwecken vermieteten Grundstücken nur unzureichend nachgekommen, da er im Grunde nur in einem ganz geringen Maße für die Immobilieneigentümer Begünstigungen eingeführt hat.[972] Allerdings ist für (große) Wohnungsvermietungsgesellschaften mit wirtschaftlichem Geschäftsbetrieb die Rückausnahme vom Verwaltungsvermögen gem. § 13b Abs. 2 S. 2 Nr. 1 d) ErbStG zu beachten. Die einzige Möglichkeit, Wertminderungen zu erfassen, besteht durch den neu eingeführten § 198 BewG: Der Steuerpflichtige kann nun generell den Nachweis eines niedrigeren gemeinen Wertes, z. B. durch Sachverständigen-Gutachten erbringen („Escape-Klausel“).[973] Auch die zinslose

969 *Lüdicke,* DB 2007, 2792, 2795.

970 *Drosdzol,* ZEV 2008, 10, 16.

971 *Raßfeld-Wilske,* in: Preißer/Rödl/u.a., Erbschaft- und Schenkungsteuer Kompakt-Kommentar, § 13c, Kap. 3.5, S. 930.

972 *Roth/Fischl,* NJW 2008, 401, 405.

973 *Seer,* GmbHR 2009, 225, 228.

Stundung nach § 28 Abs. 3 ErbStG bei Erwerben von Todes wegen dient der Entlastung der Steuerpflichtigen, denn der Barwert der auf zehn Jahre gestundeten Steuer umfasst nur einen Teilbetrag der Summe, die als Nennbetrag ohne Stundung beim Erwerb durch Erbanfall fällig wäre.[974]

Die Begünstigung des § 13c ErbStG kann die höhere Erbschaftsteuerlast infolge der realitätsgerechteren Bewertung von Immobilien[975] somit jedenfalls etwas mildern. Durch die zinsfreie Stundung gem. § 28 Abs. 3 ErbStG kann bei Erbfällen im Einzelfall die Begünstigung i. H. v. 10 % noch weiter verstärkt und der Erwerber damit zusätzlich entlastet werden. Dies kann dazu führen, die zu Wohnraumzwecken vermieteten Grundstücke beim Erwerber zu erhalten und breite Bevölkerungsschichten mit Wohnraum zu versorgen. Die Regelung des § 13c ErbStG ist somit auch geeignet, die gesetzgeberischen Ziele jedenfalls teilweise zu erreichen.

4. Erforderlichkeit

Im Rahmen der Erforderlichkeit ist wiederum zu fragen, ob es kein milderes, gleich geeignetes Mittel für die 10 %-ige Begünstigungsregelung des § 13c ErbStG gegeben hätte.

Ein 10 %-Abschlag oder auch ein pauschaler Sicherheitsabschlag von 20 – 30 % hätte gegebenenfalls auch schon auf der Bewertungsebene als Unsicherheitsabschlag untergebracht werden können. Dies wird deshalb für zweckmäßiger gehalten, da so in der Praxis der Druck auf die Wertermittlung reduziert worden wäre.[976] Zudem würden durch den § 13c ErbStG nicht alle Grundstückserwerbsvorgänge erfasst; die Verschonung sei von einer Vielzahl von Voraussetzungen abhängig, die kompliziert und streitanfällig sind.[977]

---

974 *Meincke,* in: Kommentar zum Erbschaftsteuer- und Schenkungsteuergesetz, § 28, Rn. 1.

975 So für Erben von Wohnungsunternehmen, *Lang,* StuW 2008, 189, 200.

976 *Wachter,* in: FS Spiegelberger, S. 525.

977 So *Wachter,* in: FS Spiegelberger, S. 547.

Andererseits wird argumentiert, aufgrund der nicht sehr großen Abweichung vom Verkehrswert müssten keine gesteigerten Anforderungen an die Rechtfertigungsgründe für diese Steuerverschonung gestellt werden.[978] Diese Steuerbefreiung sei verfassungsrechtlich auch deshalb unbedenklich, da der Gesetzgeber durch die Beschränkung auf zu Wohnzwecken vermietete Grundstücke die vom Bundesverfassungsgericht angesprochene Sozialbindung des vermieteten Grundbesitzes aufgenommen und damit eine als zulässig angesehene Verschonungsregelung geschaffen habe.[979]

Weitere Zweifel an der Erforderlichkeit der Steuerverschonung stützen sich auf die Tatsache des erheblichen Überstandes an Wohnungen in Teilen Deutschlands: Daher sei fraglich, ob eine Verpflichtung des Gesetzgebers bestehe, genau zu untersuchen, ob eine Investitionslenkung überhaupt noch erforderlich sei und eine flächendeckende Begünstigung des Mietwohnungsbaus rechtfertigen kann.[980] Demgegenüber wird angeführt, dass das Mietrecht und vor allem der Mieterschutz besondere rechtliche Bindungen erzeuge, die sonst gegenüber Kunden z. B. eines gewerblichen Produktionsunternehmens nicht bestehen. Das Wohnen gehöre zu den wesentlichen Existenzgrundlagen eines Menschen. Daher bestehe eine besondere Gemeinwohlverantwortung in Bezug auf den Unternehmensgegenstand. Die Allgemeinheit müsse auch ein Interesse daran haben, Wohnungsbestände nicht von kurzfristig orientierten Investoren übernehmen zu lassen, die Immobilien allein als geschäftliche Investition betrachten und sozialen Aspekten einer guten und preiswerten Wohnungsversorgung gleichgültig gegenüberstehen.[981]

Die Regelung des § 13c ErbStG ist deshalb erforderlich, weil eine Berücksichtigung auf der Bewertungsebene den Vorgaben des Bundesverfassungsgerichts gerade widersprechen würde, wonach eine Bewertung von Vermögensgegenständen einheitlich nach dem Verkehrswert erfolgen soll. Zudem kann eine Erforderlichkeit der Begünstigungsregelung nicht mit der Begründung ausgeschlossen werden, dass es gerade in bestimmten Teilen Deutschlands einen Wohnungsüberstand gibt, denn dies sind temporäre Erscheinungen, die nichts an der grundsätzlichen Erforderlichkeit von bezahlbarem Mietraum für die Bevölkerung ändern. Um ein Ungleichgewicht durch die Übernahme großer Immobi-

978 So *Seer,* in: Tipke/Lang, Steuerrecht, § 13, Rn. 160.

979 *Geck,* in: Kapp/Ebeling, Erbschaft- und Schenkungsteuergesetz, Kommentar, § 13c, Rn. 4.

980 *Viskorf,* FR 2007, 624, 628.

981 *Lang,* StuW 2008, 189, 200.

lienbestände durch gewerbliche Investoren zu vermeiden, ist für den 10 %-igen Abschlag des § 13c ErbStG kein milderes Mittel ersichtlich und die Erforderlichkeit gegeben.

5. Angemessenheit

Abschließend ist zu prüfen, ob sich die Regelung des § 13c ErbStG auch als angemessen erweist. Hierbei sind die zahlreichen gesetzgeberischen sachlichen Gründe für die Steuerbefreiung ins Verhältnis zu den nicht begünstigten Vermögensarten und den weitergehenden Begünstigungen der §§ 13a, 13b ErbStG zu setzen.

Unter Berücksichtigung des Aspekts der Ungleichbehandlung der Höhe der Entlastung von großen und kleinen Wohnungsvermietungsunternehmen kann die Steuerbefreiungsregelung des § 13c ErbStG noch als angemessen bezeichnet werden, denn auch der private Immobilienbesitzer als „kleine Unternehmer" wird jedenfalls i. H. v. 10 % entlastet. Es könnten durch die Steuerbefreiung des § 13c ErbStG zudem auch (geringe) Anreize geschaffen werden, verstärkt in Mietwohnhäuser zu investieren. Berücksichtigt man das Ziel der Schaffung und Erhaltung von Arbeitsplätzen, so ist zwar der Kritik zuzugeben, dass sowohl (große) Wohnungsvermietungsgesellschaften (mit eingerichtetem Geschäftsbetrieb) als auch der private Vermieter von Mietwohnungen gleichermaßen hierzu beitragen können. Insgesamt müssen Wohnungsvermietungsunternehmen jedoch durch Lohnsummenklausel (wenn sie mehr als 20 Beschäftigte haben, § 13a Abs. 1 S. 3 ErbStG) und Behaltensfristen den Erhalt von Arbeitsplätzen nachweisen. Die Erwerber eines (kleineren) Bestands von Wohnimmobilien, die nach § 13c ErbStG entlastet werden, müssen diese Anforderungen dagegen nicht erfüllen. Zudem entfällt bei § 13c ErbStG die Nachversteuerungsproblematik, die Wohnungsvermietungsgesellschaften, die gem. § 13b Abs. 2 Nr. 1 d) ErbStG entlastet sind, bei Nichteinhaltung der Lohnsummenklausel und den Behaltensfristen drohen kann. Daher ist die Regelung des § 13c ErbStG im Hinblick auf die Ziele des Erhalts von Arbeitsplätzen und der Versorgung breiter Bevölkerungsschichten mit Wohnraum noch als angemessen zu bezeichnen.

III. Gesamtergebnis zur Vereinbarkeit mit dem Folgerichtigkeitsgrundsatz

Als Gesamtergebnis der Prüfung der Vereinbarkeit des § 13c ErbStG mit dem Folgerichtigkeitsgrundsatz ergeben sich auf der Ebene der gleichheitsgerechten Ausgestaltung zwar Widersprüchlichkeiten, jedoch kann die Regelung insgesamt noch den Anforderungen der grundsätzlichen Geeignetheit als legitimes Mittel genügen. Im Hinblick auf die übrigen vom Gesetzgeber mit § 13c ErbStG verfolgten Zwecke erweist sich die Regelung auch als geeignet, erforderlich und insgesamt angemessen.

E. Folgerichtigkeit der Steuerbefreiung des Familienheims

I. Überblick über die Steuerbefreiung

1. Reichweite der Steuerbefreiung

In Anlehnung an die Steuerbefreiung für die Zuwendung unter Lebenden gem. § 13 Abs. 1Nr. 4a ErbStG an den Ehegatten begünstigt der Gesetzgeber in den § 13 Abs. 1 Nr. 4b und 4c ErbStG nach der Erbschaftsteuerreform nun auch den Erwerb des Eigentums oder Miteigentums des Familienheims von Todes wegen an den Ehegatten/Lebenspartner (Nr. 4b) oder an Kinder bzw. Kinder verstorbener Kinder (Nr. 4c).

Der Begriff des Familienheims in § 13 Abs. 1 Nr. 4b ErbStG entspricht im Wesentlichen den Anforderungen, die schon § 13 Abs. 1 Nr. 4a ErbStG (Zuwendungen unter Lebenden an den Ehegatten/Lebenspartner) nennt. Es muss sich um ein bebautes Grundstück nach den Grundstücksarten des § 181 Abs. 1 Nr. 1 bis Nr. 5 BewG im Inland oder im EU/EWR-Ausland handeln, in dem eine Wohnung zu eigenen Wohnzwecken genutzt wird und das der Überlebende von seinem verstorbenen Ehegatten oder Lebenspartner erwirbt.[982]

982 *Meincke,* in: Kommentar zum Erbschaftsteuer- und Schenkungsteuergesetz, § 13, Rn. 25.

Im Unterschied zur Zuwendung unter Lebenden ist die Steuerbefreiung des § 13 Abs. 1 Nr. 4b und 4c ErbStG an eine Selbstnutzungsfrist von zehn Jahren gebunden. Beim Erwerb von Todes wegen durch Kinder bzw. Kinder verstorbener Kinder (Steuerklasse I, Nr. 2) unterliegt die steuerliche Befreiung des Familienheims noch engeren Grenzen, § 13 Abs. 1 Nr. 4c ErbStG. So muss die Wohnung beim Erwerber unverzüglich zur Selbstnutzung zu eigenen Wohnzwecken bestimmt sein. Ferner gilt die Steuerbefreiung nur, „soweit die Wohnfläche der Wohnung 200 Quadratmeter nicht übersteigt". Die Befreiung kann nicht in Anspruch genommen werden, soweit das begünstigte Vermögen aufgrund einer Bestimmung des Erblassers auf einen Dritten übertragen werden muss, § 13 Abs. 1 Nr. 4c ErbStG.

2. Wegfall der Begünstigung

Die Steuerbefreiung des § 13 Abs. 1 Nr. 4b und 4c ErbStG fällt mit Wirkung für die Vergangenheit weg, wenn der Erwerber die Nutzung zu eigenen Wohnzwecken vor dem Ablauf von zehn Jahren aufgibt (sofern er nicht aus zwingenden Gründen an der weiteren Nutzung gehindert ist). Bei mehreren Nutzern wirkt sich der Wegfall anteilig aus.[983] Die Steuerbefreiung entfällt jedoch komplett und nicht nur zeitanteilig, selbst wenn die Nutzung kurz vor Ende des Zehn-Jahres-Zeitraums aufgegeben wird. Allerdings ist auch der Stundungsvorteil des Erwerbers zu beachten, da die rückwirkend anfallende Erbschaftsteuer nicht verzinst wird.[984]

Während nach der Gesetzesbegründung auch ein Verkauf des Familienheims befreiungsschädlich sein sollte, finden sich hierzu im Gesetzestext keine Angaben. Danach wird nur auf die Selbstnutzung des Partners (der Kinder) abgestellt, nicht auf den Behalt des Eigentums. Der überlebende Ehegatte kann danach also das Familienheim auch veräußern, wenn er nur die Selbstnutzung beibehält, bzw. gleichzeitig einen Mietvertrag abschließt oder den Vorbehalt des Nießbrauchs vereinbart.[985] Sowohl beim überlebenden Ehegatten als auch bei den Kindern gibt es eine Härteklausel, wonach die Steuerbefreiung nicht entfällt, wenn der Auszug aus „zwingenden Gründen" erfolgte. Hierbei sind die Einzelheiten noch durch Rechtsprechung und Finanzverwaltung zu klären.[986]

---

983 *Meincke,* in: Kommentar zum Erbschaftsteuer- und Schenkungsteuergesetz, § 13, Rn. 31.

984 *Steiner,* ErbStB 2009, 123, 126.

985 *Geck,* ZEV 2008, 556, 559; *Steiner,* ErbStB 2009, 123, 127.

986 Weiterführend hierzu *Steiner,* ErbStB 2009, 123, 127f.; *Schumann,* DStR 2009, 197, 200.

II. Analyse im Hinblick auf die Vereinbarkeit mit dem Folgerichtigkeitsgrundsatz

1. Legitimer Zweck

Mit den Steuerbefreiungen des Familienheims nach § 13 Abs. 1 Nr. 4 lit. a-c ErbStG müsste der Gesetzgeber zunächst einen legitimen Zweck verfolgen. Die Regelung des § 13 Abs. 1 Nr. 4 lit. a-c ErbStG soll insbesondere dem Schutz des gemeinsamen familiären Lebensraumes und dem Erhalt des Familiengebrauchsvermögens (Art. 6 Abs. 1 GG) dienen.[987] Als besonders schutzwürdiges und geschütztes Familiengebrauchsvermögen gilt das Familienheim, welches in Hausgemeinschaften von Eltern und Kindern und weiteren Abkömmlingen genutzt wird oder genutzt werden soll.[988]

Die gesetzgeberischen Motive für diese Befreiungsvorschrift erlauben nur dann eine verfassungskonforme Steuerbefreiung, wenn der/das überlebende Ehegatte/Lebenspartner/Kind das Familienheim auch tatsächlich selbst zu eigenen Wohnzwecken nutzt; folglich fällt die Steuerbefreiung mit Wirkung für die Vergangenheit weg, wenn der Überlebende das Familienheim innerhalb von zehn Jahren nach dem Erwerb nicht mehr zu Wohnzwecken selbst nutzt.[989] Weiterhin wird in der Gesetzesbegründung ausgeführt, die an eine Quadratmeterzahl gebundene Bestimmung des § 13 Abs. 1 Nr. 4c ErbStG diene dazu, eine Regelung zu finden, die den regional bestehenden Unterschieden der Grundstückswerte Rechnung trägt. Mit der Begrenzung auf 200 qm wird typisierend eine noch angemessene Größenordnung für ein Familienheim zugrunde gelegt.[990]

Die Entscheidung des Gesetzgebers, den Schutz des Familienheims in die Begünstigungsregelungen einzubeziehen, ist grundsätzlich nicht zu beanstanden, sind Ehe und Familie doch durch Art. 6 GG besonders geschützt. Die Steuerbefreiung nun auch auf Kinder und Ehegatten bzw. Lebenspartner bei Erwerben von Todes wegen zu erstrecken, genügt somit einem legitimen Zweck.

---

987 BT-Drs. 16/11107, S. 8.

988 *Geck,* in: Kapp/Ebeling, Erbschaftsteuer- und Schenkungsteuergesetz, Kommentar, § 13, Rn. 40.1.

989 *Geck,* in: Kapp/Ebeling, Erbschaft- und Schenkungsteuergesetz, Kommentar, § 13, Rn. 39.7.

990 BT-Drs. 16/11107, S. 10.

2. Geeignetheit des Mittels

a) *Sachgerechte Abgrenzung der Begünstigten*

Im Rahmen der sachgerechten Abgrenzung der Begünstigten soll insbesondere die Abstufung zwischen erbenden Kindern und dem überlebenden Ehegatten untersucht werden. So gelten gem. § 13 Abs. 1 Nr. 4c ErbStG für Kinder als Erben eines Familienheims strengere Anforderungen als für den überlebenden Ehegatten/Lebenspartner.

So wird in der Begrenzung der Steuerbefreiung beim Erwerb durch Kinder auf Familienwohnheime mit einer Wohnfläche von bis zu 200 qm ein Verstoß gegen Art. 3 Abs. 1 GG gesehen. Denn beim Erwerb durch Ehegatten und Lebenspartner sei eine solche Beschränkung nicht vorgesehen, obwohl das Familienheim für Kinder ebenso den räumlichen Mittelpunkt der Familie bilden könne wie für Ehegatten und Lebenspartner.[991] In der Literatur wird zudem bemängelt, der Gesetzgeber habe die Vorgabe des Bundesverfassungsgerichts übersehen, nach der sich die Freistellung des (Familien)Gebrauchsvermögens an dem Wert *durchschnittlicher* Familienhäuser zu orientieren habe. Denn in § 13 Abs. 1 Nr. 4b ErbStG ist im Gegensatz zu der des § 13 Abs. 1 Nr. 4c ErbStG keine auf den Durchschnitt bezogene Wertflächengrenze eingebaut.[992]

Der Gesetzgeber hat die (vom Bundesverfassungsgericht geforderte) Begrenzung auf ein durchschnittliches Familienheim und die Wohnflächenbegrenzung auf 200 qm nur auf § 13 Abs. 1 Nr. 4c ErbStG erstreckt, also auf die Steuerbefreiung für Kinder. Dies erscheint unter folgendem Gesichtspunkt zunächst inkonsequent: So könnte der erbende Ehegatte also die Steuerbefreiung für ein u. U. flächenmäßig überdimensioniertes Familienheim in Anspruch nehmen, vererbt er es jedoch weiter an die gemeinsamen Kinder, haben diese gem. § 13 Abs. 1 Nr. 4c ErbStG keine Möglichkeit, die Steuerbefreiung zu erlangen. Es ist jedoch zu beachten, dass es bereits im Erbrecht bei der gesetzlichen Erbfolge eine Abstufung zwischen Ehegatten und Kindern gibt. Der Gesetzgeber hat diese unterschiedliche Wertung und Abstufung für die Ausgestaltung im Erbschaftsteuerrecht im Rahmen seines gesetzgeberischen Gestaltungsspielraums übernommen. Diese Abgrenzung zwischen erbenden Kindern und dem

---

991 *Wachter,* BB 2010, 667, 670.

992 *Meincke,* in: Kommentar zum Erbschaftsteuer- und Schenkungsteuergesetz, § 13, Rn. 24.

überlebenden Ehegatten/Lebenspartner hinsichtlich der von § 13 Abs. 1 Nr. 4c ErbStG aufgestellten Auflagen ist somit sachgerecht.

b) *Gleichheitsgerechte Ausgestaltung*

Die Steuerbefreiung des Familienheims in § 13 Abs. 1 Nr. 4a-c ErbStG müsste jedoch auch gleichheitsgerecht ausgestaltet sein. Hierbei ist zwischen der Steuerbefreiung des Familienheims bei Zuwendungen unter Lebenden zwischen Ehegatten und Lebenspartnern nach § 13 Abs. 1 Nr. 4a ErbStG, dem Erwerb von Todes wegen zwischen Ehegatten und Lebenspartnern nach § 13 Abs. 1 Nr. 4b ErbStG und dem Erwerb von Todes wegen durch Kinder nach § 13 Abs. 1 Nr. 4c ErbStG zu differenzieren.

Der Tarifverlauf und das Steuerklassensystem sind nur in Grenzen durch die Verfassung festgelegt.[993] Die Tarifbegünstigung für nahe Verwandte lässt sich durch das Familienprinzip rechtfertigen. Eine Besserstellung der Familie entspricht dem Schutz- und Fördergedanken des Art. 6 GG.[994] Das Familienprinzip hat seinen Ursprung im Erbrecht und besagt, dass die Vermögensbildung von potentiellen Erblassern prinzipiell dazu dient, für die Nachkommen vorzusorgen.[995] Unter dem Gemeinwohlaspekt ist das in aller Welt angewendete Familienprinzip dem Prinzip gleichmäßiger Belastung entsprechend der Bereicherung mindestens gleichwertig. Das Familienprinzip ist daher gerechtfertigt.[996] Der Gesetzgeber räumt dem Familienprinzip also Vorrang vor dem Leistungsfähigkeitsprinzip ein, oder Art. 6 Abs. 1 GG geht vor Art. 3 Abs. 1 GG.[997]

Der in der Gesetzesbegründung des § 13 Abs. 1 Nr. 4b ErbStG herangezogene Begriff des Gebrauchsvermögens ist durch das Bundesverfassungsgericht in seinem Vermögensteuerbeschluss[998] eingeführt worden. Danach gehören zum Gebrauchsvermögen die Wirtschaftsgüter, die der persönlichen Lebensführung des Steuerpflichtigen und seiner Familie dienen, die ihm einen Freiheitsraum für die eigenverantwortliche Gestaltung seines persönlichen Lebensbereiches und damit die Grundlage persönlicher Lebensführung verschaffen, die für ihn zusammengefasst die ökonomische Basis individueller Freiheit bilden. Es genießt

993 *M. Birnbaum,* Leistungsfähigkeitsprinzip und ErbStG, S. 93.

994 Siehe dazu *von Coelln,* in: Sachs, GG Kommentar, Art. 6, Rn. 34; *Jarass/Pieroth,* GG, Art. 6, Rn. 9f; *Robbers,* in: v. Mangoldt/Klein/Starck, Kommentar zum GG, Art. 6, Rn. 93; *Birk,* StuW 2005, 346, 347; *Tipke,* StRO Bd. II, S. 886.

995 *Tipke,* StRO Bd. II, S. 895, 896.

996 *Tipke,* StRO Bd. II, S. 897.

997 *Piltz,* DStR 2010, 1913, 1922.

998 BVerfGE 93, 121, 138.

nach Auffassung des Bundesverfassungsgerichts einen besonderen Schutz. Jeder Steuerpflichtige hat einen verfassungsrechtlichen Anspruch auf steuerliche Freistellung des der persönlichen Lebensgestaltung dienenden Vermögens.[999] Will der Gesetzgeber den Umfang dieses Vermögens bemessen, so „liegt es nahe, dass er sich [...] an den Werten durchschnittlicher Einfamilienhäuser orientiert. Er muss freilich Grundeigentümer und Inhaber anderer Vermögenswerte in einem gleichen Individualbedarf steuerlich freistellen.“[1000]

Die Kritik der Beschwerdeführer einer anhängigen Verfassungsbeschwerde gegen das ErbStG vor dem Bundesverfassungsgericht[1001] stellt auf die Zielgenauigkeit der Steuerbefreiung ab: So wird zunächst gerügt, die Steuerfreiheit des selbst genutzten Familienheims werde zusätzlich zu den persönlichen Freibeträgen des § 16 ErbStG gewährt. So wird der Wert des Familienheims insbesondere nicht auf den Freibetrag angerechnet. Auf diese Weise würden diejenigen Ehegatten, Lebenspartner und Kinder erheblich bevorzugt, die neben Geld- und Wertpapiervermögen auch noch ein Familienheim erben.[1002]

Bei der Gefahr drohender Erbschaftsteuerzahlungen, denen der Erbe des Familienheims ausgesetzt sein kann, handele es sich zudem um ein vom Gesetzgeber über hohe Steuersätze selbst geschaffenes Problem.[1003] Der Gesetzgeber habe es auch versäumt, die Grundeigentümer und Inhaber anderer Vermögenswerte in einem gleichen Individualbedarf steuerlich freizustellen.[1004] Ziehe man beim Erwerb des Familienheims von Todes wegen gem. § 13 Abs. 1 Nr. 4b ErbStG einen Vergleich mit dem Erwerb unter Lebenden (§ 13 Abs. 1 Nr. 4a ErbStG), sei zu hinterfragen, warum sich der Ehegatte im Erbfall die Steuerbefreiung mit einer zehnjährigen Behaltensfrist „verdienen“ muss, für die Steuerbefreiung bei lebzeitiger Zuwendung hingegen diese Voraussetzungen nicht gelten.[1005] Beim Vergleich mit den Begünstigungen für unternehmerisches Vermögen wird zudem beanstandet, es sei kein sachlicher Grund ersichtlich, warum ein Verstoß gegen die Behaltensfrist beim selbstge-

999 *Meincke,* in: Kommentar zum Erbschaftsteuer- und Schenkungsteuergesetz, § 13, Rn. 24 mit Verweis auf BVerfGE 93, 121, 141.

1000 BVerfGE 93, 121, 141.

1001 Verfassungsbeschwerden vom 22.12.2009, BVerfG-Az.: 1 BvR 3196/09, 1 BvR 3197/09 und 1 BvR 3198/09, vertreten durch Prof. Dr. Dietrich Murswiek.

1002 Vgl. *Wachter,* BB 2010, 667, 670; ebenso *Steiner,* ErbStB 2009, 123.

1003 *Steiner,* ErbStB 2009, 123.

1004 *Meincke,* in: Kommentar zum Erbschaftsteuer- und Schenkungsteuergesetz, § 13, Rn. 24.

1005 *Steiner,* ErbStB 2009, 123, 124.

nutzten Familienheim stärker sanktioniert werde. Zudem sei die Frist mit 10 Jahren viel länger als die Behaltensfristen des § 13a Abs. 5 ErbStG von fünf bzw. sieben Jahren.[1006]

Bei der Steuerbefreiung des durch Kinder selbstgenutzten Familienheims werde nur auf die Wohnfläche der Wohnung abgestellt, die Größe des geerbten Grundstücks sei hierfür vollkommen ohne Belang. Dann könnte jedoch ein Kind, welches beispielsweise eine Villa an der Elbchaussee in Hamburg mit einer Wohnfläche von 200 qm und einem Grundstück von 5.000 qm erbt und die 10-Jahresfrist einhält, von der Erbschaftsteuerbelastung völlig befreit sein.[1007] Diese erbenden Kinder werden dann ohne Begrenzung oder Abschlag stärker begünstigt als andere, die beispielsweise ein 220 qm großes Haus in einem Dorf auf dem Land geerbt haben.

Zudem habe der Gesetzgeber bei der Neuregelung des § 13 Abs. 1 Nr. 4b und Nr. 4c ErbStG nicht die vom Bundesverfassungsgericht vorgeschlagenen und üblichen Verschonungsmechanismen des Freibetrages, eines prozentualen Abschlages und eines günstigen Steuersatzes gewählt, sondern konkrete Steuergegenstände von der Steuerpflicht freigestellt. Denn hinsichtlich der Vererbung von Familienheimen an Abkömmlinge nimmt der Gesetzgeber nicht einen bestimmten Wert oder Wertanteil, sondern eine bestimmte Fläche von der Steuerpflicht aus. Es kommt damit zu einem Konflikt mit dem vom Bundesverfassungsgericht aufgestellten Anforderungen der einheitlichen Bewertung zu Verkehrswerten auf der ersten Stufe und einer anschließenden Begünstigung auf der zweiten Stufe. Denn der Gesetzgeber stellt zumindest bei der Steuerbefreiung des Familienheims für erbende Kinder auf eine Fläche und nicht einen bestimmten Verkehrswert des vererbten Grundstücks oder der Immobilie ab.[1008]

1006 *Wachter,* in: FS Spiegelberger, S. 538f.
1007 *Wachter,* in: FS Spiegelberger, S. 542.
1008 *Spiegelberger/Wartenburger,* ErbStB 2009, 98, 101.

Die Erben von Grundeigentum als Familienheim werden gegenüber den Erben anderer Vermögensarten durch die Steuerbefreiung gem. § 13 Abs. 1 Nr. 4 lit. a-c ErbStG bevorzugt. Es ist also zu fragen, ob diese Ungleichbehandlung sachlich gerechtfertigt werden kann. Der Gesetzgeber begründet die Steuerbefreiung mit dem Schutz der Familie aus Art. 6 GG und nimmt hierfür eine Durchbrechung der Besteuerung nach der wirtschaftlichen Leistungsfähigkeit in Kauf. Die Regelung des § 13 Abs. 1 Nr. 4 lit. a-c ErbStG erzeugt zusätzlich noch die Lenkungswirkung, dass Steuerpflichtige verstärkt in Grundeigentum investieren. Es entsteht also eine Koppelung von verschiedenen Lenkungszwecken.

Die gleichheitsgerechte Ausgestaltung scheitert nicht an den unterschiedlich langen Behaltensfristen im Vergleich zu den Begünstigungen von unternehmerischem Vermögen. Denn der Erbe, der den Betrieb fortführt, muss (ab einer Mitarbeiterzahl von 20) zusätzlich noch die Lohnsummenklausel einhalten, § 13a Abs. 1 S. 2 ErbStG. Weiterhin darf die Verwaltungsvermögensgrenze des § 13b Abs. 2 ErbStG nicht überschritten werden. Der Erbe, der das Familienheim selbst nutzt, ist dagegen nur an die Behaltensfrist von 10 Jahren gebunden. Zudem sind auch die unterschiedlichen Anforderungen an den Erhalt eines Unternehmens und eines Familienheims zu beachten: Ob es der Erbe schafft, das Unternehmen für die Dauer von 5 bzw. 7 Jahren fortzuführen, hängt von vielen Unsicherheiten ab, er muss u. U. viel schneller in Krisenzeiten reagieren. Der Erbe des Familienheims ist diesem Druck und Zwängen dagegen nicht ausgesetzt. Eine längere Behaltensfrist lässt sich somit rechtfertigen.

Die Differenzierung zwischen Ehegatten, die das Familienheim erben und dann die Behaltensfrist des § 13 Abs. 1 Nr. 4b S. 4 ErbStG einhalten müssen, gegenüber den Ehegatten, die das Familienheim zu Lebzeiten geschenkt bekommen, ist jedoch nicht zu rechtfertigen: Einziges Argument für die Frist im Todesfall könnte sein, dass der Gesetzgeber nicht wollte, dass der überlebende Ehegatte das ererbte Familienheim nach dem Erbfall schnell verkauft und dann einem Erben von Kapitalvermögen gleichsteht. Dann kann er die Steuerbefreiung in Anspruch nehmen, obwohl das Familienheim gar nicht innerhalb der Familie erhalten bleibt. Diese Annahme rechtfertigt jedoch keine Behaltensfrist von 10 Jahren – dann wird der Witwer/die Witwe nur dazu gezwungen, ein u. U. viel zu großes Haus für einen sehr langen Zeitraum selbst zu bewohnen, anstatt es zu verkaufen. Der Gesetzgeber hat für diese Unterscheidung auch keine Begründung angeführt. Für das oben genannte Argument würde zudem bereits eine Behaltensfrist von fünf Jahren ausreichen. Die Differenzierung mit der Behaltensfrist des § 13 Abs. 1 Nr. 4b S. 4 ErbStG ist somit weder ökonomisch sinnvoll, noch lässt sie sich durch sachliche Gründe rechtfertigen und verstößt somit gegen eine gleichheitsgerechte Ausgestaltung zwischen dem Ehegatten, der das Familienheim von Todes wegen erbt und dem, der es schon zu Lebzeiten von seinem Partner geschenkt bekommt.

Einer gleichheitsgerechten Ausgestaltung widerspricht auch die Tatsache, dass der Wert des Familienheims nicht auf die Freibeträge des § 16 ErbStG angerechnet wird. Diejenigen Ehegatten/Kinder, die zusätzlich zu sonstigem Vermögen noch ein Familienheim erben, sind somit doppelt begünstigt. So kann der überlebende Ehegatte/Lebenspartner einen Freibetrag i. H. v. 500.000 €, Kinder bis zu 400.000 € zusätzlich geltend machen, § 16 Abs. 1 Nr. 1 und 2 ErbStG. Andererseits ist das gesetzgeberische Ziel des Erhalts des Familiengebrauchsvermögens zu berücksichtigen: Durch die Steuerbefreiung in § 13 Abs. 1 Nr. 4 lit. a-c ErbStG wird speziell der Erhalt des Familienheims und damit auch die Investition in Immobilienvermögen gefördert. Diese Zielrichtung ist eine andere als jene, die mit den Freibeträgen des § 16 ErbStG verfolgt wird, denn die Inanspruchnahme der Freibeträge wird nicht zwangsläufig zum Erhalt des Familienheims führen.

Unter gleichheitsrechtlichen Gesichtspunkten höchst problematisch ist jedoch die Kopplung der Steuerbefreiung des § 13 Abs. 1 Nr. 4 lit. c ErbStG an die 200 qm-Grenze: Hätte der Gesetzgeber die Begünstigung des Familienheims für Kinder über einen Freibetrag geregelt, wären willkürliche Ergebnisse vermieden worden. So aber scheitert die Aufteilung nicht nur an den vom Bundesverfassungsgericht aufgestellten Vorgaben der einheitlichen Bewertung zu Verkehrswerten auf der Ersten Stufe, der die Flächenbegrenzung zuwider läuft, sondern insbesondere am Gleichheitssatz des Art. 3 Abs. 1 GG. Denn für die Kinder, bei denen das Familienheim die 200 qm-Grenze gerade überschreitet, wurden keine Härtefallklauseln geschaffen. Andererseits kommt es auch zu Ungleichbehandlungen, wenn das Familienheim an sich diese Grenze nicht überschreitet, das Grundstück dagegen Ausmaße hat, die in keinem Verhältnis dazu stehen.

Insgesamt scheitern jedoch auch die Steuerbefreiungen des Familienheims für den Ehegatten/Lebenspartner nach § 13 Abs. 1 Nr. 4 lit. a und b ErbStG an der gleichheitsgerechten Ausgestaltung: Der Gesetzgeber macht diese Begünstigung in keiner Weise von der auf der ersten Ebene festgestellten Bewertung zu Verkehrswerten abhängig. Er hat auch hier nicht den Weg des Freibetrags oder einer Abschlagszahlung gewählt – so verstößt er durch die völlige Unabhängigkeit von der Bewertung gegen die vom Bundesverfassungsgericht aufgestellten Anforderungen an die Zweistufigkeit der Erbschaftsteuer und denen der gleichheitsgerechten Ausgestaltung. Um eine Gleichbehandlung der Steuerpflichtigen zu gewährleisten, müssen die vererbten Vermögensgegenstände zunächst einheitlich nach Verkehrswerten bewertet werden. Danach kann der Gesetzgeber auf der Ebene der Besteuerung bestimmte Gegenstände wieder von der Erbschaftsteuerbelastung ausnehmen. Die Steuerbefreiung des Familienheims ist jedoch völlig unabhängig von der Bewertung. So kommt es nicht nur zwischen Begünstigten und Nichtbegünstigten, sondern insbesondere auch innerhalb der Gruppe der begünstigten Erben des Familienheims zu Ungleichbehandlungen. Es ist völlig ohne Belang, welchen Verkehrswert das Familienheim hat: Werden die Behaltensfristen und die Quadratmeterauflage (beim Erwerb durch Kinder gem. § 13 Abs. 1 Nr. 4 lit. c S. 1 ErbStG) eingehalten, ist der Erwerb steuerfrei.

c) *Zwischenergebnis*

Bei den Steuerbefreiungen des Familienheims ist somit insbesondere § 13 Abs. 1 Nr. 4 lit. c ErbStG unter Verstoß gegen die Anforderungen einer gleichheitsgerechten Ausgestaltung realisiert worden. Auch die Steuerbefreiung des Familienheims für Ehegatten/Lebenspartner von Todes wegen und unter Lebenden scheitert jedoch an der gleichheitsgerechten Ausgestaltung, da der Gesetzgeber die Bewertung zu Verkehrswerten auf der ersten Stufe nicht beachtet hat und es somit sowohl zwischen durch den Erwerb des Familienheims begünstigten Erben und den Erben von anderem Vermögen als auch innerhalb der begünstigten Gruppe zu Ungleichbehandlungen kommt.

III. Gesamtergebnis zur Vereinbarkeit mit dem Folgerichtigkeitsgrundsatz

Der Gesetzgeber hat sich bei der Steuerbefreiung des Familienheims nicht an die Anforderungen einer folgerichtigen Ausgestaltung gehalten, in dem er unter Verstoß gegen das Folgerichtigkeitsgebot die Zweistufigkeit der Vermögensbewertung missachtet hat. Für diesen Verstoß und Systembruch gibt es auch keine Rechtfertigungsgründe, denn auch das aus Art. 6 GG folgende Familienprinzip kann den Verstoß gegen die gleichheitsgerechte Ausgestaltung nicht rechtfertigen. So kann der Gesetzgeber die Kernfamilie zwar grundsätzlich begünstigen, er muss diese Begünstigung dann jedoch auch in sich folgerichtig und konsequent ausgestalten.

Zusammenfassung der Ergebnisse

1. Das Bundesverfassungsgericht hat sich bereits in seinen ersten Entscheidungen mit dem Begriff der Sach- und Systemgerechtigkeit bzw. der Systemwidrigkeit bestimmter Regelungen befasst. Während eine systemwidrige Abweichung zunächst lediglich der Willkürformel genügen musste, stellte das Gericht zunehmend höhere Anforderungen in Form von sachlichen Rechtfertigungsgründen auf. Mit der Entwicklung der Neuen Formel wurde schließlich erstmals eine Abwägung bei der Prüfung von Ungleichbehandlungen eingeführt. Das Bundesverfassungsgericht wies jedoch mehrfach darauf hin, dass mit seiner Rechtsprechung zur Systemgerechtigkeit keine Begrenzung des gesetzgeberischen Ermessensspielraums bewirkt werden solle. Es verhielt sich auch aufgrund der Literaturkritik zunehmend zurückhaltender bei der Anwendung dieses Maßstabes. Schließlich hat das Gericht den Gesichtspunkt der Systemwidrigkeit allein als Hilfsüberlegung qualifiziert, die Verfassungswidrigkeit einer Norm könne auf diesen Grundsatz indes nicht gestützt werden.

2. In der Literatur war die Sach- und Systemgerechtigkeit großer Kritik ausgesetzt. Diese Argumente werden teilweise auch dem Folgerichtigkeitsgebot, welches im Zinsurteil von Paul Kirchhof entwickelt wurde, entgegen gehalten. Im Zentrum der Kritik steht die Befürchtung, der Gesetzgeber werde durch die Bindung an Systemgerechtigkeit in seiner Flexibilität eingeschränkt. Zudem wird insbesondere der fehlende Verfassungsrang dieses Maßstabes hervorgehoben. So könnten einfach-rechtliche Wertungen über die Systemgerechtigkeit doch Verfassungsrang erlangen, der ihnen eigentlich nicht zukomme. Die Systemgerechtigkeit erzeuge auch keine über die Willkürformel hinausgehende Wirkung.

3. Die Rechtsprechungslinie des Bundesverfassungsgerichts zum Folgerichtigkeitsgebot über einen Zeitraum von 20 Jahren hat sich ebenfalls stark gewandelt. Es ist eine zunehmende Konkretisierung und Weiterentwicklung zu beobachten. Wurde der Folgerichtigkeitsgrundsatz ursprünglich nur bei ertragssteuerlichen Entscheidungen angewendet, hat sich das Gericht später auch für eine Anwendung bei vermögen-, erbschaft- und gewerbesteuerrechtlichen Regelungen entschieden. Regelmäßig wendet das Bundesverfassungsgericht die Prüfung auf die folgerichtige Ausgestaltung der Ausgangsentscheidung mittlerweile bei Entscheidungen zum Unternehmensteuerrecht an. Schließlich gelang auch der Sprung auf nichtsteuerliche Rechtsgebiete: Im Jahr 2008 wurden die landesrechtlichen Nichtraucherschutzgesetze einer Folgerichtigkeitsprüfung unterzo-

gen. Die knappe Entscheidung der Verfassungsrichter des Zweiten Senates zum häuslichen Arbeitszimmer zeigt jedoch, wie umstritten das Folgerichtigkeitsgebot mittlerweile innerhalb der Senate ist. Auch der BFH wendet das Folgerichtigkeitsgebot regelmäßig an, die aktuellste Entscheidung ist hier die Frage nach der Abziehbarkeit der Kosten für ein Erststudium.

4. Bei einer Abgrenzung der Begriffe Systemgerechtigkeit und Folgerichtigkeit werden in der Literatur verschiedene Ansätze verfolgt. Es konnte jedoch gezeigt werden, dass diese Ansätze zum Großteil nicht zu einer trennscharfen Abgrenzung führen. Dies liegt auch an zum Teil gleichen Schnittmengen von Systemgerechtigkeit und Folgerichtigkeitsgrundsatz und an der Entwicklung des Gebots der Folgerichtigkeit auf der Grundlage des Systemgerechtigkeitsdenkens. Während der Systemgerechtigkeit für einen Verfassungsverstoß jedoch lediglich Indizwirkung zukommt, führt das Folgerichtigkeitsgebot insbesondere bei Steuervergünstigungen zu einer strengen Prüfung der Ausnahmen von der gesetzgeberischen Ausgangsentscheidung. Können diese Ausnahmen nicht durch sachliche Gründe gerechtfertigt werden, kommt es infolge der Nichteinhaltung des Folgerichtigkeitsgebots zu einem Verfassungsverstoß.

5. Das Folgerichtigkeitsgebot lässt sich auch verfassungsrechtlich fundieren. Es kann jedoch nicht allein aus Art. 3 Abs. 1 GG gefolgert werden, da der Gleichheitssatz im Hinblick auf steuerliche Lastenausteilungsnormen durch verfassungsrechtliche Wertmaßstäbe zu konkretisieren ist. Für die verfassungsrechtliche Begründung des Folgerichtigkeitsgebots wurde ein Vergleich zum Leistungsfähigkeitsprinzip gezogen, da auch dieses Prinzip auf verschiedene grundrechtliche Säulen gestützt wird. Die beiden Maßstäbe unterscheiden sich jedoch insbesondere durch die Existenz einer Rechtssatzstruktur beim Leistungsfähigkeitsprinzip. Der Folgerichtigkeitsgrundsatz weist diese nicht auf, da der Ausgangstatbestand sich nicht immer auf Steuern bezieht (es ist auch eine Grundentscheidung in anderen Rechtsgebieten möglich) und auch die Rechtsfolge nicht immer die gleiche ist. Dem Erfordernis eines Rechtssatzes ist jedoch nur dann Genüge getan, wenn Tatbestand und Rechtsfolge präzise zu bestimmen sind.

Die Verpflichtung des Gesetzgebers auf Folgerichtigkeit und Konsequenz ist aber insbesondere aus dem Gleichheitssatz in Kombination mit dem Allgemeinheitsgebot zu folgern: Der Gesetzgeber (von Steuergesetzen) ist verpflichtet, eine Systementscheidung zu treffen. Beim Folgerichtigkeitsgebot kommt es nicht darauf an, ob die jeweils getroffene Ausgangsentscheidung selbst verfassungsrechtliches Gewicht hat. Hat sich der Gesetzgeber zu einer Grundbelastungsentscheidung bekannt, wird er durch den Gleichheitssatz und dem Allgemeinheitsgebot hieran festgehalten, sie muss dann für „alle" gelten. Diese Ausgangsentscheidung kann auch eine einfachrechtliche sein, wenn eine verfassungsrechtliche Wertung fehlt.

Neben dem Gleichheitssatz in Kombination mit dem Allgemeinheitsgebot gründet das Folgerichtigkeitsgebot auch auf rechtsstaatlichen und bundesstaatlichen Aspekten. So verpflichtet das Rechtsstaatsprinzip den Gesetzgeber dazu, zwischen Ausgangsentscheidungen des Bundes- und Landesrechts keinen Widerspruch entstehen zu lassen. Wesentliches Element ist zudem die Voraussehbarkeit von Entscheidungen, die wiederum folgerichtiges und widerspruchsfreies Zusammenwirken voraussetzt. Das Bundesstaatsprinzip räumt der Ausgangsentscheidung in einem Bundesgesetz den Vorrang gegenüber derjenigen auf landesrechtlicher Ebene ein. Wird das Folgerichtigkeitsgebot auch bei nicht steuerrechtlichen Entscheidungen als verfassungsrechtlicher Prüfungsmaßstab angewendet, verstärken die Freiheitsgrundrechte den Gleichheitssatz bereichsspezifisch und tragen dazu bei, die Untersuchung der folgerichtigen Ausgestaltung zu einem harten Prüfungsmaßstab auch außerhalb steuerrechtlicher Entscheidungen zu machen.

6. Bei einer Konkretisierung des Maßstabs der Folgerichtigkeit ist zwischen der Anwendung im Rahmen eines in sich abgeschlossenen Teilrechtsgebietes und der teilrechtsgebietsüberschreitenden Anwendbarkeit zu unterscheiden. Zwar kann folgerichtiges Denken grundsätzlich nicht eingeschränkt werden und der Folgerichtigkeitsgrundsatz regelt auch das Zusammenwirken einzelner Teilrechtsordnungen – dennoch wird die Folgerichtigkeitsprüfung für diese Arbeit auf das Teilrechtsgebiet des Erbschaftsteuerrechts beschränkt.

7. Die Neue Formel führte zu höheren Anforderungen an die Prüfung einer Ungleichbehandlung im Hinblick auf persönliche Eigenschaften. Das Folgerichtigkeitsgebot ist durch diese Entwicklung der Rechtsprechung durch das Erfordernis sachlicher Gründe von Gewicht zu einem strengeren Rechtfertigungsmaßstab geworden. Kommt es im Rahmen der Willkürprüfung zur Anwendung, führt das Folgerichtigkeitsgebot dagegen nicht zu erhöhten Anforderungen an eine Rechtfertigung, hier reichen lediglich plausible Gründe für eine Ungleichbehandlung aus.

Das Leistungsfähigkeitsfähigkeitsprinzip gilt nicht nur im Einkommen- sondern auch im Erbschaftsteuerrecht. Denn die Erbschaftsteuer belastet den beim Erben eingetretenen Vermögenszuwachs und die ihm dadurch vermittelte Leistungsfähigkeit – sie ist als Erbanfallsteuer ausgestaltet. Da dies die Ausgangsentscheidung des Erbschaftsteuerrechts bildet, wird der Gesetzgeber über das Folgerichtigkeitsgebot verpflichtet, einen Verstoß und Systembruch durch sachliche Gründe zu rechtfertigen. So kann die Besteuerung nach der Leistungsfähigkeit oder das objektive Nettoprinzip in einem Teilrechtsgebiet die Ausgangsentscheidung bilden, die dann folgerichtig umzusetzen ist. Dies gilt jedoch nicht immer und zwangsläufig. Hat der Gesetzgeber sein Gestaltungsermessen jedoch im Sinne des Leistungsfähigkeitsprinzips ausgeübt, wird er durch das Folgerichtigkeitsgebot hieran festgehalten.

8. Im Steuerrecht gilt allgemein eine Zweistufigkeit des gesetzgeberischen Gestaltungsspielraums und der verfassungsrichterlichen Kontrolle. Während der Gesetzgeber auf der ersten Ebene der Steueranknüpfung weite Gestaltungsspielräume hat, gilt auf der zweiten Ebene der Steuerausgestaltung eine Systembindung. Hier greift keine Überprüfung im Rahmen der Willkürkontrolle, sondern diese Ebene unterliegt einer strengen Verhältnismäßigkeitskontrolle.

Eine neue Entwicklung im Rahmen der Folgerichtigkeitsdogmatik stellt die dritte Stufe dar: Der Gesetzgeber kann einen grundlegenden Systemwechsel oder eine Neuorientierung hin zu einer anderen Ausgangsentscheidung vornehmen. Weist diese neue Systementscheidung ein Mindestmaß an Neuorientierung auf, kann der Systembruch einer Norm gerechtfertigt werden. Die Figur des Systemwechsels wurde bei der Überprüfung der Pendlerpauschale durch das Bundesverfassungsgericht einem Praxistest unterzogen. Die Schaffung des so genannten Werkstorprinzips genügte dem Mindestmaß an Neuorientierung jedoch nicht. Als weiteren Rechtfertigungsgrund für die Ausnahme von der folgerichtigen Ausgestaltung im Sinne des objektiven Nettoprinzips prüfte das Gericht, ob die Pendlerpauschale den Anforderungen einer Typisierung entsprach. Neben dem grundlegenden Systemwechsel gibt es für die Rechtfertigung eines Systembruchs als Verstoß gegen die folgerichtige Ausgestaltung der Ausgangsentscheidung somit noch die Typisierung sowie die Verfolgung außerfiskalischer Förderungs- und Lenkungszwecke als sachliche Rechtfertigungsgründe.

9. Im neuen Erbschaftsteuerrecht hat sich der Gesetzgeber im Anschluss an die Vorgaben des Bundesverfassungsgerichts für eine Zweistufigkeit der Ausgestaltung erbschaftsteuerlicher Regelungen entschieden. Auf der ersten Stufe werden nunmehr alle Vermögenswerte einheitlich mit dem gemeinen Wert, also dem Verkehrswert bewertet. Auf der zweiten Stufe hat das Bundesverfassungsgericht dem Gesetzgeber ausdrücklich seine Kompetenz, außerfiskalische Förderungs- und Lenkungszwecke zu verfolgen, bestätigt. Der Gesetzgeber hat von

dieser Möglichkeit ausgiebigen Gebrauch gemacht und neben den Verschonungs- und Begünstigungsregelungen für Betriebsvermögen unter anderem auch eine Entlastungsregelung für zu Wohnzwecken vermietete Grundstücke sowie die Steuerbefreiung des Familienheims für Ehegatten/Lebenspartner und Kinder eingeführt. Durch die geänderte Bewertung mit dem Verkehrswert werden die geringere Fungibilität von Betriebsvermögen, das Unternehmerrisiko sowie die gesteigerte rechtliche Bindung und Sozialpflichtigkeit unternehmerischen Vermögens durch Bewertungsabschläge bereits im Zuge der Bewertung berücksichtigt.

Für die von der Erbschaftsteuer verschonenden Lenkungszwecke hat das Bundesverfassungsgericht als Rechtfertigungsgrund für die Ausnahme von der folgerichtigen Ausgestaltung der Ausgangsentscheidung spezielle Anforderungen aufgestellt: So muss der gesetzgeberische Lenkungszweck deutlich erkennbar, eine sachgerechte Abgrenzung der Begünstigten vorliegen und die Lenkungsnorm an sich zielgenau und klar ausgestaltet sein. Weiterhin ist eine gleichmäßige Verteilung der Begünstigung unter den Adressaten erforderlich. Schließlich müssen auch die Anforderungen des Verhältnismäßigkeitsprinzips erfüllt sein.

10. Der Systembruch als Verstoß gegen die folgerichtige Ausgestaltung der Erbschaftsteuer als Erbanfallsteuer ergibt sich aus der Verschonung des begünstigten unternehmerischen Vermögens, die bis zur vollständigen Freistellung von der Erbschaftsteuer führen kann (§ 13a Abs. 1 i. V. m. Abs. 8 ErbStG). Auch der Erbe von unternehmerischem Vermögen ist bereichert und hat durch den Vermögenszuwachs eine gesteigerte Leistungsfähigkeit erfahren und unterscheidet sich in dieser Hinsicht nicht von einem Erben von Kapital- oder Grundvermögen. Die Verschonungsregelungen der §§ 13a, 13b und 19a ErbStG verstoßen damit gegen das Leistungsfähigkeitsprinzip und gegen die Belastungsgrundentscheidung der Erbanfallsteuer. Dieser Systembruch setzt den Gesetzgeber unter Rechtfertigungszwang. Als Rechtfertigungsgründe kommen außerfiskalische Förderungs- und Lenkungszwecke und die Typisierungsbefugnis des Gesetzgebers in Betracht.

11. Die Begünstigungsregelungen der §§ 13a, 13b und 19a ErbStG lassen sich als Lenkungs- und Sozialzwecknormen qualifizieren. So wird das unternehmerische Vermögen verschont und gegenüber anderen Vermögensarten besonders gefördert. Der Gesetzgeber hat für die Betriebsvermögensbegünstigungen mehrere legitime Zwecke angeführt, überzeugen kann aber nur das Argument des Arbeitsplatzerhalts in Kombination mit der Fortführung von Familien-

unternehmen. Sofern der Gesetzgeber die besondere Sozialpflichtigkeit und Gemeinwohlgebundenheit von Familienunternehmen anführt, werden diese Umstände bereits auf der ersten Stufe der Bewertung berücksichtigt. Diese Gründe allein können daher keinen legitimen Zweck für die Einführung der Verschonungsregelungen bilden. Da es jedoch keine statistischen Erhebungen darüber gibt, ob die Erbschaftsteuerbelastung den Erhalt von Arbeitsplätzen und damit auch von Unternehmen gefährden kann, ist dem Gesetzgeber hier ein Entscheidungsspielraum zuzugestehen.

Weiterhin sind die Verschonungs- und Begünstigungsregelungen auch grundsätzlich geeignet, die vom Gesetzgeber verfolgten legitimen Zwecke umzusetzen. So weisen die §§ 13a, 13b und 19a ErbStG ein Mindestmaß an zweckgerichteter Ausgestaltung auf, die gesetzgeberische Entscheidung ist deutlich erkennbar, eine Gefährdung des Fortbestands von Familienunternehmen durch die Erbschaftsteuerbelastung kann nicht grundsätzlich ausgeschlossen werden und es wird nur derjenige Erbe begünstigt, der das (Familien-)unternehmen auch tatsächlich fortführt.

Hinsichtlich der Geeignetheit besteht bei den §§ 13a, 13b und 19a ErbStG jedoch eine Gesetzeslücke für den Fall des Erben von Privatvermögen, der mit seinem ererbten Vermögen ein neues Unternehmen gründet oder dieses in ein bestehendes Unternehmen investiert. Auch dieser Erbe erhält bzw. schafft neue Arbeitsplätze und trägt damit zur Unternehmenskontinuität bei. Er ist jedoch vom Anwendungsbereich der Verschonungsregelungen nicht erfasst und muss sein geerbtes Vermögen ohne Inanspruchnahme von Begünstigungen voll versteuern. Für diese Gruppe von Erben hat der Gesetzgeber auch keine Ausnahme bzw. Härtefallklausel von der grundsätzlichen Nichtbegünstigung für Erben von Privatvermögen geschaffen. Die §§ 13a und 13b ErbStG sind im Hinblick auf diese Fallgruppe somit nicht geeignet, eine dem gesetzgeberischen Ziel des Erhalts und der Schaffung von Arbeitsplätzen entsprechende Entlastung zu gewährleisten.

Gesetzt den Fall, der Gesetzgeber würde diese Gesetzeslücke beseitigen, erweist sich die Begünstigungskonzeption der §§ 13a, 13b und 19a ErbStG jedoch als erforderlich, da die als milderes Mittel in Betracht kommende Stundungsregelung des § 28 ErbStG hohen Anwendungsanforderungen unterliegt. Die Verschonungs- und Begünstigungsregelungen der §§ 13a, 13b und 19a ErbStG können insbesondere im Hinblick auf die genannte Gesetzeslücke und die Tatsache, dass die Liquidation eines Unternehmens nicht zwangsläufig zum Verlust von Arbeitsplätzen führt, jedoch nicht mehr als angemessen bezeichnet werden.

12. Der Gesetzgeber hat für die Begünstigungsregeln zudem zahlreiche Ausnahmen sowie Restriktionen und Auflagen vorgesehen. Diese sind als Sicherung des gesetzgeberischen Entlastungssystems ebenfalls auf eine folgerichtige Ausgestaltung zu untersuchen. Denn der Gesetzgeber muss insbesondere bei Rückausnahmen von der Ausnahme im Sinne des Folgerichtigkeitsgebots handeln. Bei den Restriktionen und Auflagen ist zwischen der Aussonderung des Verwaltungsvermögens und der Lohnsummenklausel in Verbindung mit den Behaltensfristen zu differenzieren: Die Aussonderung des Verwaltungsvermögens von den Verschonungsregelungen als unproduktives Vermögen, welches in der Regel wenig Arbeitsplätze erhält, kann als legitimer Zweck überzeugen. Mit der Lohnsummenklausel und den Behaltensfristen verfolgt der Gesetzgeber ebenfalls einen legitimen Zweck, ist durch diese Auflagen doch grundsätzlich sichergestellt, dass Arbeitsplätze für einen bestimmten Zeitraum im Unternehmen erhalten bleiben.

Die Behandlung des Verwaltungsvermögens mit der Einführung der Verwaltungsvermögensquote nach § 13b Abs. 2 ErbStG genügt den Anforderungen der Geeignetheit des Mittels nicht: So kann das Verwaltungsvermögen jedenfalls mittelbar dem Erhalt von Arbeitsplätzen dienen, denn es kann die Liquidität im Unternehmen als Kapitaldecke sichern. Zudem werden Schulden, die im Zusammenhang mit dem Verwaltungsvermögen stehen, nicht berücksichtigt. Dies kann sich insbesondere bei Personengesellschaften im Sonderbetriebsvermögen sehr stark auswirken und im Ergebnis zu einer Schlechterstellung der Rechtsform der Personengesellschaft führen.

Dem Erfordernis einer sachgerechten Abgrenzung der Begünstigten von den Nichtbegünstigten ist der Gesetzgeber bei den Begünstigungsregelungen nicht nachgekommen. So kann Privatvermögen zu Betriebsvermögen gewillkürt und so Wirtschaftsgüter, die nach dem gesetzgeberischen Willen nicht begünstigt werden dürften, doch von den Verschonungsregelungen erfasst werden, wenn die Verwaltungsvermögensquote eingehalten ist. Zudem bestehen mit § 13b Abs. 2 S. 2 Nr. 1 S. 2 lit. a-e ErbStG zahlreiche Rückausnahmen von der Qualifikation als Verwaltungsvermögen. So wird an sich unproduktives Vermögen doch in den Anwendungsbereich der Begünstigungen einbezogen. Dies führt insgesamt nicht zu einer in sich folgerichtigen Ausgestaltung durch eine sachgerechte Abgrenzung.

Die Begünstigungsregelungen genügen auch den Anforderungen an eine gleichheitsgerechte Ausgestaltung nicht. So unterliegt land- und forstwirtschaftliches Vermögen im Vergleich zum übrigen unternehmerischen Vermögen zahlreichen Vergünstigungen, schon nach der Bewertung sind hier zahlreiche Vermögensgegenstände vom Verwaltungsvermögen ausgenommen. Lohnsummenklausel und Behaltensfristen sind grundsätzlich leichter einzuhalten. Weiterhin entstehen auch durch die Konzernklausel und durch die Rückausnahme der Wohnungsvermietungsgesellschaften vom nicht begünstigten Verwaltungsvermögen weitere Ungleichbehandlungen. Verstärkt werden diese noch durch die unterschiedliche Progressionswirkung – so entstehen sowohl innerhalb des begünstigten unternehmerischen Vermögens als auch zwischen begünstigtem und nicht begünstigtem Vermögen durch Anwendung des § 19 ErbStG Kaskadensprünge. Es kommt weiterhin zu einem Systembruch innerhalb des unternehmerischen Vermögens, da der Gesetzgeber die Rechtsformneutralität zwischen Personen- und Kapitalgesellschaften an mehreren Stellen des Erbschaftsteuergesetzes missachtet hat.

Die Lohnsummenklausel mit den Behaltensfristen genügen nicht den Anforderungen der Geeignetheit. Neben zahlreichen Problemen, denen diese in der Praxis ausgesetzt ist – wie etwa deren Einhaltung in Krisenzeiten – bewirkt die Lohnsumme dann einen Folgerichtigkeitsverstoß, wenn der Erbe und Erwerber überhaupt keine Möglichkeit hat, diese Auflage zu befolgen und zu erfüllen. Der Gesetzgeber hat den Fall des Minderheitengesellschafters, der auf die Einhaltung der Lohnsumme keinen Einfluss hat und bei Gesellschafterversammlungen von den Mehrheitsgesellschaftern überstimmt werden kann, nicht gesehen. In diesem Fall kann das Ziel des Erhalts von Arbeitsplätzen nicht erreicht werden. Der Gesetzgeber hat hier auch keine Härtefallklauseln vorgesehen. Hier kommt es somit im Rahmen der Geeignetheit zu einem Verstoß gegen das Folgerichtigkeitsgebot.

13. Die Einführung der Begünstigungskonzeption der §§ 13a, 13b und 19a ErbStG kann nicht als grundlegender Systemwechsel bzw. als neue Systementscheidung des Gesetzgebers qualifiziert werden. Für eine grundlegend neue

Systementscheidung ist ein Mindestmaß an Neuorientierung erforderlich. Dies ist bei den Begünstigungsregelungen für unternehmerisches Vermögen nicht vorhanden, so hat der Gesetzgeber bereits im alten Erbschaftsteuerrecht die Ziele des Erhalts von Arbeitsplätzen durch die Fortführung von Familienunternehmen verfolgt. Bereits vor der Erbschaftsteuerreform gab es Belastungsunterschiede zwischen Betriebsvermögen und Privatvermögen. Auch wenn diese insbesondere durch die Bewertung zu Steuerwerten auftraten, entstehen im neuen Recht Belastungsunterschiede durch die Ausgestaltung der Verschonungsregelungen. Verstöße gegen die Rechtsformneutralität gab es ebenfalls bereits vor der Neufassung des Erbschaftsteuergesetzes. Bereits im alten Recht führte die Abziehbarkeit von Verbindlichkeiten beim Betriebsvermögen zu widersprüchlichen Ergebnissen. Auch dies hat sich im neuen Erbschaftsteuerrecht nicht geändert: Insbesondere durch die Schaffung des Verwaltungsvermögens wird zum Teil unproduktives Vermögen in die Begünstigung mit einbezogen, während produktives Vermögen oftmals auch nicht entlastet wird. Damit kommt es insgesamt nicht zu einer neuen, grundlegenden Änderung der Belastungs(grund)entscheidung. Den Anforderungen einer neuen Systementscheidung oder eines Systemwechsels ist der Gesetzgeber somit nicht nachgekommen.

14. Auch eine Rechtfertigung durch die Typisierungsbefugnis des Gesetzgebers kommt nicht in Betracht. Exemplarisch wurden zwei Typisierungsregelungen im Hinblick auf ihre Eignung als Rechtfertigungsgründe überprüft. Die Typisierung der Verwaltungsgrenze i. H. v. 50 % gem. § 13b Abs. 2 ErbStG (bzw. 10 % nach § 13a Abs. 8 Nr. 4 ErbStG im Fall des sog. Optionsmodells) verfolgt zwar einen zur Typisierung grundsätzlich geeigneten Zweck, sie dient jedoch nicht Vereinfachungszwecken, da den Steuerpflichtigen ein erhöhter Aufwand zur Strukturierung des Verwaltungsvermögens und der Einhaltung der Grenze trifft. Zudem kann eine Umgehung der 50 %-Grenze durch Gestaltungsmöglichkeiten nicht nachhaltig verhindert werden und so bestehende Missbrauchsmöglichkeiten beseitigen.

Mit dem pauschalen Ansatz des Verwaltungsvermögens von 50 % hat sich der Gesetzgeber nicht am Regelfall orientiert: So hängt die Höhe des steuerschädlichen Verwaltungsvermögens häufig sehr stark von der Bewertung auf der ersten Stufe ab; Steuerpflichtige können Verwaltungsvermögen zudem innerhalb des Unternehmens umschichten. Kann die Verwaltungsvermögensgrenze nicht eingehalten werden und hat der Erbe somit keine Chance, die Verschonungsregelungen in Anspruch zu nehmen, führt dies zu einer erheblichen Steuerbelastung. Durch die Verwaltungsvermögensgrenze des § 13b Abs. 2 ErbStG entstehen somit nicht nur geringe Belastungswirkungen. Da bei Beteiligungsketten auf jeder Ebene überprüft werden muss, ob die Verwaltungsvermögensquote eingehalten wurde, entstehen auch negative Kaskadeneffekte.

Die Beteiligungsgrenze für Kapitalgesellschaften gem. § 13b Abs. 1 Nr. 3 S. 1 ErbStG i. H. v. mehr als 25 % genügt den Anforderungen einer rechtfertigenden Typisierung ebenfalls nicht. So verfolgt der Gesetzgeber zwar auch mit dieser Regelung einen zur Typisierung grundsätzlich geeigneten Zweck. Bei der Ausgestaltung der Beteiligungsgrenze hat sich der Gesetzgeber jedoch nicht am Regelfall orientiert, da er insbesondere nicht berücksichtigt hat, dass Beteiligungen an einer GmbH von unter 25 % genauso häufig auftreten können wie der Kleinaktionär und lediglich als Kapitalanleger auftretende Erwerber. Zudem dient die Regelung des § 13b Abs. 1 Nr. 3 S. 1 ErbStG zwar Vereinfachungszwecken, in dem sich durch die 25 %-Grenze ohne hohen Verwaltungsaufwand nicht begünstigte Steuerpflichtige leicht aussondern lassen. Nicht erfüllt sind jedoch die Voraussetzungen der Vermeidung von Missbrauchsmöglichkeiten: Trotz Schaffung der Möglichkeit, gem. § 13b Abs. 1 Nr. 3 S. 2 ErbStG Poolvereinbarungen unter gering beteiligten Gesellschaftern zu schließen, sind Umgehungen durch Gestaltungen im Hinblick auf die 25 %-Grenze contra legem weder erschwert, noch können sie verhindert werden. Gelingt es dem Steuerpflichtigen nicht, eine Poolvereinbarung gem. § 13b Abs. 1 Nr. 3 S. 1 ErbStG mit anderen, i. H. v. 25 % oder weniger beteiligten Gesellschaftern zu schließen, kann er die Begünstigung nach den §§ 13a, 13b und 19a ErbStG nicht in Anspruch nehmen und muss seine ererbte Beteiligung voll versteuern. Die Belastungswirkung fällt in diesem Fall nicht mehr nur gering aus und genügt als weitere Anforderung einer Typisierungsregelung damit ebenfalls nicht verfassungsrechtlichen Maßstäben.

15. Die Entlastung für zu Wohnzwecken vermietete Grundstücke des § 13c ErbStG verfolgt einen legitimen Zweck und kann trotz Inkonsequenzen auf der Ebene der gleichheitsgerechten Ausgestaltung insgesamt noch als angemessen qualifiziert werden. Problematisch ist bei dieser Entlastung jedoch insbesondere das Zusammenspiel mit den Entlastungen für Wohnungsvermietungsgesellschaften in § 13b Abs. 2 Nr. 1 d ErbStG: Das Ziel der Beseitigung eines Marktungleichgewichts zwischen (großen) Wohnungsvermietungsgesellschaften und dem privaten Immobilienbesitzer und so genanntem „kleinen Unternehmer" wird durch den 10 %-Abschlag kaum zu erreichen sein. Die vom Gesetzgeber verfolgten Ziele sind hier somit zumindest als widersprüchlich zu qualifizieren. Insgesamt kann jedoch nicht völlig ausgeschlossen werden, dass wenigstens kleine Anreize zur verstärkten Investition in private Wohnimmobilien durch die Begünstigung des § 13c ErbStG generiert werden. Daher genügt

§ 13c ErbStG noch den Anforderungen einer gleichheitsgerechten Ausgestaltung und damit den Anforderungen des Folgerichtigkeitsgebots.

16. Die Steuerbefreiung des Familienheims in § 13 Abs. 1 Nr. 4 lit. a-c ErbStG genügt den Anforderungen des Folgerichtigkeitsgebots nicht. Der Gesetzgeber hat durch die Ausgestaltung der konkreten Ausnahme des Familienheims von der Erbschaftsteuer nicht die üblichen Mechanismen des Freibetrags, prozentualen Abschlags oder günstigeren Steuersatzes gewählt. Schwer wiegt jedoch die Nichtbeachtung der vom Bundesverfassungsgericht aufgestellten Anforderungen der Zweistufigkeit der Vermögensbewertung. Die Differenzierungen zwischen denjenigen Ehegatten/Lebenspartnern, die das Familienheim unter Lebenden ohne Fristen erwerben und denen, die es von Todes wegen erhalten und dann eine 10-jährige Behaltensfrist einhalten müssen, hat der Gesetzgeber ebenfalls nicht sachlich begründet. So kommt es nicht nur zu Ungleichbehandlungen zwischen den durch den Erwerb des Familienheims begünstigten Erben und den Nichtbegünstigten, sondern auch innerhalb der Gruppe der Begünstigten verstößt § 13 Abs. 1 Nr. 4 lit. a-c ErbStG gegen die Anforderungen einer gleichheitsgerechten Ausgestaltung. Denn der Verkehrswert spielt für die Steuerbefreiung des Familienheims keine Rolle. Diese Ungleichbehandlung kann auch nicht durch das Familienprinzip des Art. 6 GG gerechtfertigt werden. Der Gesetzgeber hätte vielmehr zunächst eine grundsätzliche Vergleichbarkeit durch die Bewertung schaffen müssen, um den Anforderungen des Bundesverfassungsgerichts gerecht zu werden. Damit ist die Regelung nicht konsequent ausgestaltet und bildet einen Verstoß gegen das Folgerichtigkeitsgebot.

Epilog: Der Vorlagebeschluss des BFH vom 27.9.2012 zum ErbStG

Der II. Senat des BFH hat zwischenzeitlich das seit dem 01.01.2009 geltende ErbStG dem BVerfG zur Entscheidung vorgelegt. Der Senat hält insbesondere die in den §§ 13a, 13b ErbStG vorgesehen Steuervergünstigungen für verfassungswidrig. Eine ausreichende Rechtfertigung des Begünstigungsübergangs durch Sach- und Gemeinwohlgründe sei nicht gegeben. Insbesondere im Vergleich mit Steuerpflichtigen, die die Begünstigungen nicht in Anspruch nehmen können, liege eine gegen Art. 3 Abs. 1 GG verstoßende Ungleichbehandlung vor.[1009]

In diesem letzten Kapitel werden die vom BFH aufgeworfenen Verstöße gegen das Folgerichtigkeitsgebot überprüft und mit den in dieser Arbeit gefundenen Ergebnissen verglichen. Zu berücksichtigen ist hierbei die unterschiedliche Stellung von BFH und BVerfG: Bei einem Vorlagebeschluss muss der BFH keine umfassende und vollständige Überprüfung der Verfassungsmäßigkeit der dem BVerfG zur Entscheidung vorgelegten Normen vornehmen. Dementsprechend kann nicht erwartet werden, dass der II. Senat jeden einzelnen Verstoß gegen das Folgerichtigkeitsgebot aufnimmt. So ist nur die Vorlage besonders eindeutiger Verfassungsverstöße, zum Beispiel Gestaltungen wie die Cash GmbH, Forderungsgesellschaften und Kaskadeneffekte aufgezeigt worden. Die Frage ist, ob die Argumente des Senats ausreichen, um dem Gesetzgeber bei der Ausgestaltung der §§ 13a, 13b ErbStG ein fehlendes folgerichtiges Handeln nachzuweisen.

A. Ausgangspunkt

Dem Vorlagebeschluss liegt folgender Erbfall zugrunde: Ein Neffe wird im Januar 2009[1010] zu einem Viertel Miterbe seines verstorbenen Onkels. Das Vermögen besteht aus Guthaben bei Kreditinstituten und einem Steuererstattungsanspruch, der Wert des Anteils des Neffen beträgt rund 51.000 €. Nach Abzug des Freibetrags i. H. v. 20.000 € gem. § 16 Abs. 1 Nr. 5 ErbStG setzte das Finanzamt gegen den Neffen eine Erbschaftsteuer i. H. v. 9.360 € fest. Der Neffe begehrte eine Herabsetzung der Steuer auf 4.680 €, der in § 19 Abs. 1 i. V. m. § 37 Abs. 1 ErbStG in der für Steuerentstehungszeitpunkte *nach* dem 31. 12. 2009 geltenden Fassung des Art. 6 des Wachstumsbeschleunigungsgesetzes vom

1009 BFH vom 27.09.2012, - II R 9/11 -, DStR 2012, 2063.

1010 Also kurz nach Inkrafttreten des neuen ErbStG vom 24.12.2008.

22. 12. 2009[1011] – ErbStG n. F. – für steuerpflichtige Erwerbe in der Steuerklasse II vorgesehene Steuersatz von 15 % sei aus Gründen der Gleichbehandlung auch in seinem Fall anzuwenden. Das Rechtsschutzziel des Neffen besteht somit in der rückwirkenden Anwendung des ab dem 1.1.2010 geltenden Steuersatzes von 15 % in der Steuerklasse II gem. § 19 Abs. 1 ErbStG, statt wie vorher 30 %.

Einleitend stellt der BFH relativ kurz fest: Die Gleichstellung von Personen der Steuerklasse II und III im Jahr 2009 ist verfassungsrechtlich hinzunehmen.[1012] Jedoch greift der Senat auf die Tarifvorschrift des § 19 ErbStG i. V. m. §§ 13a, 13b ErbStG zurück, da die in §§ 13a, 13b ErbStG vorgesehenen Steuervergünstigungen in wesentlichen Teilbereichen von großer finanzieller Tragweite über das verfassungsrechtlich gerechtfertigte Maß hinausgehen und dadurch die Steuerpflichtigen, die die Vergünstigungen nicht beanspruchen können, in ihrem Recht auf eine gleichmäßige, der Leistungsfähigkeit entsprechende und folgerichtige Besteuerung verletzt werden. Durch die „Klammernorm" des § 19 Abs. 1 ErbStG kann der BFH damit in zulässiger Weise über das unmittelbare Rechtsschutzziel des Neffen hinausgehen.[1013] Sollte das BVerfG das ErbStG als von Anfang an verfassungswidrig verwerfen, könnte der Ansatz des BFH also dazu führen, dass der Neffe mangels einer gültigen Tarifnorm überhaupt keine Erbschaftsteuer zahlen muss.[1014]

Den Weg der Vorlage über die Tarifvorschrift des § 19 ErbStG ist der BFH bereits mehrfach gegangen, ob dies verfassungsrechtlich zulässig ist, soll in diesem Kapitel nicht erörtert werden, zumal das BVerfG bereits bei seiner letzten Entscheidung über das ErbStG dieses Vorgehen beurteilt hat.[1015] So führte das Gericht aus, der BFH verstehe § 19 Abs. 1 ErbStG in verfassungsrechtlich nicht zu beanstandender Weise als "Klammernorm", über die Verstöße gegen den Gleichheitssatz, die in den Bewertungsvorschriften angelegt sind, erst ihre Wirkung entfalten.[1016]

1011 BGBl I 2009, S. 3950.

1012 BFH vom 27.09.2012, - II R 9/11 -, DStR 2012, 2063, 2064.

1013 *Wachter,* DStR 2012, 2301, 2302.

1014 *Wachter,* DStR 2012, 2301, 2303.

1015 Siehe dazu bereits BVerfGE 117, 1, 29.

1016 BVerfGE 117, 1, 28.

B. Überprivilegierung des Erwerbs von Betriebsvermögen, land- und forstwirtschaftlichem Vermögen und Anteilen an Kapitalgesellschaften

I. Keine Gefährdung mittelständischer Betriebe durch Erbschaftsteuer

Im Einzelnen verweist der BFH zunächst auf seine Ausführungen zum früheren ErbStG a. F.[1017], er hält jedoch an der im damaligen Beschluss vertretenen Auffassung auch für das geltende Recht fest.[1018] Danach sei bereits die damalige pauschale Begünstigung des Erwerbs von Betriebsvermögen oder von Anteilen an Kapitalgesellschaften nur dann verfassungsrechtlich mit Art. 3 Abs. 1 GG zu vereinbaren gewesen, wenn man unterstellen könnte, die erbschaft- und schenkungsteuerrechtliche Belastung gefährde typischerweise die Betriebsfortführung. Für die Gefährdung mittelständischer Unternehmen durch die Erbschaftsteuer gäbe es jedoch keine konkreten Anhaltspunkte. Der Gesetzgeber habe auch nicht danach differenziert, ob neben dem Betriebsvermögen noch weiteres Vermögen übergehe. Das ErbStG nehme nicht das Unternehmen, sondern den Erwerber bei der Besteuerung in Anspruch. Zudem sei die Stundungsregelung des § 28 ErbStG geeignet, in Erbfällen die Erhaltung des Betriebs zu sichern.[1019]

Eine Gefährdung des Fortbestands von Unternehmen durch die Belastung mit Erbschaftsteuer ist vom Gesetzgeber nicht nachgewiesen worden. Dennoch ist zu berücksichtigen, dass der Erhalt von Betrieben nicht allein Lenkungszweck des Begünstigungssystems der §§ 13a, 13b und 19a ErbStG ist: Der Gesetzgeber wollte auch den Erhalt von Arbeitsplätzen mit den Begünstigungsregelungen sichern. Dieses Interesse bildet zusammen mit der Fortführung von Unternehmen einen legitimen Lenkungszweck und dieses Ziel kann über die Freistellung der fortführenden Unternehmenserben auch grundsätzlich erreicht werden.[1020]

II. Lohnsummenklausel

Die weitgehende oder vollständige Verschonung des Erwerbs von Betriebsvermögen, land- und forstwirtschaftlichem Vermögen und Anteilen an Kapitalgesellschaften oder Anteilen daran ist nach Auffassung des II. Senates jedenfalls

1017 BFHE 198, 342; BStBl II 2002, 598.

1018 BFH vom 27.09.2012, - II R 9/11 -, Rn. 86; DStR 2012, 2063, 2071.

1019 BFH vom 27.09.2012, - II R 9/11 -, Rn. 84; DStR 2012, 2063, 2070.

1020 Siehe dazu bereits oben unter Kapitel 4 C. III. 2. d).

soweit mit dem allgemeinen Gleichheitssatz des Art. 3 Abs. 1 GG nicht vereinbar, als ein Betrieb im Regelfall nicht mehr als 20 Beschäftigte habe und daher die Gewährung von Steuervergünstigungen nicht vom Erhalt von Arbeitsplätzen abhänge.[1021] Die Regelungen über die Lohnsummen, die der Gesetzgeber in § 13a Abs. 1 S. 4 ErbStG eingefügt habe, spielten schon deswegen im Regelfall für die Verschonung keine Rolle, weil weit mehr als 90 % aller Betriebe nicht mehr als 20 Beschäftigte hätten.[1022]

Die Lohnsummenklausel des § 13a Abs. 1 S. 4 ErbStG wurde durch das Wachstumsbeschleunigungsgesetz[1023] im Zuge der Finanz- und Wirtschaftskrise aufgeweicht. So wurde die erforderliche Mindestlohnsumme des § 13a Abs. 1 S. 2 ErbStG von 650 % auf 400 % abgesenkt. Zudem wurde die Nichtanwendung der Lohnsummenklausel auf Betriebe mit nicht mehr als 10 auf 20 Beschäftigte erweitert, § 13a Abs. 1 S. 4 ErbStG. Berücksichtigt man die Umstände der Änderung, könnte der Gesetzgeber die Lohnsummenregelungen in Zukunft wieder verschärfen und damit deutlich strengere Anforderungen an den Erhalt von Arbeitsplätzen stellen. Zudem gelten für kleinere Unternehmen auch in § 23 Abs. 1 KSchG Ausnahmen, der Gesetzgeber hat sich bei der Einführung der Lohnsummenklausel auch am Kündigungsschutzgesetz orientiert.[1024] Diese Umstände hat der Senat in seiner Analyse überhaupt nicht erwähnt.[1025] Zutreffend weist der Senat selbst darauf hin, Betriebe mit Arbeitnehmern müssten bereits unabhängig von der Erbschaft- und Schenkungsteuer u. a. aus arbeits-, ertragsteuer- und sozialversicherungsrechtlichen Gründen eine Lohnbuchhaltung unterhalten.[1026] Auch bei Betrieben mit mehr als 20 Beschäftigten scheint der BFH zudem davon auszugehen, dass eine verfassungswidrige Verschonung unternehmerischen Vermögens vorliegt, selbst wenn diese die Lohnsummenklausel einhalten.[1027]

Der Begünstigungsgrund des Erhalts von Arbeitsplätzen sei aber auch deshalb nicht tragfähig, da es dem Steuerpflichtigen durch zahlreiche Gestaltungsmöglichkeiten auch bei Betrieben mit mehr als 20 Beschäftigten auf einfache

1021 BFH vom 27.09.2012, - II R 9/11 -, Rn. 83; DStR 2012, 2063, 2070.

1022 BFH vom 27.09.2012, - II R 9/11 -, Rn. 144; DStR 2012, 2063, 2078.

1023 BGBl. I 2009, S. 3950; abgekürzt WaBeschG; siehe dazu bereits unter Kapitel 4 C. IV. 2.

1024 Siehe auch dazu bereits unter Kapitel 4 C. IV. 2.

1025 So auch *Wachter,* DStR 2012, 2301, 2306.

1026 BFH vom 27.09.2012, - II R 9/11 -, Rn. 91; DStR 2012, 2063, 2072.

1027 Auf diesen Umstand weist *Piltz,* DStR 2013, 228, 232 hin.

Art und Weise ermöglicht werde, die Lohnsummenklausel zu umgehen.[1028] Als Beispiel nennt der BFH die Möglichkeit, einen einheitlichen Gewerbebetrieb mit mehr als 20 Beschäftigten im Rahmen einer Betriebsaufspaltung in eine Besitzgesellschaft mit weniger als 20 Arbeitnehmern und in eine Betriebsgesellschaft, deren Betriebsvermögen nach Berücksichtigung der Verbindlichkeiten keinen oder nur einen geringen Steuerwert hat und die eine beliebige Zahl von Beschäftigten haben kann, aufgespalten wird.[1029] Nach überwiegender Ansicht können in diesem Fall die Arbeitnehmer beider Gesellschaften nicht zusammen gerechnet werden, die Lohnsummenklausel greift in diesem somit regelmäßig nicht ein.[1030]

Zu dieser Gestaltungsmöglichkeit wird in der Literatur angemerkt, der BFH hätte in diesem Fall den Begriff des „Betriebs“ in § 13a Abs. 1 S. 4 ErbStG möglicherweise auch so auslegen können, dass damit beide Betriebe umfasst sind, wie dies in § 322 UmwG für einen Sonderfall ausdrücklich geregelt ist.[1031] Zudem sei es nicht nur wegen der zahlreichen Vorschriften des Individual- und Kollektivarbeitsrechts wenig praktikabel, Beschäftigte allein aus erbschaftsteuerrechtlichen Gründen zwischen mehreren Betrieben aufzuteilen.[1032]

Allein diese vom BFH aufgezeigte Gestaltungsmöglichkeit dementiert noch nicht die fehlende Geeignetheit der Lohnsummenklausel des § 13a Abs. 1 S. 4 ErbStG, denn der Gesetzgeber muss nicht jeden atypischen Fall bzw. jede mögliche Umgehungsgestaltung berücksichtigen.[1033] Die Lohnsummenklausel erweist sich jedoch aus anderen Gründen als nicht geeignet: Sie berücksichtigt nicht den Fall des Minderheitsgesellschafters, der sich im Fall der betrieblichen Entscheidung der Verlagerung des Produktionsstandortes eines Unternehmens ins Ausland nicht gegen seine Mitgesellschafter durchsetzen kann und dem es daher nicht möglich ist, Arbeitsplätze zu erhalten.[1034] Damit hat der Gesetzgeber nicht berücksichtigt, dass es für diese Gruppe der Minderheitsgesellschafter nicht möglich ist, die Lohnsummenklausel einzuhalten, um die Begüns-

---

1028 BFH vom 27.09.2012, - II R 9/11 -, Rn. 144; DStR 2012, 2063, 2078.

1029 BFH vom 27.09.2012, - II R 9/11 -, Rn. 145; DStR 2012, 2063, 2078 mit Verweis auf BFH vom 24.02.2000, - IV R 62/98 -, BFHE 191, 295.

1030 BFH vom 27.09.2012, - II R 9/11 -, Rn. 145; DStR 2012, 2063, 2078, a. A. *Philipp,* in: Viskorf/Knobel/Schuck, Kommentar zum ErbStG, § 13a, Rn. 38; *Geck,* in: Kapp/Ebeling, Erbschaft- und Schenkungsteuergesetz, Kommentar, § 13a, Rn. 41.

1031 *Wachter,* DStR 2012, 2301, 2306.

1032 *Wachter,* DStR 2012, 2301, 2306.

1033 Siehe dazu bereits oben unter Kapitel 4 C. V. 4.

1034 Siehe dieses Beispiel oben unter Kapitel 4 C. V. 4.

tigungen in Anspruch zu nehmen. Diese Situation stellt auch keinen atypischen Fall dar, den der Gesetzgeber vernachlässigen kann.

III. Bei Anteilserwerbern an Kapitalgesellschaften lediglich private Vermögenssphäre betroffen

Die weitgehende pauschale Privilegierung von Anteilserwerbern an Kapitalgesellschaften sei nicht zu rechtfertigen, denn die Belastung mit Erbschaftsteuer treffe lediglich die private Vermögenssphäre des Erwerbers. Die Gleichstellung der Anteile an Kapitalgesellschaften mit dem Betriebsvermögen bzw. den Anteilen an Personengesellschaften rechtfertige keine derart weitgehende pauschale Privilegierung, die im Ergebnis die Anteilserwerber in großem Umfang von der Umverteilungswirkung des ErbStG ausnehme.[1035]

In der Literatur wird hierzu auf die Einbindung des Gesellschafters in die operative Unternehmenstätigkeit verwiesen.[1036] Da ab einer Beteiligungsquote von mehr als 25 % vielfach persönliche Verpflichtungen mit einhergingen, wie beispielsweise die Hingabe von Gesellschafterdarlehen, die Abgabe von Bürgschaften oder das Stellen anderer privater Sicherheiten, könne der Rückschluss auf die private Vermögenssphäre gerade nicht pauschal gezogen werden. Die Privilegierung erscheine parallel zu der Begünstigung von Personengesellschaften angemessen.[1037] Die Mindestbeteiligungsquote des § 13b Abs. 1 Nr. 3 S. 1 ErbStG entstammt zudem dem Ertragsteuerrecht und dem § 17 EStG. Eine Beteiligung von mehr als 25 % eröffnete Einflussmöglichkeiten auf die Geschäftsführung, wie sie bei Mitunternehmeranteilen üblich ist, diese Beteiligungen wurden daher ertragsteuerlich den gewerblichen Beteiligungen gleichgestellt.[1038]

Der BFH hat Folgendes nicht angesprochen: Erwerber von Anteilen an Kapitalgesellschaften können die Begünstigung des § 13b ErbStG erst ab einer Beteiligungsquote von mehr als 25 % in Anspruch nehmen, außer sie schließen eine so genannte Pool-Vereinbarung gem. § 13b Abs. 1 Nr. 3 S. 2 ErbStG. Der Erwerber eines Anteils von 1 % an einer GmbH & Co.KG ist diesen Restriktionen gerade nicht unterworfen. Dies stellt einen Systembruch innerhalb des unternehmerischen Vermögens und einen Verstoß gegen die Rechtsformneutralität dar.[1039] Beim Anteilserwerber einer Personengesellschaft kann ebenso wie beim

1035 BFH vom 27.09.2012, - II R 9/11 -, Rn. 84; DStR 2012, 2063, 2071.

1036 *Thonemann-Micker,* DB 2012, 2538, 2539.

1037 *Thonemann-Micker,* DB 2012, 2538, 2539.

1038 *Söffing,* ErbStB 2012, 362, 364.

1039 Siehe dazu bereits unter Kapitel 4 C. V. 2. e).

Erwerber von Anteilen an Kapitalgesellschaften nur die private Vermögenssphäre betroffen sein. Zu welcher Rechtsform der durch Erbfall oder Schenkung erworbene Gesellschaftsanteil gehört, kann auch zufällig sein. Ebenfalls keine Beachtung hat der BFH der Tatsache geschenkt, welche Ziele der Gesetzgeber mit der 25 %-Klausel bezweckt hat: Der Kleinanleger sollte nämlich gerade nicht die weitreichenden Begünstigungsregelungen der §§ 13a, 13b ErbStG in Anspruch nehmen können, Streubesitzbeteiligungen somit nicht in den begünstigten Kreis mit einbezogen werden.[1040]

IV. Behaltensfristen zu kurz bemessen

Nach Auffassung des BFH sind die in 13a Abs. 5 und Abs. 8 Nr. 2 ErbStG vorgesehenen Behaltensfristen von fünf bzw. sieben Jahren im Hinblick auf die Höhe der Steuervergünstigungen unverhältnismäßig kurz. Auch der nur anteilige Wegfall des Verschonungsabschlags bei einem Verstoß gegen die Behaltensfristen trage zu der Überprivilegierung bei.[1041] Der Gesetzgeber hatte in den Entwürfen zum ErbStRG Behaltensfristen von 10 bis 15 Jahren vorgesehen.[1042] Auch sollte es im Fall eines Verstoßes eine Art „Fallbeilregelung" geben, die zum sofortigen und vollständigen Wegfall des Verschonungsabschlages geführt hätte, selbst wenn die Behaltensfristen nahezu vollständig eingehalten wurden.[1043]

Die Bestimmung der Länge der Behaltensfristen ist jedoch eine Aufgabe, die der Typisierung des Gesetzgebers offen steht. Der Gesetzgeber begründet die kürzeren Fristen damit, dass in einem schnelllebigen Wirtschaftssystem bereits eine Behaltensfrist von sieben (bzw. 10) Jahren ausreichend sei.[1044] Es sei zudem auch kein fiskalisches Interesse an einer 15-Jahresfrist erkennbar.[1045] Im Hinblick auf eine mögliche lähmende und wichtigen Umstrukturierungen entgegenstehende Wirkung eines Behaltenszeitraumes von 10-15 Jahren auf den fortführenden Betriebserwerber hat sich der Gesetzgeber innerhalb seines Typisierungsspielraumes bewegt. Er hat auch die weitgehende Entlastung unternehmerischen Betriebsvermögens von der längerfristigen Fortführung des Betriebs durch den Betriebsnachfolger abhängig gemacht.[1046] Seine Typisierungsbefugnis hat er somit angemessen ausgeübt.

1040 BT-Drs. 16/7918, S. 35.
1041 BFH vom 27.09.2012, - II R 9/11 -, Rn. 86; DStR 2012, 2063, 2071.
1042 BT-Drs. 16/7918, S. 8f.
1043 Vgl. dazu § 13a Abs. 5 S. 1 und 2 im Entwurf, BT-Drs. 16/7918, S. 9.
1044 BT-Drs. 16/11107, S. 10.
1045 BT-Drs. 16/8547, S. 2.
1046 BT-Drs. 16/8547, S. 2.

C. Keine ausreichende Berücksichtigung der Leistungsfähigkeit

Der Senat rügt zudem, dass die Steuervergünstigungen der §§ 13a und 13b ErbStG ohne Rücksicht auf den Wert des Erwerbs und die Leistungsfähigkeit des Erwerbers gewährt werden. Denn ob die für eine Erbschaftsteuerzahlung erforderlichen liquiden Mittel vorhanden sind oder im Rahmen einer Stundung beschafft werden könnten, berücksichtigten die Verschonungsregeln nicht.[1047] Von den Steuervergünstigungen profitierten daher insbesondere Erwerber großer und größter Unternehmen, dies führe zu einer Konzentration von Unternehmensvermögen bei vergleichsweise wenigen Personen. Diese Ungleichbehandlung sei im Vergleich mit Erwerbern von Privatvermögen und sonstigem nicht begünstigten Vermögen nicht gerechtfertigt, da zur Erreichung des vom Gesetzgeber angestrebten Steueraufkommens diese nicht privilegierten Personengruppen mit höheren Steuern belastet würden.[1048] Mit Verweis auf den Beschluss des BVerfG vom 22. 6. 1995 gesteht der Senat zwar zu, dass aus Gründen der Gemeinwohlbindung und Gemeinwohlverpflichtung die Steuer so bemessen sein müsse, dass die Fortführung des Betriebs erbschaftsteuerlich nicht gefährdet wird. Eine Berücksichtigung der verminderten steuerlichen Leistungsfähigkeit solcher Erben von Betrieben unabhängig von der tatsächlichen Leistungsfähigkeit dieser Erben habe das Gericht in seinem Beschluss jedoch nicht ausgeführt.[1049]

In der Literatur wird die Forderung des Senats, auf das Vorhandensein erforderlicher liquider Mittel abzustellen, kritisch hinterfragt: So könne nicht pauschal beantwortet werden, wann ein ausreichender Bestand an Liquidität gegeben sei und wann nicht. Dies sei zudem häufig vom Zufall abhängig.[1050] Bei der Leistungsfähigkeit sei zudem nicht ganz klar, ob der BFH auf die weitere durch den Erbanfall bewirkte Leistungsfähigkeit oder auf die Leistungsfähigkeit des Erben allgemein abstellt. Bezieht man sich auf die Leistungsfähigkeit allgemein, hätte dies für gleiche Erwerbe eine unterschiedliche Erbschaftsteuer bzw. Schenkungsteuer zur Folge, wenn die weitere finanzielle Leistungsfähigkeit des Erben unterschiedlich ist.[1051] Zutreffend muss es bei der Erbschaftsteuer als Erbanfallsteuer auf die gesteigerte Leistungsfähigkeit durch den Erwerb im Erbfall

---

1047 BFH vom 27.09.2012, - II R 9/11 -, Rn. 87; DStR 2012, 2063, 2071.

1048 BFH vom 27.09.2012, - II R 9/11 -, Rn. 87; DStR 2012, 2063, 2071.

1049 BVerfGE 93, 165; BStBl. II 1995, 671.

1050 *Söffing,* ErbStB 2012, 362, 365.

1051 *Thonemann-Micker,* DB 2012, 2538, 2539.

ankommen,[1052] ansonsten würde die vom Gesetzgeber getroffene Ausgangsentscheidung nicht folgerichtig umgesetzt werden.[1053] Der Befund der überproportionalen Entlastung von Erben großer Unternehmen (beispielsweise Porsche, Quandt) im Vergleich zu kleinen Publikumsaktionären[1054] trifft zwar grundsätzlich zu, jedoch sind auch in diesem Zusammenhang wieder die mit der typisierenden Regelung der 25 %-Quote des § 13b Abs. 1 Nr. 3 S. 1 ErbStG verfolgten Ziele des Gesetzgebers zu beachten.[1055]

Die vom Senat ins Feld geführte Möglichkeit der Stundung gem. § 28 ErbStG, die nicht ausreichend berücksichtigt werde, ist differenziert zu betrachten: Grundsätzlich soll die Stundung dazu dienen, vorübergehende Liquiditätsengpässe bei der Erbschaftsteuerzahlung zu vermeiden, jedoch führt sie nicht zu einem Erlass, sondern nur zu einer Verschiebung der Steuerzahlung.[1056] Zuzugeben ist der Kritik des BFH, dass die Stundungsregelung des § 28 ErbStG insofern unvollständig ist, als ihr Anwendungsbereich nicht voll ausgeschöpft wird: Denn der Erbe muss nachweisen, dass diese zum Erhalt des Betriebes notwendig ist, er also die auf das begünstigte Vermögen entfallende Erbschaft- und Schenkungsteuer weder aus weiterem erworbenem Vermögen noch aus eigenem Vermögen aufbringen kann. Dazu muss der Erwerber auch die Möglichkeit der Kreditaufnahme ausschöpfen.[1057]

Zudem verfolgen die Stundungsregelung und die Steuerverschonungsregelungen der §§ 13a und 13b ErbStG unterschiedliche Zwecke: Während § 28 ErbStG als Billigkeitsmaßnahme unbillige Härten aus sachlichen und persönlichen Gründen vermeiden soll, setzen die §§ 13a und 13b ErbStG bereits bei der Wertermittlung an und sollen unternehmerisches Vermögen generell begünstigen.[1058] Während die Stundung in § 28 ErbStG stets eine Prüfung des Einzelfalls voraussetzt, werden bei den Begünstigungsregelungen der §§ 13a und 13b ErbStG Typisierungen vorgenommen. Richtigerweise müssten an eine weitgehende oder vollständige Steuerbefreiung höhere Anforderungen als an eine blo-

---

1052 So zutreffend *Thonemann-Micker,* DB 2012, 2538, 2539.

1053 Siehe zur Ausgangsentscheidung oben unter Kapitel 4 B. I.

1054 So bereits *Schön,* DStR 2008 (Beihefter Nr. 17), 10, 18.

1055 Siehe dazu bereits ausführlich oben unter Kapitel 4 C. VII. 2. d).

1056 *Thonemann-Micker,* DB 2012, 2538, 2540.

1057 Vgl. H 42 Abschnitt 43 Abs. 3 S. 3 gleich lautender Ländererlass der obersten Finanzbehörden der Länder zur Umsetzung des ErbStRG, BStBl. I 2009, S. 713, 745; ablehnend dagegen *Geck,* in: Kapp/Ebeling, Erbschaft- und Schenkungsteuergesetz, Kommentar, § 28, Rn. 6.1.

1058 *Söffing,* ErbStB 2012, 362, 364; siehe dazu auch ausführlich unter Kapitel 4 C. III. 5.

ße Stundung gestellt werden, tatsächlich können die Begünstigungen in §§ 13a und 13b ErbStG aber auch dann in Anspruch genommen werden, wenn sie für die Betriebsfortführung gar nicht erforderlich sind.[1059] Zudem sieht § 28 ErbStG keine Regelungen für den Erwerb von Anteilen an Kapitalgesellschaften vor, obwohl gerade bei diesen oftmals dieselben Engpässe eintreten wie beim Betriebsvermögen.[1060] Auch im Fall der Schenkung unter Lebenden kann die Stundungsregelung gem. § 28 Abs. 1 S. 2 HS. 2 ErbStG nicht in Anspruch genommen werden, wobei dieser Fall auch besser planbar als der Erbfall ist.[1061]

Der BFH zeigt zutreffend die unvollkommene Berücksichtigung der Stundungsmöglichkeit nach § 28 ErbStG auf. Durch eine Stundung wird nur der Zeitpunkt der Steuerzahlung verschoben und für den Steuerpflichtigen ergeben sich Abzinsungsvorteile. Demgegenüber können die Verschonungsregelungen der §§ 13a, 13b ErbStG zu einer vollständigen Steuerbefreiung führen. Die Entscheidung für einen Ausbau der Stundungsregelung wäre nur dann sachgerecht, wenn sich der Gesetzgeber gegen die von ihm bislang verfolgten Lenkungszwecke der Fortführung von (Familien-)Unternehmen in Kombination mit dem Erhalt von Arbeitsplätzen wendet. Die gleichzeitige Inanspruchnahme von Begünstigungen nach §§ 13a, 13b ErbStG und der Stundung gem. § 28 ErbStG wird insbesondere auch wegen der restriktiven Auffassung der Finanzverwaltung[1062] nur in seltenen Fällen gegeben sein.

D. Verwaltungsvermögen

Im Rahmen des Begünstigungsüberhangs durch die Regelungen über das Verwaltungsvermögen kritisiert der BFH die Ausgestaltung in mehrfacher Hinsicht als verfassungswidrig. Die Wirkungen des Verwaltungsvermögens gem. § 13b Abs. 2 ErbStG sei nicht geeignet, risikobehaftetes und deshalb zu begünstigendes Betriebsvermögen von weitgehend risikolosem und daher nicht begünstigungswürdigem Betriebsvermögen abzugrenzen.[1063] Der Senat nimmt Bezug auf die fehlende Zielgenauigkeit des Gesetzes: Mit § 13b Abs. 2 ErbStG können auch Gegenstände der privaten Vermögensverwaltung in gleicher Weise wie „echtes“ Betriebsvermögen von der Verschonung erfasst werden. So können Vermögensgegenstände, die nicht ihrer Natur nach der privaten Lebensführung dienen, zu „gewillkürtem“ Betriebsvermögen erklärt oder durch Einlage in eine Kapitalgesellschaft oder gewerblich geprägte Personengesellschaft zu begünstig-

1059 BFH vom 27.09.2012, - II R 9/11 -, Rn. 94; DStR 2012, 2063, 2072.

1060 *Thonemann-Micker,* DB 2012, 2538, 2540.

1061 Siehe auch dazu bereits unter Kapitel 4 C. III. 5.

1062 Siehe dazu bereits Kapitel 4 C. III. 5.

1063 BFH vom 27.09.2012, - II R 9/11 -, Rn. 96; DStR 2012, 2063, 2072.

tem Betriebsvermögen werden. Dieses Vermögen, welches in erster Linie der weitgehend risikolosen Renditeerzielung dient und in der Regel weder der Schaffung von Arbeitsplätzen noch zusätzliche volkswirtschaftliche Leistungen bewirkt, soll aber nach der Zielrichtung des Gesetzes gerade nicht begünstigt werden.[1064]

Stimmen in der Literatur verweisen jedoch darauf, dass das Problem zukünftig durch eine weitere Fassung der Vorschriften zum Verwaltungsvermögen – wie bereits im Jahressteuergesetz 2013 vorgesehen – behoben werden könnte.[1065] Denn danach sollen zum Verwaltungsvermögen neben Wertpapieren auch Zahlungsmittel, Sichteinlagen, Bankguthaben und andere Forderungen gehören, sofern der Wert nicht 10 % des gesamten Vermögens übersteigt. Auch Forderungen, die aus der Veräußerung von Verwaltungsvermögen stammen, sollen einbezogen werden. Das Jahressteuergesetz 2013 ist mittlerweile im Bundestag gescheitert.[1066] Auch im Gesetz zur Umsetzung der Amtshilferichtlinie sowie zur Änderung steuerlicher Vorschriften[1067] ist keine geänderte Version des § 13b Abs. 2 S. 2 Nr. 4 ErbStG aufgenommen worden. Ob und wann also eine Änderung der Definition von Verwaltungsvermögen erfolgt, bleibt abzuwarten. Die Möglichkeit einer Gesetzesänderung hat der BFH verständlicherweise nicht in seine Überlegungen mit einbezogen, da er von der geltenden Rechtslage ausgehen muss. Er verweist dennoch auf die Stellungnahme des Bundesrates zum Entwurf des JStG 2013, wonach derartige Gestaltungen nach dem gegenwärtig geltenden Recht zu berücksichtigen seien.[1068] Das BVerfG könnte demgegenüber bei einer (erneuten) umfassenden verfassungsrechtlichen Prüfung des ErbStG diesen Umstand mit einbeziehen.

Auf die Vorschrift des § 13b Abs. 2 S. 3 ErbStG, die das so genannte „junge Verwaltungsvermögen" betrifft, geht der BFH nur am Rande ein.[1069] In der Literatur ist umstritten, ob diese Vorschrift der Missbrauchsbekämpfung dient.[1070]

1064 BFH vom 27.09.2012, - II R 9/11 -, Rn. 98; DStR 2012, 2063, 2073 mit Verweis auf BT-Drs. 16/7918, S. 35.

1065 So *Thonemann-Micker,* DB 2012, 2538, 2540 mit Verweis auf BT-Drs. 17/10604, DB0491934, S. 37.

1066 Endgültig am 16.1.2013, nach Scheitern bereits im Vermittlungsausschuss von Bundestag und Bundesrat im Dezember 2012.

1067 Im Bundeskabinett am 06.02.2013 beschlossen.

1068 BFH vom 27.09.2012, - II R 9/11 -, Rn. 135; DStR 2012, 2063, 2077.

1069 BFH vom 27.09.2012, - II R 9/11 -, Rn. 112; DStR 2012, 2063, 2074.

1070 *Thonemann-Micker,* DB 2012, 2538, 2540 hält die Vorschrift für eine Missbrauchsbekämpfung nicht für ausreichend; a. A. wohl *Wachter,* DStR 2012, 2301, 2304.

Verwaltungsvermögen wird gem. § 13b Abs. 2 S. 3 ErbStG nur dann begünstigt, wenn es dem Unternehmen im Zeitpunkt der Besteuerung bereits mindestens zwei Jahre zuzurechnen war. Auch dies stellt eine Begrenzung der Begünstigungsregelungen dar.

Im besonderen Fokus der Kritik des BFH steht die Typisierungsregelung der schädlichen Verwaltungsvermögensgrenze von 50 % gem. § 13b Abs. 2 S. 2 ErbStG. Es sei nicht zu erkennen, dass Betriebe aus Gründen der Liquidität, zur Absicherung von Krediten oder auch zur Stärkung der Eigenkapitalbasis typischerweise bis zu 50 % über nicht unmittelbar dem Betrieb dienende Wirtschaftsgüter verfügen müssen. Die Mittel zur Sicherstellung der laufenden Liquidität, wie beispielsweise Bargeld und Bankguthaben gehörten ohnehin nicht zum Verwaltungsvermögen.[1071] Im Rahmen der Typisierungsregel des § 13b Abs. 2 S. 2 ErbStG könne durch mehrstufige Konzernstrukturen der unter die Verschonungsregelung fallende Anteil des Verwaltungsvermögens am Betriebsvermögen mit jeder Beteiligungsstufe gemessen am Konzernvermögen deutlich erhöht werden, ohne dass dies einer Gewährung der Begünstigung nach §§ 13a und 13b ErbStG entgegen steht.[1072]

Der BFH übt hier zutreffend Kritik an der Typisierungsregelung des § 13b Abs. 2 S. 2 ErbStG für Verwaltungsvermögen. Wie bereits oben erläutert[1073], unterliegt diese Regelung zahlreichen Schwächen: Problematisch erweist sich zunächst die Nichtabziehbarkeit von Schulden beim Verwaltungsvermögen. In der Tendenz mindern diese den Wert des übrigen Vermögens und können zu einem Absenken der 50 %- bzw. 10 %-Grenze nach § 13b Abs. 2 S. 1 bzw. § 13a Abs. 8 Nr. 3 ErbStG führen.[1074] Zudem können die Aktiva bei ertragsstarken Unternehmen fast ausschließlich aus Verwaltungsvermögen bestehen, die 50 %-Grenze aber dennoch eingehalten werden, wenn der Unternehmenswert mindestens das Doppelte des gemeinen Werts des Verwaltungsvermögens beträgt. Es entspricht somit nicht den Zielen des Gesetzgebers, wenn Erben/Beschenkte von Unternehmen mit hoher Ertragskraft und einem dementsprechend hohen Unternehmenswert selbst bei einem besonders hohen Verwaltungsvermögen erbschaftsteuerlich begünstigt werden, während Erwerber von ertragsschwachen Unternehmen – mit dann meist hoher Fremdkapitalbelastung

1071 BFH vom 27.09.2012, - II R 9/11 -, Rn. 100; DStR 2012, 2063, 2073.

1072 BFH vom 27.09.2012, - II R 9/11 -, Rn. 102; DStR 2012, 2063, 2073.

1073 Siehe dazu bereits unter Kapitel 4 C. V. 2. a) und VII. 1.

1074 So *Hübner*, Ubg 2009, 1, 8; siehe zu dieser Problematik bereits ausführlich oben unter Kapitel 4 C. V. 2. a).

– nicht von Verschonungsabschlag und Freibetrag profitieren können.[1075] Darüber hinaus verweist der BFH zutreffend auf den Kaskadeneffekt bei mehrstufigen Konzernstrukturen.[1076] Jedoch wird hier nur auf die einfache Möglichkeit verwiesen, den Verwaltungsvermögensanteil durch mehrstufige Konzernstrukturen zu erhöhen. Tatsächlich kann jedoch auch ein negativer Kaskadeneffekt entstehen[1077], der zu einer Infizierung von eigentlich begünstigungsfähigem Vermögen führt. Auch dies hat der BFH nicht berücksichtigt.

E. Cash-GmbHs

Im Zusammenhang mit den Feststellungen zur Ausgestaltung der Verwaltungsvermögensquote widmet sich der Senat intensiv der Gestaltung der sog. Cash-GmbH.[1078] Der Senat führt aus, es komme in der Praxis vermehrt zu Gestaltungen, bei denen über § 13b Abs. 2 S. 1 ErbStG Gegenstände der privaten Vermögensverwaltung annähernd steuerfrei übertragen oder vererbt werden.[1079] In der Literatur wird dagegen eine ausgedehnte Praxis der Einlagemodelle verneint – seit Inkrafttreten des ErbStRG treffe dies, abgesehen vom Sonderfall der Cash-GmbH, nicht mehr zu.[1080] Bereits im Beschluss vom 5.10.2011[1081] hatte sich der BFH mit der Verfassungsmäßigkeit der gewerblich geprägten Personengesellschaft und der Cash-GmbH befasst.

Diesen verfassungsrechtlich problematischen Gestaltungsmöglichkeiten liegen folgende Beweggründe zugrunde: Da nahezu jedes Unternehmen über Geschäftsguthaben verfügt und dieses benötigt, um laufenden Zahlungsverpflichtungen nachzukommen, können die Finanzmittel betriebsnotwendig sein und sind daher grundsätzlich vom Verwaltungsvermögen auszunehmen.[1082] Geldforderungen wie etwa Sichteinlagen, Sparanlagen und Festgeldkonten bei Kreditinstituten sowie Forderungen aus Lieferungen und Leistungen sowie Forderungen an verbundene Unternehmen werden daher vom Verwaltungsvermögen gem. § 13 Abs. 2 ErbStG nicht umfasst. Ein Anteil an einer GmbH, deren Vermögen

1075 Siehe ausführlich mit weiteren Problemen Kapitel 4 C. V. 2. a).
1076 BFH vom 27.09.2012, - II R 9/11 -, Rn. 102f.; DStR 2012, 2063, 2073.
1077 Siehe dazu das Beispiel oben, unter Kapitel 4 C. VII. 1. f).
1078 BFH vom 27.09.2012, - II R 9/11 -, Rn. 117f.; DStR 2012, 2063, 2074.
1079 BFH vom 27.09.2012, - II R 9/11 -, Rn. 98; DStR 2012, 2063, 2073 mit Verweis auf BT-Drs. 16/7918, S. 35.
1080 So kritisch *Wachter,* DStR 2012, 2301, 2304.
1081 BFH vom 05.10.2011, - II R 9/11, DStR 2011, 2193.
1082 BFH vom 27.09.2012, - II R 9/11 -, Rn. 40; DStR 2012, 2063, 2066.

ausschließlich aus solchen Forderungen besteht, kann derzeit erbschaft- und schenkungsteuerfrei übertragen werden, sofern die weiteren Voraussetzungen wie Beteiligungshöhe bei Kapitalgesellschaften und Behaltensfristen eingehalten werden. Da eine derartige Gesellschaft in der Regel nicht mehr als 20 Beschäftigte hat, kommt es auf das Erreichen bestimmter Lohnsummen und die Erhaltung von Arbeitsplätzen somit nicht an.[1083] Bei der Cash-GmbH handelt es sich typischerweise um eine lediglich vermögensverwaltende GmbH, deren Vermögen ausschließlich aus „Cash" (meist in Form von Tages- oder Festgeldern) besteht und die i. d. R. erst in engem sachlichen und zeitlichen Zusammenhang mit der Vermögensübertragung gegründet bzw. als Vorratsgesellschaft erworben wird.[1084]

Der Senat hält diese Konstellation nicht für eine missbräuchliche Gestaltung i. S. d. § 42 AO, denn es handele sich vielmehr um die Nutzung von Gestaltungsmöglichkeiten, die der Gesetzgeber dadurch eröffnet hat, dass er Gesellschaften ausdrücklich nicht allein deshalb von den Steuervergünstigungen nach §§ 13a, 13b ErbStG ausgenommen hat, weil sie lediglich vermögensverwaltend tätig sind.[1085] Ein sachlicher Grund welcher die ungleiche Behandlung der Erwerber von Anteilen an einer Cash-GmbH und Erwerbern von Geldforderungen im Privatvermögen rechtfertigen könne, sei nicht ersichtlich. Solche Gesellschaften seien nicht in besonderer Weise gemeinwohlgebunden und gemeinwohlverpflichtet.[1086] Diese Argumentation des BFH stößt in der Literatur jedoch zum Teil auf Unverständnis: Gefragt wird, ob es nicht doch einen Unterschied sei, ob ein gewerblich tätiges Unternehmen auch über Geld verfügt oder ob sich ein Unternehmen lediglich auf die Verwaltung von eigenem Geld beschränkt.[1087] Es wird zudem bezweifelt, dass es im Rahmen einer verfassungskonformen Auslegung ausgeschlossen sei, der unterschiedlichen Gemeinwohlbindung beider Betriebe Rechnung zu tragen.[1088]

Der BFH legt mit der Kritik an der Gestaltungsmöglichkeit der Cash-GmbH den Finger in die Wunde: Dem Steuerpflichtigen ist es in Folge der Untrennbarkeit von produktivem und unproduktivem Vermögen ohne Verstoß gegen § 42

1083 BFH vom 27.09.2012, - II R 9/11 -, Rn. 117; DStR 2012, 2063, 2074.

1084 *Wachter,* DStR 2012, 2301, 2305.

1085 BFH vom 27.09.2012, - II R 9/11 -, Rn. 120; DStR 2012, 2063, 2075.

1086 BFH vom 27.09.2012, - II R 9/11 -, Rn. 121,122; DStR 2012, 2063, 2075.

1087 *Wachter,* DStR 2012, 2301, 2305.

1088 So BFH vom 27.09.2012, - II R 9/11 -, Rn. 127; DStR 2012, 2063, 2076, der eine solche Auslegung weder mit dem Wortlaut noch mit deren Sinn und Zweck für vereinbar hält; a. A. *Wachter,* DStR 2012, 2301, 2305; *Geck,* NZG 2012, 93, 94 anders jedoch in ZEV 2012, 399, 400.

AO möglich, effizient und steuerfrei Vermögen zu übertragen. Diese Gestaltungsmöglichkeit resultiert aber aus dem grundsätzlichen Problem des ErbStG: Der Schaffung des Verwaltungsvermögens. Eine verfassungskonforme Auslegung des § 13b Abs. 2 S. 2 Nr. 4 ErbStG kommt nach richtiger Auffassung des BFH gegen den erkennbaren Willen des Gesetzgebers nicht in Betracht.[1089]

F. Ergebnis

Der Beschluss des BFH überzeugt im Hinblick auf die Berücksichtigung der Vorgaben des Folgerichtigkeitsgebots nur zum Teil. Ohne Zweifel hat der II. Senat sehr gezielt einzelne Bestimmungen des ErbStG aufgegriffen, um besonders eindrucksvoll einen Verfassungsrechtsverstoß zu beweisen. Ob die gesetzgeberische Entscheidungsprärogative jedoch so weit eingeschränkt werden darf, dass die Verknüpfung der Fortführung von (Familien-)Unternehmen mit dem gleichzeitigen Erhalt von Arbeitsplätzen als legitimer Zweck nicht ausreicht, darf bezweifelt werden. In diesem Zusammenhang hat der BFH auch die Entwicklung der Lohnsummenklausel des § 13a Abs. 1 S. 4 ErbStG unberücksichtigt gelassen: Die Ausweitung auf 20 Beschäftigte erfolgte im Hinblick auf die Finanzkrise im Wachstumsbeschleunigungsgesetz. Dem Gesetzgeber muss zugestanden werden, dass das Instrument der Lohnsummenklausel immerhin grundsätzlich dem Erhalt von Arbeitsplätzen dienen kann[1090] – auch wenn die derzeitige Anzahl von Beschäftigten deutlich reduziert werden müsste. Den Typisierungsspielraum bei der Bemessung der Behaltensfristen hat der Gesetzgeber ebenfalls angemessen ausgeübt.

Die Ausführungen zur Leistungsfähigkeit im Erbschaftsteuerrecht können nur bedingt überzeugen, da vom Senat keine Klarstellung dahingehend erfolgt, ob die durch den Erbfall gesteigerte oder auf die Leistungsfähigkeit des Erben allgemein abgestellt wird. Der Gesetzgeber hat im Erbschaftsteuerrecht jedoch die Grundentscheidung der Ausgestaltung der Erbschaftsteuer als Erbanfallsteuer getroffen. Dies muss bei der Frage zur vorhandenen Liquidität im Erbfall berücksichtigt werden.

Bei der Analyse des Verwaltungsvermögens hat der Senat nur einige Probleme angesprochen, nicht berücksichtigt wurden die fehlende Abziehbarkeit von Schulden, die Möglichkeit von negativen Kaskadeneffekten bei mehrstufigen Konzernstrukturen sowie die überproportionale Förderung von Unternehmen mit hoher Ertragskraft und einem dementsprechend hohen Unternehmenswert.

1089 BFH vom 27.09.2012, - II R 9/11 -, Rn. 128; DStR 2012, 2063, 2076 mit Verweis auf BVerfGE 122, 39.

1090 Siehe dazu bereits oben unter Kapitel 4 C. V. 2. b).

Der pauschale Verweis, es ergäben sich zudem weitere Verstöße gegen die Anforderungen an die Ausgestaltung folgerichtiger Steuergesetze[1091], mindert die Argumentationskraft des Vorlagebeschlusses, wenngleich der Senat weitere Verstöße gegen das Folgerichtigkeitsgebot zutreffend erkennt. Zu nennen wären insbesondere die Regelung des § 13c ErbStG. Im Zusammenhang der Verschonungsregelungen der §§ 13a, 13b ErbStG mit der Begünstigung des Familienheims gem. § 13 Abs. 1 Nr. 4a und 4b ErbStG und den Freibeträgen in § 16 ErbStG meldet der Senat jedoch Bedenken daran an, dass somit nur ein geringer Teil der im Grundsatz steuerbaren Sachverhalte tatsächlich mit Steuer belastet wird.[1092] Der BFH hat somit jedenfalls erkannt, dass es weitere Regelungen gibt, die den Anforderungen des Folgerichtigkeitsgebotes nicht genügen.

1091 BFH vom 27.09.2012, - II R 9/11 -, Rn. 140; DStR 2012, 2063, 2077 mit Verweis auf *Piltz,* DStR 2010, 1913, 1915f.; 1920ff. und *Piltz,* in: FS Schaumburg, 2009, 1057, 1066ff.

1092 BFH vom 27.09.2012, - II R 9/11 -, Rn. 150; DStR 2012, 2063, 2078.

Literaturverzeichnis

Axer, Peter Kontinuität durch Konsequenz in der Sozialversicherung, in: Depenheuer, Otto/Isensee, Josef (Hrsg.), Staat im Wort, Festschrift für Josef Isensee, Heidelberg 2007, S. 965–983; (zit.: *Axer,* in: FS Isensee).

Bach, Stefan/Broekelschen, Wiebke/Maiterth, Ralf Gleichmäßige erbschaftsteuerliche Behandlung von Grund- und Betriebsvermögen Anmerkungen zum anstehenden Bundesverfassungsgerichtsurteil, DStR 2006, S. 1961–1968.

Balle, Vera/Gress, Daniel Eine neue Erbschaft- und Schenkungsteuer: Der Auftrag des BVerfG an den Gesetzgeber als Chance zu einer grundlegenden Reform, BB 2007, S. 2660–2668.

Balmes, Frank/Felten, Christoph Hoch bewertet und dennoch verschont? Folgen und Gestaltungen für die Unternehmensnachfolge nach dem Erbschaftsteuerreformgesetz, FR 2009, S. 258–271.

Bareis, Peter Probleme verfassungsgerichtlicher Vorgaben und ihrer Umsetzung am Beispiel der Vermögen- und Erbschaftsteuer, DB 1996, S. 1153–1158.

Bareis, Peter/Elser, Thomas Analyse des neuen Erbschaftsteuerrechts, DStR 1997, S. 557–562.

Battis, Ulrich Systemgerechtigkeit, in: Epping, Volker/Ipsen, Knut (Hrsg.), Brücken bauen und begehen, Festschrift für Knut Ipsen zum 65. Geburtstag, München 2000; (zit.: *Battis,* in: FS Ipsen).

Baumbach, Adolf/Hopt, Klaus J. (Hrsg.) Handelsgesetzbuch, Mit GmbH & Co., Handelsklauseln, Bank- und Börsenrecht, Transportrecht (ohne Seerecht), 34. neubearbeitete und erweiterte Aufl. , München 2010; (zit.: *Baumbach/Hopt*, HGB).

Birk, Dieter Das Leistungsfähigkeitsprinzip als Maßstab der Steuernormen, Ein Beitrag zu den Grundfragen des Verhältnisses Steuerrecht und Verfassungsrecht, Köln 1983; (zit.: *Birk*, Leistungsfähigkeitsprinzip).

Birk, Dieter Die Erbschaftsteuer als Mittel der Gesellschaftspolitik, StuW 2005, S. 346–352.

Birk, Dieter Verfassungsfragen im Steuerrecht - Eine Zwischenbilanz nach den jüngsten Entscheidungen des BFH und des BVerfG, DStR 2009, S. 877–882.

Birk, Dieter Steuerrecht, Lehrbuch, 13. Aufl., Heidelberg 2010; (zit.: *Birk*, Steuerrecht).

Birnbaum, Mathias Leistungsfähigkeitsprinzip und ErbStG, zugl.: Münster, Univ., Diss., 2006, Berlin 2007.

Birnbaum, Ralf Die Begünstigung unternehmerischen Vermögens durch das Erbschaftsteuerreformgesetz, Freie Univ., Diss.--Berlin, 2010., Bd. 684, 1. Aufl., Baden-Baden 2010.

Birnbaum, Ralf Jahressteuergesetz 2010/Erbschaftsteuer - Der negative Kaskadeneffekt bei der Begünstigung unternehmerischen Vermögens, BB 2010, S. 3119–3122.

Bleckmann, Albert Die Struktur des allgemeinen Gleichheitssatzes, Köln 1995.

Blümich, Walter (Hrsg.) EStG, KStG, GewStG: Einkommensteuergesetz, Körperschaftsteuergesetz, Gewerbesteuergesetz; Kommentar, Bd. 1, Loseblattsammlung, München, Stand: Mai 2011 (zit.: *Bearbeiter,* in: Blümich, EStG).

Breinersdorfer, Stefan Abzugsverbote und objektives Nettoprinzip - Neue Tendenzen in der verfassungsgerichtlichen Kontrolle des Gesetzgebers, DStR 2010, S. 2492–2497.

Brey, Volker/Merz, Wolfgang/Neufang, Bernd Verschonungsregelungen beim Betriebsvermögen, BB 2009, S. 692–699.

Bulla, Simon Das Verfassungsprinzip der Folgerichtigkeit und seine Auswirkungen auf die Grundrechtsdogmatik, Zugleich eine Besprechung der Nichtraucherschutz-Entscheidung des BVerfG vom 30.7.2008, ZJS 2008, S. 585–596.

Bulla, Simon Freiheit der Berufswahl, Verfassungs- und gemeinschaftsrechtliche Determinanten des Berufszugangs am Beispiel des Handwerksrechts, 1. Aufl., Baden-Baden 2009.

Canaris, Claus-Wilhelm Systemdenken und Systembegriff in der Jurisprudenz, Entwickelt am Beispiel des deutschen Privatrechts, Bd. 14, Berlin 1969; (zit.: *Canaris,* Systemdenken).

Corsten, Martina Nachfolgeplanung in Familienunternehmen, Eine Analyse auf Basis des Erbschaftsteuerreformgesetzes und des Europarechts, Berlin 2011.

Creutzmann, Andreas Unternehmensbewertung und Erbschaftsteuer, - Anmerkungen zum Diskussionsentwurf für eine Anteils- und Betriebsvermögensbewertungsordnung -, Stbg 2008, S. 148–158.

Crezelius, Georg Erbschaftsteuerrecht und Erbschaftsteuerpolitik, in: Lang, Joachim (Hrsg.), Die Steuerrechtsordnung in der Diskussion: Festschrift für Klaus Tipke zum 70. Geburtstag, Köln 1995, S. 403–418; (zit.: *Crezelius* in: FS Tipke).

Crezelius, Georg Erbschaftsteuerrecht als Unternehmensrecht, in: Kley, Max Dietrich/Ritter, Wolfgang (Hrsg.), Festschrift für Wolfgang Ritter zum 70. Geburtstag, Steuerrecht, Steuer- und Rechtspolitik, Wirtschaftsrecht und

Unternehmensverfassung, Umweltrecht, Köln 1997, S. 331–342; (zit.: *Crezelius* in: FS Ritter).

Crezelius, Georg Überlegungen zu einer Reform der Erbschaftsteuer, in: Kirchhof, Paul/Lambsdorff, Graf Otto/Pinkwart, Andreas (Hrsg.), Perspektiven eines modernen Steuerrechts, Festschrift für Hermann Otto Solms, Berlin 2005, S. 213–222; (zit.: *Crezelius* in: FS Solms).

Crezelius, Georg Die Erbschaft- und Schenkungsteuer nach der Entscheidung des Bundesverfassungsgerichts vom 7.11.2006, DStR 2007, S. 415–421.

Crezelius, Georg Der Entwurf eines Gesetzes zur Reform des Erbschaftsteuer- und Bewertungsrechts (Erbschaftsteuerreformgesetz - ErbStRG), DStR 2007, S. 2277–2284.

Crezelius, Georg Das neue Erbschaft- und Schenkungsteuerrecht im Rechtssystem, ZEV 2009, S. 1–6.

Crezelius, Georg Systeminkonsequenzen und Rückausnahmen, FR 2009, S. 881–890.

Degenhart, Christoph Systemgerechtigkeit und Selbstbindung des Gesetzgebers als Verfassungspostulat, zugl.: München, Univ., Diss., 1975, 1. Aufl., München 1976; (zit.: *Degenhart,* Systemgerechtigkeit).

Depenheuer, Otto/Isensee, Josef (Hrsg.) Staat im Wort, Festschrift für Josef Isensee, Heidelberg 2007; (zit.: *Bearbeiter*, in: FS Isensee).

Di Fabio, Udo Steuern und Gerechtigkeit, Das Freiheits- und Gleichheitsgebot im Steuerrecht, JZ 2007, S. 749–755.

Dolzer, Rudolf (Begr.) Bonner Kommentar zum Grundgesetz, Loseblattsammlung, Heidelberg 1950; (zit.: *Bearbeiter*, in: BK des GG).

Dreier, Horst (Hrsg.) Grundgesetz: Kommentar, Präambel, Artikel 1 - 19, 2. Aufl., Bd. 1, Tübingen 2004; (zit.: *Bearbeiter,* in: Dreier, GG Kommentar).

Drenseck, Walter/Seer, Roman (Hrsg.) Festschrift für Heinrich Wilhelm Kruse zum 70. Geburtstag, Köln 2001; (zit.: *Bearbeiter*, in: FS Kruse).

Droege, Michael Wie viel Verfassung braucht der Steuerstaat?, StuW 2011, S. 105–112.

Drosdzol, Wolf-Dietrich Erbschaftsteuerreform: Die Bewertung des Grundvermögens, ZEV 2008, S. 10–16.

Drüen, Klaus-Dieter Zur Rechtsnatur des Steuerrechts und ihrem Einfluß auf die Rechtsanwendung, in: Drenseck, Walter/Seer, Roman (Hrsg.), Festschrift für Heinrich Wilhelm Kruse zum 70. Geburtstag, Köln 2001, S. 191–212; (zit.: *Drüen*, in: FS Kruse).

Drüen, Klaus-Dieter Die Bruttobesteuerung von Einkommen als verfassungsrechtliches Vabanquespiel, StuW 2008, S. 3–14.

Drüen, Klaus-Dieter Rechtsformneutralität der Unternehmensbesteuerung als verfassungsrechtlicher Imperativ?, GmbHR 2008, S. 393–403.

Drüen, Klaus-Dieter Das Unternehmenssteuerrecht unter verfassungsgerichtlicher Kontrolle - Zur Gestaltungsfreiheit des Steuergesetzgebers zwischen Folgerichtigkeit und Systemwechsel, Ubg 2009, S. 23–29.

Drüen, Klaus-Dieter Normenwahrheit als Verfassungspflicht?, ZG 2009, S. 60–74.

Drüen, Klaus-Dieter Unternehmensbesteuerung und Verfassung im Lichte der jüngsten Rechtsprechung des BVerfG, Anmerkungen zum Beschluss des BVerfG vom 17.11.2009 zur Verfassungswidrigkeit von Umgliederungsverlusten beim Körperschaftsteuerminderungspotential, DStR 2010, S. 513–520.

Drüen, Klaus-Dieter Anmerkung zu BVerfG, Beschluss v. 12.5.2009 – 2 BvL 1/00 (Jubiläumsrückstellungen), JZ 2010, S. 91–94.

Ebeling, Iris (Hrsg.) Besteuerung von Einkommen, DStJG Bd. 24, Köln 2001; (zit.: *Bearbeiter,* DStJG 24 (2001)).

Eckhoff, Rolf Rechtsanwendungsgleichheit im Steuerrecht, Die Verantwortung des Gesetzgebers für einen gleichmäßigen Vollzug des Einkommensteuerrechts, Köln 1999; zugl.: Münster (Westfalen), Univ., Habil.-Schr., 1999.

Englisch, Joachim Wettbewerbsgleichheit im grenzüberschreitenden Handel, mit Schlussfolgerungen für indirekte Steuern, Tübingen 2008; (zit.: *Englisch,* Wettbewerbsgleichheit).

Englisch, Joachim Verfassungsrechtliche Grundlagen und Grenzen des objektiven Nettoprinzips, DStR Beihefter 2009 zu Nr. 34, S. 92–100.

Epping, Volker/Ipsen, Knut (Hrsg.) Brücken bauen und begehen, Festschrift für Knut Ipsen zum 65. Geburtstag, München 2000; (zit.: *Bearbeiter*, in: FS Ipsen).

Esser, Josef Grundsatz und Norm in der richterlichen Fortbildung des Privatrechts, Rechtsvergleichende Beiträge zur Rechtsquellen- und Interpretationslehre, 4., unveränd. Aufl., Tübingen 1990; (zit.: *Esser,* Grundsatz und Norm).

Eyermann, Erich Gleichheitssatz, Wurzel des Willkürverbots?, in: Domcke, Hans/Bayer. Verfassungsgerichtshof (Hrsg.), Verfassung und Verfassungsrechtsprechung : Festschrift zum 25-jährigen Bestehen des Bayer. Verfassungsgerichtshofs, München 1972, S. 45–53; (zit.: *Eyermann,* in: FS Bayerischer Verfassungsgerichtshof).

Felix, Dagmar Einheit der Rechtsordnung, Zur verfassungsrechtlichen Relevanz einer juristischen Argumentationsfigur, Univ., Habil.-Schr., Passau, 1997, Bd. 34, Tübingen 1998.

Fischer, Michael/Jüptner, Roland/Pahlke, Armin/Wachter, Thomas (Hrsg.) Haufe Erbschaft- und Schenkungsteuergesetz, Kommentar; [komplettes Praxiswissen zu Erbschaft- und Schenkungsteuergesetz mit Bewertungsrecht], 2. Aufl., Freiburg/Brsg. 2010 (zit.: *Bearbeiter,* in: Fischer/Jüptner/Pahlke/Wachter, ErbStG Kommentar).

Frank, Dieter Erbschaftsteuer und Unternehmung : eine steuerrechtliche und betriebswirtschaftliche Untersuchung unter Berücksichtigung des britischen, französischen und schweizerischen Rechts, Berlin 1969.

Friauf, Karl Heinrich (Hrsg.) Steuerrecht und Verfassungsrecht, DStJG Bd. 12, Köln 1989; (zit.: *Bearbeiter,* DStJG 12 (1989)).

Frieser, Andreas (Hrsg.) Fachanwaltskommentar Erbrecht, 3. Aufl., Köln 2011; (zit.: *Bearbeiter,* in: Frieser, Fachanwaltskommentar Erbrecht).

Geck, Reinhard Die Erbschaftsteuerreform kurz vor dem Ziel - Überblick zum geänderten ErbStRG und Gestaltungsempfehlungen vor Inkrafttreten des neuen Rechts -, ZEV 2008, S. 557–565.

Gerber, Christian/König Jan ErbStRG: Auswirkungen eines einheitlichen Kapitalisierungszinssatzes auf die Bewertung von Unter1nehmen unterschiedlicher Risikoklassen, BB 2009, S. 1268–1273.

Geck, Reinhard Die Erbschaftsteuer und das Verfassungsrecht – eine unendliche Geschichte! NZG 2012, S. 93-95.

Geck, Reinhard Geplante Änderungen des ErbStG im Rahmen des JStG 2013, Gute und schlechte Nachrichten aus dem Bundesrat, ZEV 2012, S. 399-402.

Haar, Horst Die Begünstigung für Betriebsvermögen nach der Erbschaftsteuerreform, SteuerStud 2009, S. 429–437.

Häberle, Peter Diskussionsbeitrag, in: Link, Christoph (Hrsg.), Der Gleichheitssatz im modernen Verfassungsstaat, Symposion zum 80. Geburtstag von Gerhard Leibholz, Baden-Baden 1982, S. 105.

Hamann, Andreas/Lenz, Helmut (Hrsg.) Das Grundgesetz für die Bundesrepublik Deutschland vom 23. Mai 1949: ein Kommentar für Wissenschaft und Praxis, 3. Aufl., Neuwied u.a. 1970; (zit.: *Hamann/Lenz,* Das Grundgesetz).

Hannes, Frank Unternehmensnachfolge leicht gemacht? Kritische Anmerkungen zum jüngsten Entwurf eines Unternehmensnachfolgeerleichterungsgesetzes, DStR 2006, S. 2058–2063.

Hannes, Frank/Onderka, Wolfgang Erbschaftsteuerreform: Die Besteuerung des Erwerbs von Betriebsvermögen – keine Sternstunde der Steuervereinfachung, ZEV 2008, S. 16–22.

Hannes, Frank/Onderka, Wolfgang Die Bewertung von Betriebsvermögen und Anteilen an Kapitalgesellschaften nach der "AntBVBewV", ZEV 2008, S. 173–177.

Hannes, Frank/Onderka, Wolfgang Die Übertragung von Betriebsvermögen nach dem neuen Erbschaftsteuergesetz, ZEV 2009, S. 10–16.

Hannes, Frank/Stalleiken, Jörg/Steger, Christian P. Geplante Verschärfungen bei der Erbschaftsteuer, Fragwürdige erbschaftsteuerliche Neuregelungen durch den Regierungsentwurf des JStG 2010, BB 2010, S. 1439–1444.

Haverkate, Görg Rechtsfragen des Leistungsstaats : Verhältnismäßigkeitsgebot und Freiheitsschutz im leistenden Staatshandeln, Tübingen 1983; (zit.: *Haverkate,* Rechtsfragen).

Heilgeist, Klaus Finanzpolitik gestern und in Zukunft, DStR 2009, S. 2625–2630.

Herzig, Norbert Steuerliche Optimierung der Rechtsform durch Rechtsformwechsel, Stbg 1996, S. 49–66.

Hey, Johanna Besteuerung von Unternehmensgewinnen und Rechtsformneutralität, in: Ebeling, Iris (Hrsg.), Besteuerung von Einkommen, DStJG 24, Köln 2001, S. 155–221; (zit.: *Hey,* DStJG 24 (2001)).

Hey, Johanna Saldierung von Vor- und Nachteilen in der Rechtfertigung von Grundrechtseingriffen und Ungleichbehandlungen, AöR 128 (2003), S. 226–254; (zit.: *Hey,* AöR 128 (2003)).

Hey, Johanna Anforderungen des allgemeinen Gleichheitssatzes an die Erbschaftsteuer, Jura 2007, S. 859–864.

Hey, Johanna BVerfG zur Erbschaftsteuer: Bewertungsgleichmaß und Gemeinwohlzwecke, JZ 2007, S. 564–574.

Hey, Johanna Spezialgesetzliche Missbrauchsgesetzgebung aus steuersystematischer, verfassungs- und europarechtlicher Sicht, StuW 2008, S. 167–183.

Hey, Johanna Gestaltungsspielraum des Gesetzgebers und Sicherung des Steueraufkommens, Mit einem Plädoyer für eine Vorabprüfung durch die EU-Kommission, FR 2008, S. 1033–1040.

Hey, Johanna Zur Geltung des Gebots der Folgerichtigkeit im Unternehmenssteuerrecht, Zugleich Besprechung der Entscheidung des BVerfG zum Verbot von Jubiliäumsrückstellungen vom 12.5.2009, DStR 2009, S. 2561–2624.

Hey, Johanna Verfassungsrechtliche Maßstäbe der Unternehmensbesteuerung, in: Kessler, Wolfgang/Förster, Guido/Watrin, Christoph u. a. (Hrsg.), Unternehmensbesteuerung, Festschrift für Norbert Herzig zum 65. Geburtstag, München 2010, S. 7–23; (zit.: *Hey,* in: FS Herzig).

Höne, Annette Die Stundung nach § 28 ErbStG: Neuregelungen für den Erwerb von Immobilien, ZEV 2010, S. 565–568.

Hubert, Tina Zur Verfassungsmäßigkeit der Erbschafsteuer bei Unternehmensnachfolge - eine never ending story?, StuB 2010, S. 464–467.
Hübner, Heinrich Das Erbschaftsteuerreformgesetz - ein erster Überblick, Ubg 2009, S. 1–12.
Hübner, Heinrich/Tremel, Ulrike Erbschaftsteuerreform 2009, Gesetze, Materialien, Erläuterungen, München 2009; (zit.: *Hübner,* Erbschaftsteuerreform 2009).
Huster, Stefan Rechte und Ziele: zur Dogmatik des allgemeinen Gleichheitssatzes, zugl.: Heidelberg, Univ., Diss., 1993, Berlin 1993.
Hutmacher, Peter Erbschaftsteuerreform: Die Bewertung und Verschonung des land- und forstwirtschaftlichen Vermögens, ZEV 2008, S. 22–27.
Hüttemann, Rainer Die Besteuerung der Personenunternehmen und ihr Einfluss auf die Rechtsformwahl, in: Seeger, Siegbert F. (Hrsg.), Perspektiven der Unternehmensbesteuerung, DStJG 25, Köln 2002, S. 123–144; (zit.: *Hüttemann,* DStJG 25 (2002)).
Isensee, Josef Die typisierende Verwaltung, Gesetzesvollzug im Massenverfahren am Beispiel der typisierenden Betrachtungsweise des Steuerrechts, Berlin 1976; (zit.: *Isensee,* Die typisierende Verwaltung).
Isensee, Josef Verwaltung des Mangels im Gesundheitswesen - verfassungsrechtliche Maßstäbe der Kontingentierung, in: Söllner, Alfred/Gitter, Wolfgang/Waltermann, Raimund u. a. (Hrsg.), Gedächtnisschrift für Meinhard Heinze, S. 417–436, München 2004; (zit.: *Isensee,* in: GS Heinze).
Isensee, Josef/Kirchhof, Paul Handbuch des Staatsrechts der Bundesrepublik Deutschland, Rechtsquellen, Organisation, Finanzen, Bd. V, 3., völlig neubearbeitete und erweiterte Aufl., Heidelberg 2007; (zit.: *Bearbeiter,* in: Isensee/Kirchhof, HStR Bd. V).
Isensee, Josef/Kirchhof, Paul Handbuch des Staatsrechts der Bundesrepublik Deutschland, Grundrechte: Wirtschaft, Verfahren, Gleichheit, Bd. VIII, 3. völlig neubearbeitete und erweiterte Aufl., Heidelberg 2010; (zit.: *Bearbeiter,* in: Isensee/Kirchhof, HStR Bd. VIII).
Jansen, Harald Erbschaftsteuerliche Wirkungen bei Vermögensübertragungen: Entscheidungswirkungen und Gleichmäßigkeit der Besteuerung, Berlin 2006.
Jarass, Hans D./Pieroth, Bodo (Hrsg.) Grundgesetz für die Bundesrepublik Deutschland, Kommentar, 11. Aufl., [Rechtsstand: 1.4.2010], München 2011; (zit.: *Jarass/Pieroth,* GG).
Jebens, Carsten Die Mindestlohnsummen des neuen Erbschaftsteuergesetzes: Reduktion durch Gesetzesauslegung angesichts der Wirtschaftskrise, DStZ 2009, S. 573–576.

Jülicher, Marc Die Begünstigungen nach § 13 Abs. 2 a Satz 1 ErbStG für Anteile an Kapitalgesellschaften, ZEV 1996, S. 97–104.

Jungbauer, Stefan Die Verwendung des Begriffs „Gerechtigkeit“ in der Rechtsprechung des BVerfG, zugl. Univ. Diss., Hamburg 2002.

Kamps, Willi Erbschaftsteuerreform: Begünstigtes Vermögen und Verwaltungsvermögen i. S. d. neuen §§ 13a, 13b, 19a ErbStG, FR 2009, S. 353–365.

Kapp, Reinhard/Ebeling, Jürgen (Hrsg.) Erbschaft- und Schenkungsteuergesetz Kommentar Stand: Dezember 2010 (zit.: *Bearbeiter,* in: Kapp/Ebeling, Erbschaft- und Schenkungsteuergesetz, Kommentar).

Katzenstein, Dietrich Das Sozialrecht in der Rechtsprechung des Bundesverfassungsgerichts von 1982 bis 1987, SGb 1988, S. 177–193.

Kessler, Wolfgang/Förster, Guido/Watrin, Christoph/Herzig, Norbert/Kessler-Förster-Watrin (Hrsg.) Unternehmensbesteuerung, Festschrift für Norbert Herzig zum 65. Geburtstag, München 2010; (zit.: *Bearbeiter,* in: FS Herzig).

Kessler, Wolfgang/Märkle, Rudi/Offerhaus, Klaus Die Zukunft der Erbschafts- und Schenkungssteuerrechts nach dem Vorlagebeschluss des BFH vom 22.5.2002 II R 61/99, DB Beilage Nr. 2 2003, S. 1–11.

Kirchhof, Ferdinand Der Weg zur verfassungsgerechten Besteuerung - Bestand, Fortschritt, Zukunft -, StuW 2002, S. 185–200.

Kirchhof, Gregor Die Allgemeinheit des Gesetzes, Über einen notwendigen Garanten der Freiheit, der Gleichheit und der Demokratie, Tübingen 2009.

Kirchhof, Paul Steuergleichheit, StuW 1984, S. 297–314.

Kirchhof, Paul Die Verschiedenheit der Menschen und die Gleichheit vor dem Gesetz, Erweiterte Fassung eines Vortrages, gehalten in der Carl-Friedrich-von-Siemens-Stiftung am 26. Februar 1996, München 1996.

Kirchhof, Paul Die Widerspruchsfreiheit im Steuerrecht als Verfassungspflicht, StuW 2000, S. 316–327.

Kirchhof, Paul Besteuerung im Verfassungsstaat, Tübingen 2000.

Kirchhof, Paul Der Grundrechtsschutz des Steuerpflichtigen, AöR 128 (2003), S. 1–51; (zit.: *P. Kirchhof,* AöR 128 (2003)).

Kirchhof, Paul Die freiheitsrechtliche Struktur der Steuerrechtsordnung, Ein Verfassungstest für Steuerreformen, StuW 2006, S. 3–21.

Kirchhof, Paul/Dürrschmidt, Daniel/Reiss, Wolfram (Hrsg.) Festschrift für Wolfram Reiss zum 65. Geburtstag, Köln 2008; (zit.: *Bearbeiter,* in: FS Reiss).

Kirchhof, Paul/Lehner, Moris/Raupach, Arndt/Rodi, Michael (Hrsg.) Staaten und Steuern, Festschrift für Klaus Vogel zum 70. Geburtstag, Heidelberg 2000; (zit.: *Bearbeiter,* in: FS Vogel).

Kirchhof, Paul/Raupach, Arndt (Hrsg.) Festschrift für Arndt Raupach zum 70. Geburtstag, Steuer- und Gesellschaftsrecht zwischen Unternehmerfreiheit und Gemeinwohl, Köln 2006; (zit.: *Bearbeiter,* in: FS Raupach).

Kischel, Uwe Systembindung des Gesetzgebers und Gleichheitssatz, AöR 124 (1999), S. 174–211; (zit.: *Kischel,* AöR 124 (1999)).

Kischel, Uwe Gleichheitssatz und Steuerrecht - Gefahren eines dogmatischen Sonderwegs, in: Mellinghoff, Rudolf/Kirchhof, Paul (Hrsg.), Gleichheit im Verfassungsstaat, Symposion aus Anlass des 65. Geburtstages von Paul Kirchhof, Heidelberg 2008, S. 175–195; (zit.: *Kischel,* in: Gleichheit im Verfassungsstaat).

Klein, Eckart Die Kompetenz- und Rechtskompensation, Überlegungen zu einer Argumentationsfigur, DVBl. 1981, S. 661–667.

Kley, Max Dietrich/Ritter, Wolfgang (Hrsg.) Festschrift für Wolfgang Ritter zum 70. Geburtstag, Steuerrecht, Steuer- und Rechtspolitik, Wirtschaftsrecht und Unternehmensverfassung, Umweltrecht, Köln 1997; (zit.: *Bearbeiter,* in: FS Ritter).

Kreussler, Horst Der allgemeine Gleichheitssatz als Schranke für den Subventionsgesetzgeber unter besonderer Berücksichtigung von wirtschaftspolitischen Differenzierungszielen, Berlin 1972; (zit.: *Kreussler,* Der allgemeine Gleichheitssatz).

Kruse, Heinrich Wilhelm Über die Gleichmäßigkeit der Besteuerung, StuW 1990, S. 322-330.

Kruse, Heinrich Wilhelm Zum Entstehen und Erlöschen von Steueransprüchen, in: Lang, Joachim (Hrsg.), Die Steuerrechtsordnung in der Diskussion: Festschrift für Klaus Tipke zum 70. Geburtstag, Köln 1995, S. 277–293; (zit.: *Kruse,* in: FS Tipke).

Kruse, Heinrich Wilhelm Auslegung am Gesetz vorbei: Über den heutigen Umgang mit dem Einkommensteuergesetz, in: Kley, Max Dietrich/Ritter, Wolfgang (Hrsg.), Festschrift für Wolfgang Ritter zum 70. Geburtstag, Steuerrecht, Steuer- und Rechtspolitik, Wirtschaftsrecht und Unternehmensverfassung, Umweltrecht, Köln 1997, S. 413–426; (zit.: *Kruse,* in: FS Ritter).

Kühnold, Jörg Erbschaftsteuerreformgesetz: 1. Durchgang im Bundesrat, 57 Änderungsanträge zum Gesetzentwurf der Bundesregierung, ErbStB 2008, S. 80–82.

Kühnold, Jörg/Mannweiler, Marcus Bewertung des Betriebsvermögens und der GmbH-Anteile nach der Erbschaftsteuer-Reform 2008, - Anmerkungen zu dem Entwurf der Anteils- und Betriebsvermögensbewertungsverordnung - AntBVBewV -, DStZ 2008, S. 167–174.

Kunig, Phillip Der Rechtsstaat, in: Badura, Peter/Dreier, Horst (Hrsg.), Festschrift 50 Jahre Bundesverfassungsgericht, Tübingen 2001, S. 421–444; (zit.: *Kunig,* in: FS 50 Jahre Bundesverfassungsgericht).

Lahme, Stefan/Zikesch, Eva Erbschaftsteuerliche Begünstigung von Kapitalgesellschaftsanteilen mittels Poolvereinbarungen, DB 2009, S. 527–532.

Lang, Joachim (Hrsg.) Die Steuerrechtsordnung in der Diskussion: Festschrift für Klaus Tipke zum 70. Geburtstag, Köln 1995; (zit.: *Bearbeiter,* in: FS Tipke).

Lang, Joachim Das verfassungsrechtliche Scheitern der Erbschaft- und Schenkungsteuer, StuW 2008, S. 189–205.

Lang, Joachim Gleichheitswidrigkeit und gleichheitsrechtliche Ausgestaltung der erbschaftsteuerlichen Verschonung, FR 2010, S. 49–58.

Larenz, Karl Wegweiser zu richterlicher Rechtsschöpfung, Eine rechtsmethodologische Untersuchung, in: Bötticher, Eduard (Hrsg.), Festschrift für Arthur Nikisch, Tübingen 1958, S. 275–305; (zit.: *Larenz,* in: FS Nikisch).

Lehner, Moris Einkommensteuerrecht und Sozialhilferecht: Bausteine zu einem Verfassungsrecht des sozialen Steuerstaates, zugl.: München, Univ., Habil-Schr., 1991-1992, Tübingen 1993.

Leibholz, Gerhard Die Gleichheit vor dem Gesetz : eine Studie auf rechtsvergleichender und rechtsphilosophischer Grundlage, zugl.: Berlin, Univ., Diss., 1924, Berlin 1925; (zit.: *Leibholz,* Gleichheit).

Leisner-Egensperger, Anna Umbau des Einkommensteuerrechts - Neuorientierung bei den gemischten Erwerbsaufwendungen, BB 2007, S. 639–645.

Lepsius, Oliver Anmerkung zum Urteil des BVerfG v. 9.12.2008 (Pendlerpauschale), JZ 2009, S. 260–263.

Link, Christoph (Hrsg.) Der Gleichheitssatz im modernen Verfassungsstaat, Symposion zum 80. Geburtstag von Gerhard Leibholz, Baden-Baden, 1982; (zit.: *Bearbeiter,* in: C. Link, Gleichheitssatz).

Lüdicke, Jochen Gesetzentwurf zur Erbschaftsteuerreform - Kritische Würdigung und Handlungsempfehlungen zur Nutzung des derzeitigen Rechts, DB 2007, S. 2792–2797.

Lüdicke, Jochen/Fürwentsches, Alexander Das neue Erbschaftsteuerrecht, DB 2009, S. 12–18.

Mangoldt, Hermann von/ Klein, Friedrich/Starck, Christian (Hrsg.) Kommentar zum Grundgesetz, [in drei Bänden], Bd. 1, 5. Auflage, München 2005, ältere Auflagen jeweils angegeben (zit.: *Bearbeiter,* in: v. Mangoldt/ Klein/Starck, Kommentar zum GG).

Martini, Peter Art. 3 Abs. 1 GG als Prinzip absoluter Rechtsgleichheit, Univ., Diss., Passau, 1995, Bd. 12, Köln, Berlin, Bonn, München 1997.

Maunz, Theodor/Dürig, Günter (Hrsg.) Grundgesetz: Kommentar, München 1993; (zit.: *Bearbeiter,* in: Maunz/Dürig, Grundgesetz Kommentar).

Meincke, Jens Peter Zur Abstimmung von Einkommensteuer und Erbschaftsteuer, in: Lang, Joachim (Hrsg.), Die Steuerrechtsordnung in der Diskussion: Festschrift für Klaus Tipke zum 70. Geburtstag, Köln 1995, S. 391–401; (zit.: *Meincke,* in: FS Tipke).

Meincke, Jens Peter Gedanken zur Erbschaftsteuerreform vor dem Hintergrund der verfassungsrechtlichen Vorgaben, DStR 1996, S. 1305–1310.

Meincke, Jens Peter Freibeträge und Steuersätze im neuen Erbschaftsteuerrecht, ZEV 1997, S. 52-60.

Meincke, Jens Peter (Hrsg.) Erbschaftsteuer- und Schenkungsteuergesetz, Kommentar, 15. Aufl., München 2009; (zit.: *Meincke,* in: Kommentar zum Erbschaftsteuer- und Schenkungsteuergesetz).

Meins, Jürgen W. Systemgerechtigkeit in der Raumplanung, Univ., Diss., Bayreuth 1980.

Mellinghoff, Rudolf Anforderungen an ein zukunftsfähiges Steuerrecht, Stbg 2007, S. 549–559.

Mellinghoff, Rudolf/Kirchhof, Paul (Hrsg.) Gleichheit im Verfassungsstaat, Symposion aus Anlass des 65. Geburtstages von Paul Kirchhof, Heidelberg 2008; (zit.: *Bearbeiter,* in: Gleichheit im Verfassungsstaat).

Michael, Lothar Folgerichtigkeit als Wettbewerbsgleichheit, Zur Verwerfung von Rauchverboten in Gaststätten durch das BVerfG, JZ 2008, S. 875–882.

Moench, Dietmar Überlegungen zur Reform der Erbschaftsteuer, Hoffnungen und Befürchtungen aus fachlicher Sicht, DStR 1996, S. 725–729.

Moench, Dietmar/Weinmann, Norbert (Hrsg.) Kommentar zum Erbschaft- und Schenkungsteuergesetz mit Bewertungsgesetz, Freiburg/Brsg. 2009; (zit.: *Bearbeiter,* in: Moench/Albrecht, Erbschaft- und Schenkungsteuer, Kommentar).

Morgenthaler, Gerd Gleichheit und Rechtssystem - Widerspruchsfreiheit, Folgerichtigkeit, in: Mellinghoff, Rudolf/Kirchhof, Paul (Hrsg.), Gleichheit im Verfassungsstaat, Symposion aus Anlass des 65. Geburtstages von Paul Kirchhof, Heidelberg 2008, S. 51–66; (zit.: *Morgenthaler,* in: Gleichheit im Verfassungsstaat).

Müller-Gatermann, Gert Das Abzinsungsmodell als eine Alternative zur geplanten Erbschaftsteuerreform, FR 2008, S. 353–356.

Neufang, Bernd Bewertung des Betriebsvermögens und von Anteilen an Kapitalgesellschaften, BB 2009, S. 2004–2014.

Onderka, Wolfgang/Lasa, Franziska Neue Gestaltungsmöglichkeiten bei der Übertragung von Kleinanteilen an Familienkapitalgesellschaften nach

dem neuen Erbschaftsteuergesetz, - Die Poolklausel des § 13b Abs. 1 Nr. 3 S. 2 ErbStG -, Ubg 2009, S. 309–317.
Pach-Hanssenheimb, Ferdinand Erbschaftsteuerreform: Verschonungsabschlag statt Bewertungsvorteile beim Betriebsvermögen, Ein Umdenken bei der Planung der Verteilung des Erbes wird nötig!, DStR 2008, S. 957–961.
Papier, Hans-Jürgen Steuerrecht im Wandel - verfassungsrechtliche Grenzen der Steuerpolitik, DStR 2007, S. 973–978.
Peine, Franz-Joseph Systemgerechtigkeit: der Selbstbindung des Gesetzgebers als Maßstab der Normenkontrolle, 1. Auflage, Baden-Baden 1985; (zit.: *Peine,* in: Systemgerechtigkeit).
Perridon, Louis/Steiner, Manfred/Rathgeber, Andreas W. Finanzwirtschaft der Unternehmung, 15. überarbeitete und erweiterte Aufl., München 2009; (zit.: *Perridon/Steiner/Rathgeber,* Finanzwirtschaft der Unternehmung).
Perwein, Sigmund Abschied von der teleologischen Reduktion? - §13 a Abs. 5 ErbStG nach dem BFH-Urteil vom 16.2.2005, DStR 2005, S. 1758–1761.
Pieroth, Bodo Rückwirkung und Übergangsrecht – Verfassungsrechtliche Maßstäbe für eine intertemporale Gesetzgebung, Berlin 1981.
Piltz, Detlev J. Der steuerliche Einfluß der Rechtsform auf das Schenken und Vererben von unternehmerischem Vermögen, in: Herzig, Norbert/Günkel, Manfred/Niemann, Ursula (Hrsg.), Steuerberater-Jahrbuch 1994/95 : zugleich Bericht über den 46. Fachkongress der Steuerberater, Köln, 18. und 19. Oktober 1994, Köln 1995, S. 41–76; (zit.: *Piltz,* StBJb. 1994/1995).
Piltz, Detlev J. Unternehmensbewertung im neuen Erbschaftsteuerrecht, DStR 2008, S. 745–753.
Piltz, Detlev J. Das neue ErbStG im Spiegel des Gleichheitsgebots (Art. 3 GG), in: Spindler, Wolfgang/Tipke, Klaus/Röder, Thomas (Hrsg.), Steuerzentrierte Rechtsberatung, Festschrift für Harald Schaumburg zum 65. Geburtstag, Köln 2009, S. 1057–1078; (zit.: *Piltz,* in: FS Schaumburg).
Piltz, Detlev J. Wird das Erbschaftsteuergesetz 2009 verfassungsmäßig Bestand haben?, DStR 2010, S. 1913–1925.
Piltz, Detlev J. Fünf Fragen an das Bundesverfassungsgericht zur Erbschaftsteuer nach dem BFH-Beschluss II R 9/11 vom 27.9.2012, DStR 2013, S. 228-233.
Preißer, Michael/Rödl, Christian/u.a. (Hrsg.) Erbschaft- und Schenkungsteuer, Kompakt-Kommentar, Stuttgart 2009 ; (zit.: *Bearbeiter,* in: Preißer/Rödl/u.a., Erbschaft- und Schenkungsteuer Kompakt-Kommentar).
Prokisch, Rainer Von der Sach- und Systemgerechtigkeit zum Gebot der Folgerichtigkeit, in: Kirchhof, Paul/Lehner, Moris/Raupach, Arndt u. a. (Hrsg.),

Staaten und Steuern, Festschrift für Klaus Vogel zum 70. Geburtstag, Heidelberg 2000, S. 293-310; (zit.: *Prokisch,* in: FS Vogel).

Richter, Andreas/Viskorf, Stephan/Philipp, Christoph Die Reform der Erbschaftssteuer vom 1.1.2009: Überblick, Analyse, Gestaltungsempfehlungen, DB Beilage 2009, S. 1–14.

Robbers, Gerhard Der Gleichheitssatz, DöV 1988, S. 749–758.

Röder, Erik Das System der Verlustverrechnung im deutschen Steuerrecht: verfassungsrechtliche Vorgaben und Ausgestaltung de lege ferenda, zugl.: Bayreuth, Univ., Diss., 2009, Köln 2010.

Rohde, Andreas/Gemeinhardt, Gereon Erbschaft- und schenkungsteuerliche Betriebsvermögensregelungen, StuB 2010, S. 663–669.

Roth, Wolfgang/Fischl, Agnes Aktuelle Gestaltungsmöglichkeiten und Handlungsbedarf nach der neuen Erbschaftsteuer, NJW 2008, S. 401–407.

Rüthers, Bernd/Fischer, Christian/Birk, Axel/Rüthers-Fischer Rechtstheorie, Begriff, Geltung und Anwendung des Rechts, 5. überarb. Aufl., München 2010; (zit.: *Rüthers,* Rechtstheorie).

Ruthig, Josef/Storr, Stefan Öffentliches Wirtschaftsrecht, 2. neu bearb. Aufl., Heidelberg 2008; (zit.: *Bearbeiter,* in: Ruthig/Storr, Öffentliches Wirtschaftsrecht).

Sachs, Michael (Hrsg.) Grundgesetz, Kommentar, 6. Aufl., München 2011; (zit.: *Bearbeiter,* in: Sachs, GG Kommentar).

Scheffler, Wolfram/Wigger Berthold U. Zur geplanten Reform der Erbschaftsteuer, BB 2006, S. 2443–2448.

Schiffers, Joachim Verwaltungsvermögenstest bei der Übertragung von Unternehmensvermögen, DStZ 2009, S. 610–614.

Schmidt-Bleibtreu, Bruno/Hofmann, Hans/Hopauf, Axel (Hrsg.) GG : Kommentar zum Grundgesetz, 12. Aufl., Köln 2011 (zit.: *Bearbeiter,* in: Schmidt-Bleibtreu/Hofmann/Hopfauf, Kommentar zum GG).

Schneider, Hans Gesetzgebung: ein Lehrbuch, Heidelberg 1982; (zit.: *H. Schneider,* Gesetzgebung).

Schneider, Stefan Verfassungsrechtliche Grundlagen und Grenzen des objektiven Nettoprinzips, Kongressvortrag, DStR Beihefter 2009 Nr. 34, S. 87-91.

Schoch, Friedrich Der Gleichheitssatz, DVBl. 1988, S. 863–882.

Scholten, Gerd/Korezkij, Leonid Begünstigungen für Betriebsvermögen nach der Erbschaftsteuerreform, Begünstigte Erwerbe und begünstigtes Vermögen, DStR 2009, S. 73–79.

Scholten, Gerd/Korezkij, Leonid Begünstigungen für Betriebsvermögen nach der Erbschaftsteuerreform - Verwaltungsvermögen, DStR 2009, S. 147–152.

Scholten, Gerd/Korezkij, Leonid Begünstigung für Betriebsvermögen nach der Erbschaftsteuerreform - Lohnsummenprüfung, DStR 2009, S. 253–257.

Schön, Wolfgang Steuerpolitik 2008 - das Ende der Illusionen?, DStR Beihefter 2008 Nr. 17, S. 10–20.

Schönwetter, Verena/Bareis, Peter Die Erbschaftbesteuerung im Lichte des Verfassungs- und Europarechts, StuB 2007, S. 144–149.

Schulte, Wilfried Ist die Erbschaftsteuer reformierbar?, Die Problematik der Besteuerung der Unternehmensnachfolge, FR 2007, S. 309–326.

Schulte, Wilfried/Birnbaum, Mathias Steuergleichheit und Betriebsvermögen in der Erbschaftsteuer, DStZ 2007, S. 409–416.

Schulte, Wilfried/Birnbaum, Mathias/Hinkers, Josef Unternehmensvermögen im neuen Erbschaftsteuer- und Bewertungsrecht - Zweifelsfragen und Gestaltungsansätze, BB 2009, S. 300–306.

Schulz, Peter/Althof, Michael/Markl, Richard Der Regierungsentwurf zur Erbschaftsteuerreform: Ausgewählte Zweifelsfragen bei Verwaltungsvermögen, Lohnsumme und der Begünstigung von Kapitalgesellschaftsanteilen, BB 2008, S. 528–535.

Schulze-Osterloh, Joachim Das Bundesverfassungsgericht und die Unternehmensbesteuerung, in: Kirchhof, Paul/Raupach, Arndt (Hrsg.), Festschrift für Arndt Raupach zum 70. Geburtstag, Steuer- und Gesellschaftsrecht zwischen Unternehmerfreiheit und Gemeinwohl, Köln 2006, S. 531–543; (zit.: *Schulze-Osterloh,* in: FS Raupach).

Schumann, Marius F. Erbschaftsteuerbefreiung für Familienheime nach der Erbschaftsteuerreform, DStR 2009, S. 197–200.

Schwarz, Kyrill-A. "Folgerichtigkeit" im Steuerrecht, Zugleich eine Analyse der Rechtsprechung des Bundesverfassungsgerichts zu Art. 3 Abs. 1 GG, in: Depenheuer, Otto/Isensee, Josef (Hrsg.), Staat im Wort, Festschrift für Josef Isensee, Heidelberg 2007, S. 949-964; (zit.: *Schwarz,* in: FS Isensee).

Schwind, Heike/Schmidt, Volker Verwaltungsvermögen - Neuer Stolperstein im Erbschaftsteuergesetz, NWB 2009, S. 609–618.

Sedemund, Jan/Strnad, Oliver Neue Erbschaftsteuer: Verfassungswidrigkeit von Lohnsummenregel und Verwaltungsvermögensgrenze, BB 2010, S. 2282–2284.

Seer, Roman Die neue Erbschaft- und Schenkungsteuer auf dem verfassungsrechtlichen Prüfstand, StuW 1997, S. 283–298.

Seer, Roman Das Betriebsvermögen im Erbschaftsteuerrecht, in: Birk, Dieter (Hrsg.), Steuern auf Erbschaft und Vermögen, DStJG 22, Münster 1999, S. 191–216; (zit.: *Seer,* DStJG 22 (1999)).

Seer, Roman Erbschaftsteuerliche Begünstigung der Betriebsfortführung - Analyse der parteiübergreifenden Gesetzesentwürfe zur Unternehmensnachfolge vom 10.5. und 30.5.2005, StuW 2005, S. 353–366.
Seer, Roman BVerfG-Beschluss vom 07.11.2006 und Gesetz zur Erleichterung der Unternehmensnachfolge - Zur Zukunft der Erbschaftsteuer, GmbHR 2007, S. 281–290.
Seer, Roman Der Beschluss des BVerfG zur Erbschaftsteuer vom 7. 11. 2006 - Analyse und Ausblick, ZEV 2007, S. 101–107.
Seer, Roman Die Erbschaft- und Schenkungsteuer im System der Besteuerung nach wirtschaftlicher Leistungsfähigkeit, Zugleich eine kritische Würdigung des Erbschaftsteuerreformgesetzes v. 24.12.2008, GmbHR 2009, S. 225–237.
Seitz, Gerhard Die Bedeutung der Erbschaftsteuer für die Entwicklung mittelständischer Betriebe, Köln 1966; (zit.: *Seitz,* Die Bedeutung der Erbschaftsteuer).
Selmer, Peter Finanzordnung und Grundgesetz, Die Rechtsprechung des Bundesverfassungsgerichts in Finanz- und Steuersachen, AöR 101 (1976), Teil 1: S. 238-269, Teil 2: S. 399-462; (zit.: *Selmer,* AöR 101 (1976)).
Sendler, Horst Grundrecht auf Widersprüchlichkeit der Rechtsordnung? - Eine Reise nach Absurdistan?, NJW 1998, S. 2875-2877.
Siegmund, Olaf/Zipfel, Lars Die Nachversteuerung nach dem neuen Erbschaftsteuergesetz, BB 2009, S. 641–649.
Söffing, Matthias Erbschaftsteuerreform -- Neuregelungen des ErbStG, Kontext der Änderungen und Überblick, ErbStB 2009, S. 48–59.
Söffing, Matthias Und wieder ist das ErbStG verfassungswidrig, ErbStB 2012, S. 362-370.
Söllner, Alfred/Gitter, Wolfgang/Waltermann, Raimund/Giesen, Richard/Ricken, Oliver (Hrsg.) Gedächtnisschrift für Meinhard Heinze, München 2005; (zit.: *Bearbeiter,* in GS Heinze).
Spiegelberger, Sebastian/Wartenburger, Lucas Die Erbschaftsteuerreform aus verfassungsrechtlicher Sicht, Eine kritische Analyse der Neuregelungen, ErbStB 2009, S. 98–103.
Spindler, Wolfgang/Tipke, Klaus/Rödder, Thomas/Schaumburg, Harald (Hrsg.) Steuerzentrierte Rechtsberatung, Festschrift für Harald Schaumburg zum 65. Geburtstag, Köln 2009; (zit.: *Bearbeiter,* in: FS Schaumburg).
Spitzbart, Britta Das Betriebsvermögen im Erbschaftsteuerrecht, Geltendes Recht und Reformvorschläge, Univ., Diss., Köln 1998, Bd. 65, Berlin 2000; (zit.: *Spitzbart,* Betriebsvermögen).
Starck, Christian Die Anwendung des Gleichheitssatzes, in: Link, Christoph (Hrsg.), Der Gleichheitssatz im modernen Verfassungsstaat, Symposion

zum 80. Geburtstag von Gerhard Leibholz,Baden-Baden 1982, S. 51–73; (zit.: *Starck,* in: C. Link, Gleichheitssatz).

Steiner, Anton Begünstigung des Familienheims, Problempunkte und praktische Gestaltung nach der Reform, ErbStB 2009, S. 123–129.

Steiner, Udo Der Richter als Ersatzgesetzgeber, Richterliche Normenkontrolle - Erfahrungen und Erkenntnisse, NJW 2001, S. 2919–2924.

Stiller, Sebastian Die Lohnsummenklausel des ErbStRG im Lichte der Finanz- und Wirtschaftskrise, Zerb 2010, S. 133–137.

Tetens, Meike Verfassungsmäßigkeit der Besteuerung des Betriebsvermögens bei der Erbschafts- und Schenkungsteuer, Univ., Jur. Diss.--Hamburg, 2005., Bd. 115, Berlin 2006; (zit.: *Tetens,* Verfassungsmäßigkeit der Besteuerung des Betriebsvermögens).

Thiel, Jochen Die neue Erbschaft- und Schenkungsteuer, DB 1997, S. 64–69.

Thonemann, Susanne Erbschaftsteuerreform - Änderungsantrag der Regierungsfraktionen, Neuerungen zum Regierungsentwurf vom 28.1.2008 und Konsequenzen, DB 2008, S. 2616–2622.

Thonemann-Micker, Susanne BFH hält ErbSt für verfassungswidrig! Eine Auseinandersetzung mit dem Vorlagebeschluss vom 27.9.2012 (II R 9/11, DB 2012 S. 2381) und Konsequenzen für die Gestaltungsberatung, DB 2012, S. 2538- 2543.

Tipke, Klaus Steuergerechtigkeit in Theorie und Praxis, Vom politischen Schlagwort zum Rechtsbegriff und zur praktischen Anwendung, Köln 1981.

Tipke, Klaus Über die Einheit der Steuerrechtsordnung, in: Wendt, Rudolf (Hrsg.), Staat, Wirtschaft, Steuern: Festschrift für Karl Heinrich Friauf zum 65. Geburtstag, Heidelberg 1996, S. 741–757; (zit.: *Tipke,* in: FS Friauf).

Tipke, Klaus Die Steuerrechtsordnung, Wissenschaftsorganisatorische, systematische und grundrechtlich-rechtsstaatliche Grundlagen, Bd. 1, 2. Auflage, Köln 2000; (zit.: *Tipke,* StRO I).

Tipke, Klaus Steuerrechtfertigungstheorie, Anwendung auf alle Steuerarten, sachgerechtes Steuersystem, Bd. 2, 2. völlig überarb. Aufl., Köln 2003; (zit.: *Tipke,* StRO II).

Tipke, Klaus Rechtsschutz gegen Privilegien Dritter, Veranschaulicht an den Beispielen der Sonntags- und Nachtarbeitszuschläge sowie der Abgeordneten-Kostenpauschale, FR 2006, S. 949–958.

Tipke, Klaus Steuergerechtigkeit unter besonderer Berücksichtigung der Folgerichtigkeit, StuW 2007, S. 201–220.

Tipke, Klaus Das Nettoprinzip - Angriff und Abwehr, dargestellt am Beispiel des Werkstorprinzips, BB 2007, S. 1525–1533.

Tipke, Klaus Verteidigung des Nettoprinzips, DB 2008, S. 263–265.

Tipke, Klaus Das Folgerichtigkeitsgebot im Verbrauch- und Verkehrsteuerrecht, in: Kirchhof, Paul/Dürrschmidt, Daniel/Reiss, Wolfram (Hrsg.), Festschrift für Wolfram Reiss zum 65. Geburtstag, Köln 2008, S. 9–24; (zit.: *Tipke,* in: FS Reiss).

Tipke, Klaus Mehr oder weniger Entscheidungsspielraum für den Steuergesetzgeber?, JZ 2009, S. 533–584.

Tipke, Klaus/Kruse, Heinrich Wilhelm (Hrsg.) Abgabenordnung, Finanzgerichtsordnung: Kommentar zur AO und FGO, Teil 1: Gesetzestexte, §§ 1-154 AO, Loseblattsammlung, Köln, Stand: 2008; (zit.: *Bearbeiter,* in: Tipke/Kruse, AO/FGO).

Tipke, Klaus/Lang, Joachim Steuerrecht, 20. völlig überarb. Aufl., Köln 2010; (zit.: *Bearbeiter,* in: Tipke/Lang, Steuerrecht).

Troll, Max/Gebel, Dieter/Jülicher, Marc (Hrsg.) Erbschaftsteuer- und Schenkungsteuergesetz Kommentar Stand: 15. Oktober 2010; (zit.: *Jülicher,* in: Troll/Gebel/Jülicher, Erbschaftsteuer- und Schenkungsteuergesetz, Kommentar).

Viskorf, Hermann-Ulrich Verfassungsrechtliche Fragen der Erbschaftsteuer und der geplanten gesetzgeberischen Neuregelung, FR 2007, S. 624–630.

Viskorf, Hermann-Ulrich/Knobel, Wolfgang/Schuck, Stephan u. a. (Hrsg.) Erbschaftsteuer- und Schenkungsteuergesetz, Bewertungsgesetz, (Auszug) ; Kommentar, 3. Aufl. , Herne 2009; (zit.: *Bearbeiter,* in: Viskorf/Glier/Hübner/Knobel/Schuck, Erbschaftsteuer- und Schenkungssteuergesetz, Bewertungsgesetz, Kommentar).

Viskorf, Stephan/Philipp, Christoph Sonderbetriebsvermögen als Begünstigungshindernis?, ZEV 2009, S. 230–234.

Vogel, Klaus Das ungeschriebene Finanzrecht des Grundgesetzes, in: Selmer, Peter/Münch, Ingo von (Hrsg.), Gedächtnisschrift für Wolfgang Martens, Berlin 1987, S. 265–279; (zit.: *Vogel,* in: GS Martens).

Vogel, Klaus Der Verlust des Rechtsgedankens im Steuerrecht als Herausforderung an das Verfassungsrecht, in: Friauf, Karl Heinrich (Hrsg.), Steuerrecht und Verfassungsrecht, DStJG 12, Köln 1989, S. 123–144; (zit.: *Vogel,* DStJG 12 (1989)).

Vogel, Klaus/Waldhoff, Christian Grundlagen des Finanzverfassungsrechts, Sonderausgabe des Bonner Kommentars zum Grundgesetz (Vorbemerkungen zu Art. 104a bis 115 GG), Heidelberg 1999.

Wachter, Thomas Reform des Erbschaft- und Schenkungsteuerrechts, - Gesetz zur Erleichterung der Unternehmensnachfolge -, Stbg 2006, S. 565–572.

Wachter, Thomas Die Zukunft des geplanten Gesetzes zur Erleichterung der Unternehmensnachfolge, - Mögliche Auswirkungen der Entscheidung des

Bundesverfassungsgerichts zum Erbschaft- und Schenkungsteuerrecht, BB 2007, S. 577–587.

Wachter, Thomas (Hrsg.) Festschrift für Sebastian Spiegelberger zum 70. Geburtstag : Vertragsgestaltung im Zivil- und Steuerrecht, Bonn 2009; (zit.: *Wachter,* in: FS Spiegelberger).

Wachter, Thomas Erste Verfassungsbeschwerden gegen das Erbschaftsteuerreformgesetz, BB 2010, S. 667–672.

Wachter, Thomas Wachstumsbeschleunigungsgesetz: Erneute Reform der Erbschaft- und Schenkungsteuer, DB 2010, S. 74–78.

Wachter, Thomas Das Erbschaft- und Schenkungsteuerrecht erneut auf dem Prüfstand des BVerfG, DStR 2012, S. 2301-2309.

Waldhoff, Christian Steuerrecht und Verfassungsrecht, Bericht über ausgewählte Entscheidungen zu verfassungsrechtlichen Vorgaben für die Besteuerung der Jahre 2002 bis 2007, DV 2008, S. 259–294.

Walzer, Klaus Hauptgründe für die Wahl einer Besteuerung nach dem Leistungsfähigkeitsprinzip, StuW 1986, 201-209

Watrin, Christoph Erbschaftsteuerplanung internationaler Familienunternehmen, Univ., Diss., Köln, 1996, Düsseldorf 1997; (zit.: *Watrin,* Erbschaftsteuerplanung).

Weber, Klaus Auswirkungen der Unternehmensteuerreform 2008 auf die Wahl der richtigen Rechtsform, NWB 2007, S. 3031–3062.

Weber, Klaus/Schwind, Heike Vertragliche Ausgestaltung von Poolvereinbarungen unter Berücksichtigung des neuen Erbschaftsteuerrechts, ZEV 2009, S. 16–22.

Weber-Grellet, Heinrich Steuern im modernen Verfassungsstaat, Funktionen, Prinzipien und Strukturen des Steuerstaats und des Steuerrechts, zugl.: Münster (Westfalen), Univ., Habil.-Schr., 2001, Köln 2001.

Weber-Grellet, Heinrich Unzulässige Diskriminierung von Nahpendlern, DStR 2009, S. 349–353.

Wendt, Rudolf Der Gleichheitssatz, NVwZ 1988, 778–786.

Weng, Björn Verstoß gegen die Behaltensregelungen des § 13a Abs. 5 ErbStG - Gesellschaftsvertraglicher Schutz von Minderheitsgesellschaftern bzw. Gesellschaftern ohne Geschäftsführungsbefugnisse, (§ 13a Abs. 5 ErbStG), BB 2009, S. 1780–1785.

Wernsmann, Rainer Verhaltenslenkung in einem rationalen Steuersystem, Tübingen 2005; (zit.: *Wernsmann,* Verhaltenslenkung).

Wernsmann, Rainer Die Neuregelung der Entfernungspauschale ist verfassungsgemäß, DStR 2007, S. 1149–1154.

Wernsmann, Rainer Die Einschränkungen des Werbungskosten- und Betriebsausgabenabzugs im Zusammenhang mit Pendlerpauschale, Arbeitszimmer, Alterseinkünften und Abgeltungsteuer, DStR Beihefter 2008, Heft 17, S. 37–48.

Wernsmann, Rainer Zunehmende Europäisierung und Konstitutionalisierung als Herausforderungen für den Steuergesetzgeber, in: Beck, Karin E. M./Schön, Wolfgang (Hrsg.), Zukunftsfragen des deutschen Steuerrechts, Berlin, Heidelberg 2009; (zit.: *Wernsmann,* Europäisierung und Konstitutionalisierung).

Wernsmann, Rainer/Desens, Marc Gleichheitswidrige Gewerbesteuernachbelastung durch ein Nichtanwendungsgesetz, Zur Verfassungswidrigkeit des § 18 Abs. 3 UmwStG i. d. F. JStG 2008, DStR 2008, S. 221–228.

Wieland, Joachim Freiheitsrechtliche Vorgaben für die Besteuerung von Einkommen, S. 29-46, in: *Ebeling, Iris* (Hrsg.) Besteuerung von Einkommen, DStJG Bd. 24, Köln 2001; (zit.: *Wieland,* DStJG 24 (2001)).

Wienbracke, Mike Überblick über das Erbschaftsteuer- und Schenkungsteuergesetz i .d. F. des ErbStRG v. 24.12.2008, FR 2009, S. 197–207.

Wolff, Hans J./Bachof, Otto/Stober, Rolf Verwaltungsrecht: ein Studienbuch, Bd. 3, 5. Aufl., München 2004; (zit.: *Stober,* in: Wolff/Bachof/Stober, Verwaltungsrecht).

Wüstemann, Jens BB-Rechtsprechungsreport: Unternehmensbewertung 2008/09, BB 2009, S. 1518–1523.

Zippelius, Reinhold Juristische Methodenlehre, Bd. 93, 10. neu bearb. Aufl., München 2006.

www.ingramcontent.com/pod-product-compliance
Ingram Content Group UK Ltd.
Pitfield, Milton Keynes, MK11 3LW, UK
UKHW021843290926
8980IPUK00005B/619

9 783631 644836